근대라는 아포리아

근대라는 아포리아

지은이/ 고사카 시로
옮긴이/ 야규 마코토·최재목·이광래
펴낸이/ 강동권
펴낸곳/ (주) 이학사

1판 1쇄 발행/ 2007년 11월 20일

등록/ 1996년 2월 2일 (등록번호 제03-948호)
주소/ 서울시 종로구 안국동 17-1 우110-240
전화/ 02-720-4572 · 팩스/ 02-720-4573
이메일/ ehaksa@korea.com

한국어판 ⓒ (주) 이학사, 2007. Printed in Seoul, Korea.
ISBN 978-89-6147-107-7-93150

THE MODERNITY WITH TROUBLE(近代という躓き) by KOSAKA SHIRO
Copyright ⓒ KOSAKA SHIRO, 1997
All rights reserved.
Original edition is published by Nakanishiya(ナカニシヤ出版).

Korean translation copyright ⓒ 2007 by Ehak Publishing Co., Ltd.
All rights reserved.
Korean edition is published by arrangement with KOSAKA SHIRO.

이 책의 한국어판 저작권은 (주) 이학사가 가지고 있습니다.
저작권법에 의해 한국 내에서 보호를 받는 저작물이므로 무단 전재와 무단 복제를 금합니다.

＊책값은 뒤표지에 표시되어 있습니다.

이 도서의 국립중앙도서관 출판시도서목록(CIP)은 e-CIP 홈페이지
(http://www.nl.go.kr/cip.php)에서 이용하실 수 있습니다.
(CIP제어번호: CIP2007003406)

고사카 시로 지음 / 야규 마코토·최재목·이광래 옮김

근대라는 아포리아

이학사

일러두기

1. 이 책은 高坂史朗, 『近代という躓き』(ナカニシヤ出版, 1997)를 우리말로 옮긴 것이다.
2. 인명, 주요 용어는 처음 나올 때 한 번 원어나 한자를 병기하는 것을 원칙으로 하였다(단 주요 용어는 문맥 이해에 필요할 경우 원어나 한자를 두 번 이상 병기하기도 하였다). 단 도서명은 원서에 준하여 원어나 한자 병기를 하였으나 일본어로 된 도서명은 원어 병기를 하지 않는 것을 원칙으로 하였다. 외국 인명, 지명 등은 현행 외래어 표기법을 기준으로 표기하는 것을 원칙으로 하였으나, 표기 원칙이 정해지지 않은 것은 일반적으로 통용되고 있거나 굳어진 표현을 사용하였다.
3. 원서에서 지은이가 외국어(라틴어, 불어, 독일어, 영어)를 그대로 쓴 것은 이 책에서도 외국어로 표기하고 필요한 경우 〔 〕로 우리말 발음이나 뜻을 덧붙였다.
4. 참고 문헌에서 우리 독자들의 편의를 위해 서양 언어로 된 책의 번역서(일본어판)의 경우는 저자명을 한글로 쓰고 이어 〔 〕 안에 일본어를 썼다(실제 일본에서는 〔 〕 안의 저자명으로 번역 출간되어 있다). 이에 따라 이런 책의 경우는 본문의 출전 표기도 참고 문헌을 따라 저자명이 한글로 되어 있다.
5. 옮긴이의 각주는 해당 각주 앞에 〔옮긴이〕라고 표시하였다. 별도 표시가 없는 각주는 지은이의 각주이다.
6. 부호의 쓰임은 다음과 같다.
   『 』: 도서명
   「 」: 논문, 시 등의 제목
   ( ): 지은이의 부연 설명
   〔 〕: 옮긴이의 부연 설명

한국어판 서문

나는 1991년 여름에 처음 한국을 방문했다. 그 마지막 날에 부산 일본영사관으로 어떤 사람을 만나러 가다가 길을 잃었다. 지도를 보아도 거기에 쓰인 한국어를 읽을 줄 몰라서 할 수 없이 마침 지나가던 할머니에게 길을 물어보았다. "안녕하세요. 일본영사관 어디 있습니까?" 그러나 할머니는 나를 쳐다보지도 않고 무표정하게 그냥 가버렸다. "이럴 수가. 나의 한국말을 못 알아들었나?"

40세 때, 당시 긴키대학近畿大學에 소속해 있던 나는 한국말을 공부하고자 결심하고 2년 동안 한국인 유학생 장원식張元植 군에게 한국말을 배웠다. "고사카 선생! 예습하고 오셨습니까? 예습하지 않으면 어학 실력이 늘지 않습니다"라는 질타를 받으면서 나름대로 열심히 공부했지만 역시 40대가 되어서 배운 외국어라 별로 몸에 익히지 못했구나 싶었다. 그렇지만 그때까지 10일 동안 여행하면서 호텔에서도, 표를 살 때에도, 물건을 살 때에도, 택시 기사와 말다툼을 할 때조차도 서툰 한국말로 그런대로 잘해왔는데 역시 발음이 이상했던 것일까라고 생각하면서 일본영사관을 찾았다.

그러나 드디어 영사관을 찾아냈을 때 나는 깜짝 놀랐다. 알고 보니 할머니에게 길을 물었던 곳은 영사관 건물의 바로 뒤였다. 즉 그 할머니는 분명히 나를 무시했던 것이다. 그녀로서는 여기에 "일본"영사관 따위가 존재하는 것은 못마땅한 일이었고, 거기로 가는 길을 서툰 한국말로 묻는 "일본인"도 존재하지 말아야 하는 것이었으리라.

나는 이 책을 쓰면서 많은 재일 교포들의 이야기를 들었다. 그중에서도 특히 김충일金忠一 씨가 인상적이었다. 한국 기독교 관련 서적들을 많이 번역하시던 김충일 씨를 찾아뵈었을 때 매우 시사적인 이야기를 들었다. 다만 김충일 씨는 내가 방문한 것을 약간 의아해하시는 눈치였다. 이 책이 출판되고 아마 김충일 씨가 출판사에서 증정본을 받은 날 나에게 전화를 하셨다. "고사카 선생. 난 지금 술을 마시고 있습니다. 선생의 책을 읽으면서 축배를 올리고 있습니다. 그때는 선생이 얼마나 진지하셨는지 잘 몰랐습니다." 만취한 김충일 씨와 오랜 시간 이야기를 나누었다. 중간에 전화에서 "아버지, 이제 그만하세요. 선생님께 실례되잖아요!"라는 따님인 듯한 목소리도 들렸다. 그리고 마지막에 "고사카 선생. 부탁이 있습니다. 한국 근대의 아포리아에 대해 써주십시오. 선생님이라면 쓸 수 있을 것입니다. 그리고 한국인에게 문제점을 지적해주십시오." 나는 뜻밖의 발언에 당혹했다. 주기酒氣가 하게 한 말일까, 아니면 재일 교포로서 외국에서 한국을 바라보는 입장에서 나온 애국의 심정일까? 그렇지만 그 전화에서도 말했지만 가해자의 입장에 있는 일본인으로서 내가 과연 무슨 지평에서 식민지 침략을 당한 한국인에게 감히 한국 근대의 "아포리아"에 대해 발언할 수 있단 말인가. 그러한 의문의 "목소리"가 내 뇌리에 남았다.

그 이후 한국에서 많은 인사들과 논의할 때 늘 그 목소리가 뇌리에 울린다. 우리 아버지와 그 이전의 세대가 저지른 역사적인 잘못, 일본 땅에서 태어난 자로서 그 역사적 책임을 짊어져야 하는 이상 가해자로서의 사과와 자각은 당연히 필요하다고 해도 과연 가해자와 피해자의 구도를 넘어서 동아시아 공통의 과제를 맡는 연구자로서 의논할 수 있는 지평이란 어떤 것일까? 나는 2001년에 교토대학京都大學의 후지타 마사카즈藤田正勝 교수와 중국사회과학원 철학연구소의 비엔충다오卞崇道 교수의 협력으로 교토京都에서 국제 심포지엄 "동아시아에 있어서의 근대 철학의 의의東アジアにおける近代哲學の意義"를 개최했다. 그리고 당시 한국일본사상사학회 회장이었던 고故 송휘칠宋彙七 경북대학교 교수와 함께 이광래李光來 강원대학교 교수, 박규태朴奎泰 한양대학교 교수, 최재목崔在穆 영남대학교 교수가 논의에 참여해주셨다. 이것이 나의 본격적인 "동아시아에 대한 사상적 대화"의 시작이었다. 그 이래 한국에서 수많은 대화를 거듭하고 있다.

지난날, 오사카 역大阪驛 근처에서 지도를 보면서 길을 찾고 있는 청년을 보았다. 뒤에서 스쳐 지나갈 때 지도에 한글이 보였으므로 발을 돌리고 "안녕하세요. 한국에서 왔습니까? 어디로 가십니까?"라고 말을 걸었다. 그는 지하철 미도스지 선御堂筋線의 우메다 역梅田驛을 찾고 있었다. 그래서 그가 알 수 있는 곳까지 데려가려 하자 그는 짐을 발밑에 놓고 양손으로 나에게 악수를 청하고 "감사합니다"라고 빙긋 웃으면서 가벼운 발걸음으로 목적지를 향해 걸어갔다.

이번에 이광래 선생, 최재목 선생, 야규 마코토 선생의 진력으로 『근대라는 아포리아』가 한국말로 번역된 것은 나에게 있어서 망외望外의 기쁨이다. 선생님들에게 진심으로 감사를 드리며 이 책이 새로운 대화의 계기가 되기를 바란다.

2007년 1월
고사카 시로高坂史朗

머리말

"동양과 서양"이라는 도식의 함정

근대 일본 철학의 창시자로 불리는 니시다 기타로西田幾多郞가 1934년에 쓴 『형이상학적 입장에서 본 동서 고대의 문화 형태』라는 책이 있다. 그는 그 책에서 "동서의 문화 형태를 형이상학적 입장에서는 어떻게 구별할까? 나는 그것을 유有를 실재의 근저根柢라고 생각하는 것과 무無를 실재의 근저라고 생각하는 것으로 나눌 수 있다고 생각한다"(西田幾多郞, 1965b: 429~430)라고 기술하고 있다. 그리스 철학의 근저에 있는 "일자一者", 기독교의 신神의 "존재"에 대해 대승불교의 "무無"나 "공空"의 사상이 문화의 근본적인 차이라는 것이다. 니시다가 실재의 근저를 무無나 절대무絶對無로 보는 입장은, 니시다가 사색을 시작한 1911년(메이지 44)에 그 단서를 잡고 다이쇼大正 말에 확신을 얻게 된 입장이며 서양철학과의 암투를 통해서 확립한 사상이다. 이것은 동양의 사상을 서양의 논리로 철학화한 것이며, "니시다 철학"이라는 독자성 그리고 일본의 독자적인 철학이라는 수식修飾이 붙을 만큼 의의가 있는 것이다. 그리고 이렇게 니시다가 동양 사상의 근저에서 "무"를 보는 사고는 니시다의 철학을 계승하려는 사람들뿐만 아니라 다른 많은 사람들에게 커다란 영향을 주어 오늘날 일본의 문화, 동양의 문화 구조를 고찰하는 데 하나의 지표가 되기도 한다.

　그런데 내가 지금 여기서 문제 삼는 것은 "무" 그 자체도 아니고, 동양 문화의 근저를 "무"라고 하는 것이 옳은가 어떤가 하는 것도 아니다. 이 "무"가 도출되는 "절차"가 과연 타당한가의 문제이다. 다시 말해 문화 형태의 비교에서 "동·서"라고 하는 것의 타당성, 즉 동양과 서양을 양극에 두고 무無의 문화와 유有의 문화로 간주하는 이 절차가 과연 옳은가라는 것이 문제인 것이다. 좀 더 말하자면 니시다 기타로라는 근대 일본의 위대한 철학자가 "동양과 서양"이라는 테마를 의논할 자격이 있는가라는 문제인 것이다. 이것은 단지 니시다 기타로에 한정되는 것은 아니다. "동양과 서양"이라는 테마는 많든 적든 근대 일본의 지식인이라면 누구나 가질 수밖에 없었던 문제였다고 말할 수 있다. 예컨대 모리 오가이森鷗外는 그들을 "두 개의 축으로 버틴 학자들"이라고 표현하고, 우치무라 칸조內村鑑三는 "두 개의 J(Jesus와 Japan)"에 몸을 바친다고 말하고 있다. 대체로 근대 일본의 사상가 중에 "위대한"으로 형용되는 대부분의 사상가는 이 테마와 매우 깊숙이 관련된 사람들이다. 즉 급진적인 구화주의자도 완고한 동양주의자도 아닌 동서종합주의자가 근대 일본의 사상적 리더십을 갖게 되었던 것이다. 니시다 기타로도 그중의 한 사람이다. 따라서 동서종합주의라는 자격 문제는 근대 일본 지식인의 한결같은 문제이기도 하다. 그러면 이 "동서종합주의"는 단지 일본만의 과제일까? 이것은 중국인이, 한국·조선인이, 인도인이, 또는 동남아시아 사람들이, 나아가서는 중앙아시아, 서아시아 사람들이 서양 문화의 충격을 받아 크든 적든 간에 깊숙이 관련되어야만 했던 문제이다. 그렇다면 이 사람들은 니시다가 그리스신화와 일본의 신화를 비교하여 〔일본 문화를〕 "정적情的인 문화"로 규정하고, "정情의 표현이 예술이 된다. 그러한 의미에서 일본 문화는 중국의 유교 문화와 상이하다. 오히려 그리스 문화에 가깝다고 할 수 있다"(西田幾多郎, 1965b: 446)라고 하며 일본 문화가 마치 중국 문화의 영향으로부터 독립하여 자라온 것처럼 기술하는 방식과 그 귀결인 "무를 근저로 하는 동양 문화"를 과연 수긍할 수 있을 것인가? 더욱이 중요한 것은 극동의 일본인이 아시아를 대표하여 "동양 문화"론을 전개하는 데 동의할 수 있을 것인가라는 문제인 것이다. 니시다의 말을 다시 한 번 인용하면 "버드나무는 푸르고 꽃은 붉다〔柳綠花紅〕라는 대승불교의 진의眞意를 일본 문화에서 찾을 수 있을 것이다"(西田幾多郎, 1965b: 450)라는 말을, 대승불교를 수용하여 그 문화를 길러온 다른 아시아인들이 웃음을 참으며 들을 수 있을 것인가라는 문제인 것이다.

 하지만 이 서양과 동양이라는 도식은 일본의 지식인이라면 누구나 생각해보아야 했던 필연성을 갖고 있으며, 그 당시의 문제의식의 주조를 이룬 것이었다. 그래서 나는 우선 일본의 지식인이 이 도식을 생각해야만 하는 필연성을 고찰하고자 한다. 그러나 그럴 경우 한국·조선, 중국 또는 다른 아시아 국가들을 시야에 넣어서 살펴볼 것이다. 그것은 다른 아시아 국가와 일본의 근대화 과정의 동일성과 차이성을 분명하게 할 것이다. 그리고 그런 사실로부터 서양화·근대화가 의미하는 것이 분명해질 것이고, 그것에 대항하는 일본주의·동양주의의 내용이 명료해질 것이다. 그리고 이 도식 자체가 오늘날 일본에 의의가 있는 것인가? 만약 이 도식을 계승해야 한다면 과연 어떤 지평에서 계승할 것인가? 혹은 그것을 바꾸어야 한다면 그것을 대신해야 할 틀, 즉 일본의 국제사회에서의 문화적인 위치를 어디에 두어야 할 것인가? 나는 이러한 것들을 이 책의 과제로 삼고자 한다.

차례

한국어판 서문   5

머리말: "동양과 서양"이라는 도식의 함정   9

1부 근대라는 걸림돌

제1장 화혼양재
1. 서구 근대의 보편성   19
2. 흑선 오다   22
3. 양혼양재   28
4. 근대화의 패턴   35
5. 실학의 합리 사상   40
6. 인 없는 이치   45

제2장 동도서기
1. 실학으로부터 개화로의 전환   46
2. 위정척사론   61
3. 천주교의 포교와 조선의 개국 문제   67
4. 화혼양재와 동도서기의 차이점   72

제3장 중체서용
1. 리버티Liberty의 번역을 둘러싸고   74
2. 양무운동·변법자강·중체서용   78
3. 태평천국의 난   87
4. 반자유주의   88
5. 자유란 무엇인가   93

2부 "근대"라는 역사의 흐름

제4장 서양으로부터의 충격
1. 탈아입구   105
2. 이와쿠라 견구사절단   107
3. 화폐경제와 산업구조의 변화   109
4. 세상을 경륜하고 백성을 구제한다   113
5. "법" 개념의 차이   119
6. 주자학에서 근대법으로의 전환   122

제5장 이理와 ratio
1. 푸코의 '광기'   126
2. 고토와리   128
3. 불교의 사리와 주자의 이기   131
4. 학문과 기술의 연계성   137
5. 계몽주의적 이성   140
6. 칸트의 순수이성비판   145
7. 문화의 다양성과 역사적 이성비판   150

제6장 "근대"의 개념
1. "근대"란 무엇인가?   155
2. 근대정신의 좌절   161
3. "근대"라는 역사관에 대한 비판   164
4. 포스트모던의 시대 의식   168
5. "근대의 극복"의 논의로부터   172

3부 근대화와 맞서

제7장 도道
1. 모토오리 노리나가의 "사물을 따라가는 도" ... 183
2. 이토 진사이의 "도" ... 187
3. 광기 ... 189
4. 신도 ... 191
5. 말과 Sprache ... 194

제8장 동아시아의 민족주의
1. 민족의 의식 ... 201
2. 존황양이론 ... 206
3. 조선의 위정척사 사상 ... 209
4. 배만흥한排滿興漢과 반제국주의 ... 217

제9장 대동아공영권
1. 국제 공헌과 침략 ... 227
2. 아시아주의 ... 231
3. 나치즘과 유태 국제주의 ... 243
4. 민족국가의 보편성 ... 249

4부 "근대"의 종언

제10장 "동양과 서양"의 통합적 개념
1. "변증법"의 개념 ... 255
2. 변증법의 도입 ... 262
3. 정·반·합과 인·연·과 ... 268
4. 법철학의 입장 ... 275
5. 1931년―헤겔 서거 100주년 ... 278
6. 강단철학자들 ... 288
7. 헤겔주의의 종언 ... 300

제11장 "동양과 서양"이라는 도식
1. 대립의 구조, 절대자·자연·역사·문화 ... 307
2. 중국인의 관점에서 본 "서양" ... 317
3. 유럽인의 관점에서 본 "동양" ... 320
4. 문화의 주체적 과제 ... 326

후기를 대신하여:
구야마 야스시久山康 선생의 추억 ... 329

참고 문헌 ... 337

옮기고 나서 ... 353

찾아보기 ... 357

1부
근대라는 걸림돌

제1장
화혼양재

1. 서구 근대의 보편성

막스 베버Max Weber는 『종교사회학 논문집』의 「머리말」을 다음과 같은 말로 시작하고 있다. "보편적인 의미와 보편적인 타당성을 가진 발전 과정을 더듬는 문화 현상은 다름 아니라 서구 사회에서, 더욱이 서구 사회에서만 일어난 일이라고 적어도 우리는 생각한다. 그런데 도대체 어떤 여러 사정이 겹쳤기에 그렇게 된 것일까? 근대 서구의 문화 세계를 향유한 사람이 보편사적인 여러 문제들을 다루려면 아무래도 이런 문제에 부딪치게 되는데, 그것은 정당한 것이다."(베버, 1968: 71 이하)

베버는 과학, 예술, 자본주의를 근거로 서구 문화의 보편성을 강조하고, 서구 사회가 그것을 발전시킨 요인을 서구 문화 특유의 합리주의에서 찾았다. 즉 베버는 서구에서만 "과학"이 존재하는 것은 "서구 이외의, 그중에서도 특히 인도, 중국, 바빌로니아, 이집트"의 경험적 지식,

인생의 여러 문제에 관한 사색, 가장 심원하고 철학적인, 더욱이 신학적인 인생론이 수학적 기초가 부족하고 합리성이 결여되었기 때문이라고 한다. 예술이나 자본주의에서도 마찬가지이다. 자본주의는 이러한 비합리적인 충동을 억제하는 것이라고 말한다. 그리고 다른 지역에서는 이 합리성이 발달하지 않았으며 오직 서구에서만 존재했을 뿐이라고 한다. 그리고 그가 과제로서 전개하는 것은 서구 합리주의 또는 서구 내부에서도 근대 서구 합리주의의 독자적인 특성을 인식하고 그 성립사를 설명하는 것이다.

서양의 많은 학자들은 이런 관점에서 근대화를 논하고, 아시아의 학자들도 아시아의 후진성을 이런 논점에서 계속 고찰해왔다. 물론 근래에 들어와서, 예를 들면 니덤J. Needham처럼, 그것은 아시아, 특히 중국에 대한 유럽인들의 편견이며 "많은 점에서 중세 중국의 사회적·경제적 체계는 중세 유럽의 체계보다도 훨씬 합리적이었다"(니덤, 1974: 228)라고 기술하며, 중국 사회에 대해서 일반적으로 말해지는 "정체停滯"라는 사고방식에 대한 수정을 시도하는 학자도 있다. 물론 니덤은 그 당시 "근대과학이 유럽에서 발달하고 다른 곳에서는 발달하지 않았다는 점이 우리의 본질적인 논점인 것이다"(니덤, 1974: 224)라고도 지적한다. 또는 미나모토 료엔源了圓처럼 "근세 일본에 합리적인 경제 윤리"(源了圓, 1980: 28~54)가 일어났다는 것을 실증하고, 베버의 일본에 관한 기술記述이 잘못되었음을 지적하려는 입장도 있다. 그러나 나는 여기서 다시 한 걸음 더 나아가서, 예를 들면 야마다 케이지山田慶兒가 말하는 "중국의 전통적인 과학과 기술은 근대 과학 기술의 대하大河로 흘러 들어간 한 지류支流라는 시각만으로 파악되어서는 안 될 것이다"(山田慶兒, 1978: 9)라는 점으로 관점을 옮기고 싶다. 즉 서양 합리성의 틀 속에서 아시아를 자리매김할 것이 아니라 이미 설정된 틀 그 자체를 취소하고 새롭게 음미하고 싶은 것이다.

베버의 문제의식은 서구인의 문제라는 관점에서는 수긍할 수 있을 것이다. 그러나 우리는 오히려 이 서구의 "독자적인 특성"인 서구의 합리성을, 비록 그것이 "서구"의 독자적인 특성이라고 할지라도, 그대로 "보편성"으로 여기는 점에 대해서 의문을 제기하지 않을 수 없다. 만일 그것이 서구의 독자적인 특성이며 비유럽 사회에서는 보편적인 것이 아니라고 한다면, 그리고 동양에서는 또 별도의 독자적인, ratio(라티오)와 다른 "합리성"이 있다고 한다면, 베버가 주장하는 서구의 합리성은 보편적이지 않게 되는 것이다. 이것은 서구의 합리성이 유효성을 가지고 있지 않다고 말하는 것이 아니다. 분명히 서구의 합리성은 그 힘을 전 세계에 드러내었다. 그러나 유효성이 그대로 보편성이라고 말할 수 있을 것인가? 또한 서구의 합리성이 보편성이라고 한다면 동양이 그리고 아프리카의 여러 국가가 그것을 그대로 받아들여야만 하는 것인가? 그리고 서구의 합리성이 위력을 발휘했다고 해서 바로 동양에 합리성이 발달하지 않았다고 단언할 수 있는가? 그가 주장하는 "서구에만 합리성이 존재한다"라는 말을 "서구에만 서구 합리성이 존재한다"라고 바꿔놓으면 그는 그저 당연한 것을 주장했을 뿐이다.

베버가 "정당하다"고 단언한 서구 근대의 보편성이지만, 비유럽 국가들(또 유럽에서도 약소국가들)은 대항해시대 이후 유럽 열강의 압도적인 군사력에 의한 보편주의의 강요와 침략에 신음해야만 했다. 물론 베버는 서양의 식민지주의, 침략주의, 제국주의를 "정당"한 "보편성"이라고 논하려는 것은 아니었다. 그러나 저 잉카를 멸망시킨 피사로 군대의 제국주의적 행동은 가톨릭(보편 교회)과 전혀 관계없는 만행이었던 것일까? 베트남전쟁에서 목도된 미국 제국주의의 지배와 몽매한 아시아 국가에 미국적 민주주의를 강매하는 행위는 완전히 별개로 논해야 하는 것일까?

베버의 이 "정당하다"라는 단언이 과연 정말로 정당한 것인가를 음미하고 싶다. 다만 이러한 논의를 진행할 경우, 자칫하면 서양인의 유럽 중심주의에서 오는 동양에 대한 오해를 힐난하거나, 비록 극단적이지는 않더라도 저변에 가로놓여 있는 민족주의가 얼굴을 내밀어 자아(자국)의식 과잉의 논의를 전개하게 될 위험성이 잠재해 있다. 즉 그것은 일본의 독자성론이다. 그런 것은 일본인의 정체성, "역시 일본이 최고야"라는 일체감을 갖게 하고 공통 감정을 위로해줄 뿐 아무 의미도 없다. 그것은 서양의 충격에 신음한 아시아인들의 고뇌를 망각한 자세이기도 하다. 그래서 나는 이 일본의 "근대화(서양 근대 수용)"를 논의할 경우, 가능하면 한국·중국 나아가서는 동남아시아의 서양 수용을 시야에 두고 일본의 근대화 과정의 문제의식을 음미하고 싶다.

2. 흑선 오다

"북아메리카합중국은 대서양大西洋에서 대동양大東洋에 이르는 국가입니다. 그중에서도 '오리건'주 및 '캘리포니아' 땅은 바로 귀국貴國과 맞대고 있으니 우리 증기선이 캘리포니아를 떠나면 18일 후에 귀국에 당도할 수 있습니다. ……나는 또 해군 제독 페리에 명하여 다음과 같은 조건을 전하게 고합니다. ……우리나라의 증기선 및 기타 선박들이 석탄과 식료품 및 물을 구하기 위하여 일본에 들어가는 것을 허락해주

시기를 바랍니다. ……전하께서 귀국의 남쪽 지역 한 곳을 택하여 우리 선박의 입항을 허락해주실 것을 깊이 원하는 바입니다. 이와 같은 까닭에 나는 이제 해군 제독 페리에게 명하여 함대를 이끌고 귀국의 이름난 대도시〔大府〕에도江戶에 이르게 하였습니다. 화친和親과 교역, 석탄과 식료품 및 합중국 표류인〔難民〕의 보호가 바로 우리가 원하는 사항입니다."(大久保利謙 外 編, 1951: 9~10)

1853년 미국 해군 제독 매튜 페리Matthew Calbraith Perry는 네 척의 미국 함대를 거느리고 우라가浦賀에 내항하여, 앞에서 인용한 미국 대통령 필모어Millard Fillmore의 국서國書를 막부에 전하면서 개국開國을 요구했다. "흑선黑船[1] 오다"라는 소문은 에도는 물론 일본 전국의 막부·조정에서부터 평민들, 벽촌의 농부에 이르기까지 여러 가지 반응을 불러일으켰다. 막부는 이 큰 사건을 눈앞에 두고 국론을 통일하기 위해서라기보다는 그 방책을 정하지 못해서 막부의 신하, 다이묘大名〔막부 직속의 무사〕 및 그 제후의 무사 등에게 의견을 구했다. 그 결과 여러 가지 다양한 의견이 비등한다. "화친과 전쟁 어느 쪽을 택하든 막부의 의견을 하나로 정하고 시종 동요함이 없게 하는 것이 제일의 급선무라고 생각됩니다(德川齊昭)."(『幕末政治論集』: 9 이하) 장사에 관한 것이기 때문에 나가사키長崎에 상관商館을 세우고 네덜란드와 같이 대우하도록 한다(黑田齊溥). 공터에 공장을 세우고 장인을 모집하여 조개 세공, 칠기 공예, 도금 도구, 직물 등 외국에서 부족한 교역 상품을 제조하고, 그리고 일본에게 유용한 군함, 총포, 전술서戰術書와 거래해야 한다(大槻五次).

---

1) 〔옮긴이〕 1853년 미국의 페리 제독이 이끌고 온 군함을 일본 사람들이 부르던 이름을 말한다.

또한 신요시와라新吉原에서 창가를 경영하는 토키치藤吉라는 사람은 "이국선異國船 퇴치"의 방책으로 자신들이 어선 1,000척을 이끌고 가서 생선 등을 바치면서 접근하여, 닭·장작·물 같은 것뿐만 아니라 아이즈 칠그릇〔會津塗〕이나 다색 목판화〔錦繪〕 등 외국인이 좋아할 만한 물건들을 제공하고, 그렇게 서로 친해진 다음 이국선으로 옮겨 타 잔치를 베풀다가, 그때 말다툼을 구실로 이국선의 화약에 불을 지르고 1,000척의 어선에 나누어 타고 온 사람들이 참치를 해체하는 칼로 선원들을 베어버리겠다고 제안했다.(田中彰, 1991: 139) 막부에 보내온 719통의 의견서도 여러 가지였고, 항구에 흐르는 "이국"의 풍문도 여러 가지였다. 그러나 어쨌든 이 난제는 그 이전의 이국선 문제처럼 정부 간의 문제로서가 아니라, 당초부터 국가적(국민적)인 중대 사건으로 등장했던 것이다.

주전론主戰論, 피전론避戰論, 거절론, 허용론, 현상 유지, 의견 없음 등 개인의 의견은 폭넓었고, 동시에 개인의 의견은 의견의 틀을 넘어 사상적 조류가 되어 소용돌이쳤다. 그리고 개인의 사상이 서로 충돌하면서 개국, 양이攘夷, 존황尊皇, 막부 타도〔倒幕〕라는 역사적 과정이 전개되었다.

사상은 주관적으로는 역사적·사회적 조건하에 한정된 개인의 느낌, 생각, 상념, 자기변호에 불과할지라도, 그 사람의 생활 방식을 지탱하고 이끌어주는 이념으로 나타나고, 더구나 말로 표명됨으로써 개인의 틀을 넘어 보편화의 운동을 불러일으킨다. 그리고 그것은 시대사조가 되어 역사 그 자체를 방향 짓는 이념이 된다.

"흑선 오다"라는 사상적 혼란 속에서 막부의 중추적 인물로 메이지유신明治維新의 지도자들에게 커다란 영향을 준 두 명의 사상가 사쿠마 쇼잔佐久間象山[2])과 요코이 쇼난橫井小楠[3])은 각각 "화혼양재和魂洋才"라는 이념을 설정했다. 이 이념이 사쿠마, 요코이 각자에게서 어떻게 형성되고 어떤 운명을 겪게 되는가라는 보편화(혹은 특수화) 과정을 확인해보자. 그러면 사상 및 사상사의 문제점이 명료해질 것이다.

---

2) 〔옮긴이〕 사쿠마 쇼잔佐久間象山(1811~1864): 에도 시대 말기의 양학자·사상가. 마츠시로번松代藩의 하급 무사의 아들로 태어난 쇼잔은 일찍이 당대의 대학자 사토 잇사이佐藤一齋로부터 주자학을 배웠고 1842년부터 주군 사나다 유키츠라眞田幸貫의 명으로 양학을 연구하게 되었다. 쇼잔은 병학兵學(군사기술)을 비롯하여 의학, 공업 등 서양의 각종 과학 기술을 연구하여 양학의 제일인자가 되었으며, 요시다 쇼인吉田松陰을 비롯하여 훗날 메이지유신과 일본의 근대화를 이끌어갈 가츠 가이슈勝海舟, 사카모토 료마坂本龍馬, 하시모토 사나이橋本左內, 가토 히로유키加藤弘之 등이 그의 제자가 되었다. 1854년에 쇼잔은 제자 요시다 쇼인이 페리 함대에 잠입, 미국에 밀항하려 한 사건에 연루되어 투옥, 가택연금되기도 했으나 1862년에 석방되고 1864년에는 교토의 히토츠바시 요시노부一橋慶喜(뒤의 제15대 쇼군 도쿠가와 요시노부德川慶喜)에게 가서 공무합체公武合體(천황과 막부의 합동체제)론과 개국론을 역설했다. 그러나 교토에서 양이파로부터 서양 도취자로 지목받은 쇼잔은 마침내 가와카미 겐사이河上彥齋에게 암살당했다.

3) 〔옮긴이〕 요코이 쇼난橫井小楠(1809~1869): 에도 시대 말기의 사상가·유학자. 쇼난은 구마모토번熊本藩의 무사로 태어났다. 그는 일찍이 번의 학교 지슈칸時習館에서 소라이학徂徠學을 배우다가 에도에 올라간 후 주자학자로 전환했다. 구마모토로 돌아간 그는 "학정일치學政一致"를 내세워 동지들과 함께 실학당實學黨을 조직하는 한편, 사립학원 시지켄四時軒을 설립하고 많은 제자들을 키웠다. 1862년에 쇼난은 막부의 정사총재政事總裁를 겸임하는 후쿠이번福井藩 번주 마츠다이라 슌가쿠松平春嶽의 정치 고문으로 초빙되고 슌가쿠의 번·막부의 정치 개혁에 많은 조언을 했다. 1868년에 메이지유신이 일어나자 쇼난은 신정부의 참여參與직을 맡았으나 쇼난이 일본의 기독교화·공화주의화를 꾀하고 있다는 유언비어를 믿은 양이론자 가미다이라 지카라上平主稅에게 암살당했다. 쇼난은 당시 일본의 쇄국정책과 막번 체제를 비판하면서 개국·교역의 중요성과 통일국가 구축의 필요성을 강조했다. 또 쇼난은 "천지공공天地公共의 도道"를 내세우면서 신분의 벽을 뛰어넘어 우수한 인재를 등용하고, 널리 백성의 의견을 수렴하여 공공公共을 위한 정치를 베풀라고 주장했다. 저작에는 후쿠이번에 제출된 『국시삼론國是三論』 등이 있다.

사쿠마나 요코이 등 막부 말기의 서양학 연구자들이 일본에 대해 가졌던 위기의식은, 틀림없이 서양 열강에 비해 형편없었던 군사력의 열세였던 것 같다. 확실히 일본은 서양의 군사력에 대항할 무력을 갖추고 있지 않았다. 아편전쟁阿片戰爭의 참상을 목도하고 4개국(미국·영국·프랑스·네덜란드) 함대의 시모노세키下關 포대 포격 사건, 사츠마번薩摩藩과 영국 함대와의 전쟁 등을 체험함으로써 서양과 일본의 실력 차이를 분명히 알게 된 그들은 군사·산업 면에서 서양의 기술을 도입하려고 했다. 이것은 당연한 움직임이다. 그러나 서양학 연구자들은 일본이 단지 과학·기술에서 뒤떨어져 있을 뿐 정신적인 자세는 나으면 낫지 못하지 않다고 계속 생각했다. 따라서 서양 기술을 습득하는 것만으로도 충분하다고 생각했다. 사쿠마 쇼잔의 말을 인용하면 "동양 도덕, 서양 예술, 정미함[精]과 거침[粗]을 버리지 않고 표리를 겸함으로써 민물民物을 윤택하게 하고 국은國恩에 보답한다."(佐久間象山, 1971: 244)[4] 이른바 "화혼양재和魂洋才"[5]이다. 이 "동양 도덕, 서양 예술"이라는 절충 도식은 오늘날의 관점에서 보면 전혀 색다를 게 없는 것이며, 앞에서도 언급했듯이 "당연한 움직임" 같은 것이다. 그러나 당시 그들이 처한 역사적 상황을 거듭 고려해보면, 그리고 같은 상황하에 있었던 조선, 중국의 사상가들을 일본 쪽과 비교해보면, 그 당연한 움직임=필연론이라고 단정할 수 없는 면이 있다. 적어도 중국·조선에서는 아편전쟁을 통해 서양의 군사적 우위를 알았다고 하더라도 군사적·산업적으

---

[4] 사쿠마 쇼잔은 이 저작의 초고를 1854년에 썼다.
[5] [옮긴이] 일본의 전통적 정신을 지키며 서양의 기술을 받아들이자는 것으로 조선의 동도서기東道西器, 중국의 중체서용中體西用과 같은 의미이다.

로 서양화가 촉진되지 않았던 것이다. 그래서 일본에서의 화혼양재의 몇 가지 문제점과 특성을 부각시키기 위해서 세 개의 논점을 설정하기로 한다.

우선 첫째, 이 도식의 역점은 "양재"에 있고 화혼에는 실질적인 의미가 없는 것이 아닐까라는 물음이다. 즉 서양 제국諸國의 군사적 우위를 알고 있던 양재론자가 당시의 정치적 상황에 비추어 판단하고, 양이론자의 비난을 피하기 위하여 화혼을 다만 염두에 두었을 뿐, 화혼은 위장이 아니었을까. 본래의 의도는 양혼양재洋魂洋才에 있었던 것은 아닐까.

둘째, 이 화혼양재의 노선이 나중의 발전에서 본다면, 일본은 아시아에서 최초로 근대화에 성공하고 양재를 받아들였으면서도 여전히 국가체제를 유지할 수 있었다고 한다면, 이 화혼은 이미 당시 다른 아시아 제국보다 뛰어난 어떤 일정한 합리적 정신으로까지 고양되어 있었을 것이라고 보는 논의에 대한 검증이다.

셋째, 사쿠마, 요코이라는 당시의 가장 개화적이고 서양에 정통한 인물들은 그 서양의 우수성을 알고 있으면서도 다음과 같이 말했다. "요堯·순舜·공자孔子의 도를 밝히고, 서양의 기계를 다루는 기술을 온전히 익히면, 어찌 부국으로만 그치겠는가. 어찌 강병으로만 그치겠는가. 곧 대의를 사해에 펼치게 될 것이다."(橫井小楠, 1970: 467) 즉 그들이 서양 문명을 이끌어낸 "천지 공공의 도리"에 한계가 있으며 동양 도덕이 더욱 뛰어나다고 느낀 것은 그들의 역사적·사회적 한계가 아니라, 오히려 서양 합리성에 결함이 있었기 때문이 아닌가라는 문제이다.

3. 양혼양재

역사의 발전이나 사상사를 고찰할 경우 간과되는 문제는 그 과거 시대의 역사적·사회적 조건 이상으로 고찰하는 주체 자신의 역사적·사회적 조건의 제약이다. 즉 "지금"의 입장에서 과거를 해석하는 문제인 것이다. 이 경우 역사는 "지금"의 시점에 유입되는 것 이상으로 역사적인 필연주의의 포로가 되어버린다. "근대"라는 시대에 살고 있는 우리가 근대화에 대해 판단할 경우 서양 문물을 받아들임으로써 일본의 발전이 시작되었다는 이른바 근대화론의 관점에서 보면 일본의 발전은 일본의 발전을 저해하는 비합리적 인자인 야마토다마시이大和魂[일본의 혼]를 제거하는 투쟁이었다고 간주하게 된다.

그 선구적 인물이 사쿠마, 요코이로 간주된다. 나중의 후쿠자와 유키치福澤諭吉의 입장이 유교와 투쟁하는 것이고, 그가 종래의 봉건적 가치관의 기만성을 타파하는 것을 문명의 개화라고 생각했다면 사쿠마 쇼잔이나 요코이 쇼난의 진심은 이미 화혼에서 떠났던 것이 아닐까. "화혼에는 실질적인 의미가 없었던 것은 아닐까"라고도 생각된다. 확실히 외부적 상황으로 볼 때 만약 "화혼"이라는 위장 내지는 자기변호가 없었다면, 양이론자로부터 "서양 도취자", "매국노"라고 매도될 수 있었고, 아울러 항상 생명이 위태로울 수밖에 없었다. 그리고 실제로 두 사람 모두 양이론자의 칼을 맞아 암살된 것이다. 그러나 이와 같은 관점은 "역사를 필연적 발전으로 간주하고 싶다"는 역사가의 해석상의 요구인 것이다. 혹은 인간의 사유에 있어 일반화·법칙화의 요구라 해도 좋겠다.

일반화·법칙화하려고 하는 것이 사유의 법칙인 이상 "역사를 생각한다"고 하는 것 자체가 "발전 사관", "필연성의 포로"가 될 수밖에 없는 것이다.[6] 우리는 그 "필연성의 포로"로부터 벗어나기 위해서 부단히

6) 발전 사관이 내포하는 문제에 대해 쿠와바라 다케오桑原武夫가 아라이 하쿠세키新井白石의 생각을 화혼양재의 맹아·원형으로 평가한 문장을 예로 들어서 설명해보자. 아라이 하쿠세키는 1708년 이탈리아인 선교사 시도치Giovanni Battista Sidotti를 신문하고, 여러 학문에 정통한 그의 박식함에 "천문·지리에 관해서 내 지식은 그에게 도저히 미치지 못한다"고 감탄하고 『채람이언采覽異言』, 『서양기문西洋紀聞』을 저술했다. 그러나 그는 서양 학문에 대한 깊은 이해에도 불구하고, 기독교의 교설을 "하나도 도道에 가까운 말이 없다. 지혜로움과 우매함이 순식간에 자리를 바꾸고 두 사람의 말을 들은 것 같다"고 하며 완전히 무시해버렸다. 그리고 결국 "서양 쪽의 학문이라는 것은 단지 그 현상적인 것〔形〕과 사물〔器〕에 대해서만 상세한 것이다. 소위 형이하形而下의 것만 알지 형이상이라는 것은 아직 알지 못한다"(新井白石, 1975: 17~19)라고 단정했다. 이 하쿠세키의 난학蘭學에 대한 이해와 기독교에 대한 몰이해를 쿠와바라는 다음과 같이 논한다.
하쿠세키는 천주Deus가 천지를 창조했다고 한다면 그 천주 자신이 자생했다고 하는 것은 불합리하지 않느냐고 말하고, 또 십자를 그으면 재난을 피할 수 있다고 한다면 그러한 재난의 발생이야말로 〔천주가〕 저지해주어야 하지 않느냐고 말한다. 유치하고 솔직한 이 의견에 나 자신은 찬성하지만, 이런 의미에서 합리주의를 신봉하는 하쿠세키가 나름대로의 합리성을 지닌 주자학을 버리지 않았던 것을 그의 한계라고 말할 수는 없을 것이다.
여기는 "화혼한재和魂漢才" 내지 "화혼양재"에 대해 논의할 자리가 아니다. 그렇지만 이 문제에 대해 어떤 태도를 가질 것인가 하는 것이 현대 내지 미래의 일본을 결정하는 중요한 문제라고 생각된다. 그리고 사쿠마 쇼잔이나 요코이 쇼난이 말하는 "동양의 도덕, 서양의 기술"이라는 사고방식의 시조는 이와 같은 하쿠세키의 생각 속에서 찾을 수 있지 않을까 싶다.(桑原武夫 編, 1969: 해설, 33~34)
단적으로 말해 오히려 하쿠세키는 일본에서 근대주의의 비조鼻祖라고 할 수 있는 인물이다.
근대사상은 사상계에서 보면 영원한 것, 또는 절대적인 것에 대한 부정 내지는 적어도 그것에 대한 회의적인 태도를 가지는 데서 시작한다. 그런 의미에서 하쿠세키는 분명히 근대주의자라고 할 수 있다.
난학-양학-근대의 (서양) 학문의 입장에 서는 사람이나 학문이 발전해서 오늘날에 이르렀다고 생각하는 사람들은 아라이 하쿠세키의 『채람이언』, 『서양기문』을 그의 난학의 출발점이라고 평가할 수 있을 것이다. 그러나 아라이 하쿠세키의 전집을 옆에 놓고 난학과 서양에 관한 글을 읽어보면, 하쿠세키의 학문 전체에서 그

"과거" 그 자체로 되돌아가려고 한다. 반대로 말하면 "현재"를 자기 부정하는 것이 요구되는 것이다.

"화혼양재"라는 말은 두 개의 상이한 문화적 가치 체계를 무리하게 접합하려고 시도하는 어구이지만, 화혼양재라는 행위가 등장하는 데는 몇 가지 전제가 필요하다. 우선 첫째, 무엇보다도 자국과 타국의 문화적 이질성을 느끼는 것이고, 이질적이지만 타자의 고도의 선진성先進性을 인정하는 것이다. "인정"하는 것이 없다면 양이론밖에 등장하지 않

것이 특히 큰 비중을 차지하고 있는 것은 아니라고 생각된다. 하쿠세키는 양재=난학을 확실히 존중하긴 했지만 그로 인해 유교의 자연관이나 지금까지의 지식을 버리고 난학을 지식의 원천으로 삼으려고 한 것은 아니다. 아라이 하쿠세키라는 당대 제일의 학자는 아시아 문화권 이외의 다른 문화권이 존재하고, 아시아 문화권 내에서 얻을 수 없는 지식은 다른 문화권의 정보를 존중한다는 유연한 사고를 갖고 있었다고 말하면 되는 일이다. 또 아라이 하쿠세키에게 기독교의 천지창조, 예수 그리스도의 강탄降誕이라는 가르침이 치졸하고 천박하게 여겨진 것은 그의 부정확한 이해 때문도 아니고 그의 "고루함" 때문도 아니다. 그것이 그의 학문적 한계라고 단정할 일도 아니며, 동시에 천주의 천지창조나 [타자에 의지하지 않고] 스스로 살아 있다는 것, 재앙을 피하기 위해 십자를 긋는 등의 기독교의 가르침이 유치하게 보이는 것을 쿠와바라가 일부러 변호해줄 필요도 없다. 이와 같은 "솔직한" 의문이 바로 기독교 신학에서 고민하고 아우구스티누스마저 괴롭힌 문제였기 때문이다. 쿠와바라가 하쿠세키를 화혼양재의 비조로서 역사의 한 시점에 한정 짓는 행위는 오히려 쿠와바라 자신의 "현재 입장"을 반영하고 있다고 하겠다.
하여튼 오늘날의 근대화 과정의 맥락 속에서 하쿠세키를 난학의 시조라고 부르고 화혼양재와 관련시켰다고 해도 그것은 "현대 내지 미래의 일본을 결정짓는 중요한 문제"이기는 하지만 하쿠세키와 그 시대와는 아무 상관이 없는 일이다. 하쿠세키 자신은 "화혼"을 운운하면서 일부러 일본주의를 표방할 필요성을 느끼지 않았을 것이며, 시대 상황도 그다지 절박하지 않았기 때문이다. 단지 위정자 하쿠세키로서는 이웃 나라 중국의 정세를 감안할 때 명明나라가 멸망한 이유가 마테오리치의 책의 영향이라고 하는 유학자도 있었기 때문에 기독교를 엄금하는 것은 그리 지나친 정책이 아니라고 생각했던 것이다. 하쿠세키가 유교적인 한계를 가지고 있었는지의 여부에 대한 논의를 하기보다는 오히려 유교의 세계관과 기독교의 세계관과의 근본적인 차이가 하쿠세키를 통해 뚜렷하게 나타나 있음을 알아야 할 것이다.

는다. 사쿠마 쇼잔의 말을 인용하면, 자연과학이 발달한 뒤에 태어난 서양인은 공자나 맹자孟子가 알지 못했던 이치[理]를 아는데, 그것이 바로 "사락四樂"이라는 것이다. 이것은 상이한 문화임에도 불구하고 동질성을 발견했다고 보거나, 상이한 문화를 자국의 문화에 이식하여 이해하려는 태도인 것이다.

사쿠마는 가와지 도시아키라川路聖謨[에도막부 관료로 개국론자]에게 보낸 서한에서 다음과 같이 쓰고 있다. "주자朱子의 생각은 정자程子의 설에 따른 것인데, 대개 천하의 사물에 대해 그 이치를 궁구하여 지식智識의 양을 끝까지 늘린다고 말씀하셨으나 그것[사물의 이치를 궁구하는 것]만으로는 바깥 사물을 좇느라 정신이 없게 되는[外馳] 폐단이 있습니다. 허나 [육상산陸象山과 왕양명王陽明처럼] 내 마음이 곧 이치이니 천하 만물은 모두 나에게 갖추어져 있다고 한다면 내 마음의 이치를 궁구하기만 하면 된다는 말이 됩니다. 여기에 [정주程朱의 이학理學과 육왕陸王의 심학心學과의] 차이가 있는 것이지요. 서양의 궁리의 학문 같은 것도 역시 정주程朱의 생각과 부합하는 것을 보니 실로 정주 두 선생의 격치格致의 설은 동해東海·서해西海·북해北海에서도 타당한 뛰어난 학설이라는 것을 의미합니다. 서양의 학술이 정주의 생각과 맞는 것을 보면 그것까지도 모두 우리 학문 범위 안의 일부분으로서 원래 바깥의 것이 아니라는 말이 됩니다."(佐久間象山, 1971: 330) 그는 정주학程朱學으로 서양 학문을 이해할 수 있고, 양자에게는 동질성이 있다는 것을 주장하는 것이다. 동질성이 있기 때문에, 화혼으로서 양재의 사용이 가능한 것이다.

또 사쿠마 쇼잔에게는 『포괘礮卦』(1852)라는 저작이 있다. 그것은 그가 당시 제자에게 포술砲術을 가르치다가, 그 포술의 이법이 역易의 상象

과 대응하고 있다는 오묘함에 놀라 쓴 것이다. 탄환이 화약에 의해 발사되는 것을 "불의 성질은 가볍고 빠르며 위로 타오르고, 쇠붙이의 성질은 무겁고 느리며 아래로 떨어진다. 이 두 가지 성질은 서로 다르고 서로 도울 수가 없다. 이것은 바로 규괘睽卦[서로 반목하는 모양을 상징하는 괘]의 뜻이다. 불은 곧 쇠를 싫어하고, 쇠는 곧 불 때문에 날아간다"(佐久間象山, 1923)라고 기술하고 있다. 사쿠마 쇼잔 특유의 황당무계한 착상에 불과하다고 말할 수도 있고, 하나의 자연현상에 대한 다른 문화체계의 다른 표현이므로 내용적으로 일치하는 것은 당연하다고 말할 수도 있다. 그렇지만 여기에서 제기되는 문제는 다른 문화를 이해할 경우, 그 문화를 자국과의 동질성 내지는 유사성, 아날로지로서 해석하지 않을 수 없다는 문제와 동질화를 꾀하려는 이유가 어디에 있는가라는 문제이다.

전자인 아날로지의 문제는 사람은 이해 가능한 것만을 이해할 수 있다는 것이다. 사람은 전혀 다른 문화를 수용할 때 그 역사적·사회적 시점에서 동질성이나 유사성을 가진 것만을 획득할 수 있다. 혹은 가령 전혀 다른 문화도 동질적·유사적인 것으로 변형시켜 이해한다. 그리고 그 이외의 것은 소거되는 것이다. 근대 일본은 서양 문화를 무턱대고 이식해왔지만, 그러나 서양 문화 속에서 이해 가능한, 필요한 것만을 이식한 것에 불과하다고 말할 수도 있다.[7]

---

7) 가와지리 노부오川尻信夫는 동양과 서양의 수학에 대한 인식을 통해 그것을 예시하고 있다. 즉 유럽의 학문은 논쟁적인 반면 동양의 학문은 기록적이고, 중국 문화권에는 논리적 관점에서의 학문 전체의 체계성·계층성을 추구하는 사고방식이 존재하지 않았다고 한다. "여기서 학문의 목표는 이론보다 실용이었다. 따라서 학문의 분류는 의학·역학曆學과 같은 현실의 대상에 관한 것뿐이었다."(川尻信夫,

그러면 후자의 동질성을 꾀하려는 이유는 어디에 있는 것일까. 우리는 이국의 문화를 동경한다. "동경"이 이념이 되고, 지금까지의 스스로의 것을 자기부정하고, 자신을 타자의 문화로 투입한다. 타자의 사고방식 혹은 타자의 문화에 가능한 한 자신을 의탁한다. 그러나 우리 자신은 자기부정을 계속하면 자기상실의 불안에 휩싸인다. 그리고 또한 다른 문화를 자기화할 수 없다는 벽에 부딪혀버린다. 이문화異文化의 "이질성"의 벽에 부딪혀 튕겨 나오고 동시에 자기 문화의 전통의 "굴레"에 얽매임으로써 "타자"의 자기화에 당혹하여 주저하는 상태가 생길 때, 거기에 절충주의가 등장하는 것이다. "화혼양재"는 전통문화와 서양 문화의 종합·통합이라고 하는 적극적 수용의 태도와 더불어 발판이 흔들려서 어중간하게 수습되지 않는 마음도 표현하고 있다.

그러한 "당혹감"은 "절충주의", "어중간함", "의식의 퇴행"이라는 비판받을 만한 측면을 가지면서도, 거기에는 그것이 등장할 수밖에 없는 필연성이 있다. 그것은 자기부정에 의한 자기상실의 불안에서 오는 자기 주체성의 회복에 대한 요구이다. 확실히 다른 문화는 자기부정을 수반하지 않고서는 섭취될 수 없다. 그러나 자기부정은 그 부정을 통하여 자신의 한도 내에서 새롭게 자기를 재설정하는 것이다. 이것은 개인적인 자기 주체성에서뿐만 아니라 국가 주체성에서도 마찬가지일 것이

1982: 27) 그는 동양에는 계산법은 있었지만 "연역적 증명이라는 개념 및 그것을 가능케 하는 체계"(川尻信夫, 1982: 23)가 완전히 결여되어 있었다고 하면서 그때까지 일본에 존재하지 않았던 수학의 체계라는 개념을 표면적이나마 이해한 사람은 난학에 능통한 수학자 우치다 이츠미內田五觀였지 일본 전통 수학자[和算家]가 아니었다고 한다. 또 사쿠마 쇼잔의 상증술詳證術(수학)도 이츠미의 상증학詳證學에서 말을 "빌려 쓴" 것(川尻信夫, 1982: 308)이며, 수학은 모든 자연과학의 기초라고 말할 수 있을 정도의 수학과 물리학의 지식이 동양에는 없었다고 논한다.

다. 사쿠마 쇼잔이나 요코이 쇼난의 문제는 한 개인의 정신적인 자세뿐만 아니라 국가적 주체성을 어떤 점에서 유지할까라는 문제였다. 사쿠마 쇼잔, 요코이 쇼난, 조선의 박규수朴珪壽, 중국의 장지동張之洞 등은 모두 당시의 체제의 요직에 있으면서 서양 문화의 이입에 노력한 사람들이다. 따라서 그들은 "이해하기 위한 동질성"보다는 이문화의 가치를 인정하면서 주체를 수호하거나 국가 체제를 보호하고 유지하기 위하여 자기 문화의 가치를 주장한 것이다. 더구나 그 동질화를 꾀하려는 행위는 앞에서 언급한 것과 같은 소극적인 표현뿐만 아니라, 타자를 통한 자기 회복, 이문화를 통한 자기 재생, 변증법적으로 말하면 정正·반反·합合의 계기라는 적극적인 면도 가지고 있었다. 구체적으로 말하자면 유교 윤리에 의해 유지되었던 막번幕藩 체제는 근대국가관에 의해 부정되고 스스로 붕괴했지만, 주군主君을 섬기는 충의는 서양 근대국가의 로열리즘Royalism[군주제/왕정주의]과 대응하는 형태로 이제는 존황주의尊皇主義라는 천황제 근대국가를 지탱하는 원리가 되어 되살아났다. 혹은 서양 학문을 수용할 때에도 "정신"이라는 극히 역학易學적인 말은 독일어 가이스트Geist의 번역어로서 새로운 의미를 띠고, 카테고리kategorie의 번역에는 범주範疇라는 유교 개념이 도입된다. 혹은 신도神道의 즉물적인 "카미神"는 기독교의 하느님God과의 접촉을 통해 내용적으로는 변하지 않더라도 초월성에 대항하는 즉자적卽自的 의의를 갖추게 된다. 요컨대 그때까지 보편적인(달리 말하면 당연한 것으로 생각되던) 지위에 있던 하나의 문화가 다른 문화와 접촉하게 되면, 이 보편적인 것이 이문화와 대립하는 특수한 것이 되고 상대화되며 부정되는 것을 막기 위하여 이문화를 받아들여 보다 보편적으로 되려고 하는 것이다. 만약 그 통일화의 행위가 없다면 자기 속에서는 자기 분열의 불안, 국가 규범에서는 민족적 정체성의 결핍, 즉 국가의 분열이 나타나는 것이다. 이 시기에 표명된 "화혼양재"란 그와 같은 자기 회복을 위한 고투苦鬪의 표현이다.

4. 근대화의 패턴

그런데 제2의 논점은 근대정신이 과학·기술을 기초 짓는 합리적 정신이고, 일본인은 그것을 이미 활용했던 것으로 보아 화혼도 일정한 수준의 합리적 정신으로까지 승화되었을 것이며, 그 합리적 정신이 서양 근대와 연계되었다는 논의이다. 이러한 주장을 개척한 것은 마루야마 마사오丸山眞男의 『일본 정치사상사의 연구』이고, 그를 따르는 많은 사람들이 그 논의를 발전시키고 있다. 나는 단지 이 생각을 이끌어낸 저변에 마루야마의 "일본은 동양 최초로 근대국가 수립에 성공했는가?"(丸山眞男, 1983: 371~372)라는 물음이 가로놓여 있다는 것을 간과할 수 없다. 일본의 근대화를 논의할 경우 논의는 두 가지인데, 하나는 서양 근대화와의 질적인 차이이고, 다른 하나는 다른 아시아 국가들은 근대화에 성공하지 못했는데 어떻게 일본은 성공했는가라는 논의이다. 그리고 그것을 논술하는 데 있어서 맑스주의의 입장에서는 상업자본의 발달, 매뉴팩처manufacture의 발전 단계가 논의된다. 반면에 정신사적 고찰의 입장에서는 근세의 중국, 조선, 일본의 사상적 풍토가 주자학에서 형성되었지만, 전기 근대에 중국·조선의 유학자가 그 형이상학으로부터 자유롭지 못하고 서양의 학문을 거부한 반면, 일본의 유학자는 주자학적 형이상학으로부터 자유롭게 되고, 유학 내부에서는 실학이 발달하며, 더욱이 유학에 대항하여 국학, 난학蘭學이 형성되었기 때문에 일본은 근대화에 성공했다고 생각한다. 그리고 마루야마는 그의 입장에서 어째서 일본만이 그러한가를 논한 것이다.

마루야마는 도쿠가와德川 시대의 "근세 봉건사회의 사회 구성과 유교 윤리의 사상 구조의 유형적 조응이야말로, 근세에 유교가 가장 강력한 사회윤리로서 사상계에서 지도적 지위를 차지한 객관적 조건"(丸山眞男, 1983: 11)이라고 하였다. 그러면서도 그는 "주자학파·양명학파의 성립, 게다가 송학을 배척하고 직접 원시 유교로 복귀하려는 고학파古學派의 흥기라는 근세 유교의 발전 과정은 송宋에서의 주자학, 명明에서의 양명학, 청청淸에서의 고증학의 성립 과정과 현상적으로는 유사하다. 그러나 그 사상적 의미는 전적으로 다르다. 그것은 유교의 내부 발전을 통하여 유교 사상 자체가 분해되어가는, 바로 완전히 이질적인 요소를 자기 속에서 발아하는 과정인 것이다"(丸山眞男, 1983: 14 이하)라고 분석한다. 그리고 그 사유 방법의 변혁을 소라이학徂徠學에서 구한다.

마루야마는 소라이학을 주자학적 사유 방법의 안티테제로 자리매김하고, 주자학적 사유 방법의 붕괴 과정을 다음과 같이 묘사하고 있다.

먼저 주자학적 사유 방법을 정의한다. 그것은 서양의 합리주의와는 다른 합리주의이다. 그리고 주자학의 이치는 개개 만물에 내재하면서 만물을 초월한 일원적 성격을 갖는다. 초월성과 내재성, 실체성과 원리성이 즉자적卽自的으로(무매개적으로) 결합되어 있는 것에서 주자 철학의 특징이 발견된다는 것이다. 그렇다고 하면 주자학의 이치는 물리物理인 동시에 도리道理이고, 자연인 동시에 당연이다. 거기에서는 자연법칙이 도덕규범에 종속된다. 자연만이 도덕에 종속하는 것은 아니다. 역사 또한 도덕에 종속된다. 일반적으로 추상적인 합리적 사유는 역사적 발전의 다양성을 하나의 이성 규준에서 초월적으로 판단한 결과, 종종 역사적 개성을 상실한다. 그러나 주자학적 "합리주의"는 그 규준인 "이치"가 도덕성을 본질로 하고 있기 때문에, 주자학의 역사관은 주자의 통감강목通鑑綱目에 전형적으로 나타나 있듯이 극히 특징적인 형태를 취한다. 거기에서는 역사는 무엇보다도 교훈이고 귀감이었다. 즉 "명분을 바로잡기" 위한 수단일 수밖에 없는 것이다. 오규 소라이荻生徂徠[8]는 이 도덕법칙과 자연·역사의 이치가 갖는 불가분성을 타파했다기보다도 이치를 성인의 도에 한정하고 천도天道의 불가지성不可知性, 신비성을 농후하게 부각시켜 인간 인식의 한계 밖에 둠으로써 도덕의 속박으로부터 자연·역사의 이치를 해방시킨 것이다. 바로 "이치라는 것은 정해진 법도〔定準〕가 없는 것"(荻生徂徠, 1973a: 150)이 되었던 것이다.

마루야마의 논점은 서양철학에서 신의 존재 증명의 전통을 불가지론으로 단절시킨 칸트Immanuel Kant의 『순수이성비판』을 도식화하여 일본 사상사에 적용시켰던 것이다. 마루야마의 이와 같은 도식화는 서양

---

[8] 〔옮긴이〕 오규 소라이荻生徂徠(1666~1728): 일본 에도 시대의 유학자. 에도江戶에서 도쿠가와 츠나요시德川綱吉(뒤에 제5대 쇼군이 됨)의 시의侍醫의 아들로 태어났다. 7살 때부터 주자학자 하야시 가호林鵞峯로부터 유학을 배웠다. 그가 14세 때 아버지는 가즈사上總國 지방(현재의 지바 현千葉縣) 혼노 마을本能村로 귀양을 가고 소라이도 아버지를 따라갔다. 25세 때 귀양이 풀려 에도로 돌아온 소라이는 시바초의 조조지增上寺 앞에서 강의를 시작하고 1696년에는 야나기사와 요시야스柳澤吉保를 섬기게 되었으나 1709년에 요시야스가 실각하자 니혼바시日本橋 가야바초茅場町에 켄엔蘐園이라는 학원을 열고 연구와 제자들의 지도에 전념했다. 1722년에는 제8대 쇼군 도쿠가와 요시무네德川吉宗의 고문이 되고, 1728년에 63세로 세상을 떠났다. 소라이는 선왕先王의 도道는 바로 성인이 제작한 예악형정禮樂刑政의 제도일 따름이며, 육경六經은 도를 밝혀주는 중국 고대의 텍스트라고 주장하는 고문사학古文辭學을 제창했다. 저서에는 『역문전제역문전제譯文筌蹄』, 『훤원수필蘐園隨筆』, 『변명辨名』, 『변도辨道』, 『학칙學則』, 『태평책太平策』, 『정담政談』 등이 있다.

근대를 모델로 한 일본의 근대화 과정에 대한 논의와 대응한다. 그리고 마루야마가 내린 결론은 학문(형이하학)은 형이상학적인 속박에서 벗어나면 다양하게 발달한다는 것이다.

게다가 마루야마는 소라이에 이어 노리나가本居宣長[9]를 그 주자학적 사유 방법의 붕괴 과정에 위치시킨다. 그리고 그 양자의 상이점보다도 공통점을 부각시킨다. 즉 "노리나가와의 관련에서 중요한 것은 문헌 해석에서 일체의 주관적 자의를 배제하려는 지향이 소라이학 및 노리나가학의 근저에 놓인 인격적 실재에 대해 절대적으로 존신尊信하는 태도와 서로 표리를 이루고 있는 점에 있다"(丸山眞男, 1983: 164 이하)라는 문헌학적 해석주의, 이데Idee[이념]의 우위성을 부정함으로써 초래된 사실주의적인 역사의식, 그리고 인간 자연성의 해방이다. 거기서 유교적 사고방식의 자기 붕괴와 더불어 근대적 사고방식이 성장한다고 생각하는 것이다.

그리고 마지막으로 마루야마는 주자학의 합리주의가 왜 소라이학 내지 노리나가학에서 비합리주의를 환기해야만 했던가라는, 일견 사상적

---

9) [옮긴이] 모토오리 노리나가本居宣長(1730~1801): 에도 시대의 국학자, 문헌학자, 의사. 노리나가는 이세伊勢國(현재의 미에 현三重縣) 마츠사카松坂의 상인 집안에서 태어났다. 1752년 그가 23세 때 교토로 가서 오규 소라이와도 친교가 있고 일본 고전학자 게이추契沖의 학문에도 조예가 깊었던 주자학자 호리 케이잔堀景山의 제자가 되었다. 노리나가는 약 5년 동안 교토에 머물면서 유학·문학·의학·국학을 배우고, 또 교토 생활을 통해 왕조 문화에 심취하게 되었다. 1757년에 고향 마츠사카에 돌아온 노리나가는 병원을 개업하고 1763년에 마츠사카를 찾아온 국학자 가모노 마부치賀茂眞淵를 만나 그 문인이 되었다. 노리나가는 그 무렵부터 『고사기』의 주석을 달기로 결심하고 1798년에 『고사기전古事記傳』 44권 44책을 완성시켰다. 그 외에도 고전문학 『겐지 이야기源氏物語』의 주석 『겐지 이야기 타마노오구시源氏物語玉の小櫛』 등이 유명하다.

역전과 같이 비치는 "합리주의"에서 "비합리주의"로의 진전이 실은 근대적 합리주의의 성립을 위한 불가결한 지반이었다는 것을 논하고 있다. 그것은 두 가지 측면에서의 고찰, 즉 첫째는 세계사적인 과정에서의 고찰이고, 둘째는 주자학의 특수한 성격에서의 고찰이다. 말하자면 세계사적인 과정에서도 후기 스콜라철학과 같이 비합리적인 것이 오히려 우위를 차지하고 있다는 것이다. 그리고 주자학의 "합리주의" 내지 "주지주의"의 기본 성격, 자연·역사·문화의 일체가 도덕적 지상명령至上命令하에 있다는 것을 해체하는 데 있어서도 소라이·노리나가의 비합리적인 입장의 이론 전개가 불가결했다는 것이다.

마루야마의 논점은 요컨대 소라이학이 "선왕先王의 도道"와 "천지자연의 도"를 분리하고 학문의 공적 영역을 협의의 성인의 도로 한정함으로써 그 이외의 학문을 유교적 이데올로기로부터 해방시켰고, 이후 학자의 지적 관심이 개인의 세계로부터 외부의 세계로 전개되었다는 것이고, 또 소라이와 진사이伊藤仁齋[10]·노리나가 등에 의해 형이상학과

---

[10] 〔옮긴이〕 이토 진사이伊藤仁齋(1627~1705): 에도 시대의 유학자, 사상가. 진사이는 교토에서 재목상의 아들로 태어났다. 11세 때부터 사서를 읽기 시작하고 주자의 『연평답문延平答問』을 읽은 후에는 본격적으로 주자학 연구에 몰두했으나 주자학의 엄격주의에 의문을 품게 되었다. 28~29세 무렵에 병을 계기로 가업을 아우에게 물려주고 별택에서 은거하면서 불교·노장·양명학을 섭렵하기 시작했다. 마침내 진사이는 주자학을 비판하고 고의학古義學을 제창했다. 1663년에 교토 호리카와堀川에 학원 고기도古義堂를 열고 이후 40년에 걸쳐 문인들의 교육과 연구, 저술에 전념했다. 진사이의 주요한 저서로는 『논어고의論語古義』, 『맹자고의孟子古義』, 『어맹자의語孟字義』, 『중용발휘中庸發揮』, 『동자문童子問』 등이 있다. 진사이는 정밀한 문헌 비판을 통해 주자학의 금욕주의·엄격주의를 비판하면서 주자학에서 오직 바깥 사물을 배척하는 것은 본래 노장의 사상이고 인욕人欲을 없애야 한다는 주장은 불교, 특히 선禪에서 유래하는 것이며 모두 공자·맹자 본래의 가르침이 아니라고 지적했다. 그에 따르면 성인은 도道를 말하되 성性이나

형이하학·실학이 분리됨으로써 양학洋學의 발달이 촉진되고 화혼이 근대적 정신으로까지 높여져 있었기 때문에 양재와 쉽게 결부될 수 있었다는 것이다. 즉 근대 서양철학의 주형鑄型에 일본 사상사를 적용시킨 것이다.

그런데 이 마루야마의 『일본 정치사상사의 연구』의 「후기」에 기록된 다음과 같은 말을 놓쳐서는 안 된다. 즉 "라이트모티프Leitmotiv[시도 동기]가 된 것은 봉건사회에서 정통적인 세계상이 어떻게 내면적으로 붕괴했는가라는 과제이다. 이 과제를 해명함으로써 나는 넓게는 일본 사회의, 좁게는 일본 사상의 근대화의 형태가 한편으로는 서구에 대하여 다른 한편으로는 아시아 국가들에 대하여 갖는 특질을 구명하려고 생각했다."(丸山眞男, 1983: 369) 이러한 관점은 근대 일본의 지식인에게는 반드시 필요하지만 동시에 함정이다. 그리고 이 도식 그 자체에 오류가 있을 경우 마루야마가 논하는 일본 "근대화의 패턴"의 성립이 위태롭게 되는 것이다.

5. 실학의 합리 사상

그런데 일본의 근세·도쿠가와 시대의 근대화·합리화의 진전을 무작

이理를 별로 말하지 않았다. 그 도는 자연계의 천도天道·지도地道와 다른 인도人道, 즉 인류의 도를 말한다. 그리고 "대개 천지 사이는 하나의 원기元氣가 있을 뿐"이며 성인은 천지를 활물活物로 본다. 그리고 원기의 운동이 만물을 낳는 덕을 공자는 인仁이라고 불렀는데 인은 곧 사랑이다. 그러한 입장에서 진사이는 『논어論語』를 최상지극우주제일最上至極宇宙第一의 책으로 칭찬하고 『맹자孟子』는 공자 사상을 잘 부연 설명한 것으로 보았다.

정 서양 근대의 진전 과정과 동일화시키는 것이 아니라 그 다양성을 치밀하게 확인하면서도, 또한 근대화=합리화의 진전론을 전개한 것은 미나모토 료엔이다. 미나모토의 『근세 초기 실학사상의 연구』는 근대화 그 자체의 개념 설정에 대한 반성으로부터 출발하고 있다. 그는 근대화란 서구화도 아니고 자본주의화도 아니며 "보다 바람직한 것"이라는 가치와 반드시 동일화되지도 않는다고 말한다. 그럼에도 불구하고 "근대화는 서구 사회나 아시아 사회, 혹은 아프리카 사회 등에서도 역사적·사회적 조건들과 복잡하게 얽히면서 생기生起하는 일종의 보편적 성격을 가진 사회과정이다"(源了圓, 1980: 10 이하)라는 것이다. 그리고 그는 존 홀John Hall의 포괄적인 근대화 지표를 원용하여 근대화의 세 가지 유형을 구분한다. 즉 (1) 영국, 미국, 프랑스, 네덜란드 등 자신들의 내재적인 힘으로 자주적으로 근대화를 달성한 나라들. (2) 독일, 이탈리아, 소련, 일본, 중국과 같이 어느 정도 고도의 전통을 가지고 있으면서도 자신들의 힘으로는 근대화를 충분히 추진할 수 없었고 (1)의 국가들과의 접촉으로 근대화한 경우. (3) 제2차 세계대전 후의 아시아, 아프리카의 여러 나라들이다. 이와 같이 미나모토의 고찰은 마루야마의 무전제의 근대화론과 비교하면 많은 변화를 보이지만, 일본 사회 혹은 세계 전체가 근대화로의 길을 똑바로 나아가고 있다는 전제는 무너지지 않았다. 따라서 근세 시대의 사상사 고찰도 근대화의 과정을 좇아가는 것이 된다.

미나모토는 근대화의 과정을 좇아가고는 있지만, 그 전개 방식에서 몇 가지 노력을 보이고 있다. 그 하나는 근대화 과정이 어떤 개념을 키워드로 삼고 그 의미 내용이 어떻게 변화했는가를 검토한 점이다. 『도쿠가와 합리 사상의 계보』에서는 "이理"를 키워드로 "이"라는 관념의 내용이 어떻게 변화하고, 또 "이"에 대한 논의가 어떻게 변화하면서 전개되었는가를 살펴보고, 『근세 초기 실학사상의 연구』에서는 동아시아 세계에서 "보편적 진리 추구의 요구로 성립된 학문이며 사상"인 "실학"이라는 개념을 설정하고 "사상 자체가 그것을 만들어낸 문화의 틀을 뛰어넘어 보편성의 획득을 목표로 삼는"(源了圓, 1980: 7) 과정을 검토했다. 근대화 과정은 서구화는 아니라고 하더라도 보편화(물론 서양의 근대가 보편이라고 말하는 것은 아니다. 자기 문화에 틀어박히는 특수화의 방향과는 반대의 방향을 보편화라고 부르고 있는데 그 보편화란 엄밀하게 말하면 자기 문화로부터 기타의 다른 문화에 대응하는 능력·원리를 이끌어내는 과정이라고 정의할 수 있을 것이다)의 과정에 있는 이상 그 보편화 과정을 잘 보여주는 키워드를 설정할 필요가 있었던 것이다. 더욱이 이 "실학"이라는 설정은 필연적으로 중국, 조선과의 비교 고찰을 요구한다. 마찬가지로 서양에 대항하는 민족주의의 감정에 불타 같은 유교 문화권에 속해 있으면서 중국·조선·일본이 근대화의 흐름을 달리하게 된 것은 어떤 이유에서였을까를 규명하는 것은 일본 근대화 과정의 특색을 밝히기 위한 하나의 중요한 절차이다.

미나모토에 의하면 막부 말기에 극히 실천적인 다음과 같은 세 가지 유형의 실학이 형성되었다. 즉 사쿠마 쇼잔의 양유겸학洋儒兼學의 실학, 요코이 쇼난의 유교 개혁의 실학, 그리고 요시다 쇼인吉田松陰의[11]

---

11) [옮긴이] 요시다 쇼인吉田松陰(1830~1859): 에도 시대 말기의 병학자, 양명학자, 사상가, 교육자. 쇼인은 나가토長門國 지방 하기번萩藩 마츠모토松本 마을에서 무사 스기 츠네미치杉常道(유리노스케百合之助)와 다키瀧의 차남으로 태어났다. 어려서부터 숙부 다마키 분노신玉木文之進으로부터 야마가류山鹿流 병학兵學을 배우고 1834년에는 하기번의 야마가류 병학 사범 요시다 다이스케吉田大介의 양자

정치 변혁의 실학이다. 첫 번째의 양유겸학의 실학이라고 명명한 사쿠마 쇼잔의 입장은 유교에서의 주자학의 궁리窮理의 사고방식과 서양의 사고방식이 기본적으로 일치한다는 견해에 입각하여, 양학洋學을 배우는 것은 "성인聖人의 가르침의 취지에 적합하고, 성인의 가르침을 보좌한다는 사고방식의 학문을 가리킨다."(源了圓, 1980: 97) 이것은 앞에서 본 대로이지만 미나모토는 "이 주자학과 양학의 접합은 사상적으로는 철저하지 못했지만, 지금까지 양학에 접근하지 않았던 무사들을 양학의 세계로 끌어들인 것은 커다란 공적이었다. 또 주자학이 양학 수용의 기반이 된 것은 중국·조선에서는 유래가 없다"고 말한다. 그리고 두 번째의 유교 개혁의 실학이라는 것은 유교를 개혁하여 그 본래의 모습으로 되돌려놓으면 일본이 서구 문명을 맞아 직면한 문제를 해결할 수 있다는 관점에서 중국의 요순의 치세를 재평가하려는 것이다. 앞의 사쿠마 쇼잔과 비교하면 과학 기술의 수용에서 한 걸음 더 나아가 서양의 정치제도나 사회제도에도 주목하고 정치제도의 개혁까지를 목표로 삼은 것이었다. 역시 동양에서는 고대 요순의 치세에 그 이상 형태가 실

가 되어 다이스케의 죽음과 더불어 요시다 가문을 계승했다. 하기번의 학교 메이린칸明倫館 병학 교수를 거쳐 1845년 에도로 올라가 사쿠마 쇼잔의 제자가 되었다. 1853년의 미국 함대 입항을 보고서 서양 유학을 결심하고 러시아, 미국으로 밀항을 시도하다 실패했다. 막부에 체포된 후 하기로 보내져 생가에 연금된 쇼인은 일찍이 숙부 분노신이 설립한 쇼카손주쿠松下村塾를 주재하면서 뒤에 메이지 유신을 주도하는 기도 다카요시木戸孝允, 다카스기 신사쿠高杉晉作, 구사카 겐즈이久坂玄瑞, 이토 히로부미伊藤博文, 야마가타 아리토모山縣有朋 등의 인재를 양성하고 사실상 메이지유신의 정신적 지도자가 되었다. 1858년 조정의 칙허 없이 막부가 독단으로 일미수교통상조약을 맺었다는 소식을 들은 쇼인은 로주老中 마나베 아키카츠間部詮勝 암살을 계획하다가 하기에서 투옥되었다. 그리고 이듬해 에도에 압송되고 고덴마초小傳馬町의 형장에서 참수되었다.

현되어 있었다는 것이다. 그리고 마지막으로 요시다 쇼인이 대표하는 "막부의 타도 없이는 일본의 국가적 독립은 실현할 수 없다고 하는 관점에 입각하는 극히 실천적 성격이 강한 실학이다"(源了圓, 1980: 98)라고 말하고 있다. 이 마지막까지 오면 과연 실학을 실천적 개념으로 파악할 수 있을 것인가라는 의문이 생긴다. 하지만 어쨌든 미나모토는 사쿠마, 요코이, 요시다의 논의를 근대화의 과정으로 재구성하고 메이지의 실학에로 연결시킨다. 그리고 당시의 중국·조선과도 비교하면서 첫 번째 유형은 중국의 양무파洋務派와, 두 번째의 요코이 쇼난은 변법파變法派인 캉유웨이康有爲 등과, 세 번째의 요시다의 입장은 장병린章炳麟 등의 배만파排滿派[만주족의 청 왕조淸王朝를 쓰러뜨리자는 입장]와 공통점이 많다고 한다.

 미나모토의 고찰을 통해서 말할 수 있는 것은 삼자三者의 비교의 중요성이고, 그와 동시에 비교의 기준을 설정하는 어려움이다. 일본 근대화의 척도로 중국·조선을 가늠하는 것은 일본인이 자기의 자리매김에 스스로 만족하기 때문에 가능하며 중국 사람이나 한국 사람들의 눈에는 "일본을 본받아라"라는 교만함으로 비칠 수 있는 것이다. 그러나 다른 한편으로 일본인인 이상 일본의 역사를 주체적으로 고찰하는 것은 당연하고, 일본이 항상 암암리에 비교의 기준이 되지 않을 수는 없다. 주체성 없이는 역사를 고찰할 수 없으며, 각각의 역사를 국적 없이 고찰할 지평도 없다. 그렇지만 여전히 동아시아의 근대화(혹은 역사의 진전 과정)를 일본적 잣대가 아닌 "무언가"에 의해 고찰하는 태도가 필요한 것이다.

6. 인 없는 이치

요코이 쇼난은 서양 문명을 이끈 "천지 공공天地公共의 도리"는 기독교와는 다른 "일종의 경륜궁리經綸窮理의 학"이라고 본다. 그것이 증기선, 기차, 전신기, 방직기[力織機] 등 생활을 향상시키기 위한 기술을 개발하게 한 것이지만 그 "경륜"은 끝은 있고 근본은 없는 것, 즉 이해타산에서 출발하여 결과만을 중시하는 것이기 때문에, 표면적으로 인仁에 가까운 듯 보이는 것에 불과하다. 그리고 그들의 만국일체萬國一體·사해형제四海兄弟의 이치라는 것도 단지 원칙을 말하는 것에 불과하다고 기술한다. 그리고 서양 이치의 한계, 특히 인仁이 없는 식민지정책을 비난한다. 그리고 동양의 도덕, 성왕聖王의 도道를 또다시 내세운다.(橫井小楠, 1970: 444 이하)

서양의 합리성에서 문화의 이질성을 느꼈던 사쿠마, 요코이의 화혼양재론은 단지 그들 개인의 역사적·사회적 한계에 불과하고, 2절[2. 흑선 오다]에서 말한 근대화의 과정으로 뒤에 요시다 쇼인이나 메이지유신의 지도자들에 의해 극복된 것인가, 혹은 그들의 역사적·사회적 한계가 아닌 "무언가"가 있는 것인가. 이것이 "화혼양재"의 제3의 논점이다. 그러나 그것은 "화혼양재"론보다도 조선의 "동도서기東道西器"론이 상세하게 말해줄 것이다.

제2장
동도서기

1. 실학으로부터 개화로의 전환

"화혼양재"와 같은 발상은 일본에만 한정된 것이 아니다. 밀어닥치는 서양의 압도적인 군사력에 맞서, 더구나 기피하는 것만으로는 아무것도 해결되지 않을 경우 자국의 전통적 정신을 핵으로 삼고 그러한 정신에 맞추어 서양의 기술을 도입하자는 생각은 중국에서도 조선에서도 필연적으로 나타난 사상이었다. 중국에서는 "중체서용中體西用"이라 했고 조선에서는 "동도서기東道西器"라고 했다. 사쿠마 쇼잔이 "화혼양재"를 구상한 것은 1853년이지만, 중국의 장지동이 "중체서용"론을 제창한 것은 1890년대이다. 그리고 박규수가 실학으로부터 개화로 전환한 것은 1872년 이후의 일인데 그의 제자인 윤선학尹善學이 "동도서기"론을 저술한 것이 1882년이다. 서양과의 접촉 및 서양 열강의 침략은 중국이 가장 빨랐고 일본, 조선으로 이어졌다. 그럼에도 불구하고 지금 말했듯이 서양 문화 수용의 계기인 각국의 논의, 즉 중국의 "중체서용"은 "화혼양재"보다 40년 늦었고, 조선의 "동도서기"는 2, 30년 늦었다는 것을 알 수 있다. 그리고 그에 대응하듯이 근대 (서양형) 국가형태 체제는 일본은 1868년, 조선은 1897년(대한제국의 성립), 중국은 1911년 신해혁명辛亥革命에 의해 정비되었다. 국내 산업의 서양화도 대략 그것에 준하고 있고, 근대화(서양화)라는 하나의 기준으로 연대를 비교하면 조선은 30년, 중국은 40년 뒤에 일본의 뒤를 좇는다. 예전부터 근대화론에서는 "왜 이런 차이가 생겼는가?"가 논점이 되어, 아시아의 선두를 달린 일본의 우수성 혹은 전근대의 근대화 준비론이 제시되었다. 그러나 과연 단일의 기준(근대화일원론)으로 문제를 해결할 수 있을까. 근대화의 문제를 조선의 "동도서기"론을 축으로 생각해보자.

1876년 일본에 의해 어쩔 수 없이 개국된 조선은 1880년대에는 서양 문화를 배척하려는 위정척사衛正斥邪 사상에 대항하여 개화파(진보주의)가 대두하고, 자주적 채서책採西策의 논리로서 "동도서기"가 제기되었다. 그 논의를 이끌어내어 서양 문화를 도입하려는 운동의 리더는 박규수였다. 그를 중심으로 유교 내부의 실학, 즉 북학파와 성호학파의 계보 속에서 개화파가 등장한 것이다. 그 개화파 초기의 일군의 사상운동이 이른바 "동도서기"[1]이다.

---

1) "동도서기"라는 용어는 "화혼양재"가 그렇듯이 후대의 학자가 설정한 개념이다. "동도서기" 개념을 설정한 것은 한우근의 「개국 당시의 위기의식과 개화사상」(韓沽劤, 1968; 姜在彦, 1980: 365 참조)이다. 그러나 중체서용은 캉유웨이의 변법자강變法自强과 다른 역사적 개념으로 장지동이 스스로 만들어낸 것이다.
그런데 한국의 "근대"에 대해서는 인용 문헌 외에 다음의 문헌을 참조했다. 金日坤(1984; 1985; 1987); 山口正之(1985); 李基白(1979); 金義煥(1986); 朴宗根(1982); 金

이 "동도서기"의 사고방식은 박규수의 제자 윤선학이 1882년에 발표한 논의 가운데 다음과 같은 말에 적절하게 표현되고 있다. "군신·부자·부부·붕우·장유의 윤리는 하늘에서 얻어 본성에 부여되며 천지에 통하고 만고에 걸쳐서 변하지 않는 것이니 형이상의 도道라고 하겠사옵니다. 선박·수레·군사·농업·기계는 백성을 편리하게 하고 나라를 이롭게 하는 것이니 외형적인 기器라고 하겠사옵니다. 저희가 바꾸고자 하는 것은 기器이지 도道가 아니옵니다."(姜在彦, 1984: 103) 즉 군신의 관계, 부자, 부부, 붕우, 장유라는 유교에서의 인륜오상人倫五常의 이법理法은 어느 시대에나 변하지 않는 도道이다. 그러나 선박·수레·군사·농업·기계라는 기술적인 것은 국가를 부유하게 하는 기器이고 변화해가는 것이라는 취지이다. 또 다른 제자인 신기선申箕善은 서양의 방법은 예수교에서 나온 것이기 때문에 그 법을 따르는 것은 그 가르침에 복종하는 것을 의미한다고들 말하지만 사실은 그렇지 않다면서 다음과 같이 말한다. "아, 그것은 '도道'와 '기器'를 구분할 줄 모르는 소리이다. 예로부터 더없이 무수한 시간이 지나도 변하지 않는 것은 도이고, 때에 따라 변하기 쉽고 무상한 것은 기이다. 도는 삼강오상, 효제충신뿐이고, 요순주공堯舜周孔의 도는 해나 별과 같이 밝아서 오랑캐(蠻貊)의 땅에서도 버릴 수 없다. 기라는 것은 예악禮樂·형정刑政·복식服食·기용器用일 뿐이며, 당우삼대唐虞三代(중국 고대의 요순堯舜 시대와 하夏나라, 은殷나라, 주周나라 시대를 아울러 이르는 말)에도 역시 손익이 있었

海宗(1972); 新東亞 編輯室 編(1980); 李玉(1983); 朴玄埰(1985); 金思燁(1974); 朝鮮史硏究會 編(1981); 『朝鮮社會運動史事典』(1981); 朴趾源(1978); 高秉雪·鄭晉和(1981); 金錫淡(1978); 李光麟(1979); 朴殷植(1972).

다. 하물며 수천 년 후에 있어서랴. 만약 때를 만나 백성을 이롭게 하는 것은 오랑캐夷狄의 법이라도 시행해야 한다."(姜在彦, 1980: 193)

조선의 전통적인 정신을 유지하면서 서양의 기술을 사용하려는 이 사고방식은 일본의 막부 말기에 사쿠마나 요코이를 비롯한 개화적인 사상가와 메이지유신의 리더들이 품었던 도식과 다르지 않다. 그러나 이 슬로건은 조선 내에서는 일본과 같은 커다란 사상적 운동력이 되지 못했다. 과연 박규수, 유대치劉大致, 오경석吳慶錫 등의 선구자들에 이어 김옥균金玉均, 홍영식洪英植, 서광범徐光範 등이 개화파가 되어 갑신정변을 일으켰다. 그러나 그 정변은 실패하고 개혁의 싹은 제거되었다. 이 정변이 실패한 배경에는 일본과 청의 대립이라는 외적 요인이 있었지만, 이 사상운동 자체가 커다란 물결이 되어 전개되지 못한 조선 내의 내재적 요인도 있었던 것이다. 이 사고방식이 조선 내에서 어떻게 받아들여지고 전개되었는가를 이 사상운동을 이끌어간 중심인물인 박규수와 그의 사상적 계보에 초점을 맞추어 고찰해보기로 하자.(原田環, 1979: 11 이하; 姜在彦, 1980: 69 이하)

박규수(1807~1877)는 조선 유교의 정통 주자학에 대한 비판으로 일어난 실학의 일파인 북학파의 대표자 박지원朴趾源의 손자로 태어났다. 그는 북학을 계승함과 동시에 또 한편으로는 이익李瀷(성호星湖)으로부터 발단되는 성호학파의 정약용丁若鏞 등과 교류하였다. 그리고 1860년대부터 지방과 중앙의 요직을 역임하면서 지방 민란을 수습하고, 셔먼호 사건 등에 대처한 인물이다. 더구나 2회에 걸쳐 연행사燕行使(중국 사절)로 파견되면서 아편전쟁 이후의 중국의 참상을 직접 보고 당시 구미 열강의 식민지 지배 상황을 정확하게 파악하면서 조선의 독립을 위해 고투한 인물이다. 그런 의미에서는 사쿠마나 요코이와 같은 상황하에서 그리고 그들과 마찬가지로 한 국가의 책임 있는 지위에서 국난과 씨름했던 것이다.

그가 1866년 평안도 관찰사(감사監司)로 있었을 때 셔먼호 사건이 일어났다. 미국의 무장 상선 셔먼호가 대동강을 거슬러 올라 평양 부근까지 침입해왔다. 그 항해의 진짜 목적은 평양에 있는 능묘를 약탈하는 것이었다. 그들은 평양에서의 교역이 거부당하자 감시하고 있던 군인을 납치하고 석방 조건으로 금·은·쌀·인삼을 요구하였다. 그러나 이마저 실패하자 총포를 난사하여 조선의 관민官民을 사상하였다. 평안도 감사 박규수는 단호히 이것을 격퇴할 것을 명하고 자신도 출진하여 4일간의 전투 끝에 셔먼호를 태워버렸다. 승무원 중 미국인 3명, 영국인 2명, 중국인 선원 10여 명은 전투에서 살아남아 연안에 이르렀으나 격분한 주민들에게 모두 맞아 죽었다. 이것이 그 사건의 개요이다. 그리고 박규수는 양이공신洋夷功臣으로 칭송받았다.

확실히 그는 공적 입장에 있는 사람으로서 쇄국양이鎖國洋夷의 국시國是에 따라 한편으로는 "이국의 상선이 표류하다 도착하면" 식료품 및 필수품을 지급해서 내보내고, 배가 파손되었으면 베이징北京으로 호송하는 식으로 (미국 선박 서프라이즈호의 경우처럼) 상대가 예禮로 대하면 예로 응하고, 다른 한편으로는 셔먼호와 같은 오만하고 무례한 만행에 대해서는 단호한 조치를 취하였다. 그러면서도 그는 사적인 생각을 김윤식金允植에게 다음과 같이 말하였다. 지금 세계의 정세는 날마다 변화하면서 동서의 강국들이 대치하여 옛날의 춘추전국시대와 마찬가지로 전쟁이 끊이지 않는 상황에 있다. "우리나라는 작지만 동양의 요충지로서 진晉나라와 초楚나라 사이에 끼어 있었던 정鄭나라처럼" 내정과 외교의 적절함을 잃어버리지 않으면 자립을 유지할 것이지만, 그렇지 않으면 가장 먼저 망할 것이다. "내가 들은 바로는 미국은 지구상의 국가들 가운데 가장 공평하고 어려운 문제를 잘 풀고 분쟁을 해결하며, 또한 6대주 가운데 최고의 부국으로서 영토 확장의 욕심이 없다. 그들이 말하지 않더라도 우리가 마땅히 먼저 조약을 맺고 약속을 굳혀 바라건대 고립의 근심을 면해야 하는데, 오히려 미루어 짐작하여 이것을 물리치는 것이 어떻게 국사를 도모하는 도리라고 할 수 있겠는가?"(姜在彦, 1984: 56 이하; 原田環, 1979: 21) 당시 쇄국양이의 국론에 대하여 미국과의 국교 수립이 조선의 존립의 최선의 길이라고 적절히 판단하면서도 그와 같이 전개되지 않는 사태를 한탄했던 것이다.

그는 흥선대원군의 정권하에서 우의정의 지위에까지 올라 자주적 개국을 하고자 일본과의 국교 수립〔通倭〕을 주장했지만, "서양 오랑캐가 침범했을 때, 싸우지 않으면 화친하는 것이고, 화친을 주장하는 것은 매국이다〔洋夷侵犯, 非戰則和, 主和賣國〕"(姜在彦, 1984: 41), "왜양일체倭洋一體"라는 척사론의, "개국은 매국 행위이다"라는 규탄의 목소리 앞에 지지를 얻지 못하여 관직을 그만두고 한거閑居 생활을 해야만 했다.

그런데 조선의 개국이 늦어진 요인에는, 특히 일본과 비교해보면 역사적인 우연성이 있었다는 것을 부정할 수 없다. 조선도 일본도 1840년대 아편전쟁 이후의 국제 관계에서는 거의 동일한 상황에 놓여 있었다. 1840년 아시아의 종주국이 붕괴된 후, 남아 있던 반도국과 섬나라에 유럽 열강이 어떻게 촉수를 뻗쳤던가. 유럽 열강과의 분쟁, 즉 사츠에이 전쟁薩英戰爭〔사츠바번薩摩藩과 영국과의 전쟁〕(1863), 시모노세키 포격(1864), 병인양요丙寅洋擾(1866), 신미양요辛未洋擾(1871)는 거의 동시적으로 진행된 역사적 추이였다. 그런데 일본과 최초로 국교를 맺은 미국과, 서먼호의 보복과 개항 요구를 내세우며 침입해온 신미양요 때의 미국은 같은 나라이면서도 대외적인 자세가 전혀 달랐다. 거기에는 미국의 남북전쟁(1861~1865) 이전과 이후라는 국내 사정이 크게 작용하고 있었다. 게다가 일본은 한국보다 지리적으로 미국에 가깝고, 또 미국에게 포경기지捕鯨基地로서 중요했다는 지리적 요인도 관련되어 있었다. 또한 태국의 독립이 영국과 프랑스 양국 간의 힘의 균형에 크게 기인했던 것과 마찬가지로 동아시아에서 영국·프랑스·러시아·미국의 세력 균형도 중요한 요소로 작용했다. 틀림없이 일본은 그 당시 세력 균형의 공백 지대에 놓여 있었다고 할 수 있다. 게다가 셔먼호 사건에 이어서 일어난 1868년의 오페르트 사건, 즉 대원군의 부친 남연군의 분묘를 파헤쳐 유골을 훔쳐내고 그 반환의 대가로 기독교 포교와 통상조약을 강요하려 한 믿을 수 없고 어리석기 짝이 없는 사건이 조선인에게 유럽인은 금수禽獸와 같은 부류라는 여론을 불러일으킨 점도 조선의 개국을 늦춘 역사적 우연의 요소이다. 만약 일본에 이와 같은 사건이 일어났다면, 예를 들어 니코도쇼구日光東照宮의 보물을 영국인에게 빼앗기고 닌토쿠천황릉仁德天皇陵이 프랑스인의 손에 파헤쳐졌거나 파괴되었다면, 어떤 세계정세에 대한 적절한 인식도 배외주의排外主義를 막는 힘이 되지는 못했을 것이다.

  이와 같이 조선의 개국에 대한 망설임은 몇 가지의 불행한 우연에서 기인한다고도 말할 수 있다. 역사적인 우연론을 가지무라 히데키梶村秀樹는 다음과 같이 표현하였다. "개국에 앞선 시기의 일본과 조선이라는 양국兩國의 사회경제적 발전은 정치·문화적 특질을 가지면서 대동소이한 단계였다. 문제는 개국에 의하여 가속화된 사회변동의 집약으로서의 일대 정치 변혁의 성공 여부에 있었다. 그리고 아직 새로운 체제가 안정되지 않은 변혁기에 어떤 성질의 정치·군사적 외압이 가해졌던

가가 그 성공 여부에, 따라서 그후의 양국의 운명에 커다란 영향을 미쳤다고 보아야만 한다. 어떤 의미에서는 불과 20여 년이라는 개국의 시차가 메이지유신은 운 좋게 성공시키고, 20여 년 후의 조선의 변혁은 실패로 몰아넣었다고 하겠다."(梶村秀樹, 1977: 94~95)

개국의 시차론은 기존의 일본의 지식인의 "왜 일본은 아시아에서 최초로 근대화에 성공했는가?"라는 문제 설정과 일본이 식민지화되지 않고 독립을 유지할 수 있었던 이유를 일본인의 우수성에 기인하는 것으로 보는 논의 속의, 식민지 지배를 당하고 도탄에 빠진 아시아인들의 고통을 외면해온 일본인의 오만함, 혹은 중국·조선 멸시에 대한 경고일 수 있다.[2] 그러나 시차론은 지금까지의 오만함을 반성하는 자책감의 표출 이상의 진전을 가져오지 않는다.

그런데 박규수의 사상은 1872년 이후 유교 내부의 개량주의였던 실학으로부터 근대화 노선, 개화로 전환해간다.(姜在彦, 1980: 195) 이 전환점을 동도서기라고 부르는 것은 지당하다. 박규수의 사상을 길러온 조선의 실학은 몇 세기에 걸쳐 역사를 축적하였다. 실학이란 실증성과 합리성이 뒷받침됨으로써 우리들의 생활에 도움이 되는 유용한 학문이다. 그리고 이것은 중국·한국·일본이 유교의 틀 속에서 각기 발전시켜, 이 학문의 연장선상에서 서양의 과학을 접목시킨 것이다. 그렇다면 이 실학 발달의 정도가 바로 서양 과학과의 결합 성공도를 나타낸다고

---

2) 한국인 중에는 전쟁 책임상 독일이 동서로 분할통치되었듯이 일본이야말로 분할통치를 당하여 "두 개의 일본"이라는 민족 분열의 아픔을 겪어야 마땅했다고 생각하는 이가 적지 않다. 만약 소련의 참전 이전에 일본이 항복하거나 혹은 철저 항전에 의해 1945년 8월 15일보다 훨씬 뒤에 일본이 패전했다면 한반도의 분열은 없었을 수도 있고, 일본의 분할통치가 이루어졌을지도 모른다.

생각할 수 있다.

　실학의 개념은 중국에서는 정이천程伊川에 의해 주창되고 주자에 의해 대성된 것으로 불교의 공空, 노장의 허虛에 대하여 인간의 진실을 추구하는 성현의 학으로 여겨지며 "격물치지格物致知", "거경정적居敬靜寂"을 요점으로 한다. 주자 이후에는 육상산, 왕양명, 고염무顧炎武로 이어지고 청淸 말의 양무운동洋務運動으로 이어져갔다. 조선 실학의 계보도 이런 중국의 주자학에서 유래하고 실사구시實事求是를 학문의 방법으로 삼은 것이지만, 주자학이 가지는 합리성도 당초(16세기)에는 이조의 봉건 통치 질서를 합리화하는 윤리·도덕론일 수밖에 없었다.

　이 실사구시를 주자학 내부에서 변혁하여 정치·경제·군사에 대한 연구를 하게 한 것이 이이李珥(율곡栗谷, 1536~1584)이다. 이이의 논의는 당시 조선의 유교에서 주자를 절대시하는 교조주의, 특히 이황李滉(퇴계退溪, 1501~1570)에 대한 비판에서 일어났다. 그는 기氣의 입장에서 사물의 입장, 실학의 입장을 끌어내었는데 이것은 당시 중소 지주계급의 입장을 대변하는 것이었다. 그들은 사림파라고 불리며, 고려 말의 대토지 소유자인 지배계급 훈구파에 대항하여, 권력과 토지의 재분배를 위한 투쟁을 전개하였다. 따라서 이 논쟁도 봉건제도의 지배층 내부의 투쟁이고, 사회가 고정적인 한 이러한 논쟁은 고정적인 당파 싸움에 불과한 것이다. 일반적으로 학파는 사회가 유동적인 경우에는 폐쇄적인 학파주의를 초월하여 그 사상의 보편성이 시도되지만, 고정적인 사회에서는 당파 싸움에 빠져버린다. 이황 대 이이의 논쟁과 그후의 학파의 싸움도 그러한 경향을 띠고 있다.[3]

---

3) 사림파와 훈구파의 싸움은 영남학파와 기호학파의 싸움으로 변하면서 15세기에

어쨌든 조선의 실학은 이후 17세기에 이이의 계보를 이어받은 유형원柳馨遠에 의해서 확립되었다. 유형원은 자기 학문의 중심을 토지제도에 관한 연구에 두고, 임진왜란 후의 토지 소유의 모순을 해결하고자 했다. 그리고 유형원의 사회 개혁 사상의 영향하에서 이익은 사회 개혁론을 주창하고 그에 더해 천문, 수학, 의학, 지리, 역사, 군사 등 자연과학적 학문 분야를 개척하였다. 더욱이 홍대용에 이르러 수학을 중시하며 풍부한 자연과학적 지식이 뒷받침된 실학은 이미 주자학의 틀을 벗어나 오히려 주자학에 대한 비판자가 되었다. 그리고 홍대용은 후배이자 친구인 박지원과 함께 북학파를 형성하였다. 이들 실학파의 사상은 한편으로는 주자로부터 나와서 조선의 국내에 실제로 적용됨으로써 주자학을 비판하게 되지만, 동시에 기억해야 할 것은 그 지식의 원천이 중국에 전해졌던 서양의 자연과학이라는 것이다. 그들의 대부분은 베이징으로 향하였으며, 기독교 선교사의 중국어 문헌에서 그 지식을 흡수하였다. 그리고 박지원의 친구이며 박규수에게 커다란 감화력을 지녔던 정약용과 같이 기독교로 개종[4]한 사람도 있다. 따라서 이 실학은 유교의 한 분파이면서도, 오히려 정학正學으로부터는 사학邪學으로 이단시되었던 것이다. 게다가 지배계급 내의 당파성에 얽혀 학파라기보

정권 쟁탈전을 통하여 여러 번 사화士禍를 일으켰다. 임진왜란 당시에도 영남학파의 흐름을 이은 동인東人과 기호학파를 이은 서인西人으로 갈라져 다투었고, 동인은 다시 남인南人과 북인北人으로 나뉘어 다투었다.
4) 〔옮긴이〕 정약용은 20대의 청년기에 천주교 신앙에 빠져들었던 적이 있지만, 스스로 상소문을 올려 배교背敎를 공언公言하고 말년(61세)에 지은 「자찬묘지명」에서도 이를 스스로 밝히고 있다. 정약용은 평생을 학문 연구에 몰두하여 유교 경전을 방대한 체계로 새롭게 해석한 실학파의 유학자로서 평가받는다. 따라서 여기서 지은이가 "개종"이라고 표현한 것은 일면적인 주장이라고 볼 수도 있다.

다는 사상적 당파의 성향을 나타냈다. 그리고 더욱이 뒤의 3절[3. 천주교의 포교와 조선의 개국 문제]에서 다루듯이 기독교에 얽혀서 학문적 문제보다도 정치적 문제가 되었다. 다만 여기에서 확인해두고 싶은 것은 조선은 확실히 쇄국의 상태에 있었지만 중국을 경유하여 서양의 지식이 유입됐다는 것과 그 지식은 내용면에서는 서양의 지식이었지만 항상 중국화된 것이었다는 점이다. 그러한 의미에서 볼 때 실학으로부터 개화로의 전환이 가지는 의의는 중국 지향(사대주의)으로부터의 탈피라고 할 수 있다. 1877년 박규수 사후 개화사상은 유대치·오경석 등에게 계승되어 학파로부터 정치결사로 더한층 결속을 굳혀갔다. 그런데 조선 사상사를 다루는 많은 논자들은 학파로부터 당파, 정치결사로의 전개를 사상이 결속력을 가지게 된 것처럼 기술하고 있지만, 나는 당파화·정치결사화는 사상이 보편화·일반화되기를 거부한 경직화라고 생각한다. 전통적인 사고방식과 분리되면 가령 그것이 역사적 필연성일지라도 일반 대중과 괴리되는 것이다. 물론 대중과 일정한 거리를 두지 않는 사상운동이 성립되지 않는 것도 사실이다. 그러나 나는 일본과 사상적 풍토가 다르기 때문에 학파가 당파가 되어가는 것이 이해되지 않을 뿐만 아니라 지나치게 폐쇄적인 당파성으로 비춰진다. 아무튼 그 개화파는 김옥균이 중심이 되어 갑신정변을 일으켰으나 실패한 후 사라졌다. 동도서기는 보편적인 사상으로 전개되지 못했던 것이다.

동도서기의 일반화를 막은 내재적 요인을 강재언姜在彥은 다음과 같이 말한다.

19세기에 들어서면서 70여 년간에 걸친 서학 연구의 공백기가 있었기 때문에, 자본주의 열강의 무력에 의한 개국의 강요를 눈앞에 두고 국제사회의 새로운 질서 속에 편입되어 갈 때, 그것에 주체적으로 대응하기 위한 인적 및 사상적인 주체적 준비가 너무 결여되어 있었다.

예를 들면 조선과 일본을 개국이라는 출발점에서 볼 때 조선의 개국은 일본의 개국보다 20여 년(일본은 1854년, 조선은 1876년) 늦어졌다. 뿐만 아니라 일본의 경우 이미 1774년에 네덜란드어로 된 『타펠 아나토미아』[5]가 일본인 스기타 겐파쿠杉田玄白, 마에노 료타쿠前野良澤, 나카가와 준안中川淳庵 등에 의해 『해체신서解體新書』로 번역되었고, 19세기에 들어와서는 시볼트의 나루타키주쿠鳴瀧塾, 오가타 코안緒方洪庵의 테키테키사이주쿠適適齋塾〔일명 테키주쿠適塾〕등에서 양학자洋學者를 양성하였으며, 1855년에는 막부에 양학소洋學所가 창설되었다. 이와 같이 서학西學의 연구에서 본 양국의 차이는 너무나도 분명했다.

이러한 차이는 사상사적 측면에서 보았을 때 무엇에 기인하는 것일까. 물론 조선의 이조 시대도 일본의 에도 시대도 유교를 통치이념으로 삼고 있었다. 그러나 양국 간에는 각기 사상적 체질에서

---

5) 〔옮긴이〕 "타펠 아나토미아"는 책의 정식 명칭이 아니라 난학자들의 통칭이다. 이 책은 독일인 의사 쿨무스Johann Adam Kulmus가 1722년에 지은 *Anatomische Tabellen*을 네덜란드인 의사 딕텐Gerardus Dicten이 네덜란드어로 옮긴 *Ontleedkundige Tafelen*(1734)을 가리킨다. "타펠 아나토미아"의 유래는 자세히 알 수 없으나 *Ontleedkundige Tafelen*의 표지에 쓰인 라틴어 "타불라에 아나토미카에Tabulae Anatomicae(해부도)"를 네덜란드어식으로 바꾼 타펠 아나토미Tafel Anatomie가 "타펠 아나토미아"와 가깝기 때문에 이 네덜란드어의 속칭이 일본인 난학자들에게 전해진 것으로 추정된다. 부언하면 Tabulae Anatomicae라는 라틴어는 당시의 해부학 책에서 흔히 쓰이는 말이었다.

현저한 차이가 있었다. 즉 이미 여러 번 언급했듯이 조선의 유교는 정통과 이단을 엄격하게 구별하고, 정통=정학正學을 "일이관지一以貫之"함으로써 다른 유파의 사상과 학문에 대하여 대결적이었고, [반면에] 일본의 유교는 여러 유파들의 사상과 학문에 대하여 대체로 포괄적이거나 습합적習合的이었다는 것이다.(姜在彦, 1980: 163~164)6)

즉 일본 유교는 이를테면 절대자로서의 "이理"에 대해 불가지론적 태도를 취함으로써 학문의 세계를 해방시켰던 반면, 조선 유학에서는 그것이 절대자이기 때문에 더욱더 강력한 통제력을 발휘했다는 것이다.

조선의 실학과 일본 근세 학문의 발달이 공통성을 가지고 있다는 것은 확실하다. 이를테면 조선의 "경세치용학파經世致用學派"와 근세 전기의 실학 혹은 "이용후생학파利用厚生學派"의 의견과 근세 후기 실학자들의 발상, 나아가서는 이 두 학파의 사고방식을 지양한 정약용 사상의 철학적 부분은 진사이와 소라이 양자를 아울러 받아들인 것이다.7)

---

6) 이 논점을 보충하는 논의로는 잔센Marius B. Jansen의 『일본—200년의 변모日本—二百年の變貌』(Jansen, 1982)를 들 수 있다. 잔센은 일본의 1770년대에 착안하여 그 시대가 정치적으로는 아무런 변화가 없었으나 문화사적으로는 『해체신서』가 번역되는 등 커다란 변혁기였다고 생각하고 있다. 다만 그의 경우 그 사고의 틀이 유럽사(계몽주의—프랑스혁명)와 미국독립전쟁 이후의 미국 200년 역사의 틀에 기초하고 있는 것은 사실이다.
7) [옮긴이] 정약용이 이들의 영향을 부분적으로 받은 것은 사실이나 정약용의 사상은 이들의 사상과는 많은 점에서 다르다. 예를 들면 진사이는 주자학을 전면적으로 공격한 데 비해, 정약용은 주자학이나 성호 이익, 퇴계의 성리학적 입장에 일부 공감한다. 그리고 소라이가 법가적인 통치나 강력한 예제를 더 강조한 데 비해, 정약용은 자율적인 수양과 자기통제를 더 중시한다. 따라서 주자학을 공격하는 데

그러나 그럼에도 불구하고 일본에서는 자유로운 학문이 발달하였으나 조선 사회에서는 자유로운 학문 연구가 사회구조적으로 어려웠다고 생각된다. 조선왕조 후기의 실학이 사회적으로 기능하는 것을 방해한 이유를 미나모토는 다음의 다섯 가지로 정리하였다. 즉 (1) 양반계급과 그들이 지지한 보수적인 주자학, (2) 과거제, (3) 사대 의식, (4) 당파싸움, (5) 중인계급에 대한 멸시이다.(源了圓, 1980: 90 이하)

과연 사회 상황의 비교로는 미나모토의 분석이 맞을 것이다. 조선에서도 일본과 마찬가지로, 또 오히려 "경우에 따라서는 일본보다 더욱 조직적이고 보다 첨예한" 실학사상을 형성하였다. 그런데 왜 조선에서는 근대화가 지연되고 "여러 가지 참혹한 운명을 감수해야만 했었는가?"라는 식으로 문제를 설정하면 실학사상의 내용 분석이 아니라 조선의 사회와 문화 속에서 실학사상이 어떻게 기능했는가로 문제가 바뀌고 만다. 그래서 "훌륭한 사상의 기능을 방해하는 여러 가지 정치적·사회적·경제적·문화적 요인들"의 구명이 필요하게 되는 것이다.

그러나 사상이라는 것은 그와 같이 사회와 관계없이 고립된 채 형성되고, 그것은 마치 주옥珠玉과 같이 순수하기 때문에 폐쇄적인 사회에서는 그것이 작용하는 것을 방해받는 것일까? 사상 그 자체가 보편화

있어서 정약용이 일부 일본 고학파의 비판을 수용한 점은 사실이나, 그렇다고 해도 정약용은 그들과 다른 점이 더 많은 것이다. 특히 인성론과 관련해 맹자의 성선설, 그리고 군자의 자기 수양의 가능성, 성인과 일반인의 마음은 모두 동일하다고 보는 평등의 입장 등을 정약용은 강조했다고 볼 수 있다. 그리고 사실 법가적인 법치 체제보다는 여전히 성인 군주인 정조 같은 인물에 의한 왕도정치를 주장했다고 볼 수 있다. 결론적으로 정약용은 주자학을 비판하는 데 있어 서학의 영향을 받았듯이 일본 고학파의 일부 관점을 수용하여 주자의 형이상학적인 거대 담론을 붕괴시키는 데 도움을 받았다는 정도로 보아야 할 것이다.

되지 않는 것은 사회 쪽에만 원인이 있는 것이 아니라 사상 그 자체에도 내재적인 요인이 있는 것은 아닐까. 정성철鄭聖哲의 다음과 같은 주장이 보다 적절할 것으로 생각된다.

> 실학파의 "실학" 개념에 대한 이와 같은 견해에서 우리들은 실학사상이 당시의 조건하에서 사회적·역사적 발전의 객관적 요구를 어느 정도로 반영한 진보적이고 또한 애국적인 사상이었다고 말할 수 있다.
> 실학파는 "실학"에 대한 이와 같은 관점에 기초하여 "성명의리性命義理"와 "예론禮論"과 같은 공리공론을 일삼는 "관학官學"으로서의 주자학에 비판적으로 대처하고, 과학과 기술의 발전에 일정한 관심을 기울이며, 사대주의에 반대하고 민족적 자각을 환기시킨 점에서 일정한 진보적인 역할을 다할 수 있었다.
> 그러나 실학사상은 그 본질에서 주자학의 공리공론空理空論적 측면을 반대한 것에 불과했고, 주자학에 대한 반대도 공자, 맹자의 봉건 유교 자체를 반대한 것이 아니며, 기술, 과학에 관한 연구도 중세의 수준을 크게 벗어날 수 없었다. 또한 사대주의에 대한 반대도 유교의 테두리에 머물러 있었다.
> 특히 실학사상은 봉건 양반계급의 계급적 제한성을 벗어날 수 없었다.(鄭聖哲, 1982: 16)

정성철의 이 고찰에서 끌어낼 수 있는 실학의 한계에서, 반대로 실학으로부터 개화로의 의의가 명료해진다. 그것은 봉건 양반계급의 계급적 제한성을 벗어나는 문제였다. 아니 문제일 수밖에 없었다. 박규수의 뒤를 이어받은 유대치, 오경석 등은 모두 중인계급으로 사상의 계급적 제한성을 뛰어넘을 계기를 가지고 있었다. 그러나 그렇게 발전되지는 않았다.

2. 위정척사론

일본의 화혼양재가 완고하고 고루한 존황양이론尊皇攘夷論에 대항하기 위하여 제출되었듯이, [조선의] 동도서기의 사상은 당시 조선의 배외주의, 위정척사론에 대한 대항이었다. 당시 박규수에 대항한 위정척사론의 유학자는 이항로李恒老이다. 이항로는 1866년 병인양요라고 불리는 프랑스군의 침공 때 승정원 동부승지에 등용되어 시국에 맞선 인물이다. 그는 국내에서 조선 고래古來의 예속禮俗을 보전하기 위하여 주전론主戰論, 철저 항전을 주장하며 주화主和의 입장에 선 사람을 적으로 몰아붙였다.

그런데 위정척사론 자체는 그 무렵 갑자기 일어났던 것이 아니다. 그것은 16세기 이조 봉건 체제의 질서 속에서 이전부터 주자학이 차지하던 "관학"으로서의 지위를 한층 더 보완하여 사상적으로 무장한 것으로서 이황이 확립했던 이론이다. 그것은 공孔·맹孟·정程·주朱라는 계보의 "정학正學"을 지키고 주자학의 정통성을 위협하는 유교 내부의 이단(양명학도 포함), 유교 이외의 사상·학문을 모두 "사학邪學"으로 배척하는, 400년 동안 이어진 교조주의적 이데올로기였다. 이러한 이퇴계의 격한 "파사현정破邪顯正[그릇된 생각을 물리치고 올바른 도리를 드러내는 것]"의 태도는 당시 유자의 일파인 서경덕徐敬德(1489~1546) 등의 유교를 "선학禪學의 폐단"을 띤 것이라고 비판했듯이 불교에 대한 대항 의식과, 이이의 기氣의 입장과의 이론투쟁에서 생겨났던 것이다. 이황은 "이理"에 대하여 다음과 같이 말하였다. "천지 만물 이전에 천지 만물의 이理가 있다." "이 사상事象이 있기 전에 이 이理가 있었고, 왕과 신하가 있기 전에 왕과 신하의 이理가 있었다. 사물이 존재하기 이전에 이理가 이미 있었다." 이 논의는 이미 이기이원론理氣二元論이 아니라 이일원론理一元論이고 봉건적 질서도 이理가 관통하는 절대성을 띠고 있다. 기氣를 봉쇄하는 이理의 절대적 입장은 이조 시대를 관통하여 19세기의 기정진奇正鎭, 이항로로 계승되었고, 더구나 서양 열강의 침략주의에 대항하는 소박한 애국주의와 결부되어 강력한 사상운동으로 전개되었다. 이항로도 이理를 다음과 같이 논하였다. "이理는 으뜸[一]으로서 둘째[二]가 아니므로 사물에게 명령을 하지만 사물로부터 명령을 받지는 않으며, 주主가 되지만 객客이 되지는 않는다. 기氣는 둘째로서 으뜸이 아니므로 사물로부터 명령을 받지만 사물에게 명령을 하지는 않으며, 객이 되지만 주가 되지는 않는다."(姜在彦, 1984: 44) "이理가 주가 되고 기氣가 역役(하인)이 되며 이理가 순수하고 기氣가 올바르면 만사가 평정되고 천하가 편안해진다. 기氣가 주가 되고 이理가 둘째[貳](부수적인 것)가 되며 기氣가 강하고 이理가 숨게 되면 만사가 혼란스럽고 천하가 위태로워진다." 봉건 질서의 "정학"인 이理의 입장에서 보면, 가령 17세기 실학자 이익이 "형이상은 도道이기 때문에 도는 '이理'에 속하고, 형이하는 기器이기 때문에 기器는 '기氣'에 속한다"(鄭鎭石·鄭聖哲·金昌元, 1962: 212)라고 이理와 기氣의 상호 관계를 주장했다고 해도 이익으로서는 이理의 절대성에서 보아 기氣의 범주에 속하는 서학이 이理를 규정하는 것은 있을 수 없었고 서학을 사학으로 배척하는 것 외의 다른 태도를 취할 수 없었다.

이와 같은 관점은 개국 때까지도 계속되었다. 아니 오히려 개국 시기에 위정척사론은 더욱 국민의 공감을 불러일으키고 지배적인 논리가 되었다. 그 이유를 고찰해보자. 이항로는 다음과 같이 주장하였다. 즉 지금 학문하는 사람이 서양의 재앙을 충분히 알면 그 사람은 선善한 사람이다. 서양의 설說은 잡다한데 이것은 무부무군無父無君의 주장을 기본으로 하고 있다. "가장 걱정해야 할 것은 서양이 도를 어지럽히는 것이다. 천지간에 일맥의 양기陽氣가 우리 조선에 있는데, 만약 이것마저도 파괴된다면 천심天心이 이것을 참겠는가. 우리는 천지를 위하여 입심立心하여 급히 이 도를 밝히는 것을 불을 끄듯 서둘러야만 한다. 국가의 존망은 그다음의 문제이다."(姜在彦, 1984: 46)

국왕 고종高宗도 이러한 이항로의 논조에 따라 "우리나라는 수천 년의 역사를 가진 예의 바른 나라이다. 어찌 견양犬羊과 서로 화합하겠는가?"라고 말하였다. 그리고 우의정 홍순목洪淳穆도 다음과 같이 말하였다. "우리나라가 동방의 예의 바른 나라라는 것은 천하가 다 아는 바이다. 그런데 지금 일종의 어둡고 부정한 기운이 사방에 해독을 끼치고 있다. 다만 이 동방[靑邱]의 한쪽에서 홀로 굳건하게 깨끗함을 보전해 온 까닭은 실로 예의를 지켜왔기 때문이다. 그러므로 병인丙寅[병인양요] 이후 서양 놈들을 물리칠 수 있었던 것이다."(原田環, 1979: 23)[8]

---

8) 이와 같은 소중화小中華 의식은 베트남에도 있었다. 베트남에서는 중국을 북조北朝라고 부르고, 자국을 남조南朝라고 불렀다. 더구나 베트남 국왕은 자신을 중국에 대해서는 "월남국왕越南國王"이라고 일컬었지만 중국 이외의 나라들에 대해서는 "대남국대황제大南國大皇帝"라고 칭하면서 베이징에서 통치하는 만주족의 청나라보다 유교의 전통과 윤리적 정당성을 더욱 많이 가지고 있다고 자부하고 있었

"예의 바른 나라禮儀之邦"를 지킨다는 생각은 소중화小中華 의식이다. 자기 나라가 가장 훌륭한 나라라는 의식은 어떤 나라도 가지고 있는 것이다. 그런데 당시 조선의 국민이 자부할 만한 논의는, 중국이 오랑캐〔夷狄〕에게 정복됨으로써 중화의 정통성을 잃고 유교를 올바르게 계승하지 못하였는데, 조선이야말로 유교의 정통성을 계승하고 있다는 것이었다. 박규수는 다음과 같이 반론했다. "이른바 예의 바른 나라라는 말은 멀리 있는 오랑캐를 깔보는 것이다. 이것은 어떤 내용인가. 예의 바른 나라라고 칭하는데 나는 원래 이 말을 경멸한다. 천하 만고에 어찌 예의가 없는 나라가 있겠는가. 이것은 중국인이 그 오랑캐들 중에서 예의가 있는 것을 가상히 여겨, 이를 칭찬하여 예의 바른 나라라고 말한 것이다. 이것은 원래 수치스럽고 부끄럽게 여겨야 할 말이다. 스스로 천하에서 훌륭하다고 만족할 것까지는 없다."(原田環, 1979: 23) 그 예의로 침략을 저지할 수 있더라도, 중국인에게 칭찬받아 기뻐할 정도는 아니라는 것이다. 그런데도 이 "예의 바른 나라"라는 의식은 당시 조선의 국가 이념이며, 국민의 공통 감정(정체성)이 되어 척화론(주전론主戰論)을 불러일으켰던 것이다.

이 "예의 바른 나라"라는 의식은 한편으로는 소중화 의식이지만, 다른 한편으로는 조선 국민의 국제 관계를 규정하는 도리로도 의식되었다. 조선뿐만 아니라 유교 국가에서는 인간관계에 있어서 대인 접촉의 자세를 "예禮"로 표현했다. 예란 인간의 "관계성"인 것이다. 인간이 위

다. 그러한 의식에서 다른 동남아시아 각국에 대한 우월감을 가지게 되고 다른 나라를 "봉신封臣"으로 간주하고 있었다.(坪井善明, 1991: 89) 유교의 봉건제도는 국제 관계를 이와 같은 종주宗主·봉신의 관계로밖에는 파악하지 못한다.

치를 매기는 방식인 것이다. 그러나 그때 중요한 관계성은 봉건 질서에서 오는 상하 관계이다. 봉건 질서뿐만 아니라 중국과의 국제 관계도 상하의 종주 관계이다.9) 이조 아니 그 이전부터 끝없이 계속된 중국과 조선의 관계에서의 "예"가 이때 서양의 국제 관계에 적용되었다. 그러나 조선이 취한 이러한 국제 관계의 방식은 서양이 생각하는 국제 관계의 법칙에 아무런 대응을 하지 못했다. 서양 제국諸國이 생각하는 국제 관계란 첫째, 자유무역의 관계이다. 각각 이국의 다른 문물을 상품으로서, 즉 등가等價로 다시 환산하여 교환한다. 그것도 정부 간의 레벨이 아니라 민간 레벨의 자유로운 교환경제이다. 그에 반해 조선과 일본을 포함하여 중국을 종주국으로 하는 동아시아의 물품 왕래는 정부 간 레벨의 조공 관계를 축으로 하여 행해졌다. 일본 데지마出島의 중국·네덜란드 무역, 조선통신사 혹은 중국의 공행公行〔중국 청나라 때, 외국과의 무역을 독점한 관허 상인官許商人들의 조합〕을 상기하면 된다. 그것 이외의 자유무역은 "누케니拔け荷〔밀무역〕"인 셈이다. 물론 일본은 그 자유무역을 막부의 관할 안과 바깥에서 행해왔다. 나가사키의 데지마 외에 마츠마에번松前藩의 아이누蝦夷와 러시아 교역이 막부 관할하에서 허용되고, 그 외에도 사츠마번薩摩藩과 초슈번長州藩이 외국과 밀무역을 해왔다. 사츠마번과 초슈번은 그 밀무역을 통해 막부에 대항할 수 있는 힘을 기르고 번藩 내에 국제무역을 할 수 있는 산업구조를 정비했다고 말할 수 있다. 어쨌든 자유로운 민간 레벨의 무역은 국내에 무역상품의 생산이 가능한 산업이 없으면 국내 경제의 파탄으로 이어진다. 조선이 아직 훈련되지 않은 자유무역에 거부감을 느꼈던 것도 당연하다. 그러

---

9) 중국은 외국과의 국제 관계를 취급하는 부처를 예부禮部라고 불렀다.

나 그 이상으로 그들이 구했던 것은 "예"라는 국제간의 위치 관계의 설정이다. 미국이 찾아왔을 때의 문제도 바로 미국이 조공국朝貢國인가 종주국인가, 대등한 국가라면 일본과 같이 중국을 종주宗主로 받드는 관계인가, 그 어느 범주에 속하느냐라는 점이었다. 말하자면 양국 대표가 테이블을 사이에 두고 환담한다고 해도 먼저 앉을 자리를 정해야 이야기할 수 있었던 것이다.

1876년 조선은 일본과 조일수호조약, 이른바 강화도조약江華島條約을 맺었다. 그런데 일본 측은 이 조약을 대등한 통상조약(내용은 불평등조약)이라고 생각하는데, 조선 측은 에도 시대의 조선통신사의 부활로 간주하고 있었다. 따라서 일본의 태도, 즉 "교린交隣은 경조慶弔 때에 사신을 보내는 것이 아니라 다만 통상을 위주로 하는 것"(姜在彦, 1980: 192)에 특히 불만을 가지고 있었다. 극히 일부의 개화적인 관료들을 제외하면 새로운 국제 질서 속에서 외교의 현실에 대한 인식을 가지고 있지 않았던 것이다.

미국과의 믿음직한 우호 관계friendship가 성립되지 않으면 서양 제국이 행해온 제2의 관계인 식민지 지배가 부상한다. 서양 제국, 특히 가톨릭국은 기독교로 개종하지 않은 사람들을 문명인으로 간주하지 않았고, 또 서양 제국과 같은 사회구조와 법질서를 갖지 않은 국가들에게는 국가주권이 성립되어 있지 않다고 보았다. 그것은 조공국이나 속국보다 못한 관계이다. 조선으로서는 거부 이외에 다른 방법이 없었다. 그리고 게다가 중요한 것은 이 "예"가 비록 서양과의 국제 관계에 대응하는 것은 아니었을지라도, 조선 국내의 질서유지를 위해서는 반드시 필요한 정체성(일체감)이었다는 것이다. 이理와 기氣에 대한 논의는 학자만의 논의이며, 국민에게는 폐쇄적인 논의이다. 그러나 서양 제국이 예절을 결여한 태도로 개국을 강요하고 있다는 논의에는 국민도 참가할 수 있었다. 위정척사론은 봉건 질서를 지키려고 하는 수구적 이론이었지만, 역시 당시 국민의 공감을 대변하고 있었다고 생각해야 한다. 그 당시의 조선과 국민 대중이 공통으로 지키고 싶었던 국민(국가)적 아이덴티티는 아마 이 "예의 바른 나라"라는 의식일 것이다.

3. 천주교의 포교와 조선의 개국 문제

조선과 일본의 근대국가로의 발전의 차이를 살펴볼 때 조선의 국내·국제 관계상에서 천주교 문제에 대해 주의할 필요가 있다. 조선의 개국 문제와 기독교(천주교)의 포교·박해 문제는 밀접하게 관련되어 있는 것이다.[10] 기독교국(특히 프랑스)과 조선 국내의 기독교가 조선의 국가 체제 유지에 위협이 되는 가운데 개국 문제가 부상했다. 이와 같은 개국의 경위는 일본·중국의 개국과는 전혀 사정이 달랐다.

오늘날 한국의 기독교 인구는 1,000만 명을 넘어 국민의 3분의 1을 차지한다고 한다. 일본의 100만 명(0.8%)에 비교할 것까지도 없이 경

---

10) 한국인 학자가 한국의 근대화 문제를 다룰 때, 이 기독교 포교가 오히려 부정적인 요인으로 작용했다는 사상적 고찰은 적다. 물론 사실로 기재되어 있지만, 기독교와 당시의 국가 체제인 유교적 이데올로기와의 저촉 문제는 의외로 문제로 삼지 않는 것이다. 왜 그런지는 모르지만 나는 아마 한국 내의 사상적인 분위기에 원인이 있는 것이 아닐까라고 생각한다. 즉 조선민주주의인민공화국의 공산주의에 대항하는 한국 내의 아이덴티티는 민족의식을 길러온 유교 이데올로기와 일본 제국주의에 과감하게 계속 저항한 기독교계 사이의 균열을 바라지 않는 것일지도 모른다. 물론 이것은 나의 억측에 불과할 수도 있다.

이적인 포교 성과이다. 유동식柳東植은 한국에서 기독교 포교의 성공 요인을 다음과 같이 기술하고 있다. "첫째로 한국의 재래 종교를 배경으로 한 한국 국민의 심성이 기독교의 복음을 쉽게 이해하고 수용할 수 있도록 준비되어 있었다는 사실이다."(柳東植, 1975: 137) 그는 한국의 민족종교인 샤머니즘이 기독교의 하느님과 영적 세계를 쉽게 이해할 수 있는 기초를 갖추고 있다고 생각한다. 한국인의 심성은 기독교를 받아들이기 쉬운가, 일본인이나 중국인의 심성은 그것을 받아들이기 어려운가, 혹은 필리핀이나 남아메리카의 원주민들은 가톨릭을 받아들이기 쉬웠는가. 갑자기 판단하기 어렵다. 또 그와 같은 비교는 쓸모없는 것인데, 여기에서 그가 지적하고 있는 것은 민족정신의 일환으로서의 기독교 수용이다. 또 그는 다음과 같이 말한다. "기독교의 복음은 하나의 보편적인 종교적 진리이다. 그러나 그 진리가 역사 속에서 구체적으로 살아날 수 있는 것은 그 민족의 정신문화의 전통과 시대의 사회적 상황 또는 역사적 과제와의 만남에서이다."(柳東植, 1987: 54)

둘째로 한국의 역사가 당면한 시대적 요청에 기독교가 응할 수 있었다는 사실을 유동식은 다음과 같이 지적한다. "조선왕조 말기인 19세기의 한국은 정치 · 경제 · 사회 · 윤리를 불문하고 모든 것이 방향감각을 잃고 타락, 쇠퇴하였다. 그뿐만 아니라 민중의 정신적 지주가 될 수 있는 어떠한 종교도 없는 시대였다. 불교는 무당과 더불어 멸시되었으며, 유교는 정치와 더불어 부패했기 때문이다. 이와 같은 무종교 상태와 무정부 상태 속에서 불안한 민중은 오로지 의지할 수 있는 구제의 종교를 찾아 구했다. 이와 같은 때 신생의 빛을 품고 강력하게 등장한 것이 기독교이며, 한국의 민중이 오로지 구하고 있던 바로 그것이었던 것이다."(柳東植, 1975: 137~138) 이 논의는 아마 올바를 것이다. 그리고 그

때문에 기독교는 위정자에게 위협이 되었고 탄압받지 않을 수 없었다. 조선인의 심성에 바로 응하고 시대적 요청에 대응하여 등장한 기독교는 기독교도의 입장에서 보면 구국의 가르침이지만, 기독교의 반대 입장에서 보면 망국의 가르침이었다. 그 문제를 초기의 기독교의 선교로 거슬러 올라가 해명해보자.

1784년 사은사謝恩使를 수행한 이승훈李承薰은 베이징에서 천문학과 수학을 배움과 동시에 예수회 선교사로부터 조선인으로서는 처음으로 세례를 받았다. 이것이 조선에서의 기독교의 시작이었다. 그리고 이승훈의 선교 활동으로 5년 후에는 신도 수가 4,000명에 이르게 되었다. 1801년 이승훈과 중국인 사제 주문모周文謨를 비롯하여 300명이 처형되었는데, 그중에는 이가환李家煥, 정약종丁若鍾, 권철신權哲身 등 서학 연구에 뜻을 둔 실학의 성호학파의 학자들이 포함되어 있었다. 앞에서도 언급했듯이 실학사상을 집대성한 정약용도 유배를 가게 된다. 기독교와 학문이 결부되어 있는 것에 주의하자. 일본의 경우를 돌이켜보면, 무역의 이윤을 목적으로 개종한 상인·다이묘는 많았지만, 일본의 학자로서 신앙과 학문을 결부시켰던 사람은 메이지 이전에는 발견되지 않는다. 전국시대 히예잔比叡山이나 남도육종南都六宗[나라奈良 시대의 대표적인 불교 종파]에 학문의 전통이 살아 숨 쉬고 있었다. 쿄토나 다른 도시에도 지적 수준이 높은 사람은 있었다. 그러나 선교사가 가져온 서양의 지식과 일본에 예전부터 있었던 불교를 중심으로 한 학문·이론이 융합된 흔적은 발견되지 않는다. 또 에도 시대, 막부의 금교禁教 정책이 있었던 것은 사실이지만 서양의 지식 체계가 기독교적 세계관과 매우 쉽게 분리되어 수용되었다. 그런 의미에서 일본은 오규 소라이 이후 형이상학과 형이하학이 분리되어 있었고, 조선에서는 형이상학과 형이하학이 구분하기 어렵게 결부되어 있었다는 논의가 타당할지도 모른다. 더욱이 조선에 들어온 기독교가 중국인 선교사를 경유한 중국적 기독교인 것도 중요하다. 물론 기독교는 보편 종교이고 포르투갈 선교사든, 프랑스인 선교사든, 중국인 선교사든 말하는 진리는 같은 것이지만, 동화의 방법은 달랐다. 조선은 기독교를 중국 문화로서 섭취한 것이다. 기독교를 중국 문화라고 하는 것은 지나친 말이기는 해도, 적어도 일본으로부터는 전해지지 않았던 것이다. 일본에서는 임진왜란 때 기독교인 다이묘와 무사가 많이 종군했다. 또 포르투갈 선교사 세스페데스도 고니시 유키나가小西行長의 요청으로 웅천熊川에 체제했지만, 아무런 선교의 성과를 얻지 못했다. 민경배閔庚培는 그것을 오히려 다행이라고 기술하고 있다. "이때 만약 기독교가 한국과 접촉했더라면, 한국에서 기독교의 역사도 크게 다른 양상을 나타내거나 영원히 복음의 빛으로 인도되지 않고 끝났을 것이다."(閔庚培, 1981: 51; 1974 참조) 중국인 선교사에 의한 기독교의 포교가 조선인의 정신성과 어느 정도 동질성을 가지고 있었던가는 나로서는 검증할 수 없다. 그러나 조선에서는 천주교가 본래 외국에서 들어온 선교사에 의해 전해진 것이 아니라, 성호학파의 일부 학자가 서학 연구를 통해 천주교를 알게 되고 자주적으로 신앙하게 된 것은 사실이다.

　　신해辛亥와 신유辛酉의 기독교 박해[신해박해(1791) 및 신유박해(1801)] 후, 기독교에 대한 불신감을 불러일으킨 대사건이 일어났다. 그것은 황사영黃嗣永의 백서사건帛書事件이다. 황사영은 1801년의 박해가 일어나자마자 그 난을 피하여 도망을 갔는데, 친구 황심黃沁과 모의하여 한국 교회를 구할 계획을 세웠다. 즉 북경의 주교에게 잔학한 박해의 궁상窮狀을 알리고 한국 교회에 대한 경제적 지원을 부탁하고, 또 청나라

황제를 움직여 기독교를 받아들이도록 조선에 명령하게 해달라고 요청하는 계획이었다. 그리고 그들은 서양의 기독교국을 움직여 함선 수백 척에 정병精兵 5, 6만 명과 대포를 잔뜩 싣고 문장과 문제 해결에 능한 중국인 선비 3, 4명도 대동하여 즉시 조선의 해안에 와서 왕에게 서한을 보내 "천주의 사자使者를 받아들이지 않으면, 당장 천주를 대신하여 징벌을 내려 죽어도 인정을 베풀지 않을 것이다"라고 전하도록 요청하려 했다.(閔庚培, 1981: 75) 즉 외압에 의한 기독교도의 구제이지만, 한 사람의 조선인으로서는 틀림없는 매국 행위이다. 이 모의가 미연에 발각되어 사건의 진상이 밝혀지자 국왕·정부는 말할 것도 없고 일반 민중도 천주교를 대역 모반의 매국 종교로 불신하게 되었다. 그리고 기독교에 대한 탄압이 더욱더 심해져갔고, 1837년에는 프랑스인 선교사가 잠입하고 1839년에는 암벨 주교가 순교하게 된다. 그리고 1842년, 1866년에도 탄압이 계속되어, 이들 사건과의 관련 속에서 이양선異樣船이 등장하는 것이기 때문에, 일본의 흑선의 내항과는 질적으로 다른 상황을 나타내고 있다고 보아야 할 것이다. 일본의 흑선 내항은 우선 경제적·정치적 사건인 데 비해, 한국의 그것은 종교적·문화적·정치적 사건인 것이다. 경제적으로는 상품의 교환, 시장의 등가 가치라는 보편성·공통성이 있다. 그러나 종교적으로는 그와 같은 공통성이 없다. 게다가 유교로 국가 체제를 유지하고 있는 이상, 그 근간을 부정하는 기독교는 단호하게 거부될 수밖에 없었다. 더구나 앞에서도 언급했듯이 서양 학문의 유입과 기독교 개종은 분리될 수 없는 관계에 있었다. 따라서 문명의 도구로서도 기독교 수용에 관용적일 수 없었던 것이다.

민경배는 일본과 중국과 조선의 기독교 수용을 비교하여 다음과 같이 기술하였다. "선교의 전개 양식과 그 결과는 이 삼국에 현저한 차이를 가져왔다. 중국에서 기독교는 항상 실용적인 가치 체계의 입장에서 인식되어왔다. 다른 한편으로는 오랫동안 서양 제국에 의해 신음해온 중국인에게는 신기한 서양 종교로서의 인상을 준 데에 그쳤다. 따라서 공산주의의 이념적 공세를 당했을 때 중국의 기독교는 전면적으로 공산주의와 맞서 싸울 만한 아무런 토양도 마련하지 못했다는 사실이 드러났다. 한편 일본에서는 기독교가 일본의 지식 사회에 동화되면서 기독교의 철저한 지식화가 초래되었고, 게다가 신도神道 정치가 국민에게 신도에 대한 종교적 경건敬虔함을 요구했기 때문에 일본 기독교인이 제대로 된 유일신 신앙을 확립할 수 없었던 것이다."(閔庚培, 1981 : 28)

4. 화혼양재와 동도서기의 차이점

동도서기와 화혼양재는 모두 자국의 정신적 전통을 보전하면서 어떻게 서양 문화를 수용할 것인가라는 과제의 표현이지만, 거기에는 분명히 다른 몇 가지 점이 있다. 첫째로 "화혼양재"의 논의에서 밝혔던 것과 같이 화혼이 어떻게 양재와 모순되지 않는가라는 논의가 "동도서기"에는 없다는 것이다. 즉 화혼을 가지고 양재를 부린다거나 화혼도 양재도 같은 종류[類種]의 것이라는 발상은 없고 도道와 기器는 본래 다른 것이기 때문에 기술적인 것은 편리하고 뛰어난 것을 쓰면 된다고 생각하였다. 물론 동도서기가 개화를 한층 더 추진하여 그 연장선상에서 근대화가 성공했다면 그러한 논의가 나타났을지도 모른다. 그것은 오늘날 한국의 기독교 서적이 한국의 정신성과 기독교가 어떻게 연속적인가를 논점으로 삼고 있는 데에서도 짐작할 수 있다. 그러나 그 당시의 문제는 "서양인의 법"과 서양 문물〔西器〕을 분리할 수가 없었다는 데 있는 것이다.

둘째로 지적할 수 있는 논점은 "예禮"라는 유교적인 관계가 그 성격상 근대적인 국제 관계의 법도와 대응하지 않았다는 점이다. 우리는 다른 문화를 접촉할 때 동질의 것을 대응시킨다. 예를 들면 북Book이라고 할 때 영국인이 떠올리는 것과 일본식 제본의 서적〔書物〕·책〔本〕이 사전을 찾아보면 똑같은 것으로 나온다고 해도 본래 그것은 문화적으로 어딘가 다른 것이다. 그럼에도 불구하고 기능이 대략 비슷하다고 판단하고 대응시키는 것이다. 조선은 개국의 국제 관계에 있어서 "예"에 의한 관계 질서의 형성, 즉 봉건 체제의 국제 관계로 대응하려 했으나 그렇게 할 수 없었다. 그때까지의 조선의 국제 관계사에는 대등한 국가 간의 우호 관계friendship라는 개념이 존재하지 않았기 때문이다. 사쿠마 쇼잔이나 요코이 쇼난이 서양의 이理는 인仁 없는 이理라고 말한 것도 이에 상응하는 것이다. 조선이 대응의 차이성을 의식하고 국가 간의 대등 관계를 유지하기 위해서는 "먼저 스스로 닦고 스스로 강해지는 데 힘써야 할 따름"(姜在彦, 1980: 192)이라는 것, 자신의 힘을 강하고 튼튼하게 하는 것 외에는 다른 방법이 없다는 것을 알기에는 더욱 시간이 필요했던 것이다. 그 이유는 사회구조의 진전이나 근대화 준비의 문제보다도 문화적인 차이의 거리감에 있는 것은 아닐까.

셋째로 각 나라가 수용한 주된 서양 문명의 내용의 차이를 지적할 수 있다. 패턴화하는 것이 그다지 적절하다고는 생각하지 않지만, 특징짓기 위하여 패턴화한다면 일본은 학문·기술을 우선적으로, 조선은 기독교를, 중국은 공산주의(대동주의)를 수용했던 것이다.

제3장
중체서용

1. 리버티Liberty의 번역을 둘러싸고

내가 자유인이 아닙니까? 내가 사도使徒가 아닙니까? 내가 우리 주 예수를 뵙지 못하였습니까?
―「고린도전서」 9: 1-2

형제자매 여러분, 하느님께서는 여러분을 부르셔서 자유롭게 하셨습니다. 그러나 여러분은 그 자유를 육체의 욕망을 만족시키는 구실로 삼지 말고, 사랑으로 서로 섬기십시오.
―「갈라디아서」 5: 13

라틴어의 Libertas(리베르타스), 영어의 Liberty 또는 Freedom을 일본어에서는 보통 자유라고 번역한다. 그리고 현대 중국어에서도 마찬가지이다. 그러나 "자유"라는 개념은 중국, 일본에서는 근대에 이르기까지도 존재하지 않았다. 물론 "존재하지 않았다"라고도, "존재했다"라고도 말할 수 있다. Libertas(Liberty)라는 서양의 개념을 선교사 마테오 리치Matteo Ricci(1552~1610)가 중국어로 번역하기 전까지는 중국인은 그 개념을 몰랐다. 혹은 이와 반대로 가령 유럽 언어를 모르더라도 유종원柳宗元(773~819)이 "개구리밥 꽃을 따려고 해도 마음대로 되지 않는구나〔欲採蘋花不自由〕"(『字源』: 1587)[1]라고 시에 읊었듯이, 또 한서漢書에 "대신을 등용하고 사직케 하는 것이 자기 마음대로이다〔大臣擧錯恣心自在〕"라고 쓰여 있듯이 "마음대로"라는 의미의 말도, "풀어주다〔解〕", "해방解放"이라는 말도 예로부터 존재했고, 단지 1603년 마테오리치가 서양인으로서는 처음으로 중국어로 기독교의 신학 서적을 집필하면서 그 말을 사용한 것에 지나지 않는지도 모른다. 번역이라는 점에서 말하면 Book이라는 개념을 이미 우리 문화 속에 있는 "책"이나 "서적"이라는 말로 번역하는 것에 대해서는 우리는 별로 거부감 없이 받아들일 수 있다. 커피coffee와 같이 일찍이 자기들의 문화 전통 속에 없었던 사물에 대해 coffee를 음역하여 가페이咖啡라는 새로운 말을 만들어낼 경우 번역 시에 약간 생각해야 되겠지만 일단 개념이 만들어지면 그것을 받아들이는 데 별로 거부감이 없을 것이다. 그러나 특히 사상과 종교 등

---

[1] 그리고 중국의 "근대"에 관해서는 인용 문헌 외에 다음의 문헌을 참조했다. 島田虔次(1970); 溝口雄三(1980); 衛藤瀋吉(1968); 陳榮捷(1974); 『中國近代思想史論集』(1958); 有田和夫(1984); 新田大作 編(1986); 青年中國研究者會議 編(1974); 『續中國民衆反亂の世界』(1983); 田中正美先生退官記念論集刊行會 編(1984); 池田長三郎(1982); 市古敎授退官記念論叢編輯委員會 編(1981); 中川學(1986); 呂萬和(1988); 河田悌一(1987); 野原四郎(1981); 坂出祥伸(1976); 姬田光義 外(1982); 馬家駿·湯重南(1988); 矢澤利彦(1972); 기타가와(1963).

각 지역의 고유한 문화를 번역할 경우에는 사정이 상당히 다르다. 예를 들면 전국시대 일본에서 기독교를 포교할 때 자비에Francisco de Xavier(1506~1552)가 하느님을 처음에는 "대일여래(大日)"로 표현했으나 이 말이 불교적인 분위기를 띠고 신도들을 혼란스럽게 하자 불교와는 다른 신앙이라는 것을 명확하게 하기 위하여 "데우스Deus"라는 외래어를 그대로 표기하였다.(平川祐弘, 1969: 73 이하 참조) 이에 반해 중국에서는 마테오리치가 떠우쓰陡斯(Deus의 음역)를 "천주天主"로 표기한 이래(後藤基巳, 1971: 45) 이 말이 정착됨과 동시에 이른바 "전례문제典禮問題"를 야기했다. 한편 일본에서는 *On Liberty*(자유론)라는 밀의 작품을 나카무라 마사나오中村正直가 1873년(메이지 5)에 『자유의 도리自由之理』로 출판한 이래 "자유"라는 번역어가 그다지 저항 없이 받아들여졌을 뿐만 아니라, 순식간에 당시의 청년들을 자유민권운동自由民權運動으로 이끌었다. 그러나 중국 청말의 사상계에서는 상황이 달랐다. 이 Liberty를 둘러싸고 격렬한 논쟁이 벌어졌던 것이다.

양무운동의 지도자의 한 사람이며 "중체서용"의 논자인 장지동은 다음과 같이 말하였다. "요사이 서양 학설을 배운 사람들이 매우 늘어났는데 그들이 사람들에게 자주의 권리가 있다고 주장하게 되었다. 참으로 괴상망측한 일이다. 이 말은 서양의 종교 책에서 나온 것인데 그 뜻은 [하느님이] 사람들에게 착한 본성과 영명한 지성[性靈]을 주었기 때문에 사람들에게는 지혜와 생각이 있고 모두 무언가 일을 할 수 있다는 데 지나지 않는다. [그런데] 번역자가 이것을 사람들에게 자주의 권리가 있다고 번역했으니 큰 실수이다."(張之洞, 1983: 50 이하 참조) 장지동은 Liberty(里勃而特)를 자주自主로 번역한 것은 마테오리치 이래의 오역이라고 한다. 게다가 리버티(里勃而特)란 "일에는 공도가 있어 대중들에게 유익하다〔事事公道, 於衆有益〕"는 것, 즉 모든 것이 공평하고 많은 사람들에게 이익이 있다는 뜻이고, Liberal은 자유당自由黨이 아니라 공론당公論黨으로 번역되어야 한다고 한다. 장지동은 자주나 자유라는 말을 싫어하여 "공론公論"이라고 말한 것이다.

이것에 대하여 캉유웨이는 "리버티"에 대한 장지동의 해석을 "중국의 위학僞學이나 속학俗學의 상투적인 해석으로 서양의 뜻을 잃어버렸다"라고 반박한다. 그의 『정권편변正權篇弁』에는 "리버티"에 대한 해석이 다음과 같이 나타나 있다.(康有爲, 1983 : 53 참조)

리버티는 『중용中庸』의 이른바 "천명지위성天命之謂性, 솔성지위도率性之謂道"와 같은 것으로 하늘이 내린 본성本性을 의미하니 당연히 착한 것이고, 본성을 따르는 것이 자유이다. 따라서 자연에게 맡기는 것이 가장 좋은 것이다. 유럽에서는 자유라는 말을 "충성을 다하고 좋은 일을 성취하며 형벌을 공명정대하게 집행하고 법을 따르는 것"이라는 의미로 쓰고 있는데, 장지동은 그것〔리버티〕을 "방탕하여 거리낌이 없는 것"이라는 의미로 오해하고 있다. 그리고 〔그는 리버티를〕 "공론"으로 번역하라고 주장하고 "자유自由"로 번역하는 것은 잘못이라고 말한다. 결국 〔그는〕 "천하의 선善이라는 것은 의논을 잘하는 것이 아니라 행동을 잘하는 데 있다는 것을 모르고 있다." 나는 일찍이 콘서버티브干涉滑地(Conservative)를 수경당水經黨, 리버럴里勃舊剌里(Liberal)을 달권당達權黨으로 번역한 적이 있는데 일본에서 "자유"로 번역하기 시작했다. 유럽어의 원래 의미를 완전히 드러낸 것이라고는 생각하지 않지만 대략 뜻은 잡히고 있다. Liberty를 민권民權으로 번역하는 것도 일본의 번역서에서 따온 것 같다. Liberty를 민권으로 표현한 것은 좋다고 생각하지만 번역하는 사람이 민권이라는 중국어와 Liberty의 도리가 같다는 것을 "깊이 살피지" 못하고, 또 책을 읽는 사람도 그 "의미를 오해하고 시기하는" 것은 안타까운 일이다.

캉유웨이는 Liberty를 자유, 민권으로 번역하는 것이 중국의 전통을 파괴하는 것이 아니라 민권이 회복된다면 관권도 분명하게 되고, 민권이 증가하면 관권의 중요성도 높아진다고 주장했다. 장지동은 그것을 이해하지 못했다는 것이다. 장지동과 캉유웨이는 둘 다 청의 관료이면서도 "리버티"라는 말을 둘러싸고 그들의 사상적 차이를 현저하게 나타냈던 것이다. 그와 동시에 거기에서 중체서용론과 변법자강론의 대립 구조가 당시 중국의 양무운동이라는 사상적 상황의 흐름 속에서 여실히 부상하게 된다.

2. 양무운동·변법자강·중체서용

"중학위체中學爲體, 서학위용西學爲用", 즉 중체서용론은 장지동에 의해 처음으로 주창된 것은 아니지만, 장지동은 이것을 즐겨 말했다. 1890년대 후반, 이것은 거국적으로 "지극히 당연한 말[至言]"(梁啓超, 1974: 307)로 극구 찬양된 슬로건이고, 장지동의 저작 『권학편勸學篇』이 그것을 이끌어낸 것으로 생각된다. 그리고 이러한 사상운동은 1860년대부터 시작되는 양무운동의 연장선상에 위치하고, 캉유웨이 등의 변법자강론의 전 단계로 간주된다. 일본 사쿠마 쇼잔의 화혼양재와 그것에 잇따르는 요시다 쇼인의 도막론倒幕論, 조선에서의 박규수의 동도서기와 그의 제자 김옥균의 갑신정변과 비교해보면 그와 같은 연속적인 움직임이라고 억측하여 판단하기 쉽지만, 중국의 장지동과 캉유웨이의 위치 관계는 그들과는 완전히 달랐다. 그것을 양무운동·변법자강·중체서용의 과정 속에서 고찰해보자.

1840년부터 42년까지의 아편전쟁에 잇따르는 1857년의 아로호 사건(제2차 아편전쟁)은 청국 정부에게 지금까지의 서양에 대한 외교적 태도를 바꿀 것을 강요한 것이었다. 1861년에 베이징에 영국·프랑스·러시아 등 서양 제국을 특별 취급하는 총리각국사무아문總理各國事務衙門이 설립되었고, 1873년에는 황제에 대한 외국 공사의 알현이 실현되었다. 1877년에는 런던에 중국 공사가 주재하게 되었다. 이무夷務[오랑캐와 관련된 사무]에서 양무洋務[외국과 관련된 사무, 또는 외국식을 따라 행하는 사무]로의 전환이다. 이러한 이무에서 양무로의 전환은 중국이 자발적으로 방침을 바꾼 것이라기보다는 외국으로부터의 압력에 의한 것이었고, 중앙의 정치 변혁이라기보다는 서양의 무력을 직접 보게 된 지방 관료들이 먼저 방침을 바꾼 것이었다.[2] 그리고 그것은 종래의 중화사상, 외국=오랑캐[夷狄]라는 사상의 전환을 촉구하는 계기가 되었다. 이와 같이 1860~1890년대에 전개된 일련의 서양화 운동은 양무운동으로 불려졌다. 그리고 그 중심이 된 것은 태평천국太平天國의 난을 진압한 증국번曾國藩, 이홍장李鴻章, 좌종당左宗棠 등의 지방 독무督撫[명·청대의 최고 지방관인 총독總督과 순무巡撫]들이었다.

양무운동은 우선 서양식 군사기술을 도입하는 것으로 시작되었다. 먼저 증국번은 1862년에 안칭安慶에 안칭군계소安慶軍械所를 설립하고

---

[2] 『함풍조이무시말咸豊朝夷務始末』 권22에는 "지방관이 오랑캐[夷人]가 입성한 이래 매사에 이무夷務라는 말을 쓰기를 꺼려 심지어는 공문서에서 이무를 양무洋務 또는 외국 사건이라고 쓰고 결코 '이夷' 자를 쓰지 않게 되었다"라고 적혀 있다.(高田淳, 1994: 32 참조)

군함 "황곡黃鵠"을 건조했다. 이어서 이홍장은 1865년에 상하이에 장난기기제조총국江南機器製造總局, 난징南京에 진링기기국金陵機器局을 설립하고 철포, 탄약 등을 제조했다. 게다가 푸저우선정국福州船政局, 톈진기기국天津機器局, 윤선초상국輪船招商局, 카이핑광무국開平鑛務局, 상하이기기직포국上海機器織布局 등 잇달아 근대 공장을 설립했다. 장지동도 또한 한양제철국漢陽製鐵局(1890) 등을 설립했다. 그러나 이 근대 공장의 설립은 중국의 근대화운동이라기보다는 태평천국의 난을 토벌한 증국번·이홍장 등이 거느리는 상군湘軍·회군淮軍의 군사력을 강화하기 위한 것이었다. 그리고 그들은 양무파로 불렸고, 지방에서의 군사력을 배경으로 양무 사업 진흥에 반대하는 완고파頑固派와의 항쟁을 전개했다.

서양식 군사기술을 도입하기 위해서는 유럽 언어를 이해하고 기술의 배경인 문화·사상을 이해해야 한다. 그래서 1862년에는 번역 요원·외교 요원을 양성하기 위하여 북경에 총리아문의 부속기관으로 징스동문관京師同文館이 설립되었다. 게다가 1863년에는 이홍장에 의해 상하이에 광방언관廣方言館, 다음 해에는 양광총독兩廣總督 루이린瑞麟에 의해 광저우廣州에 광저우동문관廣州同文館이 설치되었고, 동시에 엄청나게 많은 외국 서적이 번역되었다. 또한 1872년부터 1881년까지는 120명의 정부 유학생이 미국에 파견되었고, 푸저우선정국福州船政局의 30명의 유학생이 프랑스·영국에 파견되었다. 이러한 서양의 사상·문화에 대한 직접적인 접촉은 단순한 언어의 습득이나 기술적으로 "오랑캐의 장기長技를 배워서 오랑캐를 제압한다"(西順藏 編, 1976a: 47 참조; 復旦大學歷史系·上海師範大學 編著, 1981b: 98 이하 참조)는 차원을 넘어 종래의 중화사상 그 자체의 근저를 뒤흔들었다.

여기에서 제출된 것이 "도道"와 "기器"라는 도식이다. 1875년에 정관응鄭觀應은 『역易』의 「계사상전繫辭上傳」에서 이끌어낸 "형이상을 도라고 하고 형이하를 기라고 한다"라는 중국 고래의 기본명제를 제출했다. 즉 "원래 도道는 널리 우주에 퍼져 고금을 둘러싸며, 인간을 만들고 만물을 만들며, 천지를 낳고 땅을 낳는다. 이 도에 의해 생겨난 형形·기器에 관한 학문을 어떻게 같은 차원에서 미루어 짐작할 수 있겠는가. 그러나 다만 『역易』만은 형이상, 형이하라는 파악 방식으로 이것을 분명히 했던 것이다." 중국에서는 『대학大學』 제5의 "격치格致"의 한 전(一傳)이 망실되고 『주례周禮』에서 "동관冬官"의 일책一冊이 없어지고 나서는 그 영향을 받은 유럽 쪽이 정묘精妙하게 되고 중국이 [이에] 훨씬 미치지 못하게 되었다. "생각건대 우리[중국인]는 근본[本]에 전심했고, 그들[서양인]은 말단[末]을 추구했다." "지금 서양인이 손에 넣고 있는 것은 모두 패술覇術에 속하는 잔재殘滓뿐이다." 따라서 요순문무堯舜文武의 법을 지키고, 고대 왕도古代王道를 현저하게 드러내고, 여러 나라를 위무하고, 정政·교敎의 권리를 총람總攬하고, 널리 유럽의 기술을 받아들이고, 학교를 설치하고 영재를 키우고, 의회를 열고, 상업에 의해 국가를 부유하게 하고, 육해군을 정련하여 강적의 계획을 부수고, 강강에서 패패로, 패패에서 왕자王者가 되기를 도모하면 "천하는 인仁으로 돌아가고 만물은 각기 그 있는 바를 얻는다. 이리하여 천하 통일이라는 큰 사업이 실현되는 데 아무런 어려움도 없다"(西順藏 編, 1976b: 68~73)라고 말한다.

이러한 도와 기의 도식은 1870년대부터 1880년대에 걸쳐 양무운동을 추진한 개화적 지식인이 완고한 보수파에 대항하여 서양학 채용의 정당성을 이론화한 것으로 받아들여졌다. 풍계분馮桂芬, 정관응을 비롯하여 설복성薛福成, 왕도王韜, 마건충馬建忠, 용굉容閎 등은 증국번, 이홍장 등의 막우幕友[명·청대에 지방 관서나 군軍에서 관직이 없이 업무를 보좌하던 고문]가 되어 양무의 계획을 세우고 실천했다.

그러나 양무운동의 추진에도 불구하고 중국은 1895년 일본과의 전쟁에서 패하여 국가적으로 커다란 충격을 받았다. 중일전쟁(청일전쟁)의 패배를 기점으로 하여 "도"와 "기", "중학中學"과 "서학西學"이라는 이중구조의 모순이 파탄을 초래한 것이다. 물론 원래 이 도식 자체가 위정자의 절충 이론일 수밖에 없었는데, 서양 기술을 받아들이면 서양 정신도 받아들여야 하며, "다른 학문이 있다는 것을 인정"해야만 하는 것이다. 또한 사회구조적으로도 "부국강병", "식산흥업殖産興業"이라는 정책은 양무파 관료들이 감독·경영하는 관독상판기업官督商弁企業에만 의존하는 것이 아니라 민족자본이라는 기초가 구축되어야 성공할 수 있다. 즉 자유주의 경제활동을 불러일으켜야 하는 것이다. 민족자본·자유주의 경제는 당연히 정치형태의 변화, 의회제 민주주의의 길을 택하려고 한다. 즉 "법"이 어쩔 수 없이 입장을 변경하게 된 것이다.

이어서 등장하는 변법운동의 지도 이념은 다음의 다섯 가지로 요약될 수 있다.(西順藏 編, 1976b: 25 참조) 즉 (1) 입헌 체제하에서 의회제를 채용한다, (2) 부국강병 정책, (3) 인재 등용과 교육제도의 개혁, (4) 공자교孔子敎의 설립, (5) 낡은 풍속의 폐지이다. 캉유웨이는 러시아의 피터대제의 개혁과 메이지유신을 본보기로 삼아 광서제光緖帝[재위 1874~1908]하에서 사대부, 상인층을 의회제를 통해 포섭한 절대주의적인 국가형태를 수립하고자 했다. 그리고 양무파가 추구했듯이 근대화를 추진하는 관료의 휘하에 있는 군대의 강화에 의한 "부국강병"이 아니라 "부국의 법", "양민의 법"이라는 자본주의적 개혁에 의한 국력의 강화를 꾀했다. 그것을 실현하기 위해서 교육의 개혁과 새로운 인재 등용이 필요한 것은 당연하다. 게다가 전족, 변발, 종래의 복장을 폐지하고 서양화를 도모하려고 한 것도 수긍이 된다. 그런데 문제는 공자교의 설립이다. 그는 왜 공자교인 유교를 국교로 삼아 공자 기원을 사용하려고 했던 것일까.

그는 "백일유신百日維新"의 기간에 『공자개제고孔子改制考』를 필사하여 황제에게 바치며, 그 속에서 성인 공자를 존중하여 국교로 삼아 교부敎部·교회를 세우고 공자 기원을 사용하고 음사淫祀를 폐지할 것을 다음과 같이 아뢰었다. "공자야말로 문명 세계의 진정한 교주이시고 세상에는 따로 안 계시는 분이옵니다." "지금 편찬한 책은 공자가 바로 개제改制〔정치·경제 등 사회제도의 개조〕의 교주이시고, 육경六經은 모두 공자가 지으셨다는 것을 특히 분명히 하여, 국민에게 교주를 알리고 함께 존신尊信하게 하는 것입니다. 폐하가 보시고 대성인의 개제를 이해하시어 변통變通하는 것이야말로 백성의 형편을 낫게 하는 것임을 명찰明察하시옵소서."(湯志鈞·近藤邦康, 1985: 43, 51 이하 참조) 그리고 금문경학今文經學과 공자 개제설改制說을 시종일관 따로 분리하지 않고 공자를 새로운 역사의 장면에 등장시키려고 했다. 그가 "공자라는 낡은 처방전"에 의거한 것은 1888년의 첫 번째 상서上書 때에 그 상소문이 봉건 수구 세력에게 저지되어 광서제에게 전해지지 못했을 뿐만 아니라 온갖 조소와 공격을 받았다는 쓰라린 경험 때문일 것이다. 상서에는 수구 세력의 눈을 속이는 위장이 필요했다. 그는 그것을 요평廖平과의 만남에서 금문경학 속에서 발견했다. 그는 금문경학에서 운용할 수 있는 것을 흡수하고 정치를 논하려고 생각하게 된 것이다.

캉유웨이는 금문경학의 삼통설三統說, 삼세설三世說을 내세웠다. 삼통설이란 어떤 왕조에도 각각의 "통統"이 있고, 전전前 왕조가 천명을 어기면 천명을 받은 새로운 왕조로 교체되어 새로운 왕조가 "통"을 얻는다는 것이다. 그것은 흑통·백통·적통으로 순환한다. 이 생각은 전한前漢의 황제들에게 신봉되어 중세 봉건사회에서 상당한 영향력을 가졌던 순환론적 역사관이다. 다른 한편 그는 삼세설을 원용하여 노로魯의 12세〔『춘추』에 기록된 노나라의 은공隱公부터 애공哀公까지 12대의 군주의 치세〕를 난세亂世·승평升平·태평太平의 3단계로 구분했다. 사회의 역사는 고대의 쇠난衰亂·난세에서 근대·승평을 거쳐 태평의 현대에 이른다. 그는 시대란 개혁하면 개혁할수록 진보해간다는 일종의 역사 진화론을 전개했다. 말하자면 그는 이 역사 진화론과 순환론을 결부시켜 태평으로 나아가려고 하면 인혁因革〔옛것을 바꿈〕·개제가 필요하고 인혁·개제의 변법에 의해 태평에 도달할 수 있다는 것을 말했던 것이다.

공자를 "신명성왕神明聖王, 개제교주改制教主"라고 부르며, 공자는 시대와 함께 교화를 개선하여 선거 등의 제도를 창립하고 민주의 태평을 사모했다라고 말한다. 공자를 신격화함으로써 공자 이전의 세상을 난세로 간주하고, 공자를 제도 개혁자로 삼음으로써 제도의 개변改變을 정당화한 것이다. 이 공자는 봉건제도의 이상을 말하는 종래의 공자가 아니다. 선거제도를 만들고 민권, 민주, 평등의 기초를 쌓은 "변법 유신의 시조"인 것이다. 바로 탕즈쥔湯志鈞이 말하듯이 "캉유웨이가 만들었던 공자는 부르주아화된 공자"(湯志鈞·近藤邦康, 1985: 61)인 것이다.

그런데 탕즈쥔은 서양에서 배우고 공자라는 낡은 처방전에 의거하는 자세가 "정치 무대에 막 등장하기 시작한 중국 부르주아계급의 연약성을 반영하고 있고, 또 중국의 봉건적인 전통의 영향이 얼마나 완강하며 유가 정신의 족쇄가 얼마나 엄격한 것인가를 말해주고 있다"(湯志鈞·近

藤邦康, 1985: 44)라고 단정했다. 그러나 나는 오히려 외국의 이질적인 사상을 도입하려고 할 때에는 언제나 재래 사상을 발전, 확장시켜 수용하기 마련이라는 사실에 주목하고 싶다. 게다가 캉유웨이는 기독교가 서양 사회에서 수행하고 있는 국민교육 내지는 국민의 통일 감정을 형성하는 작용을 공자교에서 구했던 것은 아닐까. 그것은 동시에 일본의 근대화가 천황제를 기반으로 절대주의 체제를 구축하고, 그 천황제가 내셔널리즘을 환기하며 양이攘夷라는 부정적인 작용이 아니라 국민적 통합과 그 애국심의 발로의 대상이 된 것을 감안한 것은 아닐까. 그는 중국의 적극적인 국가(민족) 통일의 핵을 공자에게서 구했던 것이다.

그런데 이 부르주아화한 공자의 상像에 대해서는 청조淸朝의 봉건적 지배계급뿐만 아니라 강학회强學會에 당초 호의적이었던 장지동조차 그 기만성에 불쾌감을 나타내고 캉유웨이와 결정적으로 인연을 끊는 계기가 되었다. 장지동은 캉유웨이를 안중에 두고 다음과 같이 말했다. "만약 중국의 선비로서 중국의 학문에 정통하지 않다면 그것은 마치 자신의 성을 모르는 인간, 고삐가 없는 말, 키가 없는 배와 같은 것이다. 그러한 인간은 서학을 배우는 것이 깊어지면 깊어질수록 중국을 매우 증오하게 된다. 박학다재한 선비일지라도 이런 점이 있다면 국가가 어떻게 등용할 수 있겠는가."(張之洞, 1976: 111)

장지동은 가령 부국강병을 위하여 서양 학문을 도입하더라도 성교聖敎, 즉 공자의 가르침은 손상되어서는 안 된다고 생각했다. 성교, 즉 중학中學[중국의 학문]·삼강오륜三綱五倫의 가르침은 꼭 보전되어야 하는 것이다. "군위신강君爲臣綱, 부위자강父爲子綱, 부위부강夫爲婦綱"(『백호통白虎通』), "부자유친父子有親, 군신유의君臣有義, 부부유별夫婦有別, 장유유서長幼有序, 붕우유신朋友有信"(『맹자』)이라는 삼강오륜이야말로 중국인의 윤리 규범이고, 중국의 국가 이념이다. 만약 캉유웨이가 말하는 것처럼 공자가 사실은 민권, 선거제도를 원하고 있었다고 인정한다면 그것은 곧 중학·성교·삼강오륜을 부정하는 것이라고 그는 생각했다. 그리고 그는 "만약 누가 한 번 민권설을 외친다면 반드시 어리석은 백성들이 기뻐하고 반드시 백성들의 반란이 일어서며 질서가 무너지고 대란이 사방에서 일어날 것이다"(湯志鈞·近藤邦康, 1985: 66~67)라고 주장했다. 그래서 장지동은 중체서용론을 주장했던 것이다. 그는 『권학편』에서 다음과 같이 말하였다. "지금 중국을 강성하게 하고 중국의 학문을 보전하고자 한다면 서양 학문을 배워야만 한다. 그러나 그때 먼저 중국의 학문으로 사상적 토대를 닦고 식견과 지향을 바로잡아두지 않는다면 강한 자는 반란의 수괴가 되고 약한 자는 남의 노예가 되어서 그 폐해가 서양 학문에 통하지 않은 것보다 더욱 심해질 것이다."(西順藏 編, 1976b: 109) 장지동의 중체서용론은 양무운동이 실패하고 변법파의 비판에 직면하면서 위기에 처한 양무파가 스스로의 입장을 지키기 위하여 자기 원칙을 노골적으로 드러낸, 이른바 구화주의歐化主義의 반작용인 것이다.

장지동이 반대한 "민권설", "부자父子를 평등하게 여기고 복상[喪]·제사[祀]를 폐지한다는 설", "남자평권男子平權의 설[모든 남자에게 정치적 권리를 부여하자는 주장]" 등은 확실히 서양의 문화가 가져왔던 것이다. 그러나 장지동이 이때 의식했던 것은 태평천국이 내건 슬로건이었다. 장지동 등과 같은 지배자 계급이 두려워했던 것은 서양 문화 그 자체라기보다는 서양 문화에 의해 촉발된, 청조 정부를 타도하려는 혁명운동이었다. 그것은 20여 년 전에 종식되었던 태평천국의 그림자이다.

3. 태평천국의 난

홍수전洪秀全이 이끌었던, 1850년부터 십여 년간에 걸친 태평천국의 난은 청 왕조의 봉건 지배 체제의 근간을 뒤흔드는 것이었다. 그것은 홍수전이 광저우에서 접촉한 기독교와, 중국 고래로부터의 대동사상을 융합시켜 스스로 예수 그리스도의 아우로서, 천황으로서 군림하며 이 세상에 태평천국을 건설하려는 것이었다. 그리고 기독교의 가르침에 따라 공자의 위패, 문묘文廟 등의 우상을 파괴했는데 그것은 동시에 봉건사회의 이론적 근거와 종교적 권위를 파괴하는 것이었다. 그리고 『예기禮記』에서 연원하는 대동 사회인 평등 사회의 이상향을 그리며 신분제도, 남녀 차별, 계급적 압박, 전제군주에 반대했다. 그가 1853년에 공포한 사회개조의 강령 『천조전무제도天朝田畝制度』는 봉건제도를 지지하는 지주의 토지 지배의 근저를 파괴하는 것이었다. 『천조전무제도』는 다음과 같이 규정하였다. 경지는 농가의 인구수에 따라 균등하게 분배하고, 인구가 많으면 많게 적으면 적게 나누며, "밭이 있으면 함께 경작하고, 밥이 있으면 함께 먹으며, 의복이 있으면 함께 입고, 돈이 있으면 함께 사용하며, 균등하지 않은 경우가 없이 배불리 먹고 따뜻하게 입지 않는 사람이 없도록 한다."(復旦大學歷史系·上海師範大學 編著, 1981a: 152) 이것은 착취와 빈곤으로부터 벗어나 절대 균등주의의 이상 사회를 실현하고자 하는 소박한 농민의 소망을 표현한 것이었다. 다른 한편 이 태평천국의 난은 자본주의 발전의 계기도 마련했다. 그것은 태평천국의 후기에 활약한 홍인간洪仁玕이 1858년에 펴낸 『자정신편資政新篇』에 잘 드러나 있다. 장기간 홍콩에 거류하면서 서양 자본주의의 과학·문화를 접한 홍인간은 태평천국을 통해 중국을 근대국가로 만들고자 도모했다. 그는 『자정신편』의 「용인用人」 편에서는 도당徒黨을 조직하는 폐해를 설명하고 근본(本)을 강화한 중앙집권화를 주장하였으며, 「설법說法」 편에서는 우선 정치에 관해서는 권력을 한곳에 집중시키고 신문·투서를 통하여 "공의公議"를 활발하게 표현하게 하며 지방자치를 추진한다. 경제에 관해서는 교통 운송을 발전시키고 우편제도를 설립하며 지하자원 채굴, 수리水利 건설, 기술 발명 등 자본주의경제의 발전으로의 길을 개척하려고 했다. 사회에 관해서는 학교·병원의 설립, 신문의 발행, 복지·자선사업의 장려, 봉건적 미신의 금지, 인신매매·노비 사용의 금지, 영아 살인·전족의 금지라는 인권주의적인 면을 가지고 있었다. 즉 대동적인 공산주의혁명과 자본주의·인권주의인 부르주아혁명을 동시에 병합한 봉건적 사회의 일대 변혁이었던 것이다.

태평천국의 난은 1864년 톈징天京의 함락에 의해, 혹은 1868년 태평천국을 계승한 염군捻軍의 괴멸에 의해 수습되었지만 그것이 끼친 사회적 영향은 헤아릴 수 없을 만큼 컸다. 그것은 청조 정부가 받아들여야만 했던 자본주의경제의 발전과 중앙집권화뿐만 아니라 민족주의 운동을 환기시키고 나아가서는 봉건적 토지 소유 제도를 해체시키는 공산주의 운동으로 연결되어갔던 것이다.

4. 반자유주의

장지동에 의하면 "자주권"에 반대하여 민권설을 제창하면 어리석은 백성이 기뻐하고 국가를 어지럽히는 백성이 생기며, 기강이 무너지고 대란이 사방에서 터진다고 한다. 이에 대하여 곤도 쿠니야스近藤邦康는 다음과 같이 말했다. "그에게는 백성이란 그 자체로서는 완전히 동물적인 존재이고 자의恣意와 욕망의 존재이며, 방치해두면 반드시 서로 싸워 대란을 일으키는 존재로 생각되었다. 따라서 백성에게 조정이 정한 법률과 차별적 도덕인 삼강오륜을 지키게 하고, 천자天子의 교화와 권력에 의해 백성을 복종시킴으로써 난을 방지하고 질서를 세워나간다. 위로부터 주어진 질서에 복종하는 것에 의해서만 평화가 유지되고 자신의 생을 영위할 수 있기 때문에, 백성은 정치적으로는 완전히 무력한 존재, 수동적인 존재이다. 이와 같은 그의 사고방식에서 볼 때 '자주권'이라는 것은 세계의 어디에도 없는 것이다." 장지동은 자유(자주)를 방자放恣로서밖에 이해하지 못한 것이 명백하다.(近藤邦康, 1981: 20 참조)

곤도의 지적은 어느 정도 옳을 것이다. "어느 정도"라고 단서를 붙이는 것은 우리 일본인들이 중국의 역사와는 다른 맥락에서 일본식으로 자유를 이해하는 입장에 서서 지적할 때 어느 정도 옳다는 것이다. 그런데 그러한 지적이 중국의 사상적 풍토 속에서도 타당할 수 있을까? 물론 유일하고 절대적으로 옳은 지적을 한다는 것은 모든 것이 역사적·사회적으로 제약된 인간에게는 불가능하다. 중국인으로서 중국의 전통 속에서 자유를 생각하는 사람과 일본인으로서 중국에 정통한 사람과, 혹은 유럽인이 자신들의 역사적 관점에서 보는 입장 중에서 어떤 것을 "절대적으로 옳다"라고 할 수는 없을 것이다. 물론 "보다 옳을" 가능성은 존재할지도 모른다. 아무튼 내가 장지동은 자유를 "방자로서밖에 이해하지 못한 것이 명백하다"라고 한 곤도의 논의에서 얘기하고 싶은 것은 당시 사상계에서 또 그후의 중국 사상사에서도 자유는 방자로밖에 이해되지 않았다는 것이다. 그것을 중국의 사상계에서 리더십을 발휘해온 캉유웨이, 쑨원孫文, 마오쩌둥毛澤東이라는 세 사람의 언설

속에서 확인해보자.

우선 Liberty에 대한 역어를 둘러싸고 장지동과 대립했던 캉유웨이를 보자. 무술정변戊戌政變을 이끌 때 장지동과 대립하여 "자주권"을 옹호했던 캉유웨이는 신해혁명 후인 1913년(民國2)에 공화정체共和政體를 "공화라고 일컫지만 실은 공란共亂이다"라고 비난했다. 그는 혁명 후에 일어난 무정부 상태가 "평등과 자유의 폭풍"에 기인한다고 하면서 "자유라고 해서 학교에 스승이 굳이 필요 없다는 말인가!? 학생들은 제멋대로 무리를 지어 서로 외치면서 무슨 일이 있을 때마다 선생에게 강청強請한다"(野村浩一, 1990: 20 참조)라고 말한다. 이것을 개혁주의자가 혁명 후에 반동으로 표변豹變했다고 해석해서는 안 된다. 자유에 관한 그의 관점은 일관적이었다. 즉 그는 "제멋대로"의 자유관 밖에 생각하지 못했던 것이다. 그리고 그는 "평등과 자유의 폭풍"이라고 표현했듯이 평등과 자유를 병렬·동치同置되는 것으로 보았던 것이다.

그러면 중국을 혁명으로 이끈 쑨원은 어떨까. 중국 혁명의 방향을 설정한 것은 말할 것도 없이 쑨원의 『삼민주의三民主義』이다. 이 『삼민주의』, 즉 민족주의, 민권주의, 민생주의는 중국 근대 혁명을 기초 짓던 논의이다. 그에게 민족주의란 국수주의, 내셔널리즘의 문제이고 민생주의는 사회주의, 공산주의에 해당한다. 그에 의하면 요컨대 대동주의이다. 두 번째의 민권주의가 민주주의의 문제이며 자유의 문제인데, 이 "민권주의"의 논의 속에는 "자유"를 찬미하는 언사는 없다. 오히려 "중국인에게는 자유가 너무 많기 때문에 중국에는 혁명이 필요하다. 중국 혁명의 목적은 유럽 혁명과 정반대이다. 목적이 다르므로 방법도 다르다. 우리에게는 자유가 지나치게 많았기 때문에 단결되지 않고 모래처럼 흩어지게 되었다"라고 자유에 반대하였다. 쑨원은 당시 자유를 찬미하던 학자와 학생을 "시대의 급무[時務]를 모르는 자라고 해야 할 것이다"라고 비난하고, 게다가 "우리들 혁명당 속에서도 자유의 결점이 생기고 있다", "자유는 절대로 개인적으로 사용할 것이 아니라 국가적으로 사용해야 할 것이다"(孫文, 1969: 174)라고 주장했다. 국가의 자립이 개인의 자율에서 얻어진다고는 생각하지 않는 것이다. 따라서 쑨원에게서도 개인의 자유는 방종에 불과한 것이다.

이것은 혁명을 성취시킨 마오쩌둥도 마찬가지이다. 마오쩌둥의 『마오쩌둥어록』에 「자유주의를 반대한다」가 있다.

마오쩌둥은 다음과 같이 말한다. "자유주의에는 여러 종류의 표현이 있다[自由主義有各種表現]."(毛澤東, 1989: 50~61) 즉 자유주의에는 다양한 표현 방식이 있는데, 친한 사람, 동향인, 동창생, 마음이 맞는 친구, 친밀한 사이, 옛 동료, 옛날 부하 등에게는 당의 원칙을 적용하려고 하지 않는 파벌심이 첫 번째의 폐해라고 하는 것에서부터 논의를 시작한다. 두 번째 폐해는 표면적인 동조이다. 세 번째는 군자는 위태로운 곳에 접근하지 않는다는 식의 방관적 태도이다. 네 번째는 개인주의이다. 다섯 번째는 자기주장만 하고 개인을 공격하는 것이다. 여섯 번째는 무사 안일주의이다. 일곱 번째는 재주가 없는 대식한大食漢처럼 아무것도 하지 않는 것이다. 여덟 번째는 방관자와 같은 행동이다. 아홉 번째는 임시방편주의이다. 열 번째는 옛날의 이력을 자랑하는 거만한 행동이다. 그리고 마지막으로 "자기가 잘못되었음을 그 스스로 이미 알면서도 고치려고 하지 않는 것은 자기가 스스로에 대하여 자유주의를 취하는 것이다. 이것이 바로 열한 번째의 폐해"라고 한다.

이 문장을 우리의 입장에서 보면 마오쩌둥은 자유주의를 오해하고 있다. 혹은 부당하게 그 의미를 폄하하고 있다고 말할 수 있을 것이다.

그는 "자유"의 개념 그 자체에 대한 이해가 부족했다. 미야자키 이치사다宮崎市定는 그 문제를 다음과 같이 말한다.

"자유주의를 배격한다"에서 그〔마오쩌둥〕가 말하는 소위 자유주의는 자세히 살펴보면 이른바 liberalism이 아니라 libertinism(방종)이다. 이 두 개념의 혼동은 어째서 일어난 것일까. 생각건대 계속해서 혁명만을 인생의 목적으로 추구해온 마오쩌둥은 참된 자유주의의 장점을 전혀 몰랐던 것이 아닐까. 그가 직접 본 청 말淸末로부터 민국 초기에 걸친 시기의 중국에서는 관리의 부패가 정점에 달했고, 도처에 혐오할 만한 현상이 흘러넘치고 있었던 것이 사실이다. 그동안 그는 한 번도 선진 문명국으로 가서 자유주의 세계의 참된 장점을 접하지 못한 채 살았다. 이것은 공산혁명을 수행하는 데는 오히려 유익했을지도 모르지만, 혁명이 성공한 후 이른바 수성守成의 시대에 접어들 때 커다란 장애를 일으키게 된 것은 아닐까. 이번의 문화대혁명文化大革命의 원인 중 하나도 거기에 있었다고 생각된다.

진정한 자유주의의 장점을 전혀 몰랐거나 혹은 고의로 그 장점을 평가하지 않고, 세상에는 단지 좋은 공산주의와 방종한 자유주의의 대립이 있을 뿐이며, 이른바 자본주의국가는 곧 자유주의국가라고 말한다면 이것은 장래 마오쩌둥주의에서 오히려 커다란 논리상의 약점이 되는 것은 아닐까. 즉 외부 세계에 눈을 감은 마오쩌둥주의가 쇄국의 상태를 계속하는 한은 어떻게든 유지될 수 있어도 일단 외국과 교류하게 되면 순식간에 와해되어버릴 우려는 없

는 것일까.(宮崎市定, 1989: 48~49)

5. 자유란 무엇인가

자유란 무엇인가. 많은 학자들이 이 물음에 그리고 이와 같은 "무엇인가"라는 물음에 계속하여 답해왔다. 무엇인가를 묻는 것이 학문이고 대답을 이끌어내는 것이 보편적 개념을 설정하는 작업이다. 따라서 학문의 형식은 항상 개별적인 주관적 상황에서 그것을 반성하고 부정(한정)하려고 하는 객관적 작업을 통해 보편적 개념 설정을 이끌어내는 운동이다. 일본의 많은 학자들이 이를테면 자유민권운동의 자유론의 한계를 비판할[3] 때 프랑스의 인권선언, 미국의 독립선언, 밀의 자유론 또

---

3) 일본 자유민권운동의 소위 "자유"란 무엇일까? 일본이 수용한 "자유"는 결코 서양의 자유 그대로가 아니었으며, 또한 중국 사회보다도 자유 개념을 섭취함에 있어서 앞서 있었다는 식으로 안이하게 비교하는 것은 삼가야 한다. 그렇지만 자유의 절대 기준이 존재하지 않는 이상 어느 정도의 비교는 인정하지 않을 수 없다. 그것을 전제하고 논의를 진행해보자.
일본에서 최초로 자유의 개념을 소개하려고 노력한 사람은 아마 가토 히로유키일 것이다. 그는 1860년대 초에 네덜란드어의 프레이헤이드Vrijheid를 언급하면서 "무릇 이 말은 일본인은 물론 중국인[漢人]도 일찍이 제대로 번역할 수 없었던 단어라 여태까지 딱 맞아떨어진 번역이라고 여겨지는 글자도 없었지만 일단 일본어로 임시로 옮겨보면 아마 자유자재自由自在라거나 뜻대로[勝手次第]라는 의미라고 할 수 있습니다. 그런데 최근에 영국인·미국인 등이 한문으로 저술한 책을 보니 그 중에 자주自主라는 글자가 있는데 이것이 바로 프레이헤이드라는 글자의 번역인 것 같습니다. 다만 앞에서도 말했듯이 이 말은 제대로 번역하기 어려운 말이기 때문에 이 자주라는 글자도 결코 제대로 된 번역이 아니라 그냥 이른바 의역義譯을 한 것으로 원어의 [표면적인] 의미만 취하여 번역한 것이기 때문에 얼핏 생각하기에는 결코 적합하지 않는 번역인 듯 보이지만 두고두고 이 자주라는 글자를 음미

는 프롬의 자유의 개념, 나아가서는 유럽의 모든 종류의 사전을 총동원하여 자유의 개념을 구축하고, 자유민권운동이 본래의 자유로부터 어느 정도로 멀어졌는가를 논증하는 것이다. 프랑스의 인권선언도, 밀의 자유론도, 각각의 개별적인 역사·사회의 제한 속에서 그 현실을 추상화한 이념인 것이다. 따라서 한편으로는 자유의 개념이 유럽 역사의 개별적 현실과 분리될 수 없고, 일본의 역사적 맥락과는 동떨어졌다는 것은 말할 필요도 없다. 그러나 다른 한편으로 학문화 내지 개념 설정은 개별적 현실에 대한 부정 작용을 수반하고 있고, 보편적 이념을 도출하는 것이기도 하다. 가령 절대적 보편 이념이 아니라고 하더라도 우리의 현

해보면 참으로 원어의 의미를 잘 나타낸 역어로 여겨지고 그 함축이 매우 깊다고 하겠습니다"라고 말했다.(植手通有, 1974: 143~144 참조). 또 우에테 미치아리植手通有의 고찰에 의하면, 가토의 이와 같은 논의는 "신분적인 군신관계의 부정에만 한정된 것으로 이 문제를 다루고 자유를 평등과 거의 같은 의미로 해석하고" 있고, "자유의 전통이 없는 곳에서 자유를 이해하는 것이 얼마나 어려운 것인가를 보여준다"(植手通有, 1974: 147)라고 지적한다.
그런데 일본에 본격적으로 서양적인 자유의 관점이 들어온 것은 말할 나위도 없이 자유민권운동이 전개되는 가운데에서였다. 이 운동은 "자유"라는 이념이 전해졌기 때문에 일어난 것이 아니라, 메이지유신 체제에 대해 불만을 가진 사회계층, 불평사족不平士族[메이지유신의 근대화, 중앙집권화, 사민평등, 무사의 특권 폐지 등에 반대한 무사 계급]이나 번벌 정부藩閥政府[메이지유신을 주도한 일부 번 출신자와 공경公卿들이 좌지우지하는 정부]에 반대하는 세력이 반정부운동에 이용한 이론적인 무기에 지나지 않았다. 따라서 자유보다 민권, 또 언론·집회·표현의 자유와 같은 시민적 자유보다 정치권력으로부터의 자유 내지 정치권력에의 자유(정치권력을 더 많이 민중에게!)가 우선시되었다. 또 그 운동은 개인으로서 자립적인 주체적 인간을 확립하고자 하는 운동이 아니라 기존 불평사족·호농豪農층의 당파적 운동이었다. 그것이 이 운동의 패배 요인이라고 지적된다. 그러나 자유민권운동이 패배했다고 해서 자유가 소실된 것은 아니다. 자유민권운동의 한계를 깨달음으로써 새로운 자유를 추구하게 되었는데 그것은 자유민권운동에 좌절한 사람(의 반성·부정) 속에서 인식되었던 것이다. 예를 들면 나카에 초민中江兆民, 타나카 쇼조田中正造 그리고 기타무라 토코쿠北村透谷 등이 바로 그러한 사람들이다.

실성의 주관성을 부정하고 객관화하는 작용을 하고 있는 것이다. 따라서 사물에 대한 개념 설정이 유럽에서 차용한 것일지라도 그것이 절대적인 가치 기준이 아니라는 것을 알고 있다면 우리의 개별적 현실의 비판과 객관화를 통해 새로운 이념을 구축하는 계기가 될 수 있는 것이다.

그런데 "자유"는 인간의 현실적 측면의 여러 가지 경우에 나타나는데, 그것은 각 사회의 역사에 따라 다르다. 만약 그것을 유럽 세계에서 찾아보라고 한다면, 첫째로 신앙의 자유를 들 수 있다. 신앙의 자유는 기독교가 로마제국과의 투쟁을 통하여 획득한 것이며, 나아가서는 종교개혁의 양심의 자유로서 결실을 맺은 것이다. 둘째로는 노예 상태로부터의 해방, 신체적 행위의 자유를 들 수 있다. 노예 상태로부터의 해방은 고대 노예제사회를 중세 농노제사회로 전환시켰고, 또 근세에 와서는 중세 농노제로부터의 해방으로 이어졌다. 셋째로는 특히 근세 이후에 전개된 상인과 부르주아들이 추구했던 상업, 경제활동의 자유를 들 수 있다. 넷째로는 사상 신조의 자유를 들 수 있을 것이다. 이 셋째와 넷째가 근대에서의 자유 개념의 특색이다. "자유란 타인을 해치지 않고 모든 것을 할 수 있는 데 있다"(辻村みよこ, 1992: 428)라는 프랑스 인권선언의 자유 개념의 설정은 특히 경제활동의 자유와 사상 신조의 자유로 집약된다.

중국에서는 선교사들의 활동을 통해 먼저 신앙의 자유를 얻게 되었다. 그러나 기독교가 크게 보급되지 않았기 때문에 이 신앙의 자유는 뿌리내리지 못했다. 둘째의 노예 상태로부터의 해방은 태평천국의 난에서 볼 수 있듯이, 사상의 전파라기보다 그 사회구조가 만들어낸 모순의 자연 발생적인 해방운동으로서 중국에서도 전개되었다. 그러나 이것은 자유의 개념이라기보다는 평등의 범주에 속하는 것이다.

셋째의 경제활동의 자유, 특히 상업의 자유는 유럽과 비교하여 크게 발달하지 않았다. 물론 문물 교역은 인간이 생활하는 데에는 항상 존재한다. 가령 그것이 정부 간 무역·조공 무역과 다른 밀무역으로 간주되더라도 말이다. 문제는 정부 간의 무역이다. 1685년 강희제康熙帝는 "해금海禁"을 전면적으로 해제하고 중국 상인의 해상무역을 인정하며 외국 선박의 내항 통상을 허가했다. 후에 무역이 광저우의 한 항구로 한정되고 광둥廣東 무역으로 불렸다. 이 광둥의 무역 체제를 담당한 중국 상인이 "광둥 13행十三行"으로 불린 공행이다. 그러나 그들은 정부를 대신하여 징세 책임을 맡고 있었고, 그들에게는 부가세가 부과되고 있었으며, 더구나 그 무역 자체도 자유무역이라기보다 중화사상에 기초한 조공 무역의 연장선상에 위치하고 있었다. 그리고 이 상태가 아편전쟁까지 계속되었다. 따라서 상업 활동의 자유, 자유로운 권리로서의 상업 활동은 원칙적으로는 존재하지 않았다. 혹은 이탈리아 상인, 한자동맹Hanseatic League의 도시들과 같이 국왕 권력國王權力을 초월한 자유무역이란 중국에서는 있을 수 없었다고 말할 수 있을 것이다.

양무운동 이후의 식산흥업에서도 자유주의적인 경제활동이 전개되었던 것은 아니다. 일본과 달리 관영官營으로부터 민간경영에로의 산업 민영화도 크게 발전되지 않았다. "관독상판기업은 그 내부에 민족자본의 요소를 포함하고 있었다고는 하더라도, 오히려 민족자본주의의 파괴자이고 교살자[扼殺者]였다"(復旦大學歷史系·上海師範大學 編著, 1981b: 177)라는 푸단대학復旦大學 『중국근대사』의 저자의 지적은 지당할 것이다. 근대산업의 실권을 일부 양무파 관료가 장악하여 민간 자본주의는 발달하지 못했던 것이다.

왜 경제활동의 자유가 발달하지 못했는가라는 문제를 생각할 경우,

중국의 국가 체제, 자본주의의 역사적 미발달, 국제 정세 등과 나란히 유교적 에토스가 "이기利己"라는 영리 추구의 욕망을 저지했다는 관점이 있다. 1890년의 단계에서는 확실히 많은 독서인讀書人 계급이 국가에 의한 부富의 추구인 "국부國富"론을 인지하고 있었고, 중농주의가 아니라 중상주의가 나라를 풍족하게 한다는 것을 인정하고 있었다. 그러나 이윤의 추구를 개인에게 적용하는 것에는 커다란 저항감을 가지고 있었다. 살펴보건대 이홍장과 장지동은 국가의 이익을 확대하기 위하여 양무운동을 전개했던 것이 아니라 그들 개인의 이익을 확대하고자 했다고 말할 수 있다. 그러나 확실하게 그들은 그들 자신의 권익 확대를 도모했지만, 그것은 자본주의적인 개인의 영리 추구라기보다는 어디까지나 봉건제도 내의 권력의 확대인 것이다. 또한 청 왕조의 정계·관계의 이윤 추구는 건설적인 기업가의 노력에 의해 부와 힘을 이끌어내는 자기 이익과는 멀리 떨어진 소비적 쾌락주의에 불과했다. 슈워츠 Benjamin Schwartz에 의하면 옌푸嚴復가 번역한 아담 스미스Adam Smith (1723~1790)의 『국부론國富論』이 매우 광범위하게 읽혔음에도 불구하고, 그것에 의해 "경제적 개인주의의 복음을 실천적 가치로서 보급시키려고 한 옌푸의 노력이 20세기 중국에서 현저한 성공을 거두었다고는 말하기 어렵다."(슈워츠, 1978: 124~126) 이를테면 철도 투자 등의 문제에 대한 새로운 인식이 향신鄕紳 속에서 등장했다고 하더라도 그 동기가 개화적인 자기 이익이라는 관점에서 정당화되는 것은 아니었다.

  그러한 의미에서는 베버가 유교와 퓨리터니즘을 비교 고찰하여 결론지은 다음과 같은 말은 타당할지도 모른다. 즉 "중국인은 십중팔구 일본인과 마찬가지로, 아니 대개 그 이상으로, 근대의 문화 지역의 기술과 경제 속에서 완전한 발전을 이룬 자본주의를 자기 것으로 만들 능력이 있는지도 모른다." "그러나 서양과 비교할 때 외형적으로는 자본주의의 성립에 유리한 여러 가지 조건이 있었음에도 불구하고 중국에서는 자본주의를 만들어낸 적이 없다." "적어도 중국에서 대제국의 통치 하에 평화가 유지되었다는 사실은 직접적으로는 서양 고대(제정帝政 시기까지의)와 오리엔트와 중세〔유럽〕와 마찬가지로 정치적 자본주의가 결여된 이유를 설명해주지만, 경제적 색채가 강한 순수한 자본주의가 존재하지 않는 까닭을 설명해주지는 않는다. 그렇게 보면 다음과 같은 점은 거의 거부하기 어려울 것으로 생각된다. 그것은 중국인의 '심적 태도', 지금의 입장에서 말하면 현세에 대한 실천적 태도의 기본적인 특징들은" "중국에서 근대적 자본주의가 발생하는 것을 저지하는 데 관계되었던 유력한 하나의 원인이었다는 것이다."(베버, 1971: 411~412)

밀의 *On Liberty*〔『자유론』〕는 옌푸에 의해 『군기권계론羣己權界論』이라는 제목으로 1903년에 번역되었다. 밀의 『자유론』에 의하면 자유란 "첫째로는 의식이라는 내면의 영역이고, 그것은 가장 넓은 의미에서의 양심의 자유, 즉 사상과 감정의 자유"이다. 둘째로는 기호嗜好의 자유, 직업 선택의 자유이다. 즉 자기 자신에게 맞는 생활 계획을 세울 자유이다. 셋째로는 개인들 사이의 단결의 자유이다. "이들 자유가 전체로서 존중되지 않는 사회는 그 정치형태가 어떤 것이든 자유롭다고 할 수 없다. 또 이들 자유가 절대적 또는 무조건적으로 존재하지 않는 사회는 어떤 사회라도 완전하게 자유롭다고는 말할 수 없다."(밀, 1969: 227~228) 밀의 자유론은 특히 사상 신조의 자유에 그 특색이 있다. 이 자유론은 일본에서는 들불처럼 번져갔지만, 중국에서는 번역한 당사자가 "원문을 중국어로 전달하기가 어렵고, 나로서는 밀의 문장을 엄밀하게 번역할 수 없다"(슈워츠, 1978: 131 이하 참조)라고 불평했듯이, 혹은 책의 제목을 원제인 *On Liberty*〔자유에 관하여(자유론)〕와 대응하지 않는『군기권계론』, 즉 "사회〔羣〕와 개인〔己〕의 권리〔權〕의 한계〔界〕에 대하여〔論〕"라고 정했듯이, 또한 그 책의 제4장「개인에 대한 사회 권위의 한계에 대하여」라는 장의 제목을 "개인을 지배하는 사회 권위의 한계에 대하여"라고 곡해한 것에서도 엿볼 수 있듯이, 사상의 자유로서는 수용하기 어려웠다. 옌푸는 밀의『자유론』이 서양의 자유에는 내재적 한계가 있다는 것을 강조하기 위하여 집필되었다고 이해했던 것이다.

당시의 중국 사상가 가운데 "자유"라는 사고방식을 가장 깊이 혹은 유연하게 받아들인 사람은 담사동譚嗣同일 것이다. 서두에서 논의한 장지동과 캉유웨이의 Liberty를 둘러싼 번역 논쟁은 담사동이 1889년에『만국공보萬國公報』에 영국인 선교사 윌리엄슨의 말을 인용하여 "상제가 만물을 창조하매 모두 스스로를 주인으로 삼았으니 타자는 그 권한을 빼앗을 수 없다"라고 자주권을 이끌어낸 것에서 비롯된 것이다.(原田正己, 1983: 44 이하 참조) 그러나 그의 "자유(자주)"에서도 역시 당시 중국에서의〔자유〕수용의 특성이 보인다. 그는『인仁과 학學』이라는 저작에서 다음과 같이 말했다. "서양에서는 모세가 계율을 만들었기 때문에, 그 십계라는 것이 차별과 명분名分에 무게를 두고 있고, 하늘〔天〕이라고 말하면 이스라엘의 하느님만을 한정하고, 지상의 모든 것은 문제 밖에 있을 뿐이어서, 불평등하기 짝이 없는 것이었다. 예수가 나타나서 개변改變했다. 모든 사람이 천부天父의 아들이듯이, 모든 사람이 하늘에 참여하는 한 사람이 되라, 모든 사람이 자주권을 가지라고 큰소리로 외치며 국가와 가정을 독차지하는 사사로움〔私〕을 타파하고 동지들을 모아 하나의 천국을 건설했다."(譚嗣同, 1976: 336) "예수교도 처음에는 마찬가지였다. 천국을 세우고 사람들에게 자주권을 주었던 것은 공자가 하늘의 이름으로 재정裁定한 것과 마찬가지로 불평등을 변혁하여 평등으로 되돌린 것이다."(譚嗣同, 1976: 344)

그의 자유론도 장지동, 캉유웨이가 그랬던 것처럼 바로 평등론과 직결된다. 그렇다면 중국 사상계에서의 Liberty의 수용은 다음과 같이 결론지을 수 있을 것이다. 즉 Liberty는 자주권이라고 번역됨으로써 한편으로는 민권의 뜻을 가지고 평등과 같은 뜻으로 취급되었지만, 평등이 중국 고래로부터의 대동주의와 겹치면서 자주권은 방치되었다. 그리고 다른 한편으로 Liberty는 자주권 내지는 자유라고 번역됨으로써 방종의 뜻이 강조되어 서양 문화의 결함 내지는 중국이 혁명을 통해 극복해야 할 것으로 취급되었던 것이다.

그러면 결국 중국에서는 자유가 수용되지 않았다고 결론지어도 좋은 것일까. 확실히 사상의 자유라는 사고방식은 당시 중국의 풍토에 적합하지 않았다고 말할 수 있다. 아니면 일본인에게 보이지 않는 중국인의 독자적인 자유 개념의 수용 방식이 있었던 것일까. 일본인에게는 보이지 않는 이상, 그것은 중국인 자신이 말해야 할 것이다.

그러면 그들이 서양으로부터의 충격과 맞서는 고된 싸움 속에서 서양화로서 받아들인 것은 무엇일까. 그 답은 말할 필요도 없이 공산주의이다. 그러나 그것은 태평천국이 기독교로부터 배운 지주의 대토지 소유를 와해시킨 천조전무제天朝田畝制이고, 신분제 질서를 붕괴시킨 절대 평등주의이다. 그것은 태평천국이 사라졌을 때조차 캉유웨이가 서양·일본의 입헌 민주주의에 촉발되어 형성한 대동사상으로 계승되었고, 쑨원이 프랑스혁명을 동경하여 공화정체를 지향한 삼민(민권)주의 그리고 마오쩌둥의 맑스-레닌주의에 의한 중국의 공산주의혁명의 내용이 되었던 것이다.

결론은 중국 그리고 조선의 서양·근대 수용의 역사에는 일본과 다른 서양·근대 수용이 있다고 하는 점이다.

2부
"근대"라는 역사의 흐름

제4장
서양으로부터의 충격

1. 탈아입구

일본의 근대화는 기본적으로는 서양화로 나아갔다. 그리고 아시아를 벗어나 서구의 일원이 되어야 한다고 주장하는 "탈아입구脫亞入歐"가 그 구호가 되었다. 후쿠자와 유키치는 1885년(메이지 18)에 『시사신보時事新報』에 실린 「탈아론脫亞論」에서 일본은 메이지유신 이래 모든 분야에서 서양의 근대 문명을 채용함으로써 전통적 관습과 봉건적인 제도를 무너뜨리고 신기축新機軸을 열었다. 그것은 아시아의 오래된 고루함에서 벗어나 서양의 문명으로 들어가는 것을 의미한다라고 주장한다. 그리고 "우리나라는 이웃 나라가 개명되기를 기다려 함께 아시아를 일으킬 여유가 없다. 차라리 그 대열을 벗어나서 서양의 문명국과 진퇴를 함께하고, 지나[중국]와 조선을 상대하는 법에 있어서도 이웃 나라라 해서 특별히 예의를 갖출 필요가 없으니 바로 서양인이 그들을 상대하는 방식에 따라 처리할 뿐이다. 악우惡友와 친하게 지내는 자는 그들과 같은 악명을 면할 수 없다. 나는 진심으로 아시아 동방의 악우와의 관계를 끊어야 한다고 주장한다"(慶應義塾 編, 1960: 240; 遠山茂樹, 1970 참조)라고 말하면서 훗날의 국책이라고도 할 수 있는 아시아 침략주의를 적극적으로 옹호했다.

이러한 사고방식은 후쿠자와의 개인적 생각이라거나 혹은 후쿠자와가 우연히 이 무렵에 개인적 경험으로 인해 도리 감각을 상실했다거나 하는 것이 아니라 일본의 근대화를 주도한 지식인의 기본적인 생각이었다. "근대 일본"이라는 나라는 자신의 방향을 설정하고 그 길을 걸어왔던 것이다. 요시다 쇼인이 『유수록幽囚錄』에서 "조선을 문책하여 옛날 [일본이] 번성했던 시대와 같이 공물을 바치게 하고, 북으로는 만주 땅을 빼앗고, 남으로는 대만과 루송呂宋[필리핀]의 섬들을 거둬들여 점차 외국에 진출하고 땅을 차지할 기세를 보여야 한다"(山口縣敎育會 編, 1936: 596)라고 한 말을 인용할 것도 없이, 그것은 보이지 않는 국가의 대계大計였던 것이다. 만일 그 귀결이 1945년 8월 15일의 패전이며 대일본제국大日本帝國이라는 국가 체제의 붕괴였다면 아시아를 망각한 일본의 제국주의 노선은 역사적 잘못을 범한 것이 된다. 그러나 또 하나의 결과가 일본이 열강의 식민지가 되는 것이었다면 당시 사람들이 그것을 피하기 위해 근대화를 선택한 것은 따로 선택의 여지가 없었던 것으로 역사적 필연이었다는 말이 된다. 도대체 어디에 문제가 있는 것일까. 일본 근대화의 과정을 탈아입구론으로 설정하고 그 문제점을 찾아보기로 하자.

2. 이와쿠라 견구사절단

일본의 서양 문화 수용은 1453년 다네가시마種子島에 총〔화승총〕이 전래된 이래의 남만南蠻[1] 문화 수용, 에도 시대의 난학·양학洋學의 수용,[2] 막부 말기의 서양식 군대 및 서양식 산업의 채용 등 각 시대마다 행해졌지만 한 나라의 국가 목표가 "탈아입구"로 방향이 설정된 결정적 요인은 1872년(메이지 4) 11월 이와쿠라 토모미岩倉具視를 특명전권대사特命全權大使로 하는 100명의 사절단使節을 미국·유럽에 파견한 것이었다. 이것은 유신 정부의 내정 기초가 굳어지기 전에 정부 요인이 대거 자리를 비우는 것이 위험함을 인식하고서도 행해진 것이었다. 견구사절단遣歐使節團을 파견한 목적은 다음 세 가지였다. (1) 조약 체결국들을 차례로 방문하여 국서를 전달하고 빙문聘問의 예를 다한다. (2) 1873년(메이지 5) 5월에 다가오는 조약 개정 기한을 앞두고 일본 측의 뜻을 동맹을 맺은 각 나라들과 상의한다. (3) 구미 선진국들의 문물을 직접 견문하여 그 장점을 취한다. 그러나 미국에 도착하여 막상 교섭을 시작하려 하자 국무장관 피시Hamilton Fish가 전권위임장이 필요하다고 했고, 오쿠보大久保利道, 이토伊藤博文가 위임장을 가지러 일본에 왔다

---

1) 〔옮긴이〕 중세 및 근세 일본에서는 남만南蠻(난반)이라고 하면 원래 동남아시아 지역을 가리켰다. 그러나 인도·동남아시아의 일부 항만도시 및 섬의 일부 무역 거점에 식민지를 획득하고 교역권을 일본에까지 확대한 스페인, 포르투갈도 남만이라 불리게 되고, 아울러 거기서 도래된 문물까지도 그렇게 불리게 되었다.
2) 〔옮긴이〕 난학蘭學(랑가쿠)은 에도 시대에 네덜란드를 통해 일본에 유입된 유럽의 학술·문화·기술의 총칭이다. 또 네덜란드어로 된 문헌을 통해 서양의 학술·문화를 연구하는 학문도 그렇게 불린다. 난학을 양학洋學(요가쿠)과 같은 의미로 쓰는 경우도 있으나 양학의 경우 사용 언어가 네덜란드어로 한정되지 않고 영어·독일어·프랑스어 등으로 확대되는 차이가 있다.

가 미국으로 다시 돌아갔을 때는 이미 조약 개정 교섭이 불리하다는 판단이 내려지고 말았다. 즉 정부 요직을 맡았던 자조차 외교의 룰을 몰랐던 것이다. 그래서 사절단의 목적은 세 번째의 "유럽의 여러 나라에서 개화가 가장 번성한 나라의 모든 법률·제도·규칙 등 실무에 쓸 만한 것을 직접 보고, 그 법제도에서 마땅한 것을 찾아서 그것을 일본 국민에게 베풀 방도를 찾는"(久米邦武, 1977; 林屋辰太郎, 1979: 81; 田中彰, 1984 참조) 것이었다. 유럽의 제도들을 도입하는 것 자체가 단지 친선이나 시찰의 영역을 뛰어넘은 국가 시책이 되고, 그것을 통해 당시 유럽의 국가적 슬로건이었던 "부국강병", "식산흥업"을 실현해나갔다. 또 이와쿠라 사절단의 주요한 목표였고, 애초부터 실패로 돌아간 조약 개정을 완전히 달성한 것이 1912년(메이지 44)인 것을 생각해보면 일본에 유럽의 제도들을 도입하고 서양화·근대화함으로써 서구 열강과 대등한 지위에 오르고 불평등조약을 개정하는 것이 메이지 시대 일본의 국가 목표이자 일본을 "근대"로 이끌어준 실마리였다고 말할 수 있을 것이다.

그러면 꼭 개정되어야 할 그 불평등조약의 불평등은 주로 어떤 점일까? 첫째는 영사재판권, 둘째는 관세자주권, 즉 국내법 정비라는 형태로 법체계 시스템을 변경하고, 무역 불균형을 시정하기 위한 경제활동을 진흥하는 방책이다. 그리고 문제가 되는 것은 경제의 동향動向과 법·제도 의식의 변화라는 두 가지의 변화가 일본인의 정신 구조를 어떻게 변용시켰는가 하는 점이다.

3. 화폐경제와 산업구조의 변화

　무역·경제의 문제부터 살펴보자. 에도 시대 막번 체제하의 경제활동은 기본적으로 막부와 각 번의 개별적 활동이며, 막부의 재정도 국가재정이라기보다 "쇼군가將軍家"의 가산이라는 성격이 강했다. 그리고 그 재정 기반은 매년 쌀 수확량의 불안정성과 도시의 상품경제화에 따라 서서히 파탄해가고 있었다. 그런데 그것을 결정적으로 파탄시킨 것은 페리의 내항來航이었고, 이에 따른 1859년(안세이安政 6)의 개항이었다. 즉 하타모토旗本, 고케닌御家人[3]의 궁핍과 쇼군가의 빚 증가라는 단계를 넘어서 국가적 규모의 혼란을 일으킨 재정 구조의 변화가 일어났다.(山本有造, 1989: 113, 120 이하 참조) 또한 외교·해방海防 비용이라는 전국적 공공재에 대한 지출이 급속히 증가했다. 게다가 개항·무역을 위해 내외의 금은의 비교 가치를 1:5에서 1:15로 외국과 일치시킬 필요가 생겼으나 그때 막부는 은의 상대 가치를 내리지 않았다. 열강의 압력에 밀려 금화악주金貨惡鑄〔주조하는 금화의 금 함유율을 낮추는 것〕 방식을 취하고 금화에 쓰이는 금의 양을 3분의 1로 줄였던 것이다. 이것은 처음에는 막부에 개주改鑄 이익을 가져오기는 했으나 일반 물가를 급등시키고 막부의 재정이 파탄하는 요인이 되고 말았다. 게다가 막부는 대외 지불의 증대에 대응하기 위해 품질이 열악한 만엔 2분 금화萬

---

3) 〔옮긴이〕 하타모토旗本, 고케닌御家人은 에도 시대 막부의 제도로, 도쿠가와德川 쇼군가의 직속 가신들 중—그중에서 수입이 1만 석 미만인 가신들—에서 장군이 나오는 의식 등의 자리에 참석하거나 장군을 알현하는 오메미에御目見가 허용된 자(가문)를 하타모토라 하고, 그것이 허용되지 않는 자(가문)를 고케닌이라고 불렀다.

延二分金〔외국으로의 금화 유출에 대해 막부가 1860년에 주조한 금화. 그러나 그 성분이 금 22%, 은 78%로 사실상 금빛의 은화나 다름없었다〕를 대량으로 발행하고 초인플레이션을 일으켰다. 안세이安政(1854~1859), 만엔萬延(1860)의 화폐제도 개혁은 국제적 균형을 회복하기 위해서 국내균형을 희생시켜가면서 행해진 화폐 개주였다. 이러한 막부 재정의 파탄 과정은 쇼군가의 재정, 각 번의 재정이라는 개별적 체제를 붕괴시키고, 각 지역의 경제가 연동되어가는, 혹은 하나의 국내 경제로 일체화되어가는 과정이었다. 더욱이 그 국내 경제가 정부의 통제로부터 벗어나 무역이라는 국제경제와 연결되어갔다. 그리고 이러한 움직임은 막부가 망하고 메이지 정부가 정권을 장악한 후에도 가속도를 더해갔다.

국제경제에 편입되어가는 일본의 경제활동을 도쿠가와 막부로부터 이어받은 메이지 정부는 국가재정에 있어서 두 가지의 대전환을 한다. 첫 번째는 폐번치현廢藩置縣·지조개정地租改正을 통한 예산의 국가 규모화 또는 중앙집권화 그리고 세수입의 안정화이다. 두 번째는 이노우에 가오루井上馨가 "각국에서 널리 쓰고 있는 화폐와 원위原位와 가격을 같게 하고 만고에 변하지 않는 일대 기초"(山本有造, 1989: 138)를 수립하겠다고 실시한 금본위제金本位制와 그 실패, 그것을 수정하기 위해 오쿠마 시게노부大隈重信가 내놓은 지폐 팽창책膨脹策, 그리고 그것이 불러일으킨 지폐 인플레이션을 수습하기 위해 마츠카타 마사요시松方正義가 실시한 재정 긴축과 지폐 정리 노선을 통해 확립된 "근대적" 재정·금융 제도이다. 지금 이 두 가지 정책의 역사적 전개와 승패를 논하는 것은 이 책의 목적이 아니다. 여기서는 일련의 정책 과정이 근대화에 어떤 의의가 있었는가를 확인하고자 한다. 일련의 정책에 의해 국가의 재산 규모가 800만 석에서 3,000만 석으로 확대되었으나 그보다 더 큰 의의는 번 규모의 경제단위 해체와 "은화 사용 지역"의 "금화 사용 지역"으로의 통합에 의해 "국가"라는 시장경제 단위가 확립된 점에 있었다. 한편 그때 통화제도가 확립됨에 따라 일본 경제는 세계경제와 연결되어갔으나 애당초 일본 경제를 세계경제와 바로 연동시키기 위해 정부가 시도한 미국을 모델로 한 1달러=1엔=1량의 제도는 영국을 비롯한 국제 금융 체제, 즉 선진 구미 열강의 금본위제와 후진 아시아 지역의 은본위제라는 세계 자본주의의 분업 체계와 부딪쳐 밀리고 말았다.

통화의 통합과 시장의 통합은 일체화된 작용인데, 그 연동 기능은 아담 스미스가 말하는 상품과 화폐의 "사용가치"와 "교환가치"(스미스, 1968: 96)의 이중구조에 의한 것이다. 또 맑스Karl Marx는 다음과 같이 말한다. "물건은 '자연 형태'와 '교환가치'라는 이중의 형태를 지니는 한 상품이 될 수 있다."(맑스, 1973: 109) 즉 상품의 자연 형태는 가치형태에 의해 규정되고, 가치형태는 화폐 형태와 연동한다. 이러한 복합구조는 그 이전으로 더욱 거슬러 올라가서 구조화될 수 있을 것이다. 즉 생산물은 그 자체의 가치와 상품으로서의 교환가치로, 더욱이 물건은 그 존재 자체와 그것이 인간과 관계하는 관계성의 가치로 구조화될 것이다. 바꾸어 말하면 물건은 인간과의 관계에 의해 가치 규정되고 상품화되며 교환된다. 그것은 단지 연속성이 아니라 변증법적으로 개개의 부정·긍정으로 전개된다. 한사츠藩札[4]의 폐지는 지방자치권의 폐

---

4) 〔옮긴이〕 한사츠藩札는 에도 시대에 각 번에서 독자적으로 발행하고 그 영내領內에서 통용된 지폐를 말한다. 한사츠는 영내의 화폐 부족을 보충하고 통화량을 조절하는 기능을 했으나 사실은 번의 재정난 해소를 목적으로 발행되었다. 한사츠는 기본적으로 태환兌換 보증 지폐로서 교환 대상이 되는 물건과 그 양(금액)이 명시되어 있었다. 일반적으로는 은과 태환되는 긴사츠銀札가 가장 많았고 그 밖에 킨

기이며, "은화 사용 지역"의 통합은 카미가타上方[5] 지역의 문화와 경제를 도쿄 일극 중심주의로 교체하는 것이다. 또한 쇄국 경제에 의해 특수화된 개별적 가치 체계를 지니던 일본 시장이 통화 시스템으로 세계경제와 연동되고 일본 상품이 세계경제에 의해 가치 규정되는 것이다. 이것은 경제활동으로는 당연한 추세이지만, 실제 생활자에게 있어서는 생활 형태의 근본을 뒤흔들고 종래의 전통문화를 근저에서부터 송두리째 파괴하는 것이었다. 예를 들면 "누에"를 애지중지하며 길러서 명주실을 얻는 생활 질서(문화 질서)가 수출에 연관된 생사 산업이라는 경제 질서에 편입됨에 따라 누에를 가족처럼 혹은 신으로부터 받은 것처럼 애지중지하며 기른다는 문화적·종교적 행위가 사라지는 것이다. 이와 같이 통일이라는 이름 아래 개개의 특수한 지역·문화·가치를 사상捨象하고 일원화한 통합 과정을 바로 근대화라고 부를 수 있는 것이다.

세계경제와 연동됨으로써 일본의 경제활동은 막부 말기부터 메이지 시대까지 크게 변화했다. 그 변화는 먼저 물가 변동으로 나타났다. 개

사츠金札·센사츠錢札도 있었다. 또 쌀과의 교환을 명시한 베이사츠米札 등 물품과의 태환을 명시한 것도 있었다. 최초의 한사츠는 1661년 후쿠이번福井藩이 발행한 것이고, 1871년(메이지 4)에 메이지 정부가 조사했을 때에는 약 80%의 번이 한사츠를 사용하고 있었다. 같은 해 폐번치현을 계기로 메이지 정부는 한사츠의 회수를 명령했으나 새 통화가 정비되기까지는 한사츠에 대장성大藏省의 도장을 찍어 계속 유통시킨 경우도 있었다. 전국의 한사츠는 1879년(메이지 12)에 이르러 완전히 회수되었다.

5) [옮긴이] 카미가타上方는 에도 시대에 오사카大坂, 교토京都를 중심으로 한 긴키 지방의 중부 지역을 가리킨다. 에도 막부는 미카와三河보다 서쪽의 야마토大和·야마시로山城·셋츠攝津·카와치河內·이즈미和泉(이상 고키나이五畿內) 오미近江·탄바丹波 하리마播磨(이상 산슈三州)를 합친 지역을 카미가타스지上方筋라고 정의했다. 거의 오늘날의 오사카부大阪府, 교토부京都府, 나라현奈良縣, 효고현兵庫縣, 미에현三重縣을, 시가현滋賀縣이 포함된다.

항 이전에는 가격이 하락 상태였던 생사·밀·구리 등이 개항을 계기로 수출품이 됨으로써 상대가격이 상승했다. 수입품, 혹은 그것과 경합 관계에 있었던 유채기름·못·쇠·고려인삼·소목蘇木 등의 상대가격이 하락했다. 목화·설탕·면사·목면 등의 수입품은 상대가격이 메이지 시대까지는 그다지 현저하게 하락하지 않았으나 여러 상품들의 상대가격 구조가 전체적으로 크게 변화했다. 쇄국하의 폐쇄 체제에서의 물가 체계를 한꺼번에 세계의 물가체계와 평준화시킨 것이다. 개항 이후의 물가 상승은 "가격혁명"이라고까지 불린다. 이 가격혁명은 당연히 부의 분배 구조가 변화함에 따라 일어난 것이다.(宮本又郎, 1989: 90 이하) 막부 시대 말기의 인플레이션 과정에서는 화폐 자산의 보유자와 채권자는 손실을 보고, 채무자나 실물 자산 보유자는 이익을 보았다. 즉 도시 상인의 화폐 자산의 증가는 적었고 지방 출신 사업가의 활동이 활발해졌다. 부의 분배 구조의 변화가 일본의 산업구조·사회구조를 크게 변화시킨 것이다.

4. 세상을 경륜하고 백성을 구제한다

일반적으로 막부 시대 말기부터 메이지 시대에 걸쳐서 일본 경제가 세계경제와 연동되고 산업구조가 변화함으로써 학문 분야에서는 유교 도덕 혹은 유교의 사회·경제적 고찰이 대응 능력을 잃고 서양 경제학이 그것을 대신했다고 말해진다. 앞 절의 고찰도 그러한 기존의 에도 시대 말기의 일본 경제 연구의 성과에 입각한 것이지만 그렇게 된 이유는 무엇인가? 대저 유교·유학의 고찰 방법의 특색은 어디에 있었는가.

그리고 그것은 근대경제학의 무엇을 저해했기에 무용지물이 되고 그 지위를 상실했는가. 이에 대해 검토하는 주제를 에도 시대 중기의 아라이 하쿠세키新井白石(1657~1725)가 쓴 화폐 개주에 대한 정책 의견서와 다자이 슌다이太宰春臺(1680~1747)가 쓴 『경제록經濟錄』에서 찾아보자.

하쿠세키가 정치의 조언자로서 능력을 발휘한 것은 쇼군 이에노부家宣·이에츠구家繼의 시대(1709~1716)로 그때는 에도 시대 중에서는 비교적 경제적으로 안정된 시기였지만, 농업 생산의 증대와 상품경제의 침투로 사회가 시장경제화함으로써 막부의 재정이 핍박받게 된다. 경상지출經常支出이 크게 증가했던 것이다. 막부는 그들이 독점하던 화폐 주조와 발행권을 이용한 타개책을 생각해내고 야나기사와 요시야스柳澤吉保와 그의 밑에서 칸조카타勘定方(재무차관)와 칸조부교勘定奉行(에도막부의 직할령에서의 징세, 막부 금전의 출납, 영내 농민의 소송 등을 관장한 관직, 재무장관)가 된 오기와라 시게히데荻原重秀에게 그 정책을 담당케 했다. 물론 야나기사와와 오기와라의 정책도 기존의 재정 궁핍 타개책의 일환이기는 했다. 그들은 게이초 오반慶長大判·코반小判⁶⁾의 금 함유량을 낮추고 은의 비율을 높임으로써 화폐량의 확대와 화폐의 개주 이익을 통해 막부 재정을 바로잡으려고 시도했다(1695~1712). 이른바 악화

---

6) [옮긴이] 오반大判 및 코반小判은 일본 근세의 금화로 쌀가마니를 본뜬 형태가 특징이다. 1588년에 도요토미 히데요시가 처음으로 고토後藤佑乘로 하여금 텐쇼 오반天正大判을 주조하게 했다. 이것은 10량(165g)의 금화로 그 가치는 쌀 40석에 해당했다. 그 뒤에 정권을 장악한 도쿠가와 이에야스는 1601년에 당시의 혼란했던 화폐제도를 통일하기 위해 료兩·슈朱·부分의 화폐 단위를 확립하고 각종 화폐를 주조했다. 그때 1슈 및 2슈, 1부 및 2부 금화와 더불어 오반·코반도 만들었다. 코반은 일상적인 거래에서 널리 사용되었으나 오반은 은상恩賞·헌상獻上 등 특수한 용도에만 사용되었다.

惡貨 개주 정책이 그것이다. 그러나 이로 인해 금화가 갈라지거나 부러지는 사태가 생기고 화폐에 대한 신뢰성이 실추되자 코반의 금은金銀 비율을 원래대로 되돌리고 무게를 반 가까이 줄임으로써 이 문제를 해결하고자 했다(이 금화를 건자금乾字金이라 한다). 그러나 화폐는 현실적으로는 원재료인 금속의 실질 가치에 의해 유통되었으므로 결과적으로 심한 화폐가치 하락과 물가 상승을 초래했다.

하쿠세키는 이러한 일련의 개주책에 대해 일관되게 반대했다. 그는 「건의」에서 "천지 사이에 금은동이 생겨날 때 그 생겨난 지역에 따라 세 가지 물건의 각 품질에 아름답고 추함이 있는 것은 자연적인 성질이다. 옛 성인께서 이 세 가지 물건을 채취하고 쓰셨는데 금은 상급의 화폐로 삼으시고, 은은 중급의 화폐로 삼으시며, 구리는 하급의 화폐로 쓰셨다"(新井白石, 1977: 191; 加藤周一, 1975; 桑原武夫 編, 1969 참조)라고 말했다. 그래서 자연에서 산출된 것은 인간의 보물이므로 그것을 인위적으로 함부로 개악改惡하면 천하 백성의 원망이나 분노를 살 뿐만 아니라 천지신명의 미움을 사게 된다. 분명 좋을 리가 없는 것이다. 하쿠세키는 그러한 이치를 잘 이해하고 밝혀야 한다고 말한 뒤, 금은 통화의 품질과 상품 가격의 연관을 논했다. "옛날에 나라를 잘 다스린 이는 물건의 귀천과 화폐의 경중을 살펴서 그 정치를 베푸셨다."(新井白石, 1977: 191) 그리고 겐로쿠元祿(1688~1703) 이래의 잘못은 "그 쪼그마한 숫자(其小數)", 즉 주판 위에 나타난 숫자에만 얽매여서 천지 사이에 큰 산수(大算數(도리))가 존재하는 줄도 모르고 사법死法(여기서는 주판 위의 숫자)에 집착하여 활법活法(살아 있는 법도)과 그 이치에 통하지 않는 것에 있다고 한다. 하쿠세키는 구체적인 금은 통화의 숫자를 들면서 겐로쿠 이래의 실책은 "또한 큰 도리가 있는 것도 살아 있는 법도가 있는 것도 모르는 소인배들이 잔꾀를 꾸며 저지른 일"(新井白石, 1977: 196)이라고 비난한다. "겐로쿠 이래 금은에 관한 일을 제 마음대로 처리했던"(新井白石, 1977: 207) 오기와라는 하쿠세키의 세 번에 걸친 탄핵으로 파면되고(1712) 하쿠세키는 금화의 품위를 회복하기 위해 다시 쇼토쿠正德〔1711~1715〕 코반을 주조하게 하였다.

여기서 문제가 되는 것은 하쿠세키의 정책 결정이 유교의 윤리관이나 유교적 세계관에 기초해서 이루어졌다는 점이다. 하쿠세키는 막부의 지출을 억제하고 사치를 경계하는 정책을 실시하고 또 "옛 성인"을 모범으로 삼아야 한다, 관리는 백성의 부모가 되어야 한다, 친족의 살인은 통상적인 살인자보다 중한 죄로 다스려야 한다고 강조했는데, 그것은 그의 인격을 형성해온 유교적 세계관 속에서 도출된 정책이라고 볼 수 있다. 그리고 그의 정책 지침에는 천지 사이의 "큰 도리"가 살아 있는 이법으로서 관여하고 있다.

또 하나의 예를 들자면 그것은 다자이 슌다이의 『경제록』이다. 이 작품은 1729년(교호享保 14)에 간행된 것으로, 그의 스승 오규 소라이의 『정담政談』과 함께 당시 폭넓은 독자를 얻었으며 그 즈음의 일반적 "경제" 관념이 나타나 있다. "무릇 천하 국가를 다스리는 것을 경제라고 말하고, 세상을 경륜하고 백성을 구제하는 것을 의"(太宰春臺, 1972: 16)라고 말한다고 한다. 요즘 말하는 경제 현상의 이법이 아니라 위정자가 정치를 보는 마음가짐에 관한 것이다. 선왕의 도를 다하는 것이 "경제의 기술"이다. 유교 도덕의 근본은 인생관과 세계관은 연속되어 있으며, 개인적 수양, 특히 위정자의 인격 도야陶冶가 덕치德治 정치를 이끈다는 것이다. 물론 그러한 이상주의적 국가가 어떤 시대에도, 어느 문화권에서도 성립된 예는 없지만 그래도 위정자가 정치를 하는 마음가

짐으로서 중요한 것이다. 슌다이도 현실과 이상주의의 괴리를 의식하고 있었다. 또 "경제"가 성인의 도에만 따르지 않는다는 것도 이미 알고 있었다. 그러므로 "무릇 경제를 논하는 자가 알아야 하는 것이 네 개가 있다. 첫째는 때[時]를 알아야 한다. 둘째는 이치[理]를 알아야 한다. 셋째는 세勢를 알아야 한다. 넷째는 인정人情을 알아야 한다"(太宰春臺, 1972: 20)라고 말한다. 그는 시대적 차이를 알아야 하고, 이치라 해도 [주자학적인 천지자연과 인간을 관통하는] 도리가 아니라 사물의 이치를 알아야 한다고 말하고, 또 [고정적인] 이치와 다른 사물의 추세, 그리고 "호오好惡·고락苦樂·우희憂喜와 같은 것"과 같은 인정을 이해할 필요가 있다고 하면서 서양 근대경제학이 기초에 두는 욕망론에 접근하고 있다. 「제2권」 이후에는 구체적인 사회제도나 그 움직임을 "예악", "관직", "천문·지리·율력律曆", "식화食貨", "제사·학교", "장복章服·의장儀仗·무비武備", "법령·형벌", "제도"순으로 저술한다. 그러나 그 "경제"의 근본은 「제10권 무위無爲·역도易道」의 육경六經, 시詩·서書·예禮·악樂·역易·춘추春秋를 배우는 것이라고 하며 인격 수양으로 되돌려놓는다.

유교의 근본은 인격 수양이 바로 치국평천하治國平天下로 연결되는 데에 있다. 개개의 주체적 존재 방식과 객관적 사회 동향이 일치하고 대응하므로 위정자의 훈도薰陶가 사회를 감화시킨다. 쇄국 체제적 세계 그리고 봉건국가가 그 사회 전체의 움직임과 한 개인의 삶의 방식이 일체화된 정체성을 성립시키고, 유교적 질서와 윤리관, 나아가서는 그것에 의한 경세제민론經世濟民論을 가능하게 하고 있었다. 그 유교 시스템에 이질적인 체계가 끼어들고 그 소우주적 인생관과 대우주적 세계관의 연속성이 어긋나게 될 때, 유교 시스템이 기능하지 않게 되는 것이다.

그런데 도덕관, 경세제민론, 현실의 경제 동향을 바라보는 시선의 괴리 현상은 유교보다도 오히려 서양의 학문에서 현저하다. 근대경제학은 아담 스미스의 『국부론』에 의해 수립되었다. 그는 『국부론』(1776)을 저술하기 십 수년 전에 『도덕감정론道德感情論』(1759)을 출판하여 도덕철학자로 명성을 얻고 있었다. 그는 『도덕감정론』에서 말하는 인간의 도덕적 감정sentiment과 『국부론』에서 말하는 경제인의 "이기심self-interest"은 전혀 별개가 아니라 하나라고 말한다. 『도덕감정론』에서는 인간 본성에 대해 인간이 아무리 이기적이라 하더라도 타인의 행복이 "자기 자신에게 없어서는 안 되는 것처럼 느끼게 하는 무슨 원리가 존재하는 것은 분명하다"(스미스, 1969: 41)라고 한다. 즉 동감同感의 감정이 존재한다는 것이다. 그러나 『도덕감정론』에서 그토록 강조된 이타심과 동감이 『국부론』에서는 버려지고, 타자에 대한 동감이나 친구의 박애에 대한 기대보다 오히려 이기심이 우위를 차지하게 된다. 이기심으로 인해 "교환"이라는 인간 고유의 성벽, 즉 상행위商行爲가 일어나고, 게다가 분업分業이 촉진되는 것이다. 유럽 경제학의 전개에 있어서도 처음부터 주지적主知的으로 경제 현상을 추구한 것이 아니라 도덕적 인생론, 모럴moral로부터 경제로의 움직임이 자율적으로 전개되고 도덕철학에서 경제학이 독립했다고 생각하는 것이 지당할 것이다. 그리고 경제학이 도덕철학에서 왜 독립하는가를 생각할 경우, 아담 스미스가 『도덕감정론』에서 말하는 인간의 본성적인 자기와 타자와의 관계성이 『국부론』에서는 이기심의 우위로 분리되고 있다는 점, 그리고 그가 『국부론』에서 제시한 "분업"·분화의 개념이 중요할 것이다. 그것들은 근대라는 시대의 특징으로 중요한 의의를 지니고 있다.

그렇다면 여기에서 하나의 결론을 찾을 수 있다. 근대화란 한편으로는 화폐경제에서 보이는 중앙집권 기구에 의한 통일 혹은 일원화이고, 다른 한편으로는 그 일원적인 통일체 내부에서의 분화·독립이다. 즉 사회 기구로서는 기술적 분업이라는 직능 집단職能集團(전문가)의 형성과 사회적 분업이라는 계급 성립의 문제이고, 학문적으로는 인생관과 세계관의 분리 혹은 형이상학의 지배로부터의 형이하학의 해방이라고 표현할 수 있을 것이다. 이것은 니시 아마네西周(1829~1897)가 유교를 비판한 다음과 같은 말 속에 들어 있다. "무릇 유가의 도라고 하는 것은 아무래도 정치와 교육(政敎)에 대한 생각이 뒤섞여 있는데, 우선 그 병폐의 근원을 말하면 『대학大學』에서 수신修身·제가齊家·치국治國·평천하平天下라고 말하고 수기修己와 치인治人의 도를 하나로 말한 것을 후세의 유학자가 잘못 보고 자신만을 닦으면 남들을 다스릴 수 있다"(西周, 1972: 75)고 생각한 데 있다는 것이다. 그리고 많은 연구자가 인정하는 관점은 일본의 근대화가 에도 시대에 정통 주자학을 해체함으로써 준비되어왔다는 것이다.

5. "법" 개념의 차이

당시의 사법경司法卿(메이지유신 초기에 법률 제정을 담당한 관직) 에토 신페이江藤新平는 "조약 개정의 목적을 관철시키고자 한다면 불완전하나마 속히 법전을 편찬하고 재판소를 설치하며 인권을 존중하고 해외 각국에 독립국으로서의 우리나라의 진면목을 인식시키는 것보다 급하고 또한 절실한 일은 없다"(松本三之介, 1969: 194)라고 말했다. 이 말과 같이 메이지 정부의 시급한 과제는 관세자주권의 확립과 외국인에 대한 치외법권治外法權의 철폐였다. 그런데 반대로 서양 열강은 일본의 법체계는 불완전하고 그것을 운용하는 관리는 "일찍이 시비곡직是非曲直을 바로잡아 공평하게 판정하려던 적이 없고"(田中彰, 1991: 296), 준법정신이 전혀 없다고 보고 있었다. 그래서 그들은 일본에서의 치외법권을 요구했던 것이다. 물론 일본인에게 준법정신이 없었던 것은 아니다. 우리 일본인의 입장에서는 그렇게 불신을 당하는 것이 뜻밖이었다. 어느 나라든지 질서 형태가 유지되는 곳에는 "법"이 통하고 있는 것이다. 문제는 "법" 개념 그 자체의 차이인 것이다.

그러나 아시아 고유의 역사와 문화를 이해하지 못한 유럽인의 눈에는 동아시아의 나라들에는 비록 유교적 규범이 존재한다고 해도 법의식이 결여되어 있다고 보이는 것이다. 그것은 막스 베버의 고찰로 대표될 것이다. 베버는 유교적 생활에는 서양과 같은 자연법과 형식적 법논리가 결여되어 있다고 지적한다. 그는 중국에서는 "개개인의 어떤 개인적 자유 영역에 대한 자연법도 인정하지 않았다. '자유'를 나타내는 말조차도 중국의 언어에서는 찾아볼 수 없다. 그것은 가산제 국가家産制國家의 특성과 역사상의 흔적으로부터 곧바로 설명할 수 있다"라고 말한다. 그리고 그는 이렇게 말한다. "중국에는 법조法曹 신분이 존재하지 않았다. 그 이유는 서양적 의미의 변호사라는 직업이 없었기 때문이다. 그리고 그 변호사라는 직업이 없었던 이유는 직권이 약한 중국의 가산제家産制적 복지국가福祉國家에는 세속법의 형식적 발전에 대한 감각이 결여되어 있었기 때문이었다." "서양에서도 이슬람 지역에서도 또 어떤 범위에서는 인도에서조차도 존재한 성법聖法과 속법俗法 사이의 긴장조차 완전히 결여되어 있었다. 고대, 특히 스토아철학 및 중세적 의미에서의 자연법=설이라면 '속세'와 철학적 혹은 종교적 요청 사이의 긴장과, 거기서 발생하는 '원시 상태'=설을 가정했을 것이다. 그러나 그러한 학설은 아마도 유교에 있어서는 전혀 성립하지 못했던 것 같다. 그러한 학설을 위해 필요하다고 생각되는 모든 윤리학적 중심 개념이 유교에서는 알려져 있지 않았기 때문이다."(베버, 1971: 249~252)

베버가 여기서 밝히고자 하는 것은 "피아를 구별하지 않고"라는 법 아래의 평등과 "형식적 규칙에 의해" 판결하는 형식적 발전의 결여이다. 그리고 베버는 이렇게 말했다. "서양의 근대적인 법의 합리화는 서로 병행하여 작용하는 두 개의 힘의 산물이었다. 먼저 그것은 엄격하게 형식적인, 그러므로―그 기능에 있어서도―되도록 하나의 기계처럼 예측 가능한 법과, 특히 소송절차에 대한 자본주의적 관심의 힘이고, 둘째는 절대주의적 국가권력의 관료적 합리주의의 힘이었다." "유독 근대 합리주의의 서양 문화에 대해 건설적이었던 다른 요소들 중 어느 하나도 중국의 관료주의에 대해 경합적競合的으로도 지지적支持的으로도 나타나지 않았다. ……이러한 상황의 귀결이 바로 다름 아닌 정통 유교였던 것이다."(베버, 1971: 252~256)

역사의 전개가 다른 이상 어떤 것이 있거나 없거나 하는 차이는 당연히 있을 법하다. 지금 여기서 베버의 중국 사회에 대한 고찰의 옳고 그름을 따지지는 않겠다. 다만 베버의 고찰은 중국 사회에 대한 고찰이라기보다는 중국 사회를 거울로 삼아 서양 합리주의 발전 과정을 고찰한 것이라고 보아야 할 것이다. 그래서 다음은 그러한 베버의 논의를 따라 서양 사회를 모델로 일본을 분석할 때에 에도 중기부터의 법사상적法思想的인 움직임이 주자학적 명분론에서 이탈하고 일본인의 법의식이 근대화로 나아갔다고 지적해온 종래의 많은 연구자들의 시각의 문제에 대해 고찰하고자 한다.

6. 주자학에서 근대법으로의 전환

주자학에서 일본 유교가 이탈하는 중요한 계기는 소라이학의 성립이라고 말해진다. 그것은 "선왕先王의 도는 선왕이 만든 것이다. 천지자연의 도가 아니다"(荻生徂徠, 1973b: 14)라고 말하면서 인간의 규범(道)이 천지자연의 보편적 이理에 내재된 것임을 부정하고 중국 고대의 역사적 인격인 선왕이 세운 것이라고 선언한 것이다. 인간의 규범은 흔들리지 않는 자연적 질서가 아니고 시대의 요청에 따라 정치적 인격에 의해 "작위作爲"되는 것이다. 정통 주자학에 소라이가 비판적 입장을 취한 것은, 마츠모토 산노수케松本三之介에 의하면 "소라이학의 과제"가 "도쿠가와 막부가 창업된 지 100여 년이 되어 사회적 모순과 동요가 나타나기 시작하자 도쿠가와 봉건사회를 다시 강화할 이론을 세움으로써 시대적 요청에 응하는 데에 있었"(松本三之介, 1969: 165)기 때문이라고 한다. 여기서 주의 깊게 고찰해야 할 점은 소라이 이전에는 항상 "정통 주자학"이 확고하게 있었는지의 여부이다. 중국과 같은 경우에는 공자로부터 맹자로의 사상 계승과 발전, 주자학과 양명학, 또는 정통과 이단의 대립 등 그 내용에 따른 자국 내에서만의 사상 발전의 과정이 분명하다. 그런데 후지와라 세이카藤原醒窩(1561~1619)나 하야시 라잔林羅山(1583~1657)의 경우 "정통 주자학"이라고 반드시 말할 수는 없다. 오히려 유교를 수용할 때에 불교적인 것을 바탕으로 했거나, 조선의 풍토를 매개로 한 유교관이거나, 혹은 수용 초기부터 신유 혼효神儒混淆

[신도와 유교 사상이 섞인 신앙 형태](야마자기 안사이山崎闇齋[1618~1682, 주자학과 신도의 일치를 주장하고 수이카 신도垂加神道를 제창한 주자학자]) 현상을 보였던 이상 주관적이고 교조적인 의미에서의 "정통"일 수밖에 없다. 그렇다면 이 "소라이학의 과제"와 "사회적 모순과 동요가 시작된 도쿠가와 봉건사회를 다시 강화할 이론"으로서의 사상사적 위치를 어떻게 생각하면 좋을 것인가?

하나의 사상, 특히 선진적 사상은 "이념"으로 수용되고, 수용자가 지금까지 어떤 사상적 매개체를 가지고 있었다고 하더라도 주관적으로는 "올바른" 수용 방식을 취한다. 그러나 그 수용된 것이 사회에 적용될 때, 특히 사회적 모순이 노출되어온 시대에는 이념이 이념 그대로 끝나지 않게 된다. 그래서 비로소 이념으로서의 사상이 전환된다. "정통 주자학"에서 소라이학으로의 전환이 바로 일본 사상의 전환 과정이라고는 말할 수 없는 것이다.

더욱이 마츠모토의 논의에서 중요한 점은 막부 말기에서 메이지유신에 이르는 법의식의 전환이다. 그것은 다음과 같이 해석된다. 미토학水戶學[7]의 존왕양이尊王攘夷 사상은 대외적 위기의식으로 인해 종래의

---

7) [옮긴이] 에도 시대의 미토번水戶藩(현재의 이바라기 현茨城縣 북·중부)에서 형성된 주자학의 일파. 미토학은 미토번 제2대 번주 도쿠가와 미츠쿠니德川光國(義公, 1628~1701)가 1657년부터 시작한 『대일본사大日本史』의 편찬이 그 시발점이 되었다. 이것은 주자학적 명분론에 입각하여 역대 천황의 치세를 기전체紀傳體로 서술한 것이다. 미츠쿠니는 『대일본사』 편찬 사무국인 쇼코칸彰考館을 설치하고 삿사 소준佐々宗淳·아사카 탄파쿠安積澹泊·쿠리야마 센호栗山潛鋒·미야케 칸란三宅觀瀾 등으로 하여금 자료 수집과 고증, 사론史論의 집필 등을 담당케 했다. 『대일본사』 편찬을 통해 미토번에는 천황 존중의 분위기가 형성되었다. 에도 시대 후기의 미토학은 주자학뿐만 아니라 국학이나 신도, 의학, 천문학 등의 자연과학도 포함한 복합적 학문이 되고 제9대 번주 도쿠가와 나리아키德川齊昭(烈公, 1800~1860)

"왕도王道를 높이고 패도覇道를 낮추던" 유교적 명분론에 의해 지지를 받아온 "존왕尊王"론을 전환시킨다. 다시 말하면 주자학적 명분론은 개개의 인격을 넘어서 그 배후에 있는 천리나 천도의 구체적 체현자體現者로서의 "천자天子", "천황天皇"을 상정하고 "임금"이 "수신修身"을 실천함으로써 천리를 아는 것이었다. 마츠모토는 "천황제 국가의 형성 과정을 법사상의 면에서 본다면, 그것은 법을 만들고 법을 변혁하는 주체적 인격이 막번제幕藩制하의 정통적 이데올로기였던 주자학적 규범주의, 주자학적 자연법사상의 해체 속에서 등장하는 과정으로 파악된다"라고 말한다.(松本三之介, 1969: 163 이하 참조) 그는 근대의 지배 관계가 "사람의 지배에서 법의 지배"로 특징지어지는 데 기초하여 천황제 국가의 형태도 기본적으로는 "명군"의 지배에서 "제도"의 지배로 전환된다고 보는데 그 전개의 단서를 도쿠가와 시대의 지배 규범의식을 형성했던 주자학적 자연법 관념의 분해 과정 속에서 발견하고자 하는 것이다. 그런데 동시에 일본의 근대화 과정은 사람의 지배에서 법의 지배로 단순히 (서양적으로) 전개되지 않고, 거꾸로 유교적 규범에서 "인격의 지배"로, 즉 요시다 쇼인의 말을 빌리자면 "천하는 천하의 천하"가 아니라 "천하는 일인一人의 천하"라고 하는 천황 친정론天皇親政論이 등장했다. 일반적인 생각으로는 법에서 사람으로의 역행逆行이지만 마츠모토는 그렇게 파악하지 않는다. 그는 "국학적 존왕론이 그 주된 목표를 피치자被治者의 절대 복종, 정치에 대한 불관여, 즉 피치자의 비정치화에

때 후지타 유코쿠藤田幽谷와 도코東湖 부자, 아이자와 야스시會澤安(세이시사이正志齋) 등이 미토학에 천황 숭배 사상과 양이 사상, 그리고 피폐한 백성을 구제하기 위한 경세 사상·사회 개혁론을 결부시킴으로써 미토학은 메이지유신을 준비하는 하나의 사상적 토대가 되었다.

두고 있었지만 그것은 뒤집어 보면 지배자의 통치행위에 대해서는 최대한의 자유를 부여하려고 하는 것이었다. 따라서 그러한 관점에서 보면 주자학적 '이理'의 지배, 이데Idee의 지배를 천황이라는 구체적 인격에 의해 극복한 것은 〔……〕 사실의 지배, 사실의 규범화라는 천황 정치의 특질과 더불어 현실 정치의 세계를 추상적 원리(예를 들면 '천리')의 지배에서 해방시켜 정치를 리얼한 힘의 관계에 기초한 정치 고유의 법칙에 맡기게 되었다"(松本三之介, 1969: 170~171)라고 지적하고 있다.

마츠모토는 마루야마 마사오의 연구 성과를 기초로 국학 및 미토학에서 요시다 쇼인에 이르는 사상 전개 속에서 일본의 천황제 국가, 국체國體 형성이 이루어지고 근대국가 일본의 성립 요건인 민족주의적 통일의 사상적 지주가 마련되었다고 주장한다. 그런데 정말로 그의 말처럼 천황제 법사상은 항상 "명군"의 지배로부터 "제도"의 지배로, 혹은 주자학적 "이理", 이데의 지배로부터 천황이라는 인격의 지배로라는 이중구조와 기능을 가지고 형성되었는가? 그것은 진정한 의미에서 "극복"이었던가. 또한 마루야마가 밝힌 "충성"이 유교적 군신론君臣論에서 벗어남으로써 마치 서양적인 유사 로열리즘으로 이어지는 듯 보이는데 그것은 정말인가? 내가 보기엔 왜 일본은 동양 최초로 근대국가 수립에 성공했는가라는 문제의식을 먼저 세워놓고, 거기에 베버로 대표되는 서양 학자들의 근대화 이론 모델을 근접시키면서 서양 근대와는 다른 "일본의 독자적 근대화"라는 담론이 주장되었다고 여겨진다.

제5장
이理와 ratio

1. 푸코의 '광기'

미셸 푸코M. Foucault는 『광기의 역사』에서 다음과 같이 말한다. "중세 초기부터 유럽인들이 관여해온 것은 그들이 막연하게 '광기', '착란', '비이성非理性'이라고 부르고 있던 것들이다."(푸코, 1975: 8 이하 참조) 그러나 인간은 자신의 이웃을 감금하는 최고 권위의 이성을 통해 의사를 전달하고 비광기非狂氣의 무정한 언어를 매개로 서로를 인지하므로 비이성에서 자신만의 진리를 찾아내려고 애쓴다. 그럼에도 불구하고 광기와 비광기, 이성과 비이성은 서로 엇물려 있다. 이성의 언어활동 밑에 잠재해 있는 이성과 비이성의 대결은 무엇일까, 라고 그는 묻는다.

이성과의 대립 형식인 광기의 문제를 푸코는 "서구 이성의 보편성 가운데는 동양이라는 분할선이 내포되어 있다. 즉 기원으로 여겨지는 동양, 향수와 회귀의 약속이 생겨나는 지점으로 여겨지는 동양, 식민주의 하에서 서구 이성의 희생이 되긴 했지만 항상 한계의 땅이기 때문에 가까이 다가가기는 어려운 동양. 말하자면 단서端緖의 캄캄한 밤—서양이 거기서 형성되고 서양이 분할선을 그어버린 단서의 캄캄한 밤에 동양은 서양에서 볼 때 서양이 될 수 없다. 가령 서양이 자신들의 원초적 진리를 동양에서 찾아야 한다고 할지라도"(푸코, 1975: 10)라고 말한다.

푸코는 동양을 광기의 세계라고 말하지는 않는다. 서양의 이성-비이성과 같은 대립 구조 속에는 존재하지 않는 실낙원과 같은 그 "무엇인가"가 푸코가 말하는 "동양" 속에는 함축되어 있다. 물론 푸코에게도 그것이 사유의 저편에 있는 "타자他者"인 이상, 그 자신이 직접 제시해 보일 수 있는 그런 것은 아니다. 그가 할 수 있는 것은 이성과 광기 사이의 서로 무관하고, 온갖 교류를 거부하며, 말하자면 죽은 듯 단절된 그 왜곡된 관계의 근원으로 거슬러 올라가 묘사하는 것이다. 그는 고전주의의 광기 체험을 이해하는 데에 불가피한 사항들을 다음과 같이 요약한다. "광기는 이성과 상관적인 형식을 취한다. 나아가 광기와 이성은 항상 서로 치환 가능한 상태에 놓이게 된다. 이러한 가역 관계로 인해 그 어떤 광기도 판단하고 통제해줄 이성을 가지고 있으며, 또한 그 어떤 이성도 자신의 내부에 자신의 조그마한 진리를 발견해줄 광기를 가지게 된다. 한쪽이 다른 한쪽의 척도가 되고, 이와 같은 상호 대치적인 관계 때문에 양자는 서로가 서로를 부인하면서 서로 상대방에게 근거를 두게 된다."(푸코, 1975: 46)

푸코의 『광기의 역사』는 서양의 이성이 광기를 지배하고 망각해왔다는 것을 밝혀낸 책이다. 이것은 아마도 맞는 말일 것이다. 그러나 과연 동양 세계에도 이성과 광기가 서로 치환될 수 있는 존재로서 있었던 것일까? 그것을 동양적 신비주의, 신들린 열광이라고 부르고 푸코가 말하는 "단서의 캄캄한 밤"에 대응시킬 수 있는가? "캄캄한 밤에는 모든 소들이 다 검게 보인다"(헤겔, 1967a: 100)라고 하듯이 캄캄한 밤(신비주의)에 의지할 수도 있겠으나 이러한 단락短絡적인 심정에 기댈 것이 아니라 우선 다음과 같이 생각해보자. 즉 서양의 ratio라는 말과 동양의 이理라는 말의 의미가 같은지 다른지를 다시 한 번 살펴보자.

2. 고토와리

"동양의 이理"라고 앞에서 말했지만 이 표현에 대해선 좀 더 신중을 기해야 할 것 같다. 왜냐하면 일본 문화권에서 "이理"라고 생각하는 것과, 중국인들이 "이理"라고 생각하는 것과, 인도인들이 생각하는 이 말에는 각각 차이가 있을지도 모르기 때문이다. 우선 일본어에서 이치[理]에 합당한 사태를 나타내는 말, "고토와리ことわり[理]"라는 말의 의미부터 살펴보자.

사전을 찾아보면 "고토와리"는 "(1) 도리道理. (2) 이유. (3) 말할 것도 없는 것, 당연한 것. (4) 물론. (5) 예의"(新村出 編, 1955: 790)라고 되어 있다. (1)의 "도리"라는 말은 한자어로서 중국인들의 발상과 해석을 담고 있다. 물론 사전이라는 것은 현대인들의 사고방식에 맞추어 이해하기 쉽게 그 뜻을 부여한 것이므로, 현대 일본어는 중국, 한국 또는 불교 용어 같은 것을 수용하거나 또는 유럽어를 보태어 변화한 현재의 상태를 나타내고 있다. 중국적인 사고방식[漢意], 유럽적인 사고방식[歐意]을 제거한 것이 반드시 순수 일본적이라고는 생각하지 않지만 가능한 한 옛날부터의 원래 어의를 살펴보기로 하자. "고토와리＝許等和理"가 "이理"와 "단斷"이라는 두 가지 글자의 뜻에 맞는다는 것은 본래 두 가지의 의의를 겸하고 있기 때문일 것이다. 즉 "고토事[일]-와리割[가르는 것]" 또는 "고토言[말]-와리割", 다시 말해 어떤 일을 분별하는 것, 좋고 나쁨을 판정하는 것이 그 원래 뜻이라고 할 수 있다. 예컨대 『겐지이야기源氏物語』의 하하키기帚木 권에 나오는 "추조中將는 이 고토와리[여기서는 어떤 여자가 좋으냐에 관한 의논의 의미]를 모두 듣겠다고 마음을 먹고 계속 앉아 있었다"의 고토와리ことわり가 바로 그것이다. 또 『만요슈萬葉集』의 "부모를 보면 존경스럽고 아내와 자식을 보면 사랑스러운 것인데 세상의 고토와리許等和理란 대개 그런 것이다"의 고토와리는 사물의 도리를 의미한다. 그 "도리"라는 말은 한어(중국어)라기보다는 중국어의 도리와 일본어의 고토와리가 모두 공통적으로 가진 원의原義라고 간주해야 할 것이다. 그런데 일본 고대어의 경우에는 인간적 세계의 좋고 나쁨이나 윤리적인 판단보다 인간적인 세계를 초월한 것과의 관계 속에서 "인간의 힘으로는 지배할 수 없는 어떤 조리條理"(金田一京助·新村出 外 編, 1972~1976: 990~991)[1]라는 의미가 강했던 모양이다. "오카미大神[위대한 신]가 '고토와리言理가 분명하다'라고 대답하였다"(『日本書紀』崇神10년)라는 용례가 바로 그것이다.

한편 중국에서의 이리라는 한자의 원래 의미는 어떤 것일까? 『자통자통字統』에 의하면 "(『설문해자說文解字』의) 일상一上에 따르면 '옥돌을 다듬는 것[治]'이라 하고 『한비자韓非子』화씨和氏 편에 '왕은 바로 옥장이[玉人]를 시켜 그 옥돌을 다듬게 했다[理]'라는 용례가 보인다. 옥돌

---

1) 그 밖에 『角川古語大辭典』; 『國語大辭典言泉』; 『大言海』 참조.

의 줄과 무늬[文理]의 의미에서 확장되어 사람의 피부를 살결[肌理]이라고 한다. 또 모든 조리條理 있는 것을 말한다. 천문天文에 대해서 지리地理라는 말이 있다. 더욱이 사람에 대해서는 정리情理, 이기理氣라고 하며, 객관화하여 도리道理와 천리天理라는 말을 사용한다"(白川 靜, 1984: 870~871)[2]라고 되어 있다. 옥돌에 있는 줄과 무늬를 가리켜 이理라고 불렀다. 또한 옥돌을 갈고 닦아서 좋은 것을 드러낸다는 의미로도 쓰인다. 감히 일본어의 "고토와리"와 중국어의 "이理"의 차이점을 강조한다면, 전자는 세상 원초의 모습, 즉 "사물こと[事]"을 쪼개어 당연히 있어야 할 원래의 모습을 도출하는 것이며, 후자는 이 세상에 이미 정합적으로 성립되어 있는 줄기를 확연하게 인식하고, 그 조리(윤리)를 분명히 하는 것이다.

　우리는 중국적인 사고방식과, 일본인이 옛날부터 사용해온 언어의 뜻을 구별하여 중국적인 사고방식만을 제거해버리고 그것을 순수한 일본적인 발상이라고 생각하는 경향이 있는데 이것은 잘못된 것이다. 고대에 중국의 영향을 받기 전의 순수한 일본적인 사고방식을 찾는 것은 비유컨대 인간과 도구의 원초적인 관계에 대해 생각하기 위해 석기시대를 고찰하는 것과 같다. 비록 타제석기에서 인간과 도구의 원초적인 관계를 발견했다고 해도 그것은 단지 그러한 관계의 기본 구조를 이해했을 뿐 컴퓨터가 인간의 손의 연장이라는 지위를 떠나 자립적으로 인간 사회를 규정하는 문제에 대해 어떤 해결책을 제시해주지 않는 것과 같은 것이다. 그러한 의미에서 언어나 역사는 사회 전반을 통해 발전해가는 것이라고 할 수 있다. 일본 고대어의 "고토와리"는 일본에 들어온

---

[2] 그 밖에 『新字源』; 諸橋轍治, 『大漢和辭典』 참조.

중국 문화 덕분에 일본인들의 사고방식 속에서 한자어인 "이理"의 뜻을 포함하게 된 것이다.

3. 불교의 사리와 주자의 이기

"고토와리"의 의미는 "이理"라는 뜻과 겹치는 형태로 현대까지 전해져 왔는데, 중국어의 "이理"는 두 가지 발전의 계기를 가지고 있다. 하나는 불교의 "사事"에 대한 "이理"이며, 또 다른 하나는 유교 주자학의 "이理"이다.

불교에서 인간존재를 포함하여 우주의 보편적인 법칙을 나타내는 말은 법法 · 이법理法dharma이라고 하겠다.[3] 고타마 붓다는 다음과 같이 말한다. "나는 29세 때에 선善을 찾아 출가했다. 나는 출가한 지 50여 년이 지났다. 그동안 나는 정리正理와 법법의 길만을 걸어왔다. 그 외에 '도인道人' 같은 것은 존재하지 않는다."(中村元, 1993: 35) 나카무라 하지메中村元의 설명에 의하면 정리正理로 번역되는 냐야nyāya[범어에는 한자의 이理에 해당되는 말로 냐야正理nyāya와 달마理法dharma 두 가지가 있다]는 논리적 필연성을 가지는 도리를 말한다. 이것은 인도에서 일반적으로

---

[3] 「바라문경전」에 나오는 "이성理性"과 대응시켜보면 이는 「산키야 카리카」에 있는 대상을 인식하는 기능을 하는 심리 기관 중에서 가장 높은 "이성buddhi"이다. "원질原質로부터 '거대한 것[理性]'이, 그리고 자아의식이, 나아가 16가지 원리로 이루어지는 한 무리가 전개된다. 또한 16가지 원리의 다섯 종의 소립자로부터 다섯 가지 원소(허공·바람·불·물·흙)가 전개된다. 이성은 결단의 작용을 하는 것이다."(『バラモン經典 原始佛典』: 198 참조) 그렇지만 이 대응은 무의미한 것으로 buddhi라는 산스크리트어를 유럽 언어의 reason 등과 억지로 대응시킨 데 지나지 않는다.

이해된 개념인데 아마 자연계에 있어서의 필연성이라는 의미의 도리도 여기에 포함될 것이다. 나야[정리]는 인간의 주관적인 의욕으로는 어떻게 할 수 없는 것이다. 따라서 거기에는 선택의 자유가 끼어들 여지가 없다. 이에 대해 법法·이법理法으로 번역되는 달마dharma는 인간이 마땅히 따라야 할 도리를 의미한다. 달마[법·이법]는 인간이 의지에 따라서 실행할 수도 있고, 실행하지 않을 수도 있는 도덕적 이법으로 거기에는 선택의 자유가 관여할 수 있다고 한다. 나카무라의 말에 따르면 동양인들이 "이理"라고 말할 때에는 대부분 이법을 의미하지만, 서양인이 이성이라고 할 때는 대부분 정리를 의미한다고 한다.

이리가 불교적 세계의 보편성을 나타내게 된 것은 불교가 중국에 수용되면서부터이다. 화엄종의 개조開祖인 현수대사賢首大師 법장法藏이 말하는 사법계四法界, 즉 진리의 영역을 네 가지 측면에서 살펴보면, (1) 차별의 현상계[事法界], (2) 차별을 초월한 진리의 경계[理法界], (3) 현상계와 실체계의 일체불이一體不二의 관계[理事無礙], (4) 현상계에서 절대적인 불가사의한 경계를 인정하는 것[事事無礙法界]이다. 여기서 말하는 이리란 현상이라는 "사事"에 대한 우주의 원리를 의미한다. 단지 이때 불교의 입장에서 강조되는 것은 사사와 이리가 대립적인 관계에 있는 것이 아니라 어디까지나 상호 의존적인[相卽] 존재라는 것뿐이다.

가마다 시게오鎌田茂雄는 이에 대해 다음과 같이 설명한다.

이리와 사사를 어떻게 이해할 것인가에 대해 생각해보면 『화엄경문답華嚴經問答』 상上에서는,
문: 삼승三乘[4]의 사리事理와 보법普法[5]의 사리는 어떻게 다른가.

답: 삼승에서 사사란 심연색애心緣色礙(마음에 의해 맺어지고 감각에 의해 구애된 것) 등을 말한다. 이리란 평등의 진여이다. 이리와 사사는 똑같지는 않다. 하지만 이 둘은 서로 의존하고(相卽) 서로 융화하여(相融), 상호 간에 방해나 장애가 되지 않는다. 그러면서도 사사의 의미는 이리의 의미가 아니다. 보법 중의 사리事理란 이즉사理卽事, 사즉리事卽理이고, 이리는 사사에 들어맞으며, 사사는 이리에 들어맞는다.(鎌田茂雄, 1967: 205~206)

이리는 사사라고 하는 현실의 구체적 사상事象의 차별상에 대해서 그 사상 속에 들어 있는 평등을 관통한 말이다. 불교가 인간과 세계의 보편적 존재 방식을 이리가 아닌 법法에 두었던 것처럼 중국의 전통 사상에서도 인간과 세계의 보편성을 지시하는 말은 도리道理라고 할 때의 이리보다도 도道 쪽이었다고 생각해야 할 것이다. 특히 도교道敎에서는 더욱 그렇다. 또한 유교에서도 공자나 맹자 등의 초기 단계에서 중심 개념은 도道이다. 그런데 이 도道보다는 이리를 중심 개념으로 삼아 세계의 구조를 해석했던 사람이 바로 주자이다.[6]

---

4) [옮긴이] 승乘은 불교 용어로 불법을 탈것이나 배에 비유한 말이다. 따라서 삼승三乘은 중생으로 하여금 생사를 초월할 수 있게 해주는 세 가지 교법敎法인 성문승聲聞乘 연각승緣覺乘, 보살승菩薩乘을 의미한다.
5) [옮긴이] 보법普法은 화엄종의 용어로 모든 존재를 의미한다. 불교에서는 모든 사물이 인과因果·인연因緣·연기緣起로 인해 이루어진다고 보기 때문에 사물 자체, 존재 자체를 법法이라고 일컫는다.
6) 야마다 케이지山田慶兒는 도道와 이리의 차이점에 대해 다음과 같이 서술한다. "주자는 말한다. 도道는 총칭이며, 이리는 세부 사항이다. 도는 길을 의미한다. 만인이 지나가는 길로서, 그 길을 가는 사람에게 영원히 어디로 갈 것인지를 가르쳐주는 것이다. 이는 '조리條理'와 도리를 의미한다. 도를 길이라고 한다면, 이는 그 길

주자가 이理를 그 중심적인 원리로 삼고자 했던 의도는 불교, 특히 선禪과의 대항 의식 때문이다. 이理를 아는 것은 불교처럼 직관지直觀知에 의존하여 "단 한 번의 사물과의 접촉을 통해"(朱熹·王守仁, 1974: 166) 전부 알게 되는 것이 아니라, 자신과 관계가 깊은 실천의 순서를 밟고 사물에 대해 그 이치를 다 알고자 하는 데서부터 시작하여, 일상적인 사물에 대해 좋고 나쁨을 구분하고, 마땅하고 못마땅함을 판별하며, 그것을 통해 상세하게 도리를 알고 심오한 이치를 깨달음으로써 그 성과를 활용하려는 것이다. 즉 "격물치지"가 그것이다. 사事와 물物을 하나하나 접해가면서 이치를 탐구하는 것이다. 거기에 바로 객체 세계의 독자적인 형세가 있고 조리가 있는 것이다. 주자는 선禪의 직관지와 같은 억지 주관화를 피하려고 한다. 사물 그 자체에 다가서려 했다는 의미에서 서양 근세 과학자들과 맥을 같이하는 것 같다. 나아가 그는 "지知는 내 마음속의 지이며, 이理는 사물의 이"라고 말한다. 즉 주관을 갖고 객관을 아는 것이므로 저절로 주관과 객관의 구별이 생긴다. 이러한 경우 이理는 분명히 객관에 있다. 여기에서는 실천의 장場에 수반되는 규범, 즉 "소이연所以然"과 그 배후에서 그 규범의 성립 근거가 되는 근원적 도리, 즉 "소당연所當然"이 구별된다. 그렇다고 해서 주관을 벗어난 객관 법칙을 설정하는 것은 아니다. 즉 "하나하나의 사물[事事物物]에는 모두 도리道理가 있다. 그것을 충분히 탐구하는 것이 격물格物인 것이다. (그러나) 마음이 아니면 어떻게 그 이理를 탐구하겠는가. 사물에는

이 만들어내는 '문리文理'이자 문양文樣이며 '목리木理'와 같은 것이다. 하나하나의 길은 각각 줄기[條]를 가지고 있기 때문에 이를 이라고 부르는 것이다. 도라는 개념이 포괄적인 데 비해 이라는 개념은 정밀하며, 도라는 개념 속에 내포되는 많은 '이맥理脈'이 바로 이인 것이다."(山田慶兒, 1978: 458)

원래 도리가 있고 마음에도 도리라는 것이 있는데 마음을 말라죽게 하거나 전혀 사물과 접하지 않게 하여 저절로 이치를 발현하게 한다고 생각해서는 안 된다. 결코 그런 일은 없다. 자기 마음을 쓰지 않고서 어떻게 따로 사물의 도리를 구할 수 있겠는가. 사물의 도리를 무엇이 궁구하는 줄 아는가. 사물의 도리는 누가 탐구하는 것일까."(朱熹·王守仁, 1974: 177) 객관적인 현상계의 이리와 주관적인 이법은 중첩되고 있는 것이다. 거기에서 인간의 삶의 존재 방식인 윤리적 법칙, 이른바 "소당연", "소당연지칙所當然之則"과 세계의 존재론적인 의미, 즉 "소이연", "소이연지고所以然之故"와의 일치가 이루어지는 것이다.

그런데 주자의 이리의 세계 구조론은 사물에 대한 이리에 그 특색이 있는 것이 아니라, 이리와 기氣의 관계에서 세계가 해명된다는 점에 그 특색이 있다.

이른바 이리와 기氣는 전혀 별개의 것입니다. 다만 (이와 기가 결합하여 성립하는) 사물에 대해 본다면, (이와 기) 양자는 혼연히 섞여 있어서 서로 분리하기 어려우며 각각 같은 장소에 있습니다. 그렇지만 양자는 서로 다르다고 해도 괜찮습니다. 한편 이리에 대해 살펴보면 (이와 기가 결합하여) 사물을 구성하기 이전부터 사물의 이는 존재하고 있습니다. (……) 천지간(모든 존재)에는 이와 기가 있습니다. 이는 형이상形而上의 도道이며, 사물을 낳는 근본입니다. 기는 형이하形而下의 기器이며 사물을 낳는 소재입니다. 그래서 인간과 사물이 생길 때에는 반드시 (하늘로부터) 이리를 받아야 비로소 본성本性이 갖춰지고, 반드시 (하늘로부터) 기氣를 받아야 비로소 형체形體가 갖춰지는 것입니다. 그 본성과 형체가 일신一身

을 구성하는데, (형이상의) 도道와 (형이하의) 기器 사이에는 확실한 구분이 있기 때문에 혼동해서는 안 됩니다.(朱熹·王守仁, 1974: 142 이하 참조)

이理는 개개의 사물이나 존재에 갖춰져 있는 것이지만 그와 동시에 그것은 사물의 존재보다 이전의 초월론적인 사물의 전체성이자 통일성이다. 그 통일적이고 근원적인 이를 "태극太極"이라고 부른다. 천지 만물을 모두 통틀어 보면 하나의 태극의 이치이지만 그것이 인간에 갖추어진 것을 볼 때에는 개개인에게 하나의 이치가 나눠지고 있다는 말이 된다〔理一分殊〕. 주자는 이理와 기氣를 한편에선 완연히 구별하면서도 다른 한편에선 그것의 불가분한 관계, 일체성을 강조한다. 즉 이는 기로부터 멀리 떨어져 있는 것이다. 이는 홀로 독립된 것이 아니라 기 내부에 들어 있다. 기가 없으면 이는 의지할 곳이 없게 된다. 기는 금목수화金木水火이며, 이는 인의예지仁義禮智이다라고 말한다.

이처럼 주자의 철학은 이와 기라는 두 개의 기본적인 존재 개념 위에 구축되어, 주로 자연적 세계를 서술할 경우에는 일기一氣, 음양陰陽, 오행五行으로 "기氣"가 전개되고, 인간학과 윤리학에 접근할 때는 이理가 논의된다. 이는 기 속에 내재하는 원리로서 존재론적 의미인 "소이연"과 윤리 법칙적 의미인 "소당연"이라는 두 가지 성격을 간직하고 있다. 이러한 이의 두 입장은 기의 자연학적 입장에서 그 근거를 찾으려고 하면 균열이 생기게 된다. 그러나 주자의 이기이원론은 내용적인 모순을 갖고 있으면서도 서양에서 보여주는 자연 인식과 윤리학 사이의 분리 현상이 없다. 그 이유를 중국의 자연과학적 정신의 미발달 또는 칸트적인 인식론의 결여라고 단정해버리는 것은 옳지 않을 것이다.[7]

4. 학문과 기술의 연계성

서양 사회의 발전에 대해서 그 특색을 논할 때 우리는 사회적 양상이라든가 역사적 전개 또는 자연과학의 발달을 들 수 있다. 그리고 자연과학을 뒷받침해주는 주요 기둥은 실험·관찰과 합리적인 설명 두 가지이다. 어떻게 자연과학이 유럽에서 르네상스기에 급속히 발달했을까? 첫째는 르네상스기에 학문과 기술이 연계되었기 때문이다. 기존의 이론을 결여한 기술과 공허한 사변적 학문이 연결된 것은 르네상스 시대 때 다빈치와 같은 천재들이 출현하면서부터이며, 이러한 학문과 기술의 연계는 기술을 소유하는 사회계층의 부상이라는 그 시대의 역사 전개와 관련된다. 고대에는 학문이 종교와 연결되어 있어 학문은 지배자들에게 의존하였다. 다른 한편 기술은 어디까지나 국가와 민족의 의례

---

7) 야마다 케이지의 다음과 같은 고찰은 이理를 선험적·고정적인 것으로 간주하지 않아 많은 것을 시사해준다. "이理는 형태를 의미한다. 혹은 형태라는 개념으로 거의 완전히 대치될 수 있다는 것이 나의 해석이다. 형태란 물질이나 에너지의 규칙적인 배열, 질서 정연한 배열, 조직적인 배열이다. 말의 음색이나 물의 파장이나 천의 무늬는 전부 어떤 형태를 지닌다. 형태는 재현성再現性을 가지며, 그 규칙성 또는 질서성秩序性 내지 조직성으로 인해 그것을 인지하는 인간에게 '의미'로서 나타난다. 사물은 형태를 갖춤으로써 하나의 의미 있는 존재가 된다. 의미는 정보라는 말로 바꿀 수도 있을 것이다. 전달되는 의미란 곧 정보이기 때문이다. 존재가 밝혀내는 모든 의미, 전달하는 모든 정보를 인간들이 개인이나 사회집단의 존재 목적에 따라 선택적으로 수용할 때 이것은 선택하는 그 주체에게 있어서는 하나의 '가치'가 된다. 다양한 가치를 갖는 체계 내에서 다른 모든 가치가 파생되는 가치의 공리 체계가 바로 '가치 이념'인 것이다. 성성을 포함하는 이理의 개념은 질서-의미-가치-가치 체계라는 의미론적 계층 구조를 갖는다고 파악할 수 있다. 천지만물 삼라만상에 가운데 '이미 받아들여질 수밖에 없는' 것으로서 나타나는 모든 질서이자 의미이며, 가치이자 동시에 가치 이념인 이理=형태를 물질=에너지인 기氣로 바꾸어버릴 수는 없다고 나는 생각한다."(山田慶兒, 1978: 444~445)

나 예술에 봉사하는 것이었다. 그러므로 그것을 담당했던 계층은 어떤 사회에서든지 천한 지위에 놓이게 되고 무시당했다. 중세 때 기술은 다양하게 발전했다. 고대 노예제사회에서는 오로지 인간의 노동력이 이용되었으나 중세에 와서는 자연의 힘, 즉 동물·물·바람 등의 힘이 이용되었다. 물론 풍차風車나 수차水車가 고대로부터 중세로의 변화를 초래했지만, 그래도 기술은 사회적으로 인정받는 지위에 있지 못했다. 그런 일을 담당하는 사람들은 수공예 직인들이었다. 한편 중세는 학문도 "신학과의 대결에만 힘쓰던 시대"(휘프너, 1992: 323)였다.

그런데 이러한 기술과 학문을 연계시켜준 것이 바로 르네상스이다. 르네상스 이후 학문은 기술적인 장치(시계, 망원경, 진자 등)에 의해 과학화되어갔다. 즉 학문은 기술적·실천적·실증적이 된 것이다. 그 예로 천문학·의학·공학을 들 수 있다. 그리고 중세 때 신학의 시녀라고 불리던 학문은 그러한 지위로부터 해방되어 발전 방향을 "존재근거에 대한 의문"에서 "존재의 지배"로 바꾸었다. 이러한 이행은 학문적 문제설정의 방식을 변화시켰다. 존재에 대해서 그것이 "무엇인가"라고 묻는 것을 그만두고 그것이 "어떻게 그러한지"라고 묻게 된 것이다. 이제는 존재의 양태에 대해서 잘 알게 됨으로써 그 존재를 지배하는 기술을 발전시킬 수 있게 된 것이다.

또한 학문과 기술은 병치되어 더욱이 기술적인 학문으로 발전함으로써 오늘날 과학 기술이라는 용어를 탄생시켰다. 과학 기술적인 인식이 그대로 학문적 인식이 된 것이다. 그리고 과학 기술적으로 설명하는 것이 이성적인 설명이 된 것이다. "우주란 무엇인가? 그것은 코스모스(질서)와 카오스(혼돈)이다"와 같은 질의응답만으로는 설명이 되지 않는다. "우주는 어떻게 이루어져 있는가? 우주는 항상 팽창한다. 우주에는 블랙홀이 있으며……"라는 식으로 설명해야 사람들은 납득할 수 있는 것이다. 내용적으로는 전자나 후자나 그다지 차이가 없지만 설명 방식에서는 완전히 다른 것이다. "피는 붉은색이다. 왜냐하면 붉은색은 사람들에게 위기감을 느끼게 하므로." 이러한 설명 방식은 동어반복적인 문답이며 괴변을 늘어놓는 것처럼 느껴진다. "피는 붉은색이다. 왜냐하면 적혈구 내의 헤모글로빈의 작용에 의해서" 그렇게 된다는 식으로 우리는 현미경이라는 시력의 확대 기술 장치에 의해 "어떻게 해서 피가 붉은색을 띠게 되는가?"에 대답하는 것만으로도 안심해버린다. 헤모글로빈이 왜 붉은색인지를 묻지 않아도 된다. "헤모글로빈이 붉은색이므로 피도 붉은색이다"라고 하는 것은 실제로 "피는 붉다. 왜냐하면 피니까"와 같은 것임을 깨닫지 못하는 것이다. 이처럼 오늘날 학문적인 물음은 "존재근거에 대한 물음"에서 "존재 양태에 대한 물음"으로 바뀌었다. 이는 우리가 존재를 지배하기 때문이다. 그러나 오늘날 인간들은 자신들이 존재를 지배했다는 것이 하나의 착각이라는 사실을 서서히 깨닫기 시작했다. 만일 우리 인간들이 과학에 의해 새로운 생명을 탄생시킬 수 있다고 해도 그것은 생명의 양태에 대해 잘 알았기 때문이지 생명의 근거라든가 본질에 대해서 잘 알았기 때문은 아니다.

　기술 장치의 발달은 지식을 비약적으로 확대시키기 시작했다. 새로운 지식의 획득은 그 자체로서는 반종교적인 행위가 아닐지라도 새로운 지식의 담당자가 새로운 계층(부르주아)을 형성함으로써 그동안 종교를 뒷받침해왔던 질서를 붕괴시키고 말았다. 프랑스 계몽주의에서 프랑스혁명에 이르는 이성주의가 반종교적으로 전개된 것이다.

5. 계몽주의적 이성

일반적으로 계몽주의 시대를 이성의 여명기라고 말한다. 종교의 마술적인 불합리성을 불식시키고 인간의 세계를 합리적으로 해석하여 이성적 세계로 변혁시킨 시대인 것이다. 백과전서파라고 불리는 초기 계몽주의 시대의 리더들인 볼테르Voltaire, 디드로Denis Diderot(1713~1784), 달랑베르Jean Le Rond d'Alembert는 해박한 지식을 늘어놓았기 때문에 후세 사람들로부터 도리어 천박하다는 비난을 받곤 한다. 왜 그들은 백과전서파를 만들어내어야만 했을까? 이는 아마도 종교와의 전쟁 때문이었을 것이다. 종교는 인간이 품게 되는 의문점과 지식의 근거를 전부 성서와 교회의 전통적인 권위로 설명하려고 한다. 또는 신비 신앙이라는 비합리적인 근거로 그것을 설명하려고도 한다. 다시 말해 지식을 존재의 근원에 연결시킴으로써 납득시키려는 것이다. 이에 비해 새로운 지식, 새로운 기술에 의해 인도된 지식은 그러한 신비나 존재의 근원에 근거하는 것이 불가능하다. 그럼에도 불구하고 지식은 그 자체로서 안정되어 있지 않다. 지식이 진정으로 납득할 만한 진리가 되기 위해서는 역시 그 무엇인가 확실한 근거가 될 만한 것이 있어야 한다. 백과전서파는 존재의 근거에 대해 종교의 신비적인 힘으로 설명하는 것을 포기했다. 그들은 지식을 모든 존재의 체계 속에 배치함으로써 안정시키고자 했다. 즉 체계화의 시도인 것이다.

달랑베르는 『백과전서서론』에서 다음과 같이 말한다. "우리가 시도하는 [그래서 완결시키려고 하는] 저작은 두 가지 목적을 갖는다. 즉 [하나는] 백과전서로서 인간의 지식의 질서와 관련되는 사항을 가능한 한 밝혀내는 것이고, [또 하나는] 여러 학문·예술·공예들에 대해 논리적으로 궁구한 사전으로서 각종 학문들과 각종 기술들―지적인 것과 수공업적인 것을 막론하고―에 대해 그 기초가 되는 일반적 원리들과 그 형태 및 실체를 구성하는 가장 본질적인 항목을 포함시키는 것, 이 두 가지이다."(달랑베르, 1970: 420 이하 참조) 즉 지식의 관련성을 체계적이고 논리적으로 기술하는 것이 백과전서파의 사명이었던 것이다.

달랑베르는 지식을 직접적인 지식, 즉 감각적인 지식과 그 감각을 통일·결합하는 반성적인 지식으로 우선 구분했다. 이 감각과 반성은 달랑베르만의 독창적인 논리는 아니다. 그것은 이미 로크의 『인간오성론』 서두에서 전개된 것이며, 중세의 스콜라학자들도 감각으로 신의 존재를 증명하려고 했다. 그러나 달랑베르를 비롯해 백과전서파나 계몽주의자들의 기본적인 관점은 직접적인 지식이란 모두 오관五官을 통해 얻어지는 지식으로 환원된다는 것이었다. 여기에서 모든 관념은 감각에 기인한다는 결론에 이르게 되어 인간 이외의 다른 존재에게는 그 어떤 지식도 성립될 수 없다고 믿게 된 것이다. 그리고 그 직접적인 지식이 "신체의 유지를 위해", "신체적 욕구를 충족시키기 위해 필요하므로" 반성적인 지식을 성립시켰다. 그래서 먼저 농업이, 그다음에 의학이, 나아가 기술이 생겨났다. 뿐만 아니라 "유용성" 때문에 자연에 대한 연구가 시작되었으며, 그것이 곧 물리학으로 나타난 것이다.

물리학은 여러 갈래로 분화되었고 그 분화 과정에 대해 그는 다음과 같이 말한다. "우리는 정신의 작용에 의해 운동하거나 정지하는 기능이라든가 자연에서 관찰되는 주요 변화의 원천인 운동전달의 기능처럼 모든 물체에 속한다고 생각되는 몇 가지 특성을 발견하게 된다. 이러한 특성 중에서도 특히 후자인 운동 전달의 기능을 우리 자신의 오관을 동원해 검토해봄으로써 우리는 그 특성이 의존하고 있는 또 다른 특성을 발견하게 된다. 그것이 불가입성不可入性이다. 즉 그것은 개개의 물체가 자신이 차지하고 있는 장소에서 다른 어떤 물체도 일체 배제해버리는 일종의 힘인 것이다." "이러한 새로운 고찰 방법 덕분에 우리는 이제 물체를 형체와 넓이를 가진 공간의 부분 운동으로밖에 보지 않게 되었다."(달랑베르, 1970: 429 이하 참조) 이것이 바로 기하학이 성립하는 과정이다. 이러한 성립 과정에서 알게 되는 것은 우리 인간의 정신은 점점 더 "조작과 추상에 의해" 물질로부터 거의 모든 감성적인 특성을 감지하여 이를테면 물질의 환영만을 보게 된다는 점이다. 그리고 기하학적 물질을 형성하고 있는 다양한 부분의 계산과 비례에 대한 연구가 산술을 낳게 했다. 산술이란 몇 개의 관계성의 비교 과정에서 도출되는 단 하나의 관계 표현 방식을 가장 간단한 방법으로 찾아내는 기술에 불과하다.

달랑베르는 수학자이다. 그는 데카르트René Descartes의 전통에 따라 진리의 기준을 관념의 명석, 판별과 확실성에 두었다. 그는 "정확히 말해 명증明證하다고 확신할 수 있는 것은 정확한 양의 계산과 연장延長의 특성을 다루는 부문, 즉 대수학과 기하학 및 역학뿐"(달랑베르, 1970: 437 이하 참조)이라고 말한다. 그는 자연에 관한 학문인 역학·광학·천문학·지리학·연대학年代學·군사건축술·유체정력학流體靜力學·수력학水力學·항해술 등을 혼합수학으로 간주하고, 물리학(자연학)에서 진정으로 철학적 사고를 할 수 있는 유일한 방법은 수학적 분석의 경험을 적용한다든지 또는 관찰하는 것뿐이라고 주장한다. 여기서 미리 동양과 서양의 이성에 대해 비교해보면, 동아시아의 이理에서는 이러한 감성적 추상화와 거기에서 도출된 학문들의 수학적 기초를 찾아볼 수 없다는 점이다.

달랑베르를 통해 알 수 있는 서양의 학문 전개 중에서 동아시아의 학문에서는 찾아볼 수 없는 영역이 하나 더 있다. 그것은 논리학이다. 물론 동양에도 자신의 사상을 적절히 순차적으로 설명하는 웅변술이라든가 수사학修辭學 또는 문법 같은 것이 발달하지 않은 것은 아니다. 문제는 그러한 타자에 대한 전달 기술만이 아니라 "모든 관념을 가장 자연스러운 질서로 배열하여 모든 관념의 가장 직접적인 연쇄 형태를 만들고, 너무나도 많은 관념을 포함하는 관념에 대해서는 그것을 분해하여 모든 측면에서 그것들을 고찰하고 파악하기 쉬운 형식"(달랑베르, 1970: 441)으로 만드는 "기술技術"이다. 이러한 기술은 인간에게 인식이라는 "추론推論의 학문의 본질"을 가져온다.

논리학에서 출발하여 인간에 대한 학문에 이르는 그의 체계는 한 걸음 더 나아가 역사학, 정치학, 논리학, 철학, 자연의 모방에 의해 생겨난 반성적 지식인 "예술"로 이어진다. 그런데 제2의 "인간 지식의 체계도"를 작성함에 이르러서는 제1의 "지식의 계보—관념의 기원과 계보"에서 감각적·직접적 지식을 출발점에 두었던 것이 역전된다. 즉 "우리가 제일 먼저 시도했던 연구는 개별에 대한 것이다. 개별이 갖는 특수성을 고찰한 후 비로소 우리는 정신의 추상 작용에 의해 각각 개별이 갖는 일반적 특성을 고찰하고 형이상학이나 기하학을 발견해낸 것이다. 처음에 만든 어떤 한 기호를 오랫동안 사용한 후 차차 그 방법을 개선해가면서 처음으로 하나의 학문으로까지 드높였던 것이다. 그리고 마지막으로 우리가 지니는 관념의 대상에 대해 일련의 조작을 시도해 본 후 우리는 반성을 통해 이러한 조작 자체에 대해 어떤 일정한 규칙을 발견한 것이다."(달랑베르, 1970: 454) 그리고 이번에는 거꾸로 그 규칙에 기초하여 체계화가 이루어진다. 즉 "마음의 세 가지 기능을 분류의 축으로 하는 기억(역사), 이성(철학), 상상력(예술)"(달랑베르, 1970: 457) 그리고 세 구분을 더 분화시켜서 체계를 형성하는 것이다.

여기서 "거꾸로" 뒤집는 작용은 무엇인가? "어색한" 일련의 조작, 정신에서 관념을 생성하는 것 자체가 필연적으로 가져오는 결과로서의 이러한 조작의 불연속성, 그것을 달랑베르는 정신의 영위營爲를 재현하려는 백과전서의 도표를 일그러지게 하는 것, 완전히 헛것으로 만들어 버리는 것으로 보고 내쫓고 말았다. 그러고는 최종 지점에서 거슬러 올라가면서 그동안의 전 과정을 추상적으로 정리하기 시작했다. 그것은 최종 목적을 달성하기 위한 합목적적인 작용인 것이다.

그렇다면 그 과정은 어떠한가? 그에 의하면 "먼저 정신 앞에 나타나는 대상부터 연구하기 시작하여 이들 대상에 대한 인식을 더해가면서 난관에 부딪히거나 절망하면서 때로는 그 자리에 멈추어 서기도 한다. 그러면서 정신은 그 난관을 타개할 희망에서, 또는 도저히 타개할 수 없다는 절망에서라도 새로운 방향을 찾고, 또다시 원래 통로로 되돌아가고, 때로는 처음의 장애를 뛰어넘었다가 새로운 장애에 부딪치기도 하면서 대상으로부터 대상으로 이동하고 개개의 대상들에 대해 여러 가지 다양한 간격을 두면서 말하자면 그 '어색한' 일련의 조작을 시행한다"(달랑베르, 1970: 454)라고 말한다. 이러한 조작의 불연속성에 대해 그는 스스로 "관념의 생성 자체의 필연적인 결과"로 인정하면서 체계적인 질서 앞에 쫓아버리고 만다. 이것이야말로 이성이 보려고 하지 않는 비이성적인 것, 실재實在를 추상화함으로써 생겨난 감성적인 것이다.

이성의 작용은 "앞의 것이 뒤로 물러나고 뒤의 것이 앞으로 나오는" 것이라고 한다. 실재 인식(또는 사물과의 상즉) 과정의 순서를 거꾸로 뒤집어서 최종 지점에서 합목적적 질서 아래 체계를 세우는 작용이다.

물론 이렇게 거꾸로 합목적적으로 재편성하는 작용이 서양의 이성만의 특색이라고 단정할 수는 없다. 주자의 이理에서도 최종 지점에서 거슬러 올라가 합목적적 질서 아래 편성된 방법을 찾아볼 수 있을 것이다. 다만 다음과 같이 말할 수는 있을 것이다. 만일 최종 지점이 서로 다르고, 또한 그 최종 지점에서의 규칙적 조작, 즉 추상화의 작용이 서로 다르다면 그 이성의 내용도 저절로 달라질 것이라고 말이다.

6. 칸트의 순수이성비판

칸트는 자신의 저서 『프롤레고메나』에서 "형이상학의 성립 이래 그 역사가 미치는 한에서는 데이비드 흄David Hume이 형이상학에 가한 공격만큼 이 학문의 운명에 결정적일 수 있었던 사건은 일찍이 일어난 적이 없었다. 흄은 이런 종류의 인식에 광명을 주지는 않았으나 적어도 불꽃을 튀기게는 했다"(칸트, 1972a: 200)라고 서술했다. 영국의 경험주의자 흄의 회의적懷疑的 지성은 낡은 형이상학을 파괴하는 데 그 목적이 있었다. 특히 그는 기존의 형이상학이 의존해온 인과율과 실체實體라는 개념의 독단을 비판했다. 즉 "원인과 결과에 관한 모든 추론은 습관에 기인할 뿐"(흄, 1968: 460)이라고 생각한 것이다. 이 흄이 튀긴 불꽃은 칸트로 하여금 이성 그 자체를 비판하게 만들었다.

"순수이성의 본래 과제는 어떻게 하여 선천적인 종합판단이 가능할 것인가라는 물음 속에 있다"(칸트, 1966a: 96)라는 칸트의 유명한 명제야말로 영국의 경험주의에서 계승한 요청, 즉 개념이라는 것은 경험에 그 기초를 두어야 한다는 요청과, 그럼에도 불구하고 그 경험의 개별성 속에 필연성과 보편타당성을 도입하려 한 칸트의 노력을 나타낸 것이다. 그 선천적 종합판단의 타당성 여부를 논하는 것은 지금 우리의 과제가 아니다. 칸트가 인간이 보편적으로 갖게 되는 내적·외적인 모든 규칙들의 통일 원리로서의 이성을 선천적 종합판단에 기초케 함으로써 "이성"이라는 말이 어떤 사태를 의미하게 되었는가? 이러한 문제를 우선 두 가지 측면에서 생각해보자. 첫째는 자연과학의 인식의 근거가 되는 이성이고 둘째는 행위 속에 들어 있는 이성의 활동을 관찰하는 "실천이성"이다.

첫 번째 관점에서 음미해보자. 칸트는 『순수이성비판』에서 다음과 같이 말한다. "나의 모든 인식은 감각기관에서 출발하여 거기에서 오성悟性으로 나아가 이성理性이라는 지점에서 끝맺음한다. 그런데 이성을 뛰어넘어서 직관의 소재를 가공하고 사고를 최고 통일로 이끄는 고차원적인 것은 우리들 속에는 아무것도 없다."(칸트, 1966b: 21~22) 이 인용문 안에는 인간 능력의 감성·오성·이성이라는 발전 형태가 보인다. 나중에 이러한 감성·오성·이성을 발전 형태로 확립한 사람은 헤겔Georg Wilhelm Friedrich Hegel이었으며 그는 그것을 인간 정신의 변증법적 전개로 보았다. 칸트는 발전 형식이라고 스스로 의식하지는 않았지만 감각적 방식이 추상화(규칙화)되어 "인간이 자신의 미성숙한 상태를 탈각하는"(칸트, 1950: 7) 과정을 계몽적으로 생각했던 것은 분명하다.

그런데 이러한 오성이란 "규칙의 능력"이다. 그리고 이것은 원리의 능력인 이성과는 구별된다. 어떻게 해서 그것이 가능한가? "내가 원리로부터의 인식이라고 이름 붙여도 좋은 것은 내가 특수한 것을 보편적인 것에서 개념을 가지고 인식한다는 것이다."(칸트, 1966a: 23) 오성은 감각의 규칙화이며, 경험이 그것을 부여해주지만, 사실은 그 규칙의 법칙성을 개념이 이끌고 있다. 즉 이성의 작용을 말하는 것이다. 오성이 규칙을 매개로 하여 모든 현상을 통일하는 능력이라면, 이성은 여러 오성의 규칙을 하나의 원리로 통일하는 능력이다.

달랑베르는 모순에 빠져 있었지만, 칸트는 오성과 이성을 구분함으로써 그 모순을 해결했을 뿐만 아니라 오히려 이성의 근본적인 특성, 즉 합목적적인 "원리로서의 통일"을 만들어냈다. 여기서 중요한 것은 개념이라는 것이 실재實在의 편에 있는 것이 아니라 인간의 편에 있다는 이른바 코페르니쿠스적 전회이다. 즉 "지금까지 우리의 인식은 어떤 한 대상을 따라야만 한다고 여겨져 왔다. 그러나 우리의 인식을 확장시켜주는 어떤 것을 아프리오리a priori[선천적, 선험적]하게 개념을 통해 발견하려는 모든 시도는 이러한 [인식은 대상에 따라야 한다는] 전제하에서는 실패했다. 그렇다면 과연 우리는 형이상학의 과제들을 생각함에 있어 대상이 우리들의 인식을 따라야 한다고 상정해서는 안 될지 한번 시도해보자"(칸트, 1966b: 40~41)라는 인식론적 주관주의로의 전환인 것이다. 그러고는 칸트는 개념을 인간의 인식주관 쪽에 아프리오리하게 설정했다. 앞에서 본 지식(오성)의 안정화라는 관점에서 보면 그는 [종교와 같이] 신비적으로 근거 짓거나 [달랑베르처럼] 전체적인 위치 속에 배치시키는 것이 아니라 보편성이라는 줄기(개념)와 결부시킨 것이다. 이제 여기서 이성이라는 것은 오직 인간의 능력에만 국한될 뿐 자연계의 이理가 아니다. 그것은 어디까지나 인간이 갖는 이理의 성질인 것이다. 물론 칸트의 입장에서는 이理가 인간의 이성 능력에만 국한된다고 말하지는 않겠지만 예를 들어 우주로부터의 메시지라는 것도 바로 우주로부터의 메시지에 감응했다고 여기는 인간의 마음속의 메시지일 따름인 것이다. 신의 말씀이라는 것도 신 같은 존재와 접속했다고 여기는 인간의 의식의 가장자리에서 나온 암호를 해독한 것에 지나지 않는 것이다. 그렇게 보면 역시 칸트의 순수이성은 이리를 인간에게 제시해주는 존재를 불가지不可知로 규정하고 이리를 인간에게 국한한 것이라는 말이 된다.

물론 칸트의 이성은 신앙에 자리를 양보하기 위해 형이상학의 지식을 단념하는 입장에 그치지 않고 오히려 형이상학적 기초를 실천이성과 연결해간다는 점에 그 특징이 있다. "너의 격률格率이 바로 보편적〔도덕〕법칙이어야 한다. 너의 의지意志가 그 격률을 따르게 될 경우에만 그것에 따라 행동하라"(칸트, 1972b: 265)라고 하는 정언명령이 바로 그것이다. 칸트는 신의 계율을 도덕률이라는 선천적·보편적 법칙성으로 바꾸어놓았다. 우리는 어떤 행위의 순간에 "네 뜻대로 하라"는 도덕적인 양심의 소리를 듣는다는 것이다.

오늘날 우리는 계몽주의의 raison〔레종〕, 영국 경험주의의 reason, 그리고 칸트의 Vernunft〔페어눈프트〕를 주자의 이리에 조응시켜 "이성理性"이라고 번역한다. "이성"이라는 말은 주자의 이리의 대체적인 틀을 이어받으면서 서양의 ratio를 받아들인 것이다. 그래서 이성에는 양자의 문화적 차이성이 병존해 있다. 그러나 이성에 전혀 다른 것이 모순·대립적으로 병존하고 있는 것은 아니다. 원래 이성이라는 작용은 각각의 대립하는 것 가운데에서 보편적인 것을 이끌어내어 스스로를 보편화하는 "작용"이기 때문이다. 그러한 의미에서 양자 간에 대응시킬 수 없는 어떤 단절이 있는 것은 아니다. 실제로 일본인들이 서양 문화를 받아들임으로써 계몽주의적 사고가 문명개화라는 이름으로 확대되어나갔다. 그럼에도 불구하고 이질감을 느낀다고 한다면 이유가 무엇일까? 물론 그것은 〔우리가〕 제대로 근대화하지 않았기 때문이라고 말하면 그만이지만, 그러면 이러한 고찰은 처음으로 되돌아간다. 여기에서는 양자의 역사와 문화를 동등하게 보고 양자의 특징을 유형화해보자. 첫째는 형이상학과 형이하학의 분리에 따른 자연의 이법과 인간의 이법과의 관계의 차이이다. 칸트의 이성은 인간의 카테고리를 통해 자연현상과 조응한다. 그러한 의미에서는 칸트의 이성은 인간의 능력과 작용 속에 갇혀 있다고 말할 수 있다. 혹은 계몽주의적 이성은 종교적, 신비적인 것을 거부하는 데 그 특징이 있다. 주자의 경우 이리는 물자체物自體이다. 이일분수理一分殊가 이리의 대전제이다. 이일理一, 즉 도리가 사물 자체이고, 분수分殊가 현상인 것이다. 물론 그 반대로도 말할 수 있다. 동양에서는 주자 이후 이성의 능력이 음미되지 않았다. 즉 격물치지에는 인식론이 결여되어 있다는 말이다. 둘째는 동양의 이리의 전개에는 기술과의 연관성이 부족하기 때문에 수학적·연역적인 능력이 결여되어 있다는 점이다. 그것이 논리력 부족으로 나타난다. 셋째는 칸트의 순수이성과 실천이성과의 관계, 그리고 주자의 소이연과 소당연의 관계이다. 분명히 칸트는 형이상학적 지식을 단념하고 그것이 실천이성에서 나타난다고 생각했다. 그래서 실천이성의 우위를 표방했다. 그러나 그것은 행위에 순수이성이라는 테를 두르게 하는 것이었다. 그에 비해 주자의 이리는 도덕적 이법을 자연의 이리에 적용하는 것이다. 그러나 주자의 주지주의에 대해서는 왕양명의 비판이 존재한다. 왕양명의 지행합일知行合一은 지식의 입장과 행위의 입장을 연결시킬 때 실천과 관계없는 지식을 딱 잘라버린 것이다. 그것은 왕양명 한사람에게만 국한되지 않는다. 칸트는 "실천이성"의 우위를 주장했지만, 아시아의 많은 사상가들은 오히려 "실천" 그 자체의 우위를 주장했다. 그래서 그러한 행위를 낳는 원동력은 칸트가〔『실천이성비판』에서〕근본악을 처리할 수 없었던 데서도 알 수 있듯이 칸트의 도덕률에 있는 것이 아니라 주자의 기氣 쪽, 푸코가 도출해낸 광기 쪽에 있는 것이다.

7. 문화의 다양성과 역사적 이성비판

본 장의 중심 테마는 서양적인 ratio의 원리와 동양적인 이理의 원리가 모두 인간의 보편성을 찾는 것이었음에도 불구하고 역사적·사회적인 문화 형성 과정의 차이 때문에 서로 달라졌다는 것을 살펴보는 것이었다. 지금까지 살펴온 것도 그것에 관한 내용이었다. 그런데 서양에서의 이성주의의 절대적 지배는 오늘날 스스로 무너지는 현상을 보이고 있다. 그것은 서두에서 인용한 푸코의 "광기"와 관련된 문장에서도 알 수 있다. 그렇다고 하여 동양의 "광기"의 회복을 주장하기 위해 존왕양이, 위정척사, 이슬람 원리주의를 주장한다면 이것은 역사를 거꾸로 되돌리는 하나의 조작에 지나지 않을 것이다. 물론 그렇게 함으로써 역사의 한 페이지를 되돌릴 수 있을지는 모른다. 그러나 그러한 시도는 생략하기로 하고 여기서는 마지막으로 서양의 ratio가 어떤 점에서 오늘날 문제가 되고 있는지를 서양 내부의 논점에서 살펴보기로 한다. 첫째는 폴 파이어아벤트Paul Feyerabend의 논점이고, 둘째는 쿠르트 휘프너K. Hübner의 논점이다.

파이어아벤트는 "서양의 확장에 대한 지적 체제를 갖추기 위해 사용되어온 두 가지 관념, 즉 '이성'의 관념과 '객관성'의 관념을 나는 비판한다"(파이어아벤트, 1992: 5)라고 『이성이여 안녕Farewell to Reason』(1987)이라는 도전적인 타이틀로 서양의 합리주의에 대해 신랄하게 비판한다. 왜냐하면 객관성이라는 관념은 서양의 과학과는 아무 상관이 없으며, 과학에 의존하고 있지도 않기 때문이다. 인간은 기본적으로 자기의 생활양식을 객관적으로 주장한다. 특히 다른 이문화異文化와 만날 때 대립되는 문화에 대해서는 더욱 그렇다. 그는 자기 문화에 대한 객관적 견해를 대부분 다음 세 가지 형태로 주장한다. (1) 고집, (2) 기회주의, (3) 상대주의가 그것이다. 그런데 그리스인들은 이러한 문화의 다양성을 논할 때 확실한 논증에 근거를 두었다. "이와 같이 전통으로부터 독립한 진리라는 고대의 관념(이를테면 객관성의 실질적 관념이라고 해두자)은 문화적 다양성의 문제에 부딪혔을 때 전통으로부터 독립한 진리 발견법이라는 새로운 관념(객관성의 형식 개념)으로 바뀌었다."(파이어아벤트, 1992: 9) 그리고 과학이 진보하면서 착실히 증대하는 정보의 축적을 만들어냄에 따라 형식적인 객관성의 개념은 지식을 산출하기 위해서가 아니라 기존의 정보 그 자체를 정당화하기 위해, 즉 그 객관적 타당성을 증명하기 위해서 사용되었다고 그는 말한다.

  나아가 이슬람교의 정복을 추진하고 십자군을 피비린내 나는 전쟁으로 내몰고 신대륙의 발견을 이끌고 단두대의 칼을 막힘없이 움직이게 하며 올바른 생활 방식의 신념을 이끄는 합리성의 관념인 이성은 단일의 세계관만을 지지하고 단일의 세계관에 권위를 부여하는 단일의 중심, 즉 왕이나 질투한 신이 중대한 문제를 발생시켰던 시대의 잔재에 지나지 않는다고 그는 생각한다. 그에 의하면 "합리주의에는 인정할 만한 어떤 내용도 없으며, 이성의 이름을 우연히 사물화私物化하는 집단의 원리 이상의 무언가 그렇다 할 만한 과제를 이성이 갖고 있는 것도 아니다. 오늘날 합리주의가 하고 있는 것은 단일성에 대한 일반적인 압력에 힘을 실어주는 것에 지나지 않는다. 지금은 '이성'을 이러한 압력으로부터 해방시켜줄 때이다. 또한 이러한 결탁 때문에 '이성'이 완전히 신뢰를 잃어버린 이상, 이성과 결별을 선언해야 할 때이다"(파이어아벤트, 1992: 15)라고 주장하고 있다.

그는 이성을 붕괴시키기 위해 상대주의를 논하며, 최초의 서양 지식인인 크세노파네스Xenophanes의 합리성 철학의 불성실성을 밝혀내고 추상 개념을 사용한 이론의 무효성을 음미한다. 그러고는 이성Reason[8])에게 이별을 고한다. 그것은 가난한 사람들, 병든 사람들, 무지한 사람들에게 이성의 본거지인 대학이 단지 노예 감시인에 지나지 않았다는 사실에 직면한 그가 서양 지식인의 한 사람으로서 하는 분노의 자기비판이기도 하다. 그의 이러한 갈릴레오식 합리주의적 아나키즘과 공약불가능성을 우리가 논리적으로 반증한다 해도 그것은 자가당착적인 논의로 의미가 없다. 아무튼 통일성에 맞서 싸우고 자신에게 적합하다고 생각하는 방식으로 생활하고 사고하고 행위하는 권리를 지키려는 희망을 갖는 이유reason에 몸을 맡기는 다원주의는 그와 동시에 "그 무엇이든 상관없다anything goes"라고 하는 아나키즘의 가능성을 내포하면서 오늘날 지극히 타당한 권리를 갖고 있는 것이다.

이번에는 휘프너의 생각을 살펴보자. 휘프너도 근대과학에 비판적인 견해를 보였지만 그것은 파이어아벤트처럼 파괴적이지는 않다. 오히려 그는 과학이란 무엇인가 하고 그 의미를 비판적으로 검토한다. 특히 근세 이후의 경험적 이론의 형식을 지닌 과학에 대해서 비판적으로 탐구하려고 한다.

휘프너는 먼저 자연과학이나 기술 사회가 자명하다고 보는 물리법

---

8) 그는 대문자 Reason(이성)과 소문자 reason(이유)을 구분한다.

칙, 물리학이론의 의심스러움을 지적한다. "물리법칙이 존재한다는 주장이 암시하고 있는 것은 물리법칙이 자연의 보편적 구조를 나타내고 자연도 실제로 그 법칙에 따라 구성되어 있으며, 따라서 이러한 법칙은 항상 미래에도 마땅히 성립되어야 한다는 것이다."(휘프너, 1992: 6 이하 참조) 그러나 물리법칙이 실재한다는 주장은 그러한 법칙을 알아낸 과거의 경험과 미래에 대한 기대감을 나타낸 것일 뿐이다. 과거의 경험에서 미래를 추론하는 방식이 과거에 성공했다고 해도 과거의 경험이 바로 추론의 근거가 될 수는 없다. 과거의 경험에 의지하지 않고 법칙성을 근거 짓는 방법은 논리학, 즉 인간의 오성형식에 근거를 두려는 것이다. 그러나 자연의 지속적인 보편타당성을 논리의 형식에 맞추었다고 해도 그것은 인간이 자의적으로 적용시킨 것일 뿐이며, 그 타당성도 흄이 말했듯이 습관적인 것일 뿐이다. 휘프너는 흄의 통찰이 밝힌 것은 자연법칙의 존재도 그 내실도 결코 경험적으로 주어진 사실이 아니라는 것과, 우리는 법칙이라는 것을 자연 속에서 발견하는 것이 아니라 어떤 의미에서는 분명히 자연 속으로 법칙을 투입한다는 것, 다시 말해 우리는 자연 속에 법칙을 투영하고 있다는 것이라고 주장한다.

휘프너가 흄, 칸트, 라이헨바흐Hans Reichenbach의 고찰을 통해 이끌어내려 한 것은 자연법칙의 무근거성이 아니라, 자연법칙의 이론을 만들어내는 역사적 상황에 의존하는 논의이다. 우리들은 보통 자연과학이 발견한 지식이나 사실이 역사를 이끌어왔다고 생각한다. 그는 이러한 생각을 거꾸로 뒤집어 "역사적인 상황이 과학적인 사실과 원칙을 결정하는 것이지 그 반대가 결코 아니다"(휘프너, 1992: 161)라고 주장한다. 한 시대는 어떤 특징적인 역사적 시스템의 집합체를 가지고 있고, 그 시대의 특징적인 시스템 집합은 그 시대의 모든 존재를 실천적으로 통제한 것이다. 따라서 "과학의 운동은 본질적으로 시스템 집합의 자기 운동이다."(휘프너, 1992: 169) 그래서 이러한 문제는 필연적으로 "역사란 무엇인가"에 대한 고찰로 우리를 이끌어준다.

제6장
"근대"의 개념

1. "근대"란 무엇인가?

"세계사는 동쪽에서 서쪽으로 진행된다. 왜냐하면 유럽은 바로 세계사의 종결이며, 아시아는 그 단초이기 때문이다."(헤겔, 1954: 155) 헤겔은 『역사철학』을 저술할 때 이처럼 아시아로부터 시작한다. 태양이 동쪽에서 떠올라 서쪽으로 지듯이 역사의 시작은 고대 문명이 발생한 아시아의 네 지역에서부터 출발하며, 유럽의 세계 지배나 근대의 완성이 그 역사의 종결이다. 이어서 헤겔은 다음과 같이 말한다. "세계사는 자제할 수 없는 자연적인 의지를 보편적인 것과 주관적인 자유로 키워가는 것이다. 동양은 단 한 사람만이 자유롭다는 것을 알고 있었을 뿐이며 아직도 여전히 그러하다. 이에 비해 그리스와 로마 세계에서는 약간의 사람들이 자유롭다는 것을 알고 있었다. 게르만 세계에서는 인간 모두가 자유로운 존재라는 것을 알고 있었다."(헤겔, 1954: 156) 헤겔에게 있어서 역사란 정신에 있어서 자유의 개념이 전개되어 그 필연적인 발전을 형성해가는 것이다. 헤겔이 말하는 정신의 전개는 먼저 의식에서 시작된다.(헤겔, 1971; 金子武藏, 1973; 樫山欽四郎, 1961; 이폴리트, 1972, 1973 참조) 의식의 전개란 감각으로부터 지각을 거쳐 오성에 이르게 되는데, 이것은 동방 시대東方時代의 종교 형태에 적용되기도 한다. 첫째로 페르시아의 "빛으로서의 종교", 즉 아후라마즈다Ahura Mazd가 감각이며, 둘째로 "동·식물로서의 종교"라고 불리는 인도의 종교, 나아가 토테미즘이 지각 작용으로서 다음 단계에 위치한다. 그는 이집트의 피라미드나 오벨리스크를 상기하면서 셋째로 공작자로서의 종교라는 이름 아래 오성의 작용을 생각했다. 이러한 작용은 의식 중에서도 대상에 대한 의식이며, 그 대상 의식의 즉자적인 존재 방식은 대자화되어 자기의식이 된다. 자기의식은 그다음 단계로 예술 종교로서의 그리스와 법적 상태의 로마로 전개되어간다. 로마는 종교적 차원에서는 기독교를 만들어냈다. 즉 계시종교가 출현하게 된 것이다. 자기의 절대적인 실재實在는 양심적인 자기를 계기로 종교로부터 도덕에로 전개되면서 나타난 것이다. 즉 인류의 법적인 상태, 교양, 도덕성이라는 중세에서 근대로의 전개이다. 영국의 산업혁명, 프랑스의 정치혁명, 그리고 독일의 관념론의 정신 혁명에 의해 현대(근대)가 시작되었다. 그것이 바로 절대적 지식의 시대였다. 헤겔이 말하는 역사철학의 중심 과제는 프랑스 혁명이 소리 높여 주장했던 시민사회의 자유의 권리와, 그에 따른 공포정치의 혼란을 게르만의 민족정신에 의해, 즉 현실에 나타나는 프러시아 국가의 형성에 의해 지양止揚하려는 것이었다. 그는 역사 발전 형태의 원리를 인간의 정신이 자유를 자각할 수 있다고 하는 "이성의 필연적인 발전", "보편적인 정신의 전개"(헤겔, 1967b: 595)라고 생각했다. 이것은 인간의 주관적 인식과 자연의 객관적 법칙이 어떻게 하나로 취급될 수 있는가, 다시 말해 인간의 인식이 제대로 자연의 보편성을 파악할 수 있는가라는 문제로 칸트 이래의 인식론의 과제이기도 했다. 그는 이것을 칸트가 생각한 자연법칙의 객관성뿐만 아니라 사회의 시스템이나 역사의 움직임에까지 범위를 넓혀 고찰하고 주관·객관·절대라는 변증법적 전개를 통해 그 문제를 일단 해결했다. 중요한 것은 그가 일찍이 종교가 갖고 있던 종말론, 세계 심판, 역사의 조화와 같은 세계와 인간의, 또는 역사와 자기와의 통합 작용을 "이성"에 부여한 점이다.

헤겔의 이러한 "정신의 자유"에 대한 비판을 중심으로 자신의 입장을 발전시킨 사람이 바로 맑스이다. 그럼에도 불구하고 맑스는 역사가 변증법적으로 전개된다는 헤겔의 입장을 계승한 사람이기도 하다. 그는 헤겔의 역사철학의 구조를 계승함으로써 도리어 "근대"라는 오늘날의 시대적 특색을 보다 더 분명하게 밝혀낸다. 맑스는 역사란 헤겔이 말하는 자유의 자기 전개라는 정신 작용에 의해서가 아니라 사회적인 존재, 생산력과 그것에 대응하는 생산관계로 규정된다고 생각했던 것이다. "사회적인 모든 관계는 생산력과 밀접히 관련된다. 새로운 생산력을 획득함으로써 인간은 그들의 모든 사회관계를 바꾸어놓는다. 그리고 또한 생산양식을, 그들의 생활 계획을 바꿈으로써 그들은 그들의 일체의 사회관계를 바꾸었다."(맑스, 1954: 151; 1950: 117 참조) 손으로 찧는 절구는 봉건영주가 지배하는 사회를 낳게 했으며 증기기관차는 산업자본가가 지배하는 사회를 낳게 했다. 이처럼 모든 인간 사회의 구조는 생산력과 생산관계를 기반으로 성립된다는 것이다.

그렇다면 인간의 역사는 생산력과 생산관계에 따라, 그 생산을 낳는 수단의 소유 형태에 따라서 형성된다는 말이다. 즉 원시공동체는 모든 생산자가 그 생산에 필요한 수단을 소유하고 있는 본원적인 소유 형태이며, 마침내 생산자와 생산수단이 분리되어 이차적인 소유 형태로 이행된다. 그 구체적인 역사의 전개 과정을 보면 우선 생산양식의 변혁에 의해 아시아의 공동체로부터 총체적인 노예제가 만들어졌고, 그리스·로마의 공동체로부터 게르만의 농노제가 만들어졌다. 나아가 이러한 이차적 소유 형태는 농노제로부터 자본주의제로 이행함에 따라 극한에 달하게 되며, 마침내 공산주의 사회에서 생산자와 생산수단의 분열이라는 모순이 사라지게 된다. 헤겔이 말하는 역사에서의 자유의 자기 전개에 대응시켜 본다면, 아시아 공동체에서는 단 한 사람만이 자유로움을 알았던 게 아니라 전제군주가 그것의 유일한 소유자였던 것이다. 다음으로 그리스·로마의 공동체에서는 약간의 사람들이 자유로움을 알았던 게 아니라 사적인 토지 소유와 자유가 서로 보완하는 관계에 있었던 것이다. 그리고 게르만의 공동체에서는 개인적인 토지 소유가 토지 소유의 기초를 이루고, 자유는 그 소유관계가 만들어낸 결과인 것이다.(飯沼二郎, 1970: 123 이하 참조)

맑스가 "부르주아사회의 본래의 임무는 세계시장을 만들어내는 것이며 그것에 기초하여 생산을 이루어내는 것이다. 세계는 둥글기 때문에 이것은 캘리포니아와 오스트리아의 식민지화라든지 중국과 일본의 개국開國 등으로 종결되는 것처럼 보인다"(맑스, 1961: 282; 芝原拓自, 1981: 33)[1]라고 말했듯이 근대화는 세계시장의 형성이며 화폐의 통화 기능과

---

1) 또 근대화에 관해서는 인용 문헌 외에 다음의 것을 참조했다. 中込道夫 外(1986); 藪野佑三(1984); 今中寬司 編(1982); 벨라(1966); 伊藤整 外 編(1959~1963); 橋川文三 外(1971); 久山康(1966; 1961); 久山康 編(1956a; 1956b).

경제활동을 연동시켜 세계를 산업사회화하는 것이다. 이러한 산업사회의 제창자인 생시몽Comte de Saint-Simon은 "세계의 모든 민족은 동일한 목표를 향한다. 그들이 지향하는 목표란 지배적, 봉건적, 군사적 제도로부터 관리적, 산업적, 평화적 제도에로 이행하는 것"(생시몽, 1975: 357)이라고 주장한다. 그리고 그는 이것을 추진하는 이들을 가리켜 산업주의자 계급이라고 부른다. 이때 산업주의는 자유주의라는 관념이 아니라 이익이라는 경제활동을 기반으로 삼아 사업〔業〕을 기획〔企〕(기업企業)하는 프로젝트를 의미한다.

근대라는 시대를 설정할 경우 헤겔이나 맑스 또는 생시몽이 지적했듯이 영국의 산업혁명이 낳은 특징으로는 경제적·사회적 사회구조의 변화와 프랑스혁명이 이끌어낸 정치적 변혁, 그리고 그러한 것들이 초래한 자유와 평등이라는 정신을 들 수 있다. 또한 이러한 시대가 낳은 다양한 특색을 "근대정신"이라고도 부른다. 근대정신의 소산을 사람들은 다음과 같이 부른다. 시장경제, 산업사회, 과학 기술의 발달, 사유재산제, 자유, 평등, 민주주의, 대중사회, 합리주의……. 전근대와 근대의 차이를 어디에서 찾느냐에 따라서 여러 가지 다양한 개념들이 설정된다. 그러나 근대화가 역사의 필연성으로 간주됨에 따라 거꾸로 이러한 근대정신의 달성도를 척도로 삼아 각국의 근대화 정도가 판단되기에 이르렀다. 예를 들어 근대화의 지표로 다음과 같은 예가 있다.(홀, 1971; 源了圓, 1980: 12~13에서 재인용; 富永健一, 1990 참조)

(1) 도시로의 비교적 고도한 인구 집중과 사회 전체의 도시 중심적인 경향의 증대
(2) 무생물 에너지의 비교적 고도한 사용, 상품의 광범위한 유통

및 서비스 기관의 발달.

(3) 사회 구성원들의 광범위한 횡단적 접촉, 경제와 정치 문제에 대한 참여의 확대.

(4) 환경에 대한 개인의 비종교적 태도의 확대와 과학적 지향의 증대, 그에 동반되어 진행되는 식자識字율의 상승.

(5) 외연적, 내포적으로 발달한 매스컴의 네트워크.

(6) 정부, 유통 기관, 생산관계와 같이 대규모적인 사회 시설의 존재와 이러한 시설들이 점차 관료적으로 조직화되어가는 경향.

(7) 거대한 인구 집단이 점차적으로 단일 통제 국가 체제로 통합되어 이러한 단위 간 상호 작용(국제 관계)이 차례로 증대.

(8) 공동체적인 또는 세습적인 사회집단의 붕괴와, 그 결과 개인에게 가능한 사회적 이동 범위의 확대와 사회에서 개인 활동 범위가 광범위하게 다양화.

이러한 지표가 나타내는 것은 근대라는 시대에는 이러한 것들이 실현되고 있다는 사실 이상으로 그렇게 되지 않으면 근대화된 사회라고 말할 수 없다는 일원화된 이론이다. 그것도 사회관계에서는 경제 체계로, 가치 체계에서는 경제 가치로 일원화하려고 한다. 모던이라는 단일한 잣대를 가져와서 모든 것을 분석한다면 헤아릴 수 없는 잉여가 나오기도 한다. 그래서 이러한 것을 프리모던pre-modern으로 잘라버리거나 혹은 포스트모던post-modern으로 높이 평가하거나 한다. 여기서는 근대화라는 하나의 기준이 전제가 된다.

2. 근대정신의 좌절

그런데 이러한 근대화의 지표를 보면서 우리는 왠지 낙관적일 수 없는 기분을 느끼고 있다. 이러한 기분은 최근 몇 년간 일어난 사건들이나 19세기 말과 비슷한 세기말적인 분위기 때문만이 아닐 것이다. 아마 그것은 한 시대가 변해갈 때의 기분, 이전 시대의 가치 체계가 소리 없이 무너져가면서 자신이 설 자리가 없어지고 있다는 그런 불안감 같은 것인지도 모른다. 그렇다고 해서 근대라는 시대가 완전히 성숙해버려 노화 현상을 일으켰다는 말은 아니다. 그것은 이미 근대가 시작되었을 당시부터 유럽 내부에서 근대의 인간 중심적 시민사회에 대해 비판적으로 자각하게 된 내용이기도 하다. 키르케고르Søren Aabye Kierkegaard, 니체Friedrich Wilhelm Nietzsche 혹은 도스토예프스키Fyodor Mikhailovich Dostoevskii와 같은 사람들이 그러하다. 이들은 일반적으로 실존주의자라고 불리는데, 그것은 개인이 가족이나 시민사회, 국가로 지양止揚되는 것을 거부하고 개별적인 자기 존재 그 자체의 주체적인 실존實存을 주장했기 때문이다.

키르케고르는 인생을 세 단계로 구분하여 미적 실존, 윤리적 실존, 종교적 실존으로 나누었다.(키르케고르, 1963; 武藤一雄, 1967; 高坂正顯, 1967 참조) 미적 실존이란 관능적·향락적인 삶의 태도이다. 그러나 이러한 삶의 태도에 실증을 느껴 그것을 거부할 때 사람은 윤리적인 인격적·보편적 삶의 태도를 찾게 된다. 그런데 인간존재는 헤겔의 이른바 인륜적인 입장과 같은 윤리적·이성적 태도에 완전히 포섭되지 않는, 거기서 벗어나는 개인적 부분을 깊숙이 품고 있다. 죄악을 범하고 죄를 의식하면서 죽음에 대한 두려움으로 떨게 될 때 인간은 우수와 불안과 절망에 시달리게 된다. 윤리적인 선악의 차원을 초월한 절대적인 단독자가 홀로 서 있을 뿐이다. 이러한 단독자는 근대의 시민사회적 교회에서 자신의 영혼을 치유할 수 없다. 뿐만 아니라 이러한 단독자는 죄악의 심연에서 신과 절대적으로 대립한다. 키르케고르는 이러한 신과의 절대적 대립에도 불구하고 그 구제의 방법을 기독교의 죄의 속죄라는 신앙에서 찾고자 했다. 그러나 기독교에 대한 신앙도 논리적으로는 이해할 수 없는 역설을 내포하고 있다. 역사적인 존재자로서 2000년 전에 살다가 죽은 예수가 "나" 한 사람을 위해 재생하였다는 것은 이성적으로 납득할 수 없는 일이다. 역사적인 상대적 존재가 시간과 공간의 한정을 초월하여 지금 현재, 여기에 존재하는 예수로 부활한 것이다. 종교적인 차원은 이처럼 시간적 초월의 문제로서 역사적인 세계와는 다른 것이다.

니체의 "내가 말하는 것은 앞으로 두 세기의 역사이다. 나는 앞으로 와야 할 것을, 이제 다른 모습으로는 올 수 없는 것을, 즉 니힐리즘의 도래에 대해서 쓴다"(니체, 1962: 188~189; 西谷啓治, 1967; 피히트, 1991 참조)라고 하는 말에서 새로운 철학이 탄생하여 포스트모던의 시대가 시작된다. 그러나 그것은 유럽에 대한 긍정적인 신사상이 아니었다. 그것은 유럽 문화 전체가 이미 상당히 오래전부터 긴장감 속에서 떨다가 결국 파국으로 치닫게 된다는 종말에 대한 서곡이었다.

그는 또 다음과 같이 말한다. "'신은 어디로 갔느냐?'라고 그는 외친다. '내가 너희들에게 말해주마! 우리가 신을 죽였다—너와 내가 말이다! 우리는 모두 신을 죽인 살인자인 것이다! ……이 지구를 태양으로부터 분리시키는 그 어떤 일을 우리는 했는가? 지구는 지금 어디로 향하고 있는가? 우리는 어디로 가고 있는가? ……신은 죽었다! 신은 죽은 상태이다. 그것도 우리가 신을 죽인 것이다! ……이러한 일의 위대함은 우리에게 과분한 것이 아닌가? 그것을 할 만한 자격이 있다면 우리 자신이 신이 되지 않으면 안 되는 것이 아닌가? 이보다 더 위대한 위업은 일찍이 없었다—그리고 우리의 다음 세대는 우리가 이루어놓은 이러한 위업 덕분에 지금까지의 역사보다도 한층 더 차원이 높은 역사로 발돋움하게 될 것이다!"(니체, 1961: 13)

"신의 죽음"으로 인해 수많은 최고의 가치들이 붕괴되고 니힐리즘이 도래한다. 유럽에서는 기독교의 성립 이래 기독교의 윤리가 인간의 약한 우연적인 생을 뒷받침해주고 있었다. 기독교는 인간에게 절대적인 가치를 부여하여 세계의 완전성을 인정하면서 절대적 가치의 지식을 인간에게 적용했다. 그리하여 인간이 인간으로서 자기 자신을 경멸하고 생에 대해 반역하는 태도를 취한다거나 인식에 대해 절망하는 것을 막아낼 수 있었다. 그러나 그 목적성과 통일성을 초월적으로 배후에서 뒷받침해주던 형이상학도 무너지고 말았다.

도스토예프스키도 근대를 증오하는 주장을 한 바 있다. 『지하 생활자의 수기』의 주인공은 2×2=4라는 식으로 합리적으로 해석된 세계, 자신이 피아노 건반처럼 자연법칙적·기계적으로 움직이는 세계를 저주하며 거부한다. 그 잘난 척하는 세계의 역사에 침을 뱉으며 이렇게 중얼거린다. "세계가 파멸하는 것과 내가 차를 못 마시는 것 중 어느 것이 더 중요하냐고? 그 답은—세계는 파멸할지라도 나는 늘 차를 마실 수 있어야만 된다."(도스토예프스키, 1970: 106) 이 주인공의 태도를 죄악이라고 욕하기는 쉬운 일이다. 인류 발전에 기여하지 않는 태만을 비난하는 것은 간단하다. 그러나 죄악이다, 태만이다, 타락했다, 나약하다 등등…… 비록 온갖 욕설을 퍼부어봐도 왜 이성에 대해 반이성이 모습을 드러내고 역사의 법칙이 거역하려는 충동을 일으키는지에 대해서 이성의 입장에서는 그 까닭을 도무지 알 수 없는 것이다. 이성은 자유를 필연성 속에 짜놓으려고 했지만, 자유의지는 설령 파멸적이라는 낙인이 찍히더라도 세계의 필연성으로부터 빠져나가려고 한다. 이러한 개별적 실존의 세계는 비록 합리성에 의해 판별된 뒤에 남는 잔여물일지도 모르나 그것은 합리성을 거부하는 "자기"인 것이다.

키르케고르나 니체가 사람들한테 인정받지 못한 채 고독하게 죽어갔듯이, 유럽은 산업혁명에서부터 1914년 사이에 스스로 쌓아온 마천루에 균열이 생겼다는 것을 깨닫지 못한 채 진보라고 하는 법칙에 자신을 맡기게 되었다.[2] 그러나 제1차 세계대전이 한참 진행 중일 때 쓰인 한 권의 책, 슈펭글러O. Spengler의 『서양의 몰락Der Untergang des Abendlandes』은 서양의 문명도 역시 쇠퇴의 운명을 걷게 될 것이라고 예언하였다.

3. "근대"라는 역사관에 대한 비판

헤겔의 역사철학을 특징짓는 것은 (1) 발전적 역사관 (2) 민족국가가 역사의 정신을 담당한다는 것 (3) 역사와 인간 정신의 일체화이다.

---

2) 〔옮긴이〕 이것은 산업혁명 이래 서구의 낙관적 진보주의가 오랫동안 도구적 이성만을 신앙함으로써 그 내부에서 불가피하게 길러온 자기부정의 모순이 마침내 표출되기 시작하면서 낸 파열음이었다. 그러므로 이러한 근대적 이성의 부식 현상은 "아포리아aporia"라는 단어로밖에 설명할 수 없으며, 이성 제국주의를 지향해온 서구의 근대가 겪어야 할 "시련"이라고 말할 수밖에 없다. 이 책의 지은이가 근대를 "좌절〔躓き〕", 즉 "아포리아(논리적 난관)"나 정신적 "시련"으로 표현하려는 이유도 거기에 있다.

그리고 맑스의 입장이 둘째와 셋째의 입장을 비판하면서도 첫째의 입장을 계승했던 것처럼 헤겔 철학의 뒤를 이은 사람들도 이들 각각의 문제점들을 비판하고 계승하면서 자신들의 역사관을 정립하려고 했다.

첫째 입장인 발전적 역사관을 비판한 사람은 랑케Leopold von Ranke이다. 사람들은 보통 인간의 생활이 시대가 흐름에 따라 향상되고 진보하여 어떤 시대든 간에 그 이전 시대를 능가할 것이며, 따라서 마지막 시대가 가장 발전된 상태가 되어 선행하는 시대는 단지 후속하는 시대의 운반자에 지나지 않는다고 생각한다. 그러나 랑케는 "그것은 신의 불공평"이라고 말한다. 한 시대가 다음 시대로 이어지는 매개체로서 설정된 시대는 그 자체로서는 의미를 가질 수 없다. 그것은 단지 후속하는 시대의 단계라는 제한에서만 약간의 의미가 있을 뿐이다. "그러나 나는 주장한다. 각 시대는 신과 직접적으로 연관되어 있으며, 그 가치는 거기에서 파생하는 것이 무엇인가에 달려 있다기보다는 존재 그 자체 속에 있다."(랑케, 1941, 37 이하 참조)

우리가 역사에 대해 생각해보면 역사란 암묵적인 전제로서 "현재"라는 시점으로 흘러들어온다. 역사의 목적이 "지금 현재"인 한, 이전 시대는 그 수단이다. 헤겔처럼 논리와 역사 전개가 하나가 되면 최종 목적을 논리적으로 설정하는 것과 지금의 역사가 흘러 도달하는 것이 동일화된다.

게다가 서양의 역사의식의 출발점은 예수 그리스도의 탄생에 있다. 기원紀元이라는 역사의 시작을 설정해놓은 이상 종말이라는 역사의 끝도 설정해야만 한다. 종말이라는 세계의 마지막 귀착점을 향해서 역사는 일직선으로 발전해간다. 헤겔의 역사철학은 그리스철학의 논리학적 전통과 기독교의 역사의식을 통합한 것이다. 가장 마지막으로 오는 최후의 것이 최선의 것이 되며 도상에 있는 것은 그것을 위한 준비일 수밖에 없다. 랑케는 그 불합리성을 지적했던 것이다.

랑케는 헤겔의 이념만이 독립적인 생명을 가지게 되고, 모든 인간을 그 이념으로 채워진 그림자로 만들어버리는 역사철학에 반발했다. 그는 다음과 같이 말한다. 개인은 죽어가는 존재, 다시 말해 유한한 존재이다. 이에 반하여 인류는 무한한 존재이다. 나는 물질적인 측면에서는 진보를 승인한다. 왜냐하면 이 경우에는 하나의 것이 다른 것에서부터 생겨나기 때문이다. 그러나 도덕에 관해서는 그렇지 않다. 그래서 랑케는 절충적인 역사관을 제출한다. 그에 의하면 역사는 개인을 사상捨象하는 추상적이고 보편적인 원리이다. 헤겔에게 있어서 결정적으로 결여되어 있는 관점은 개인이 죽는다는 것이다. 즉 랑케는 헤겔이 인간을 유한한 존재로 규정했음에도 불구하고 역사를 기술할 때에는 인간을 역사적인 존재로 규정하고 인간의 유한성을 무시해버리는 자기모순을 범하고 있다고 지적한다. 헤겔적인 역사관에는 유한성의 역사는 존재하지 않는 것이다. 죽은 것, 멸망해버린 것, 사라져버린 것은 역사의 무대에서는 부정적인 존재로밖에 등장하지 않는다. 이성은 부조리를 용인하지 않는다. 따라서 역사에 부조리는 존재하지 않는다. 그러나 인간의 개별적인 존재 방식은 부조리로 가득 차 있다.

헤겔의 두 번째 입장, "민족국가가 역사의 정신을 담당한다"는 점을 비판한 사람은 토인비A. Toynbee이다. 토인비는 역사를 연구할 때 "이해 가능한 역사 연구의 단위"를 민족국가로 하지 않고 문명을 그 단위로 정함으로써 유럽 중심의 역사관으로부터 벗어났다. 그는 자신이 속한 공간적으로 한정된 사회를 서구 기독교 사회라고 이름 붙일 수 있다면, 그와 나란히 다른 네 사회의 이미지와 명칭이 함께 떠오른다고 말한다.(토인비, 1967: 82 이하 참조)[3] (1) 동남 유럽과 러시아 정교 기독교 사회, (2) 북아프리카와 중동 지역을 가로질러, 대서양부터 중국 만리장성의 외부에까지 퍼져 있는 건조 지대를 중심으로 하는 이슬람 사회, (3) 열대 아시아 대륙 인도의 힌두교 사회, (4) 건조 지대와 태평양의 중간에 있는 아열대 및 온대 지대인 극동 사회 등이 그것이다. 그리고 그는 여기에 더하여 지금은 절멸해버린 사회를 일일이 들고 있다. 그는 이러한 인식 가운데서 민족을 기반으로 한 국민국가는 "민주주의와 산업주의라는 새로운 추진력이 지방 국가라고 하는 낡은 기계 속으로 들어왔기 때문에 정치적 내셔널리즘과 경제적 내셔널리즘 같은 두 가지 이상 현상이 생겨났다"(토인비, 1967: 243)라고 생각했다. 그는 서구 문명권에 살고 있는 사람들이 빠지게 되는 "자기중심적 미망"으로부터 벗어나기 위해 각각의 문명이 서로 영향을 주고받으면서도 그 관계는 서로 대등하다는 가정 아리에 연구를 계속했다. 그러나 그럼에도 불구하고 그가 연구에서 얻어낸 결론은 각 문명이 서로 대등하지 않다는 것이었으며, 해체기의 징후를 보이지 않는 문명은 유일하게 서구 문명 하나뿐이라는 사실이었다. 토인비의 치밀한 연구 성과가 말하듯이 서구 문명만이 쇠퇴하지 않는 것일까? 아니면 그가 피해 가고자 노력했던 "자기중심적인 미망"은 서구인인 한 피할 수 없는 성질의 것일까? 어쨌든 서구 사회의 확대와 서구 문화의 확산으로 인해 현존하는 다른 문명과 미개사회가 점차로 서구화 추세에 휩쓸려들었다. 게다가 서구 문명이 "자칫하면 인류 역사상 최초로 모든 인류를 멸망시킬 수도 있다는 엄청

---

[3] 또한 레비스트로스의 문화인류학이라는 틀을 통한 고찰 방법도 민족국가가 역사의 담당자는 아니라는 것을 보여주고 있다.

난 사실"(토인비, 1967: 518)에 직면한 것은 분명하다.

4. 포스트모던의 시대 의식

오늘날 근대를 비판적으로 논하는 사람들은 스스로가 포스트모던의 입장에 서 있다고 생각한다. 자신은 근대와는 다른 그다음 시대에 살고 있다고 생각함으로써 왠지 모르게 발판을 찾았다는 기분이 드는 것이다. 포스트모던이라는 말을 빌려 자신들의 안전을 보장받으려고 하는 것인지도 모른다. 포스트모던에 몸을 두고 있든 그렇지 않든 결국 문제는 근대라고 불리는 시대의 위기에 관련된 문제이다.

포스트모던(石井誠士, 1990: 182 이하 참조)[4]이라는 말은 토인비가 1947년에 『역사의 연구』에서 정치가 민족국가적 사유로부터 글로벌한 상호 작용의 사유로 전환하는 1875년 이후의 시대를 구분할 때 사용한 것에서 시작된다. 그리고 그것은 1950년대 말부터 60년대까지 미국의 문학 용어로서 언어나 모델이나 방법의 다원주의를 의미하는 것으로 사용되어왔다. 더욱이 이 말이 주목을 끌게 된 것은 찰스 젠크스C. Jencks가 건축양식에 사용하면서부터이다. 그후 회화나 음악 등 예술 분야의 다언어성을 근본으로 하는 작품에 이 말이 따라붙게 되었다. 사회학 분야에서는 에치오니A. Etzioni가 그 선구자이지만, 철학적인 포스트모던의 규정은 리오타르J-F. Lyotard의 다음과 같은 말에서 비롯된다.

---

[4] 또한 포스트모던에 관한 것으로서는 코슬로브스키(1993); Koslowski(1986); Wellmer(1985); Christa und Burger(1988); 리오타르(1986a); Jencks(1986) 참조.

"고도로 발달한 선진사회에서의 지식의 현재 상황"(리오타르, 1986b: 7; 프랑크, 1990 참조)은, 19세기부터 과학이나 문학, 예술의 게임의 규칙에 대폭적인 변경을 요구했다. 그 일련의 변화는 "이야기의 위기"와 관련시켜서 설명할 수 있다. 유럽은 자신들의 세계를 하나의 다 갖추어진 체계로 구상하는 "이야기"로써 정당화해왔다. 신화든 서사시든 모두 그렇게 정당화된 "이야기"인 것이다. 과학은 단지 규칙성만을 말하는 데 그치지 않고 진실을 탐구하는 한 자신의 입장을 정당화하는 언설을 필요로 했다. 이러한 이야기에 의거한 과학의 존재 방식을 리오타르는 "모던"이라고 부르고 있다. 그리고 그 언설은 신화나 서사시로부터 탈피하여 철학이라는 이름으로 불렸다. 이 메타meta 언설은 어떤 거창한 설명, 정신의 변증법, 의미의 해석, 이성적인 인간 또는 노동으로서의 주체의 해방, 부富의 발전 등에 근거하고 있다. 헤겔의 『정신현상학』은 바로 그와 같은 이야기 방식을 취하는 철학적 장편소설의 전형이다. 그러한 계몽의 이야기는 이성적인 정신의 합의 가능성을 전망하며 윤리적·정치적인 좋은 목적, 즉 보편적인 평화를 달성하려고 애써왔지만, 오늘날 이러한 보편적인 과학적 언설은 이미 파국에 직면하였다. 물론 동시에 엄밀한 자연과학의 근거들도 위기에 직면해 있다. 거창한 이야기의 시대는 끝났다. 이성에 의해 인간의 보편성을 정의하는 시대의 종언을 리오타르는 포스트모던이라고 불렀던 것이다.

리오타르에게 있어서는 보편성을 탐구한다는 점에서 소쉬르Ferdinand de Saussure의 『일반언어학 강의』와 레비스트로스Claude Lévi-Strauss도, 루만Niklas Luhman의 "시스템이론"과 하버마스Jurgen Habermas의 디스클스Diskurs라는, 주장 간의 대화에 의해서 보편적인 의견 일치를 추구하려는 생각도 같은 것이다. 리오타르는 반대로 다른 것으로 환원할 수 없는 이질성을 적극적으로 인정하면서 그 "차이differend"를 주장하는 급진적인 다원성의 입장을 취한다.

하버마스는 리오타르의 "이야기의 위기"와 같은 의미에서 포스트모던의 출발점을 니체에게서 찾고 있다. 그에 의하면 헤겔이 제시하는 근대의 개념은 "이성에서 통합력을 발견하는 것"(하버마스, 1990: 39)이었다. 절대정신의 자기 인식에 의한 이성이라는 유화책이 구상되었던 것이다. 그러나 이러한 유화책은 헤겔의 경우 결국 "합리성을 절대정신으로까지 부풀려 끌어올림으로써 근대가 점차 자기 자신에 대한 의식을 획득한 모든 조건을 중화시키고 무효화했기 때문에 적당하게 배치된 여러 조건들의 위치 관계를 깨뜨려버렸다. 이 때문에 헤겔은 근대의 자기 확인의 문제를 끝내 해결하지는 못했다"(하버마스, 1990: 66)라고 생각한다. 뿐만 아니라 이렇게 생겨난 "이성의 유화력宥和力"의 관념이 그 이후의 문제의식을 결정했다. 헤겔 좌파나 맑스에게 이성은 생산에 의해 외부에 객체화되어 감히 손댈 수 없게 된 모든 본질적인 힘을 다시 획득하는 해방을 의미하고, 또 헤겔 우파에게 이성은 "피하기 어려운 분열에 뒤따르는 고통을 추상追想에 의해 보상해주는 것"(하버마스, 1990: 146 이하 참조)이 되었다. 그들은 모두 종교 대신에 역사의 과정에서 이성의 통합력을 기대했다. 그러나 그러한 통합의 시도는 모두 실패로 돌아갔다. 인간의 이성을 존재자의 중심에 두고 이성을 모든 존재자의 척도로 규정하려고 해도 그럴 만한 능력이 없었던 것이다. 한편 니체는 헤겔 좌파와 우파의 대결과 다른 제3의 길, 즉 이성 개념을 새롭게 수정하는 것을 그만두고, 계몽의 변증법과 결별하는 것을 택했다. 니체가 이성 개념을 새롭게 수정하는 것을 그만둔 것은 하버마스의 입장에서 보면 역사적 이성이라는 사다리를 쓰면서 최종적으로 그 사다리를 걷어치우고 이성의 타자로서의 신화에 몰입한 데 지나지 않는 것이다. 하버마스 자신은 "니체가 개척하였고 하이데거M. Heidegger와 바타이유G. A. M. V. Bataille가 진행시킨"(하버마스, 1990: 180) 포스트모던의 길을 택하기보다는 호르크하이머M. Horkheimer와 아도르노T. L. W. Adorno가 말한 "계몽의 변증법"의 입장을 굳게 지키면서 니체에 대한 도전을 계속한다. "신화를 잃어버린 근대인들은 새로운 신화에서 일종의 구제, 즉 모든 매개의 해소라는 구제를 찾을 수밖에 없게 되었다"(하버마스, 1990: 162)라고 하버마스가 말할 때, 그는 니체가 만들어놓은 "새로운 신화"의 그 이후의 독일 역사 속에서의 전개, 즉 히틀러Adolf Hitler와 나치스가 내세운 "20세기의 신화"를 염두에 두면서 지금 그것이 다시 도래하는 것을 우려하고 있는 것이다.

대체로 포스트모던의 입장은 자의적인 의미에서는 근대의 다음 시대가 갖는 특성을 논해야 함에도 불구하고 내용적으로는 말하자면 왕정복고와 같은, 근대 이전의 시대에서 사상적인 원천을 찾고자 한다. 바로 "잃어버린 시간을 찾아서"이다. 또한 그들은 근원적인 것으로 다시 돌아간다고 한다. 인간이란 원래 현재의 모순을 해결하기 위해서는 곧 원점으로 되돌아가야만 하는 존재인 것일까? 르네상스라는 시대가 그리스·로마에로의 회귀를 통해 새로운 시대를 열었던 것처럼 말이다.

아무튼 포스트모던은 근대가 방치한 것을 되찾고자 하는 것과 동시에 현재 세계가 갖고 있는 위기적 상황을 인식하는 것이기도 하다. 그것은 앞에서 제시했던[본장 1절 참조] 근대의 지표가 이미 죽은 것이 되고 진부해졌을 뿐만 아니라 근대화를 추진해가는 것이 도리어 돌이킬 수 없는 결과를 초래할지도 모른다는 위기의식에서 나온 것이다. 더 이상 우리는 자유를 필연성 속에 짜놓을 수 없을뿐더러 근대화를 인간의 해방으로 이해할 수도 없다. 과학 기술은 진보하며, 진보는 필연적이고 그것은 바로 한없이 앞으로 나아가는 것을 의미한다는 것은 신화에 불과하다. 향상되어가는 과학 기술에 의한 자연 지배가 도리어 자연을 파괴하고 전대미문의 참사를 불러일으키는 위기의 가능성을 가지고 있다. 나아가 과학 기술의 자립적 발전과 고도화된 사회는 인간의 가치관으로부터 벗어나 멋대로 움직이고 오히려 인간을 관리하기 시작했다. 또한 교육의 발달은 사람들에게 획일화된 경험만을 제공하고 지식을 무미건조한 것으로 만들어버렸다. 그리하여 우리들은 활기찬 생활을 잃어버렸다. 우리는 그 활기찬 생활을 되찾아야만 한다.

포스트모던이라는 시대를 설정할 때 중요한 것은 "포스트모던은 역사철학이라는 철의 감옥, 그리고 고대·중세·근대라는 역사의 3분법으로부터 벗어나는 것"(코슬로브스키, 1993: 37)이지 "피타고라스의 사분설四分說을 실현하고 네 번째 시대로 향하는 것", 즉 새로운 시대구분을 접목하는 것이 아니다. 오히려 이러한 시대구분의 차원을 어떻게든 넘어서야만 한다.

5. "근대의 극복"의 논의로부터

근대가 두고 떠난 것을 찾아내고자 하는 회고적인 발상은 일본이나 아시아 국가들의 경우 유럽의 자기비판과는 조금 다른 의미를 갖는다. 아시아인의 근대 비판은 서양과 접촉하면서 그 서양 근대의 벽에 부딪쳐 전통적인 정신 기반에 균열이 생겼다고 느낀 사람들이 한편으로는 서양 근대에 대한 반동으로, 다른 한편으로는 근대화에 의한 정신의 공동화空洞化에 대한 논의로 제기한 것이다. 많은 예를 들 수 있지만, 여기서 잠시 다케우치 요시미竹內好의 이론을 살펴보자.

다케우치 요시미에 따르면 근대란 유럽이 봉건적인 것으로부터 스스로를 해방시키는 과정에서 그 봉건적인 것과 구분된 자기 자신을 역사를 통해 바라본 자기 인식이라고 한다. 유럽은 끊임없는 자기 갱신의 긴장을 통해 겨우 자신을 유지하고 있는데, 이와 같은 유럽의 본질은 자기 확장에 있다는 것이다. "자본은 시장을 확장하려 하고, 선교사는 신의 나라를 넓히는 사명을 자각한다. 그들은 끊임없는 긴장을 통해 자신을 유지하고자 한다. 이와 같이 부단히 자신을 유지하고자 하는 움직임이 유럽인으로 하여금 그냥 자기 영역에만 머무는 것을 불가능하게 만든다. 자기 자신을 유지하기 위해서는 자신을 상실하게 되는 위험도 무릅써야 한다. 한번 해방된 인간은 원래의 폐쇄된 껍질 속으로 되돌아갈 수 없고, 움직임 속에서밖에 자신을 유지할 수 없기 때문이다. 이른바 자본주의의 정신이라는 것이 그것을 나타내준다. 그것은 시공간적 확대의 방향 속에서 스스로를 파악한다. 진보의 관념, 다시 말해 역사주의의 사상은 근대의 유럽에서 처음으로 성립되었다."(竹內好, 1983: 6~7 이하 참조) 이렇게 다케우치 요시미는 유럽의 자기 확장이 바로 침략주의라고 주장한다. 그에 따르면 아시아에서는 유럽에 대한 지속적인 저항의 역사가 바로 근대화의 역사였다. 유럽은 동양의 저항에 부딪쳐 동양을 세계사적으로 포섭하는 과정을 통해 자기의 승리를 인식했고, 반대로 동양은 같은 과정을 거쳐 자신의 패배를 인정했다. 저항의 지속은 패배감의 지속이다. 유럽은 한 발자국씩 전진하였지만 아시아는 한 발자국씩 후퇴하였다. 후퇴는 저항을 동반하는 후퇴였다. 이러한 전진과 후퇴가 유럽에서는 세계사의 진보와 이성의 승리로 간주되었다. 그러나 유럽이 아시아를 완전히 포섭함과 더불어 유럽의 자기 분열이 드러났다. 이러한 자기 분열은 유럽에 대립하는 새로운 세계를 자신들 내부에 스스로 만들어냈다. 그 첫째는 러시아혁명이며, 둘째는 식민지인 신대륙 아메리카의 독립이고, 셋째는 아시아의 지속적인 저항이다.

다케우치의 입장은 패배를 거듭하면서도 계속되는 아시아의 저항에 주목하고 "아시아라는 방법"을 모색하려는 것이다. 그는 아시아 각국을 시야에 두고 고군분투한다. 그런데 아시아의 우등생인 일본의 많은 사람들은 반대로 자신의 입장을 잊어버리고 스스로 자기를 긍정해가면서 자기중심적인 동양주의를 표방하고 있다. 그것이 정치적으로는 대동아공영권의 구상이며, 문화적으로는 "근대의 초극超克"이라는 슬로건이었다.

"근대의 초극" 논의는 1935년 후반의 『문학계文學界』 그룹, 교토학파京都學派, 일본낭만파 등의 논조로 등장하였다.[5] 그것은 러시아혁명의 성공에 의해 일본의 자본주의와 천황제 국가 체제가 근본적으로 동요하는 시대에 우익의 황국사관皇國史觀과 일정한 거리를 유지하면서 정치적으로는 데모크라시의 초극, 경제적으로는 자본주의의 초극, 사상적으로는 자유주의의 초극이라는 슬로건을 내세우고 그와 동시에 맑스의 유물사관唯物史觀과 같은 진보적 역사관을 전복시키고자 한 논의였다. "근대의 초극"을 주제로 한 논의로는 1942년에 "문화종합회의 심포지엄―근대의 초극"이라는 제목으로 『문학계』를 중심으로 이루어진 좌

---

[5] "근대의 초극" 논의에 관해서는 인용 문헌 외에 다음의 것을 참조했다. 高坂正顯·西谷啓治·高山岩男·鈴木成高(1943); 西谷啓治(1941); 高坂正顯(1942); 田邊元(1964a); 廣松涉(1989).

담화를 들 수 있으나 그 논의 내용 자체에는 별로 통일성이 없다. 예컨대 역사관에 대해 살펴보면 서양의 진보 사관과 발전 단계설을 극복해야 한다거나, 동양에는 서양의 것과는 다른 역사관이 존재한다거나 하는 내용을 논의하고 있다. 여기서는 논의의 정치적 번거로움을 피하고 역사관 자체에 초점을 맞추기 위해 이 심포지엄의 참석자인 니시타니 케이지西谷啓治, 스즈키 나리타카鈴木成高, 시모무라 인타로下村寅太郎의 역사관을 형성하는 데 기초가 되었던 다나베 하지메田邊元의 『역사적 현실』을 검토해보기로 하자.

　다나베 하지메는 유물사관이 자연적인 측면에 중점을 두고 인과론적으로 과거를 위주로 생각하는 데 비해 관념사관 및 유심사관은 정신이 실현해야 할 목표를 미래에 두고 그 목표가 목적론적으로 현재를 지배한다고 생각한다. 따라서 유물사관과 관념사관은 얼핏 보면 반대되는 것처럼 보이지만, 사실은 같은 관계를 겉과 속 양면에서 본 것에 지나지 않는다. 그는 "어느 것도 참된 현재를 파악하지 못하고 현재의 무無의 원환圓環적 통일을 잘못 보고 있기 때문에 역사의 관점으로는 불충분하다고 말하지 않을 수 없다"(田邊元, 1964b: 138)라고 말한다. 그는 헤겔이나 맑스의 역사관을 벗어나기 위해 니시다 기타로 이래의 불교 철학에서 사상적 근거를 찾아내어 불교적 원환의 시간론의 역사철학화를 모색한다. 그는 "역사는 직선적이 아니라 상호 관계에 있기 때문에 원환 관계를 이룬다"(田邊元, 1964b: 125; 그림 1, 그림2)라고 하여 인과관계의 역사를 부정한다. 또한 과거로부터 〔현재를〕 한정하는 힘과 미래로부터 〔현재를〕 결정짓는 힘이 현재에서 둥글게 맺어지고 서로를 매개한다고 말한다.

　시간의 원환성圓環性이라는 것은 환론적인 시간론을 염두에 둔 것으

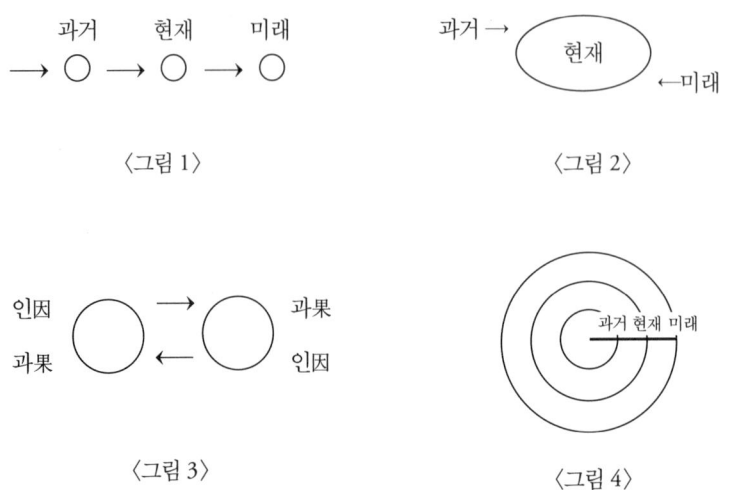

〈그림 1〉　　　　　　〈그림 2〉

〈그림 3〉　　　　　　〈그림 4〉

로 보인다. 하루의 사이클, 춘하추동을 이루는 한 해의 주기, 또는 12간지干支 같은 순환론적循環論的 시간론은 일직선으로 흐르는 이른바 객관적 시간론과 대립된다. 이것은 자연적 세계와 함께하는 시간 개념이다. 그러나 "자연적"이라는 개념은 기독교의 "계시적啓示的" 세계에서는 한 차원 낮은 비문명적 세계관으로 여겨진다. 따라서 이러한 비문명적, 자연적인 시간에 머물지 않고 직선적(객관적, 계시적) 시간과 순환론적(자연적, 비문명적) 시간을 지양하는 의미에서 "원환적" 시간을 사용하는 것이다. 그리고 그것은 불교 교리와도 연관된다. 즉 인과因果의 개념을 서양적 개념의 Kausalität[인과성]의 의미가 아니라 불교 개념에서 인因·연緣·과果를 의미하는 hetu-phala[인과因果]에로 되돌리고 원인이 결과에 작용함과 동시에 결과가 그 원인을 이끌어내는 상호 의존 관계(그림 3)로 본 것이다. 그리고 그의 이러한 원환론의 주장에는 역사를 현재적 의식에 집약시키려는 의도가 있었다.

그런데 시간을 현재에 기초케 한 사람은 아우구스티누스Augustinus이며 의식에 기초케 한 사람은 베르그손Henri Bergson이다. 아우구스티누스는 과거, 현재, 미래를 과거에 대한 현재, 현재에 대한 현재, 미래에 대한 현재라고 하여 그 근거를 영혼에서 찾았다. 즉 과거에 대한 현재는 기억이며 현재에 대한 현재는 직관이고 미래에 대한 현재는 기대라는 것이다.(아우구스티누스, 1968: 421) 베르그손의 의식은 그것을 더욱더 집약시킨 것이다. 의식이란 정지하고 있는 것이 아니라 시시각각 변하고 있으며 시간과 함께 흐르는 것이다. 아니, 오히려 의식 자체가 시간이다. 칸트의 이율배반이라든가 헤겔의 변증법의 논리 형태는 우리들의 실재인 움직임 속에 몸담으려 하지 않고 움직이지 않는 것에 입각하려 하는 것이다. 그리고 "실재를 부동으로 만드는 기능을 가진 지각知覺과 개념에 의해 〔실재를〕 재구성하려 했다." 이것은 시간을 공간화하는 것에 지나지 않는다. "따라서 사고 작용의 습관적인 방향을 뒤집는 것"(베르그손, 1969: 96~97)이 필요하다. 공간화된 역사를 시간과 바로 대응하는 근원·의식에로 되돌아가 생각할 필요가 있다는 것이다. 베르그손의 이론은 불교의 만물유전萬物流轉의 법칙인 일체관통一體貫通 이론(기요자와 만시淸澤滿之)과 일맥상통한다. 거기서 다나베 하지메는 "언제나 현재에서만 과거와 미래에 대해 생각할 수 있다"(田邊元, 1964c: 82), "시간은 과거와 미래가 서로 대립하면서 맺어지는 것이며, 그것〔과거와 미래〕이 서로 전화轉化하는 지점이 바로 현재이다"(田邊元, 1964c: 133)[6]라고 말한다.(그림 4)

시간은 주체적인 시간이며, 자신이 움직여 살아가는 것이 그 시간을 성립시킨다. 이러한 의미에서 시간과 역사는 자기를 내포하고 있는 무

---

6) 불교의 만물 유전의 일체관통론一體貫通論에 관해서는 淸澤滿之(1955) 참조.

한한 원이다. 원 속의 모든 점이 중심이고, 그것이 우리 자신이다. 다만 다나베 하지메가 말하는 것처럼 자기가 그 중심이라는 입장은 불교와 연관되지 않는다. "자기를 무無로 만들어" 그 자기중심성을 벗어나지 못하면 불교의 입장이 아니다. 다나베 하지메의 입장은 니시다 기타로와 그보다 뒤 세대인 니시타니 케이지의 "주체무主體無"에 비하면 불교적인 입장을 관철하지 못했다고도 말할 수 있다. 아무튼 다나베 하지메는 시간과 역사의 무한한 원에서 시간을 내포하는 영원의 한정 작용으로서의 시간의 성립을 생각했다. 물론 시대적으로 앞선 니시다 기타로의 입장과 비교하면 그의 영원이나 절대무絶對無의 이론도 어설픈 것이다. 이것은 영원한 현재에서 시간이 이루어진다고 주장함과 동시에 인류의 입장에 서는 개인〔개個〕을 통해 국가〔유類〕와 국가가 맺어진다고 하는 니시다의 개와 유의 논리 사이에 종種의 문제를 끼워놓았기 때문이다.

그는 결론적으로 다음과 같이 주장한다. "새로운 창조도 오히려 낡은 것을 매개로 해야만 한다. ……새로운 단계로 발전하기 위해서는 오히려 옛 시점으로 되돌아가는 것이 필요하다. 거기에 혁신과 복고가 맺어지는, 얼핏 보기엔 역설적인 현상이 필연적으로 일어나는 까닭이 있다."(田邊元, 1964c: 166) 그는 메이지유신이나 쇼와유신昭和維新이라고 불리는 유신의 역사적인 의의, 또는 다이카 개신大化改新이나 켄무 신정建武新政과 같이 천황이 친정으로 돌아가는 의의를 이 원환론을 근거로 설명했다. 따라서 "이러한 결합을 서구의 정신에서는 찾을 수 없다고 하더라도 나는 그것을 우리의 내부에서 찾아낼 수 있다고 믿는다. 일본 국가는 단지 종족적인 통일이 아니다. 폐쇄적·종족적 통일을 개인의 자발성에 의해 개방적·인류적인 입장에로 지양하는 원리를 체현하는 천황이 계시기 때문에 신민臣民들은 천황을 높이 받듦으로써 그것을 실제로 실현하고 있다"(田邊元, 1964c: 166)라고 주장한다.

다나베 하지메의 이론이 어디까지 학문이고 어디까지 프로파간다 propaganda인지 따져볼 필요는 없을 것이다. 근대의 극복이라는 것은 서양 근대가 만들어낸 위기적인 상황을 동양 정신으로 극복하고 서양과 동양이라는 두 문화 세계를 일본에서 종합하고 통합하고자 하는 사상 운동이었다. 이것은 전후 민주주의, 근대주의자들의 입장에서는 "대동아공영권 구상"이라는 이데올로기의 보완이자, 전근대·반근대적인 전통주의로 회귀하는 것으로밖에 보이지 않았을 것이다. 우리는 실제로 거기에서 역사에서 버려진 "쓰레기" 이상의 것을 찾아낼 수 없는 것일까? 여기서 다시 한 번 전쟁 이후의 다케우치 요시미의 발언을 보는 것도 무의미하지 않을 것이다. 그는 다음과 같이 말한다. "'근대의 초극'이란 말하자면 일본 근대사의 아포리아(난관)가 응축된 것이었다. 복고와 유신, 존왕과 양이, 쇄국과 개국, 국수와 문명개화, 동양과 서양이라는 전통의 기본 축에 대한 대항 관계가 거대한 문제로 나타난 것이 바로 '근대의 초극'에 대한 논의였다. 그러므로 그 시점에서 그 문제를 제기한 것은 옳은 일이었다."(竹內好, 1983: 111)

원환론적인 시간론이 제시하는 회귀라는 사태는 근원으로의 회귀로서, 오늘날 근대라는 시대가 갖는 세분화와 발전성이라는 특성에 의해 잊혀진 가장 중요한 것을, 즉 근원적인 생명을 다시 되찾는 작용이 된다. 나아가 순환이라는 리사이클 운동은 자연환경 파괴의 진행을 멈추게 하는 가장 기본적인 환경 보전 형태이기도 하다. 그리고 문화적인 전통을 파괴하는 것이 발전적인 진보라면 인간은 그러한 정신적 공동화 현상을 견뎌내지 못할 것이다. 그렇지만 원환적인 시간이 구체적인 역사의 현장에서는 실제로 어떻게 나타날 것인가? 그리고 자기 긍정밖에 존재하지 않는 현실의 정치 역학에 그것을 적용하는 것이 과연 가능할 것인가?

헤겔의 역사철학은 역사의 전개와 인간 정신의 전개의 동일성을 강조했다. 그는 이성에 통합하는 힘이 있다고 보았던 것처럼 역사에도 통합하는 힘이 있다고 보았다. 계몽주의적 이성이 수학적인 인식과 오성을 기초로 삼는 한 시간은 시계의 문자판과 수학 속에 있다. 해가 뜨면 잠자리에서 일어나고 햇빛 아래에서 일하며 해가 지면 잠자리에 드는 자연적 생활 속에서는 시간은 순환한다. 아우구스티누스가 기억·직관·기대에 시간의 구조를 환원시키고, 베르그손은 의식에서 시간의 근원을 찾았다. 그 자기의 의식적 존재를 행위에 의한 자기부정을 통해 얻을 수 있다고 하는 원환적 시간이 다나베 하지메의 시간관이자 역사관이다.

태양은 동쪽에서 떠오른다. 그리고 서쪽으로 진다. 밤이라는 자기부정을 통해 태양은 다시 동쪽에서 떠오를까?

3부
근대화와 맞서

제7장

도道

1. 모토오리 노리나가의 "사물을 따라가는 도"

모토오리 노리나가는 『나오비노미타마直毘靈』에서 "옛날의 위대한 시대에는 도道라고 일부러 거론하지도 않았다. 그때에는 오직 사물을 따라가는 도만 있을 뿐이었다"(本居宣長, 1968: 50; 石川淳 編, 1970: 170) 라고 말했다. 고대에는 "도"라는 것에 대해 일부러 언급할 필요도 없고 도라고 말하면 오직 사물을 따라가는 도가 있었을 따름이었다고 한다. 일본적인 사고방식〔야마토코코로大和心〕를 밝히기 위해서는 무엇보다 먼저 중국적인 사고방식〔가라고코로漢意〕,[1] 즉 유학적 사고방식〔儒意〕

---

1) 〔옮긴이〕 중국적인 사고방식〔가라고코로〕은 유교·노장·불교와 같은 중국 문화와 한자 문화의 가치관에 오염된 정신을 뜻한다. "카라"는 본래 고대 한반도의 가락국駕洛國을 가리켰던 일본의 옛말인데, 거기에서 유래하여 중국과 한국을 비롯한 외국을 가리키는 말이 되었다.

을 떨쳐버려야 한다. 옛 도의 본뜻이 분명치 않고 사람들이 자꾸 그것을 잘못 해석하는 것은 중국적인 사고방식에 현혹되고 얽매여왔기 때문이다. 앞의 말은 중국적인 사고방식은 천 년 이상에 걸쳐 세상 사람의 마음에 박혀 있는 병이기 때문에 도를 아는 요체는 먼저 이 중국적인 사고방식을 깨끗이 제거하는 데에 있다는 것이다.

중국의 학문이 들어오기 전에 일본〔야마토大和〕의 정신이 있었다. 중국의 문자가 들어오기 전에 상대上代의 "말〔고토노하〕"이 전해 내려오고 있었다. 그러나 문자가 없었던 일본인은 한자를 빌려서 옛 전설을 기록했다. 한문에 의해 일본의 정신은 중국적인 사고방식으로 왜곡되고 말았다. 따라서 한학漢學, 한자가 들어오기 전의 "도"를 알기 위해서는 무엇보다 먼저 중국적인 사고방식을 버려야 한다. 일본의 사상은 시대가 내려갈수록 여러 가지 외래 사상이 섞여서 잡다한 상태가 되었다. 따라서 불순물을 제거해가면 순수한 핵심을 찾아낼 수 있으리라고 생각한 것이다.

그러나 독자가 중국적인 사고방식을 버린 일본의 혼〔야마토다마시이大和魂〕이란 무엇인가, 상대의 도란 무엇인가를 찾기 위해 노리나가의 문장을 아무리 읽어봐도 결론이 나오지 않는다. 물음의 조리를 좇아갔는데 그 조리가 쥐도 새도 모르게 사라진 것을 알게 된다. "수많은 섬들로 이루어진 일본 사람의 사고방식에 대해 누가 물어보면 아침 햇살에 그윽한 향기를 뿜어내는 산벚꽃이라고 대답하리"라는 노리나가의 시도 일본의 혼이 무엇인가를 가르쳐주기보다 오히려 그것을 더욱 알 수 없게 만든다.

『나오비노미타마』는 따라서 도를 구하기 위해서는 한학적 사고방식을 씻어버리고 산뜻한 황국皇國 정신을 가지고 고전을 읽어야 한다고

주장한다. 결국 논의는 시발점으로 되돌아가버린 셈이다.[2]

노리나가의 입장은 논의하는 것, 즉 도란 무엇인가라는 식으로 개념적인 물음을 설정하는 것 자체가 이미 중국적인 사고방식이고 그것은 일본의 혼에서 멀리 떨어져 있다는 것이다. 노리나가는 이러한 개념적 논구論究가 아니라 "사물을 따라가" 사물에 응하는 마음의 움직임, 즉 일본적인 사고방식이라는 심정을 추구하기를 요구한다. 그리고 그는 개념을 형성하는 대상물이 아니라 심정적인 상태, 즉 사물에 대한 감동이나 깨끗하고 산뜻한 황국 정신이라는 심정을 응시한다. 중국적인 이理의 체계로 환원될 수 없는 하나의 심정이다. 이 심정을 부활시키기 위해서는 불필요하게 부과된 개념을 철저히 떼어내야 하는 것이다.

그것을 스즈키 다이세츠鈴木大拙(1870~1966)는 다음과 같이 설명한다. "신을 따른다는 것은 신과 더불어, 신과 같이, 신의 뜻에 맞게, 신의 명대로 따르고, 신의 모습을 자기에게 비춘다는 뜻이라고 하겠다." 그런데 헤이안平安 시대에 들어서면서 중국 문화의 자극을 받는 가운데 일본인은 자연에 대한 주시를 통해 "사물에 대한 감동"이라는 정서를 발견하고 감상하기 시작했다. 그리하여 신을 따른다는 것은 시적 개념

---

[2] 고야스 노리쿠니子安宣邦는 이것을 다음과 같이 표현했다. "이와 같이 노리나가가 사람이 마땅히 해야 하는 '도리道理'에 입각하여 세상만사를 추측하려고 하는 사고방식을 '중국적인 사고방식'이라고 비판하면서 결론적으로 신을 따르라고 주장하는 것은 노리나가 말년의 이른바 신도에 관한 논의, 즉 고도론古道論에서 자주 나타나며 독자를 싫증나게 만드는 논의 전개의 원형prototype이다. '사물을 따라가는 도란 무엇인가?'라는 물음에 대한 노리나가의 대답을 긴장하면서 기다려보면 그런 질문은 '잘난 척하는 것'이라고 대답하니까 저자가 답을 피한 듯이 느껴진다. 도대체 노리나가는 왜 그러한 대답을 하는가. 그것은 아마 노리나가의 시선이 질문의 전제가 되는 '도리'를 바라보고 있기 때문일 것이다."(子安宣邦, 1977: 23)

으로 변모하게 되었다. 즉 "신을 따른다는 것"과 "사물에 대한 감동"은 하나의 마음 상태의 두 가지 다른 측면이 된 것이다. 사물은 삼라만상 일반을 가리키고 감동은 그것에 대한 정서적 감응이라는 뜻이다. 삼라만상의 움직임에 따라서 그대로 느끼는 것이 바로 사물에 대한 감동이다. "원래 일본인은 분석적이지 않고 직관적인 국민이어서 귀납적으로 생각한다. 그래서 일관된 하나의 원리를 추상하는 데에는 익숙하지 않다. 개개의 구체적 경험적 사실을 들어서 그것과 일체화하려 하는 경향이 있다. 또 애초에 무언가를 가정하고 그것을 통해 경험적 사실을 상상하려고 하지 않는다. 또 대립을 뛰어넘으려고 하지 않고 그대로 받아들이려고 하는 민족이다. ……신을 따른다는 것은 그것을 목표로 삼는다. 그러므로 신도가神道家는 신들을 있는 그대로의 모습으로 받아들이려고 한다. 인위적 지성을 가지고 그들의 제 모습을 왜곡시키는 것을 원하지 않기 때문이다."(鈴木大拙, 1970: 336~349)[3]

개개의 구체적인 경험적 사태와 일체화하면서 사물의 움직임과 더불어 마음이 움직이는 모양을 사물에 대한 감동이라고 부르고 일본적인 사고방식이라고 부른다. 중국적인 사고방식은 경험에서 이치를 연역하고, 또 서양철학은 이른바 사물에 대한 감동, 일본적인 사고방식과 같은 것을 감성이라 하고 지성이 그것을 부정·극복하며, 또 이성이 그것

---

[3] 스즈키 다이세츠는 그의 불교적 입장에서 이 '신을 따른다는 것〔간나가라〕'을 긍정하지 않고 본질적으로는 대륙의 남방인적南方人的 심리인 노장적老莊的 감정 표현이라고 본다. 감정은 사상이 뒷받침되지 않는 한 허무와 마찬가지지만 노리나가의 간나가라설은 "그것을 초월하여 나아가려는 일본인의 감정에서 멀리 떨어져 있다"(鈴木大拙, 1970: 341)라고 비판한다. 그는 그것을 자기부정적으로 받아들인 것이 일본 불교의 일여성一如性이라고 언급한다.

을 지양止揚한다고 생각했다. 그것이 바로 정신의 발전이다. 만약 헤겔이 말한 바와 같이 정신이 역사적으로 감성·오성·이성으로 발전하는 것이라면 사물에 대한 감동이라는 것은 중국적인 사고방식이나 서양적인 이성과 접속하자마자 지양되어버리는 것이며, 그것을 거부하고 완미頑迷하고 고루孤陋하게 심정만을 고집하는 것은 반동反動에 불과하다는 말이 된다.

2. 이토 진사이의 "도"

그런데 노리나가의 이른바 "사물을 따라가는 도"는 고대의 도의 모습을 그대로 전한 듯 보이지만 기실은 당시의 유학자 이토 진사이와 오규 소라이의 "도"에 대한 생각에 맞서고자 한 것이었다. 도가 무엇인가를 따지는 것은 진사이, 소라이의 입장이다. 노리나가는 사물을 따라가는 도는 유교적인 "도리"의 이념적 모습과는 다르다고 주장했다. 그러나 그가 맞선 바로 그 진사이, 또는 소라이도 "도"를 주자의 이기설理氣說과 같은 개념으로는 파악하지 않았다. 진사이는 다음과 같이 말했다. "도는 마치 길과 같다. 사람이 왕래하고 통행하는 까닭이다. 따라서 대개 사물이 통행하는 것은 모두 도라고 부른다."(伊藤仁齋, 1971: 14~30) 그리고 도道 중에서도 천도天道라는 것은 음陰이 되고 양陽이 되는 자연의 수없이 많은 변화가 그치지 않는 것을 말한다. 또 그 음양 서로의 움직임을 천도라고 한다면 강유剛柔가 서로를 필요로 하는 것을 지도地道라고 하고, 인의仁義가 함께 행해지는 것을 인도人道라고 한다고 주장했다. 그리고 천지가 성립되기 전에 이미 이理가 있었다고 하는 것은 주자학의 "억측하여 헤아린 견해"라고 본다. 진사이는 이理란 "옥돌의 무늬〔文理〕"라는 뜻에서 사물의 조리를 일컫지만 그것을 가지고서는 정지된 무생물의 구조를 설명할 수 있어도 천지가 생생화화生生化化하는 자연의 운동을 설명할 수는 없다고 생각했다. 그래서 그는 주자의 이기설에서 탈출하기 위하여 도의 개념을 이용했다. 그리고 "성인은 항상 도道 자를 가지고 말씀하셨지 이理 자에 대해 언급하신 경우는 매우 드물다"(伊藤仁齋, 1971 : 32)라고까지 주장했다.

　진사이는 『논어고의論語古義』에서 도의 중요성을 강조했다.(伊藤仁齋, 1972 : 42 이하 참조) 즉 도란 무엇인가? 바로 인의를 말한다. 가르침이란 무엇인가? 학문을 이른다. 『논어論語』는 주로 가르침을 설파하고 도를 그 속에 포함시켰다. 『맹자』는 주로 도를 설파하고 가르침을 그 속에 포함시켰다. 도는 우주에 충만하고 고금을 관통하고 어디든지 존재하지 않는 곳이 없으며 언제나 그러하지 않을 때가 없는 참으로 완벽한 것이다. 그러나 도는 사람들에게 자발적으로 선善을 지향하게 할 수는 없다. 그런 까닭에 성인은 사람으로서 항상 지켜야 할 도덕을 밝히고 인의를 주장하며 『시경詩經』, 『서경書經』, 『예기禮記』, 『악경樂經』을 가르쳐 사람들이 성인이 되고 현인이 될 수 있게 했다. 공자는 주로 가르침을 설파하면서 도를 그 속에 포함시켰다. 그러나 맹자의 시대는 성인의 시대에서 멀리 떨어져 도가 매몰되면서 이단의 학설이 벌집을 쑤시듯 쏟아져 나오고 각자 자기 나름의 도를 주장하여 하나로 통일하는 자가 없었다. 그래서 맹자는 인의 두 글자를 분명히 내세우고 인仁에 기초하고 의의義를 따라서 행동해야 한다고 주장했다. 그래서 맹자는 오로지 도를 설파하면서 가르침을 그 속에 포함시켰던 것이다. 진사이는 맹자의 입장에 서 있다. 그의 이른바 고학古學 혹은 고의古義라고 하는 해석학은 잃어버린 공자의 가르침을 맹자의 도의 인도를 받으면서 되찾는 방법론인 것이다.[4] 진사이의 학문은 우주론 및 존재론과 인간학 및 인성론人性論을 밀접하게 관련시켜서 주체의 자세를 묻는 것이었다. 거기에 도의 의의가 있다. 지식을 이리와 같은 독립적인 것으로 삼지 않고 행위 속에 지식을 질서화하려고 하는 것이 바로 "도"이다. 다시 말하면 실천적 인생관과 지식적 세계관과의 포괄적 형태를 "도"라는 말에 담아냈다고도 말할 수 있는 것이다.

3. 광기

앞에서 노리나가의 이른바 사물을 따라가는 도는 이리에 지양되기를 거부하는 심정에서 찾을 수 있다고 말했다. 그러나 그러한 심정 중심주의는 이미 "도"의 입장이 아니다. 순수한 심정이 보편화·추상화를 통해 제도화되고 의례화儀禮化되는 것을 철저하게 거부하는 것, 그것을 사람들은 "광기"라고 부른다. 즉 광인狂人이란 "도체道體의 광대하고 고명高

---

4) 이것은 소라이에게 있어서도 마찬가지이다. 그의 논의는 "도"를 기축機軸으로 삼으면서 주자학적인 해석을 탈피하고 또 진사이와도 다른 내용을 도에 부여했다. 소라이가 말하는 도는 천하에 현실적으로 존재하는 인간들을 다스리는 방법과 평안하게 살게 하는 방법을 뜻한다. 진사이와 마찬가지로 소라이도 "도"라는 말에 인간세계의 어떤 구체적인 장면 전체를 포괄하는 의미 내용을 부여했다. 그들이 말하는 "도"는 일본인이 중국 성인의 가르침으로 들어가는 방법이고, "도"에 각자 나름대로의 의미를 부여하는 것은 외국의 문화를 자기 문화적 전통에 받아들일 때 강조되는 실천적 방법이다.(荻生徂徠, 1973b: 10~14; 野崎守英, 1979: 157 참조) 불교가 일본 문화에 받아들여질 때도 이와 같은 방법이 사용되었다고 생각된다.

明함을 깨달으면서도 아직 정밀하고 균형이 있는 심오한 뜻[密]을 알지 못하기 때문에 견성성도見性成道의 심술心術이 거칠고 우활하며 수행함이 이상하고 빗나간 자를 말한다."(中江藤樹, 1974: 117) 물론 광인이라고 부르는 것은 유교의 입장일 뿐이다. 소위 성인의 입장에서 보면 본질적인 도의 모습은 깨달았지만 마음의 기미, 중용을 알지 못하여 맹목적으로 막 그 본질에로 나아가려 하는 행동주의가 광기로 간주된다.

그러나 광기는 이理 개념과의 대립을 주장하는 것은 아니다. 감성적인 심정을 순수하고 통일된 상태로 유지하는 철저한 주관적 자아는 이미 인식 주체로서의 자아가 아니다. 그러한 자아는 행위의 주체로 바뀐다. 그의 행위는 인식·이론·학문의 무의미함을 알고 그것을 버리고 나아가는 행위인 것이다. 행위를 순일純一하게 하기 위해서는 이론이 방해가 된다. 이론에 의해 행동의 방향이 설정된다고 주장하는 이론주의에 대해 행동주의는 행위를 순화하고 더욱더 과격한 행위로 몰아가기 위해서 이론을 단순화시키려고 한다. 행동주의자는 내부적으로 모순을 안고 있다고 해도 통일적인 현실 자체가 모순되기에 그것은 당연한 일이라고 간주한다. 현실의 지점에서 현실의 지점으로 모순을 뚫고 행동을 통해 현실적 상황을 타개해간다. 그것은 이론적·객관적 입장에서 보면 철저한 주관주의이다. 요시다 쇼인의 정신은 진정 광기였다. 쇼인의 행동과 다음과 같은 말이 그것을 적절하게 보여준다. "남들은 나를 보고 미친놈[狂夫]이라고 말하지만 나는 용맹한 것이지 미친 게 아니다. 그러나 가령 그렇다고 하더라도 성인도 미친놈의 말을 취하신다고 하셨으니 어찌 상심하겠는가. [나는] 미친놈으로서 말을 할 것이다."(松本三之介 編, 1973: 447, 323 참조) 물론 다른 사람이 보면 광기로 보이더라도 요시다 쇼인 본인의 주관적 자세는 "미친 지아비"가 아니다. "지극한 정성을 다하면 움직이지 않는 자는 없다"고 그가 말했듯이 타자에 대해 성실하고, 또 자기에게 성실하고자 하는 자세가 그의 주체적 자세였다. 그 타자란 주군이고 천황이며 국가였다. 그러나 그 타자 이상으로 자기의 행위와 삶의 성실함과 주체의 자세가 중요했던 것이다.

이러한 열광, 철저한 주관주의는 말하자면 신들림이다. 자기를 부정함으로써 사물 그 자체, 사태 자체가 되어버린다. 그러한 경지에 이르는 통로는 자기의 심정을 인간의 인위적, 세속적 질서 형태로 세속화시키거나 인간의 논리적인 보편적 추상화로 환원시키는 것이 아니라 자기 자신을 관철하는 자기 순화를 통해 타자 자체와 하나가 되는 것이다. 마츠오 바쇼松尾芭蕉(1644~1694)가 "조화造化를 따라서 조화로 돌아가라"고 말한 의의도 그것과 통한다. 마음대로, 바람이 부는 대로, 세속의 지위나 명성에 구애받지 않고 산다. 그런즉 "풍광風狂"이라는 말이 된다. 자기 마음을 텅 비움으로써 예술의 신령이 바람처럼 불어오고 마음을 미치게 한다. 광기라는 것은 바로 그러한 모습이다.

4. 신도

무로마치室町 시대의 신관神官 우라베 카네토모卜部兼俱(1435~1511)가 찬술한 『신도대의神道大意』에 다음과 같은 말이 있다. "무릇 신神은 천지를 앞서면서 천지를 자리 잡게 하고, 음양을 초월하면서 음양을 이루게 하는 것이다. 소위 천지에 있어서는 신이라 하고, 만물에 있어서는 영령이라 하며, 사람에 있어서는 심心이라 한다. 그러므로 신은 천지의 근원이고, 만물의 영성靈性이고, 인류의 운명이며, 신은 바로 마음이다."(『神道大系 論說編八 卜部神道』上, 26, 13 참조)[5] 다시 말해 신과 사람이 동근일체同根一體라는 입장을 내세운 것이다.

그런데 『신도대의』라고 불리는 작품은 앞에서 본 카네모토의 저작만 있는 것이 아닙니다. 그 이외에도 카네나츠兼夏, 카네아츠兼敦, 카네이시兼石, 카네미兼見, 카네노리兼敬, 카네타카兼隆, 카네모토兼原 등 우라베 가문의 사람들이 대대로 서로 다른 형태로 항상 새로이 원고를 쓰기 시작하여 『신도대의』라는 이름으로 나름대로의 생각을 저술했다. 즉 『신도대의』라는 작품은 우라베 가문 신도학설의 전통적인 표현 방법인 것이다. 그런데 역대 『신도대의』의 근본적인 사고방식은 일관되어 있다. 즉 "우리나라는 천계千界의 근본, 만국의 총본국總本國"(『神道大系 論說編八 卜部神道』上, 1, 해제 6 참조)이라는 것이다. 일본을 신국神國이라 일컫고 일본의 도를 신도라고 부르는 까닭은 일본이 천지와 더불어 신명이 나타난 최초의 출현지이고, 만국은 모두 일본을 바탕으로 성립되었기 때문이다. 신도를 천지, 건곤乾坤을 초월한 우주의 본체로 보고, 본체로서의 하나의 신〔一神〕이 바로 쿠니노토코타치노미코토國常立尊〔나라의 상도常道를 세운 신〕에 해당된다고 한다. 그리고 이러한 사상을 바탕으로 각 시대마다 융성을 누린 학문을 받아들여 나름대로의 체계를 새롭게 만들어냈다. 어떤 시대에는 음양오행설陰陽五行說을 받아들여

---

5) 우라베 가문의 역대 신관들이 항상 새롭게 원고를 쓰는 것은 신도의 식년천궁式年遷宮과 같은 재생再生의 사상에 입각한 것일지도 모른다. 〔식년천궁(이세 신궁伊勢神宮)은 20년에 한 번씩 전통적인 방식에 따라서 정전正殿을 비롯한 영역 내의 모든 건축물을 다시 짓고 신정 안의 의상·신보神寶도 새롭게 만들며 신을 상징하는 신체神體도 새 신전으로 옮기는 의례를 말한다. 이 의례는 지토 천왕持統天皇 4년(690)부터 시작되어 전국시대에 한때 중단된 것을 제외하면 무려 1,300년 동안 계속되었다.〕

신도 이론으로 삼고, 혹은 진언종眞言宗·천태종天台宗에서 유래하는 이론 체계를 수용하며, 또 어느 시대에는 주자의 이기론理氣論으로 이론 무장을 한다. 이런 식으로 이론 무장을 해온 것은 우라베 가문의 신도뿐만 아니라 미와 신도三輪神道, 산노이치지츠 신도山王一實神道, 료베 신도兩部神道, 이세 신도伊勢神道, 요시다 신도吉田神道, 그리고 수이카 신도垂加神道 등 역대 신도도 마찬가지였다. 쿠니노토코타치노미코토의 일심一心, 일체一體에서 일대삼천계一大三千界, 태천太千의 형체가 나왔다. 인간의 마음도 일신一神을 본원으로 일어난다. 게다가 석가도 공자도 하나같이 신명의 부탁을 받아 일심의 근본을 만법萬法의 흐름으로 나누었다. 유교와 불교와 같은 각 시대의 이론도 신도에 포괄된다. 에도 시대에는 코페르니쿠스의 지동설마저도 신도에서 나왔다고 주장했다.[6]

신도의 학설은 근원으로 돌아가서 새로운 생명을 얻고 되살아나면서 그 시대마다의 역사적 사상 과제를 포섭한다. 그러나 그것은 자꾸만 본래는 포섭할 수 없는 것을 억지로 포섭시키고, 근원이 다른 것도 억지로 일본에 뿌리를 둔 것으로 만들어버리기도 한다. 학설 또는 이론으로서는 어불성설이다. 물론 이를 주장하는 사람 본인은 앞뒤 논리가 맞지 않는 것도, 학설의 황당무계함도 의식하지 않고 있다. 거꾸로 말하면 학설로는 별로 큰 의미가 없다고 하겠다. 아니, 학설이나 논리의 정합성으로는 신도의 종교적 세계를 정초할 수 없다고 생각하고 있는지도 모른다. 진리는 참됨을 뜻하니 "참[誠, 마코토マコト]이란 바로 도체道體의 참맛[무마코토ムマコト]이다."(吉川惟足, 1972: 62) 참맛, 즉 맛있는 것이

---

[6] 이 문제에 대해서는 高坂史朗(1995)에서 자세히 논술했다.

다. 요시카와 코레타리吉川惟足가 "참됨을 음미한다"라고 표현했듯이 참이란 체득하는 것이고 이론이 아니라 감득感得하고 음미하는 것이다. 그것은 어디까지나 경험주의 · 체험주의적인 것이다. 예컨대 봄에 초목이 받는 혜택은 하늘의 참이 현현顯現한 것이다.

경험해야 하는 실재實在는 어떤 하나의 통합체이다. 경험이란 실재 그 자체와 함께 있는 것이다. 그 실재 또는 경험의 통일체를 자아가 반성적으로 보려고 할 때 통합체와의 거리가 생기게 된다. 실재 · 경험에서 괴리되는 것이다. 어긋나게 된다고 말할 수도 있다. 그렇게 되면 거기에는 통일체가 아니라 모순적인 모습이 나타난다. 모순을 찾는 것이 항상 반성적인 이성, 지성의 기능이다. 그리고 실재와 경험은 이성과 같이 합리적이고 모순 없이 움직이는 것이 아니라 모순으로부터 모순으로 움직인다. 그러므로 실재 · 경험은 논리 · 학문의 입장에서 보면 모순점에서 모순점으로 뛰는 불합리적인 것처럼 보이기도 하고, 또 모순을 내포하면서 진행되는 것으로 여겨지기도 한다. 그러나 실재는 그러한 논리와 상관없이 있는 그대로의 사실인 것이다.

5. 말과 Sprache

근원으로 되돌아간다든가 어떤 일을 거슬러 올라가보는 것에는 과연 어떤 의의가 있을까. 단지 논리적으로 모순된 것을 억지로 포섭시킨다는 부정적인 의미밖에 없을 것인가. 다시 한 번 "언어"를 예로 들어서 생각해보자.

가키노모토노 히토마로柿本人麻呂는 "섬들이 쭉 펼쳐지는 일본이라는 나라는 언어의 신령〔코토다마言靈〕이 보우하는 나라이니 복이 가득 차리라"(『萬葉集』: 3254)라고 읊었다. "언어"는 "일〔코토事〕"을 전달하는 동시에 "언어의 신령"의 영력을 내재하고 있다고 고대인들은 믿고 있었다. 신의 말씀이나 축문祝文〔노리토〕은 그것을 처음으로 말씀하신 신의 위력에서 연유하는 권위를 가지고 있었다. 그리고 그 권위에 의해 사장詞章의 뜻 그대로의 효과가 발휘된다고 여겨졌다. 그후 "신의 말씀"이라는 의식이 희박해지고 말 자체에 영적인 위력이 갖추어져 있다고 믿어지게 되었다. "신대로부터 전해져 내려온 말에 이르기를 확 펼쳐진 야마토의 나라는 황신皇神이 엄히 다스리시는 나라요 언어의 신령의 복이 가득 찬 나라라고 이야기되고 말해져왔도다."(『萬葉集』: 894)

그 언어의 신령에는 행복이 넘치는 "축복"보다 오히려 "저주"가 더 많았을지도 모른다. 신의 "저주를 받아라!"라는 말에 의해 그 사람에게 재앙이 떨어진다. 옛날부터 전승되어온 고어古語·고사장古詞章에는 불가사의한 위력이 숨어 있어 그것을 외우자마자 그 힘이 발휘된다고 믿어졌다.(折口信夫, 1956: 252)

"언어〔코토바〕"의 근원을 따져보았을 때 말이나 일〔코토〕 속에 신령·혼이 숨어 있다는 고대인의 세계관은 단지 그 열등한 시대에만 통용되었던 세계관이지 시대가 달라지고 발전하면 그러한 신화적 사고방식은 통용되지 않는다고 생각해야 할 것인가. 아니면 일본 문화가 일본어에 의해 뒷받침되어 있고 오늘날에 이르기까지 그 원래 뜻이 살아 있는 이상 그 근원을 찾아 본래의 사물과 마음의 일체성의 의의를 되찾을 수 있다고 생각해야 할 것인가. 우리 일본인은 일본어의 바다에 빠져 있으므로 일본어의 연원을 찾기만 하면 무언가 알 것 같은 느낌이 들기 때문에 일본어로는 더 이상의 검증이 불가능하게 되는 것 같다. 그래서 다른 언어의 예를 살펴보도록 하자. 야콥 뵈메Jacob Böhme는 "언어", 즉 독일어의 Sprache(슈프라헤: 말, 언어)를 다음과 같이 표현했다.

Sprach라는 말은 인간과 같은 방식으로 말해진다. 너희들 철학자여, 눈을 떠라. 나는 너희들을 위해서 나의 우직함에도 불구하고 감히 하느님의 말씀(die Sprache Gottes)이라는 말의 의미가 무엇인지를 가르쳐주리라.

Sprach는 이(齒) 사이에서 생기는 말이다. 왜냐하면 이는 그때 한곳에서 합쳐지기 때문이다. 그리고 영혼은 이 사이를 지나서 새어 나가고, 혀는 가운데서 휘어지며 그 끝은 마치 소곤거리는 말을 듣고서 두려워하듯 뾰족해진다.

그러나 영혼이 말을 만들고자 할 때에, 그는 입을 다물고 혀 위의 공간 속에서 쓴 성질과 짠 성질 가운데에서 말을 만든다.

혀는 그때 두려워하며 아래턱에서 움츠러든다. 그때 영혼은 심장에서 나와 아래턱의 쓴 성질과 짠 성질 가운데에서 분노 속에 생긴 말을 감싼다. 그리고 말은 포악한 성질을 지닌 부분을 지나서 마치 왕 혹은 군주처럼 씩씩하고 위풍당당하게 나아가 마침내 입을 열어 심장에서 온 강한 영혼으로 입 안 전체를 지배하고, 또 입 바깥도 지배하며, 그리고 분노를 깨뜨린 영혼으로서 강하고 긴 철음綴音을 만든다. 이에 대해 분노는 그 뒤턱의 혀 위 공간에서 짠 성질과 쓴 성질의 울음소리를 거역하면서, 자기 정의를 지니고 제자리에 머물면서 온화한 영혼이 자신을 통해 심장에서 바깥으로 나오게 한다. 그리고 그후에 영혼은 스스로 울려 퍼지고 말의 형성과 구성을 도와준다. 그러나 영혼은 그 울려 퍼지는 소리와 더불어 그

곳에서 나오지는 않고, 도리어 그 공동에 갇힌 죄수로서 머물고 무서워하며 떨고 있다.

이것은 위대한 비의秘儀이니라.(뵈메, 1976: 384~385)

뵈메가 말하는 Sprache는 하느님께서 말씀하셨다(sprach)라는 구절에 나오는 말씀을 의미하는데, 그는 하느님의 영혼과 인간의 영혼 사이에 연관성이 있다고 보았다. 그리고 그는 인간이 슈프라하Sprach라는 말을 신체적으로 어떻게 발음하는가를 제시함으로써 인간의 내면세계의 구조와 외부 세계의 구성이 대응하는 관계에 있다는 것을 밝히려 했다. 언어가, 즉 Sprache라는 말 전체가 끊임없는 격투와 전쟁, 살육, 모든 피조물의 다툼의 기원을 그 속에 내포하고 있다. 본래 언어 자체에 근원적으로 모순과 통일의 기능이 나타나 있는 것이다.

이러한 야콥 뵈메의 말에 대한 언설은 마르틴 루터가 번역한 독일어 성경의「창세기創世記」중 "어둠이 심연의 면에 있고 하느님의 혼이 수면을 움직이고 있었다. 하느님은 말씀하셨다. '빛이 있어라'"(「創世記」 1:2-1:3)라는 구절을 해석한 문장이다. 거기서 하나의 의문이 떠오른다. 즉 성경은 본래부터 독일어로 말해진 것이 아니지 않은가라는 문제이다. 뵈메는 독일어의 발음에 근거하여 언어의 본원적 의미를 찾아내려 했고 영혼의 포악한 성질과 그 억제 기능, 그리고 외계와 내면세계를 일체화시키는 기능에 대해 논의했다. 그런데 그것이 성립되기 위해서는 성경 세계도 또한 독일어의 세계임이 전제되어야만 한다. 그는 성경이 처음부터 독일어로 쓰인 것이 아니었다는 것을 몰랐을까. 물론 야콥 뵈메의 교설을 괴를리츠Görlitz 시골구석의 무식한 구두 제조공製造工[7]이 말한 황당무계한 소리로 무시해버리면 아무 문제가 되지 않을지도 모른다. 그러나 이와 같은 뵈메의 사상이 후세에 많은 독일의 철학자들에게 영향을 준 것도 사실이다. 예컨대 인간의 내면세계와 외부 세계와의 관계에 대한 이해는 헤겔 변증법의 원형이 되었다. 그러한 사실을 생각해보면 독일 최초의 철학자라고 불리는 뵈메의 주장이 독일인의 말에 대한 생각의 근본적 형태를 표현하고 있다고 말할 수 있다.

성경은 분명 처음에는 히브리어로 기술되었을 것이다. 그런데 성경에 기술된 진리가 히브리어를 쓰는 사람들 외의 다른 사람들에게는 받아들여지지 않는 것이었다면 기독교의 확산도 히브리어 문화권 안에 머물렀을 터이지만, 그것이 그리스어로 번역되고 라틴어로 번역되며 루터에 의해 독일어로 번역되면서 그 진리도 동시에 보편화되고 또 독일어화되었다. 즉 하느님의 말씀은 여러 나라의 언어이면서 본질적으로는 어느 나라의 언어도 아니고, 또 각 신앙인信仰人들의 모국어이기도 한 것이다. 그렇게 보면 종교개혁은 신앙의 토착화였다고도 할 수 있다. 물론 독일어는 기독교와는 상관없이 성립되고 발달했다. 그러나 루터는, 혹은 뵈메는 독일어에 의해 길러진 게르만인의 문화 속에서 기독교적인 것을 도출한 것이다. 일본어·일본 문화에 있어서도 일본어가 중국어를 받아들임으로써 변용되었다기보다는 일본어〔문화〕속에 있는 중국 문화와의 공통점과 결합해 일본의 문화를 더욱 보편적인 것으로 만들었다고 말할 수 있다.

그것은 동시에 일본인은 위와 같은 뵈메의 진리를 일본어적 진리로 삼을 수 있느냐라는 점과도 관련된다. 일본인은 일본 문화 속에서 자라

---

7) 〔옮긴이〕뵈메는 독일 작센 주의 괴를리츠에서 구두 제조공으로서 자기 직업에 최선을 다하며 독자적인 신비주의 사상을 전개하였다.

고 일본어를 사고 언어로 삼는 한 "언어의 신령" 신앙을 가지고, 한편 독일인은 "die Sprache Gottes"의 의의 속에 사고의 방법을 가지고 있는 것일까. 우리는 뵈메가 지적한 Sprache가 가진 모순과 통일의 진실성을 "언어의 신령"에 의지하지 않아도 이해할 수 있다. 그렇지 않다면 일본에 기독교도 들어오지 못했을 것이고 서양의 학문조차 이식되지 못했을 것이다.

근원에의 회귀가 왠지 우리 마음을 평안하게 해주는 것은 타자를 배제하면서 근본을 찾는 폐쇄성에 있는 것이 아니라 근원 그 자체가 보편성을 가지고 있기 때문이다. 우리는 자기의식의 차원에서는 우리의 사유가 세계를 한정하는 작용이라고 생각한다. 그러나 본래 그것은 거꾸로 되어 있다. 즉 세계가 우리 사유를 한정하는 까닭에 우리가 세계를 알게 되는 것이다. 우리는 우리가 자기의식에 의해 대상을 파악한다고 생각한다. 그러나 사실은 대상이 의식에 비춰진 후에야 비로소 나의 의식이 작용하는 것이다. 나는 자기 자신에게 갇혀 있는 한 나를 보지 못한다. 나는 자기의식의 배후에 있는 것과의 관계에 의해 비로소 나를 규정한다. 거기에는 나의 배후에 있는 "내가 아닌 나", 즉 전체적 세계와의 교류가 존재한다. 근원에의 회귀라는 것은 자기의식을 스스로 해체함으로써 더욱 일반적인 나, 보편적 존재와의 연관을 되찾는 것이다. 말하자면 어머니의 품속으로 돌아가는 것이다. 가장 보편적인 것·일반자一般者가 나를 한정하여 특수화시키고, 특수한 것이 스스로를 한정함으로써 개별적인 사물이 된다. 본래 인간의 의식은 생명에 의해 규정된다. 의식 현상이나 그보다 차원이 높은 이성의 작용도 본래는 근원적 생명의 영위이다. 규정된 의식이 규정하는 생명에로 되돌아갈 때 어머니 품속에 안기듯 안도감을 느낀다. 그것은 인간은 본래 죽어가는 존재라는 상대적 한정성의 입장에밖에 설 수 없기 때문이다. 그러나 상대적 한정이면서도, 혹은 그러기에 절대적 무한을 추구하고 그것에 안기려고 한다. 거기에는 상대성의 초월이라는 문제가 가로놓여 있다.

제8장
동아시아의 민족주의

1. 민족의 의식

요즘 "민족주의"라는 "괴물"이 다시 기어 나오고 있다. 일찍이 인류가 두 차례의 세계대전을 거치면서 민족 간의 투쟁으로서의 전쟁이 얼마나 비참한 결과를 초래하는지를 배우고 민족을 초월한 이념적 틀을 각 국가를 넘어서 찾아내려고 모색했음에도 불구하고 말이다. 일본에서는 전후 민주주의가 "일본국헌법"의 이름 아래 민족의식을 마치 아라비안나이트에 나오는 램프의 정령처럼 봉인했다. 그런데 어째서 또다시 그 과거의 유물이 등장하게 되었는가. 그것은 소련이 붕괴되고 사회주의와 자유주의라는 민족을 초월하는 틀이 붕괴되었기 때문이다. 물론 그 것으로 인해 자유주의와 사회주의라는 이데올로기 대립에 의한 전쟁의 가능성이 해소되긴 했지만 사회주의의 틀이 붕괴되자마자 순식간에 민족 간의 국지적인 투쟁이 표면화되었다. 그리고 아프리카의 혹은 아랍

권의 인위적으로 만들어진 국가적 집합체와 국경선은 그 내부·외부의 민족(종족) 간의 대립에 번롱翻弄되고, 그 민족(종족) 간의 뿌리 깊은 대립을 조정할 원리를 찾지 못하고 있다.

오늘날 세계의 민족문제는 일찍이 두 차례의 세계대전을 야기한 민족 간 투쟁과 본질적으로 다른 것인가, 아니면 다시 시대가 원점으로 되돌아와 비극이 반복되는가. 그리고 이 문제는 단지 바깥 세계의 문제일 뿐만 아니라 "일본 민족"이라는 말을 되도록 사용하지 않은 채 전후 민주주의를 형성하고, 군사적으로 실패한 전철을 밟지 않도록 경제만으로 아시아에 진출한 우리 문화의 문제이기도 하다.

그런데 민족이 의식화되고 민족적 자각이 일어나게 된 것은 역사적으로 보면 유럽 근세국가의 성립에서였고, 또한 그 국민국가를 형성한 유럽 국가들의 식민지 침략에 저항하여 아시아·아프리카의 여러 민족이 독립운동을 전개하는 과정에서였다.

유럽 국가들, 특히 영국과 프랑스는 스스로 국가를 형성해나가는 과정에서 영국은 스코틀랜드·웨일스·아일랜드·잉글랜드 등의 대립을 극복하여 연합 왕국으로 뭉치게 되고, 프랑스는 남부의 옥시타니, 코르시카 섬 혹은 바스크 지방이나 브르타뉴, 플랑드르 등 변경 지역을 통합하고 중앙집권 국가형태를 확립했다.

또 그러한 서구 강대국에 대항해 스위스나 벨기에와 같은 소국은 자기들의 공동체를 지키기 위해 공통의 의식을 중심으로 삼아 여러 민족이나 언어·종교로 형성된 주민을 "하나의 국민"이라는 원리로 통합했다. 그것이 바로 이데올로기로서의 민족의식이며 이른바 내셔널리즘이다. 내셔널리즘은 내부의 구심력이 되어 통합하고자 하는 의식을 자발적 또는 인위적으로 형성하는 것이다. 그런데 그 원리가 무엇이냐가 중요하다. 그것은 형식적으로는 "국왕에 대한 충성"이기도 하고, 혹은 프랑스와 같은 공화국의 경우에는 "인권선언에 대한 맹세"이기도 한데 그것을 내부적으로 지탱한 것은 유럽의 경우 대부분 종교였다. 예를 들면 스페인이 이슬람 세력을 이베리아 반도에서 몰아낸 원리는 가톨릭이었다. 그러나 그와 동시에 그 종교적 원리로부터의 이탈도 국민 통일의 원리가 되었다. 프랑스혁명이 그렇고, 영국의 성공회 설립에 의한 로마 가톨릭교회로부터의 독립이나, 네덜란드의 독립 전쟁도 그 사례라고 볼 수 있다. 어쨌든 긍정적 형태이든 부정적 형태이든 간에 종교적 요소가 내셔널리즘에 수반된 것은 사실이다. 다만 종교가 내셔널리즘을 형성했다기보다는 내셔널리즘이 지금까지 종교가 차지했던 자리를 대신했다고 하는 것이 타당하다고 하겠다.

다만 종교적 요소가 내셔널리즘에 수반되었다기보다는 가톨릭에서 각국의 "국가의 종교"가 분리되거나, 혹은 근대국가의 테두리 안에서 그 나라 고유의 도덕원리가 형성되었다고 보아야 할 것이다. 그리고 개인의 내면세계에서도 종교의 내면적 의의였던 나를 초월하는 원리, 내가 나를 부정하는 역할에 대해 국가가 종교를 대신하게 되었다. 근대에 있어서는 개인이 자기 목숨을 바치는 것은 하느님이 아니라 국가를 위해서인 것이다.

다음으로 내셔널리즘이라고 불리는 것은 위와 같은 유럽 근대국가가 아시아·아프리카를 침략하여 식민지로 만들고 각 식민지를 제국주의적으로 재편성했을 때에도 일어났다. 유럽의 나라들이 아시아·아프리카를 식민지화·속국화屬國化하는 것은 이미 대항해시대부터 있었던 일이다. 그 대항해시대의 식민지화에 대항해서도 격렬한 저항운동이 일어났다. 그러나 식민지의 저항운동이 민족주의적 독립운동으로 전개된 것은 19세기에 유럽 국가들의 제국주의화에 의해서였다. 예를 들어 존 레그J. D. Legge는 네덜란드의 식민지였던 인도네시아의 역사를 통해 다음과 같이 분석한다.

"만약 진정한 분기점, 즉 인도네시아의 역사적 연속성에 극적인 단절점이 있었다고 한다면 그것은 16세기와 17세기가 아니라 오히려 19세기에 있었다고 하겠다."(레그, 1984: 121~123; 永積昭, 1971; 1980; 小川忠, 1993 참조) 인도네시아 역사의 전통적 시대구분은 힌두 자바Hindu-Java 시대, 이슬람 시대, 식민지 시대로 나뉜다. 그러나 인도네시아 역사의 내적 연속성은 네덜란드의 동인도회사가 1619년에 바타비아Batavia〔네덜란드 식민지 때의 자카르타의 이름〕를 획득한 이후에도 이어졌다. 네덜란드인은 그 교섭 상대가 된 현지 사회의 권위의 패턴에 아무런 영향도 미치지 못했던 것이다. 즉 인도네시아 역사의 원동력은 계속 그 내부에서 일어났던 것이다. 17세기에는 식민지적 요소가 아니라 동양적 요소가 지배적이었다. 18세기가 되면 자바Java에서 네덜란드의 영향력은 확실히 증대되었다. 그러나 다른 지역에서는 네덜란드의 지배망支配網이 아직 미약했고 유럽 세력의 근거지도 매우 한정된 규모에 머물고 있었다. 그리고 전반적으로 여러 왕국들은 정세의 전개 과정에서 군사적, 경제적, 정치적으로 유효한 실체이자 능동적 요인을 계속 구성했던 것이다.

다시 말하면 19세기 초반까지 인도네시아의 각 왕국들은 침입해오는 유럽 문명의 발전 과정에 맞서 독자적이고 동등한 지위를 유지해왔다. 그러나 그 균형을 깨뜨린 것이 바로 유럽의 산업혁명이었다. 산업혁명은 유럽 각국이 식민지 지배에 박차를 가해 제국주의 노선을 내세우게 만들었다.

그것은 아시아에서 가장 오랫동안, 가장 강력하게 유럽 세력의 식민지 지배를 받아온 인도에도 해당된다. 17세기에 영국 동인도회사의 침투 작전에 맞서 인도 각지의 왕후王侯·귀족들이 말하자면 "양이주의攘夷主義"적인 저항을 시도했으나 그것은 어디까지나 신흥 세력인 영국에 대한 구지배층의 저항이라는 한계를 별로 벗어나지 못한 것이었다. 공동체 침해에 대한 이와 같은 개별적 저항과 달리 인도인의 민족적 저항의식을 전면으로 앞세운 운동이 바로 1857년의 세포이Sepoy 항쟁이었다. 그리고 그 이후 민족운동의 길고 고된 역사가 계속되었다. 게다가 그 운동을 최종적으로 이끈 사람들은 "영국 권력의 통치 기구의 하부에 있던 인도인 관리, 영국 지배의 결과 인도의 여러 도시에 도입된 영어 교육과 서구 문화의 세례를 받은 교원 및 변호사를 비롯한 지식인층, 영국의 지배에 따라 새로운 경제 관계 면에서 도시에서 중산계급적 지위를 차지하기 시작한 중소기업가와 중소 상인층, 그리고 영국 권력의 지세地稅 제도의 대상이 된 중소 지주층 등을 포함한 인도인들이었다." (荒松雄, 1992, 163; 木村雅昭, 1981 참조) 따라서 아시아 민족주의의 계기는 단순한 식민지 지배에 대한 저항운동이나 다른 문화에 대한 "양이운동攘夷運動"이 아니었다. 근대 서구의 제국주의에 의한 세계의 재편성으로 새로운 산업사회가 만들어지고 그 경제적 압력을 받은 아시아에서는 전통적 사회질서가 파괴되었다. 한편 이러한 세계의 재편성은 아시아에서 새로운 계급의 형성을 촉진시켰다. 그리고 이 새로운 계급이 독립운동을 담당하게 되었다. 말하자면 그것은 근대화의 갈등인 것이다.

2. 존황양이론

집단은, 기본적으로 그것의 통일을 유지하고 있는 한 타자를, 특히 이질적인 타자를 받아들이는 관용성을 가지지 않는다. 자기 집단의 통일을 어지럽히고 집단의 결속 원리를 무너뜨릴 수 있는 이질성을 철저히 배제하려고 한다. 그리고 그 타자성에 맞서 자기 통일의 원리, 이른바 정체성에 대한 자각이 촉진된다. 동아시아의 민족들은 "서양"이라는 타자에 의해 장차 자기의 존립 기반이 무너지게 되었을 때, "자기"를 지키기 위해 무엇에 의지했을까. 동아시아의 일본·조선·중국의 나름대로의 "자기"를 알아보고자 한다.

자기 나라를 높이는 의식은 어느 시대든 어느 나라든 대외 의식의 이면으로 성립된다. 쇼토쿠 태자聖德太子가 수隋나라에 보낸 국서에 쓴 "해가 돋는 나라", 도요토미 히데요시豊臣秀吉가 인도 부왕副王〔포르토갈 고어Goa 총독〕에게 보낸 편지에 쓴 "무릇 우리나라는 신국神國이올시다"라는 말들은 모두 외국에 대한 독자성의 주장이다. 물론 독자성을 주장하는 대신에 동질성을 주장하는 경우도 있다. 예를 들면 후지와라 세이카가 "중국에서는 유도儒道라 하고 일본에서는 신도神道라 한다. 이름이 다르나 뜻은 하나다"라고 하면서 유교 문화권이라는 통일 의식을 강조한 경우 등이 바로 그것이다. 그러나 에도 시대 초기에는 외국과 일본의 통일 의식이 강조되었던 것이 에도 시대 말기에 와서는 "서양"이라는 문화의 이질성을 똑똑히 보게 되면서 민족적 정체성과 문화적 독자성을 강력히 주장하게 되었다. 신국사상神國思想이 바로 그것이다. 이와 같이 자기 나라가 신의 나라라고 하는 의식은 존왕양이론尊王攘夷論을 주도한 사람들이 서양 각국의 기독교에 대한 저항 의식에서 도출한 것이다. 물론 에도 시대 초기부터 막부가 쇄국정책을 폈던 것은 근본적으로 기독교 때문이었던 만큼 에도 시대 내내 기독교는 사교邪敎로 배척되어왔다. 그러나 막부 말기에는 중국 등지의 정세 판단을 통해 기독교가 식민지적 침략의 도구 또는 구실로 간주되고, 또 기독교가 국체의 근간을 건드리는 종교로 인식되면서 기독교의 침투에 대한 위기감이 더욱 고조되었다. 기독교의 무엇이 일본의 국체를 건드렸을까? 야스이 솟켄安井息軒은 그것을 다음과 같이 밝혔다. "사람이 세상에 나오는 데에는 부모가 낳아주고 임금이 보호해주니 이 두 가지의 은혜보다 큰 것이 없다. 성인은 그것에 보답하는 도를 세우셨으니 충忠이라 이르고 효孝라 이른다."(安井息軒, 1972, 254~255; 藤田幽谷, 1973; 藤田東湖, 1973; 會澤正志齋, 1973; 高須芳次郎, 1936; 小池吉明, 1985) 효의 사상을 미루어나가면 근친近親에서부터 소원疏遠한 자에 이르기까지 모두가 친한 사이가 되고, 충을 미루어나가면 경卿·대부大夫·사士에서부터 하급의 벼슬아치에 이르기까지 공경하고 존중하는 기풍이 생기게 된다. 그리고 이러한 기풍을 온 세상에 널리 미치게 하고 모든 백성이 인류에 대해 자애를 베풀고 남을 가엽게 여기게끔 하면 천하가 평안해진다. 그것이 바로 유교의 규범적 질서이다. 그러나 유태 땅에 예수 그리스도라는 자가 있어 "군부君父를 거짓된 것이라고 말한다. 진정한 임금〔眞君〕, 진정한 부모〔眞父〕는 바로 하늘에 계시니 오직 여호와〔耶和華〕 그분뿐이다"라고 주장한다. 그러한 기독교가 널리 퍼지게 되면 충효에 의해 일관되던 유교적 질서가 붕괴될 뿐만 아니라 민심이 현혹되고 "곧 창을 거꾸로 돌려" 내란을 유발한다. 미국과 같은 공화정체는 천하에 임금이 없는 상태이며 바로 군신의 질서, 충효인의忠孝仁義가 없어진 형태이다. 또 오하시 토츠안大橋訥菴은 양이攘夷가 인의를 핵심으로 삼는 주자학적 윤리학의 논리적·필연적 귀결이며 가문이나 나라가 망하고 계통系統이 끊기는 한이 있더라도 이해득실을 막론하고 양이를 단행해야 한다고 주장했다.

이러한 양이론의 전환점은 1854년의 일미화친조약日米和親條約이었다. 막부는 양이를 단행하지 않았을 뿐만 아니라 오히려 개국의 방침을 정하고 과격한 존왕양이파들을 탄압하기 시작했다. 거기서부터 막부에 대한 비판이 터지게 됨과 동시에 존왕양이파의 미토학이 역사의 주류에서 빠지기 시작했다. 주자학적 명분론이 동요하기 시작한 것이다. 그리고 일본은 중국·조선의 문화적 연장선상에 위치한다는 시각에서 "존왕尊王"이라는 유교적 규범주의, 다시 말해 유교의 틀을 유지하면서 신국 사상을 핵심으로 삼는 입장(막번 체제를 지지하는 명분론)을 거쳐 "존황尊皇"이라는 일본적 특수성을 내세우게 되었다. 그리고 경직된 주자학으로부터 양명학으로 옮기거나, 공자 중심에서 맹자 중심으로 입장을 바꾸고, 더 나아가 그 맹자에 대해서까지 자유로운 비판을 쏟아내면서 유교의 틀마저 붕괴시켰다. 그러한 과정에서 봉건적 주종 관계의 "충" 개념이 천황제에 대한 "충성" 개념으로 바뀐다. 그 전형적 인물이 요시다 쇼인이었고, 쇼인의 문하생들이 그의 사상을 이어받아 메이지 유신의 전략으로 삼았다. 그리하여 천황제 중앙집권 국가가 도출된 것이다.

이와 같은 봉건적 주종 관계의 군신 질서로부터 근대 중앙집권 국가의 천황제로 전환되는 과정에서 사실은 기독교가 촉매 역할을 했다. 즉 임금과 부모를 높이는 주자학적인 입장이 임금과 부모보다 하느님을 숭배하는 기독교에 더 이상 맞서지 못하게 되자 기독교의 하느님을 부정적 매개로 삼아 실체적인 천황에 대한 숭배를 내세운 것이다. 대개 지금까지 전통적 원리 속에 존재하지 않았던 개념에 억눌리고 침식될 때 그것과 맞설 수 있는 개념은 자국의 문화 속에 있고 타자와 유사한 "어떤 것"이다.

다만 주의해야 하는 점은 일본의 존황양이론에 훗날 메이지 정부의 외교 방침을 결정지은 조선·중국 침략론이 부수적으로 수반되었다는 점이다. 메이지 근대국가가 형성된 시점에서 서양 열강을 본받아 제국주의화한 것은 역사적 필연이었다고도 생각되나 하여튼 1820년대부터 일본에서 침략론·팽창론이 등장했던 것이다.[1]

3. 조선의 위정척사 사상

유학자 이항로를 중심으로 시작된 조선 후기의 위정척사 사상은 국내에 점차 퍼져나가던 천주교에 대해 "임금과 부모를 무시하는[無君無父] 사술邪術"이므로 이단이라고 주장한 이데올로기 투쟁이었다. 그리고 그것이 병인양요 및 신미양요를 통해 천주교의 배후에 있는 서양 열강의 식민지 침략에 대한 대결로 전개된 것은 당연한 일이었을 것이다.

---

1) 사토 노부히로佐藤信淵는 1823년 「세계를 합치는 비책(宇內混同秘策)」에서 "먼저 남양을 공략하고 그것을 미루어 확장하여 온 세계 모두를 일본의 소유로 만들어야 한다"고 말하고, 요시다 쇼인은 1854년 『유수록幽囚錄』에서 "조선을 문책하여 인질을 거두고 공물을 바치게 함을 옛날 성시盛時와 같이 하고 북쪽으로는 만주 땅을 빼앗고 남쪽으로는 대만, 루손의 섬들을 거두어서 진취의 기세를 보여야 한다"고 말하며, 또 1857년 하시모토 사나이가 "일본·러시아가 동맹하고 만주·한국을 경략經略하며 판도를 해외로 확장할 필요"를 주장했다.(竹內好, 1963: 해설 20; 小島晋治, 1978: 302 참조)

이항로에 의하면 지금 가장 우려해야 하는 것은 서양이 도를 어지럽히는 것이다. 천지 사이에 있는 일맥一脈의 양기陽氣는 오직 조선에만 존재하는데 그것조차도 장차 파괴된다. 우리는 천지를 위하여 마음을 세우고 도를 밝혀야 한다. "나라의 존망은 다음 문제이다." 위정척사 사상의 기본적 내용은 일본의 존황양이론과 큰 차이가 없다. 다만 그것이 일본의 존황양이론과 같은 전개 형식을 취하지 않았을 뿐이다. 위정척사론은 어디까지나 체제를 옹호하는 입장을 고수했다. 그것은 정통 유학의 입장에서 스스로를 중국과 차이가 없을 정도로 중국의 문화와 유교 도덕을 계승한 나라, 즉 소중화小中華라고 칭하고 정치·법률·의식·종교·풍속·언어·문자 등에서부터 사람의 성명·지명·물건의 이름에 이르기까지 모든 것을 중국과 동화시켰다는 것을 존립 기반으로 삼고 있었던 것이다. 거기서 서양 문명, 특히 기독교와 맞서는 자국의 신성성과 특히 왕조를 정당화시키는 논의를 전개했다.

위정척사 사상은 병인양요 및 신미양요가 일어났을 때 반침략 투쟁에서 커다란 사상적 동원력을 발휘했다. 또한 최익현崔益鉉이 1876년에 강화도조약이 체결될 때 도끼를 들고 개국 통상을 뜻하는 조일수호조약에 반대하는 상소를 올리면서 만약 그 상소를 윤허하지 않을 거라면 이 도끼로 목을 베어달라고 호소했듯이 위정척사 사상은 그만큼 과격한 애국심을 드러내고 있었다. 그러나 그 과격함 때문에 위정척사운동은 대외적 위기에 대응하는 변혁의 사상이 될 수 없었다. 오히려 농민 계층의 내셔널리즘을 압살하는 쪽으로 가고 말았다. 어디까지나 소중화·예의의 나라임을 고집하고 기존의 체제를 유지하려 하는 완미함이 돋보이는 것이다. 그러나 그렇다 하더라도 대일 굴욕 외교에 반대하고 그 침략적 책동을 반대하는 상소를 올리고, 항일의병운동에 몸을 던지는 우국지사憂國之士들을 배출한 것도 사실이다. 그리고 항일의병운동 속에서 조선 유학의 마지막 광망光芒[빛살]을 비추면서 수많은 인사들이 사라져갔다.(姜在彦, 1984: 13~52 참조)

존황양이론이 유럽 열강의 제국주의 지배에 대항하지 못했듯이 위정척사 사상도 일본의 제국주의에 패배하고 말았다. 아시아의 나라들이 "근대 서양"의 이질적인 시스템에 대항하려고 해도 전통적 원리를 가지고는 충분히 맞서지 못할 경우에는 그 "근대"를 매개로 삼아 의사擬似 근대적 원리를 창출해야 하는지도 모른다. 물론 전통(주체)을 포기하는 것은 곧 식민지화·속국화를 의미한다. 유교의 위정척사론이 지배계급을 옹호하는 것으로 그치려는 모습을 보였을 때, 민심이 떠나고 민중의 내셔널리즘운동이 종교적 형태로 등장했다. 그것이 바로 동학·천도교이다.(吳知泳, 1970; 朴宗根, 1982 참조)

동학의 창시자이자 초대 교주인 최제우崔濟愚(1824~1864)의 가르침은 사람은 "기氣"에 의해 태어났으니 "기"를 기르는 것이 올바른 삶이라는 것이었다. 한울님이 기로써 사람을 만드셨기 때문에 "사람이 곧 하늘[人乃天]"이 된다. 사람은 한울님이다. 서로 평등한 인간의 존엄성은 한울님과 같이 절대적인 것이다. 따라서 그는 사회적·계급적 차별을 넘어서야 하고, 여성이나 피차별 천민도 평등하게 대우받아야 한다고 가르쳤다. 최제우의 가르침은 유럽 열강의 위협에 대한 불안감이 퍼져 있는 사회적 분위기 속에서 봉건제도하에 신음하는 농민층에게 들불처럼 번져갔다. 그리고 동학은 최제우가 41세의 나이로 처형당하고 정부가 동학당東學黨을 혹독하게 탄압했음에도 불구하고 2대 교주 최시형崔時亨(1829~1898) 밑에서 세력을 확대해갔다. 그리고 1894년 청일전쟁의 도화선이 된 동학혁명(갑오농민전쟁)을 일으켰다.

동학혁명의 애초의 목적은 탐관오리의 응징이었다. 그러나 동학교도가 설립한 집강소執綱所는 반봉건 투쟁의 폐정 개혁을 잇달아 실행했다. 동학교도와 정부와의 숙원을 없애고 공동으로 서정庶政에 협력할 것. 탐관오리는 그 죄를 샅샅이 밝혀 엄히 다스릴 것. 횡포를 부린 부호富豪들을 엄히 다스릴 것. 불량한 유림儒林들과 양반들을 응징할 것. 노비 문서를 불태울 것. 칠반천인七般賤人(백정·장인·기생·노비·중·무당·박수·광대)의 대우를 개선하고 백정에게 강요되던 평양립平壤笠을 벗길 것. 젊은 나이로 과부가 된 여자의 재혼을 허용할 것. 이유 없는 잡세雜稅는 일절 징수하지 않을 것. 관리의 채용에 있어 지방색을 타파하고 인재를 등용할 것. 일본과 상통하는 자를 엄벌할 것. 공사채公私債를 막론하고 기왕의 것은 모두 면제할 것. 토지는 균등하게 분작分作하게 할 것. 이들 개혁은 조선왕조의 기반을 전복시키는 혁명적 성격을 가지고 있었다. 게다가 제2차 갑오농민전쟁은 일본의 침략에 대한 반봉건·반제국주의 투쟁으로 전개되었다.

동학군은 일본의 압도적 군사력 앞에 제압되었지만 그 패배 과정에서 하나의 문제가 드러났다. 그것은 전라도와 충청도, 남접南接과 북접北接의 지역주의에 의한 대립이었다. 물론 남접과 북접의 분파 문제는 단순한 자연적 파벌 대립이 아니라 최시형 등을 중심으로 종교적 순화純化를 지향한 북접파와 전봉준全琫準 등을 중심으로 정치운동을 추구한 남접파와의 대립이었다고 한다. 그러나 그것에 대해 우리는 한국사의 맥락 속에서 어떻게 생각해야 할 것인가. 근대화 과정의 측면에서는 종교운동과 사회운동을 병탄한 동학운동의 모순이 전국적 정치 과제에 직면하는 단계에서 노선의 차이, 분파 투쟁으로 드러난 것이라고 할 수 있고, 근대 정치운동의 측면에서는 동학운동이 지닌 한계점이었다고 볼 수 있다. 한편 동학운동은 정치운동이면서 동시에 종교운동이었다. 운동의 형태와 내용이 이와 같이 혼연일체였기 때문에 운동이 그토록 확대될 수 있었다고 말할 수도 있다.

동학·천도교를 한국 사상사의 측면에서 근대화 과정으로 보면 유동식에 의거하여 다음과 같이 말할 수 있겠다. 즉 첫째, "인내천人乃天"이라는 최제우의 가르침은 한국 사상 속에 인격의 존엄성에 대한 자각을 가져왔다. 그리고 나를 구하는 자는 다름 아니라 나다, 라는 가르침은 개인의 자각을 불러일으켰다. 둘째, "보국안민輔國安民", "척왜양창의斥倭洋倡義"를 슬로건으로 내세운 민족주의 투쟁으로 자리매김할 수 있다. 그 민족주의 투쟁은 위정척사의 봉건 체제를 옹호한 민족주의와는 다른, 근대국가의 설립을 모색한 것이었다.(柳東植, 1975, 109~111; 金哲央, 1984: 143~170 참조)

일본의 식민지가 된 조선에서는 제1차 세계대전 후 윌슨Thomas Woodrow Wilson 미국 대통령의 "민족자결 원칙의 제창"과 유럽 여러 민족들이 독립국가를 형성한 것에 자극을 받아 독립운동이 전개되었다. 그것이 바로 1919년의 3·1독립운동이다. 3·1독립운동은 고종 황제의 장례식에 맞춰 당시의 주요 종교 단체인 천도교, 기독교, 불교가 조직한 것이다. 각 종교의 지도자 33명(천도교 15명, 기독교 16명, 불교 2명)은 민족의 대표로서 태화관泰和館에서 독립선언서를 낭독하고, 학생들은 이에 호응하여 파고다공원에서 각각 선언서를 낭독하고 태극기를 들고 시위행진을 했다. 거기에 전국 각지에서 고종 황제의 장례식에 참석하기 위해 모여든 수십만 명의 민중이 합세하고, 또 그것이 지방에도 파급되면서 약 3개월에 걸친 한국 사상 최대의 독립운동이 전개되었다. 이 운동에서 주도적 역할을 한 것은 천도교였으나, 운동에 적극적으로 참여하여 교회 조직을 통해 운동을 전국 규모로 확대시킨 것은 기독교였다. 그리고 총독부도 천도교보다 기독교 쪽을 더욱 심하게 탄압했다.2)

그 시대의 기독교는 한국에서 특이한 위치에 놓여 있었다. 원래 기독교는 서양 문화의 바탕이고 한국의 사상적 풍토에서는 이질적인 것이었다. 위정척사 사상은 기독교에 대한 대항이며 백서사건은 기독교에 대해 매국 종교라는 낙인을 찍었다. 그러나 그 시기의 기독교는 이전과는 다른 양상을 보였다. 물론 한마디로 기독교라 해도 당시 중심적 역할을 맡은 것은 주로 미국·캐나다가 중심이 되어서 포교한 개신교(감리교, 장로교)였다. 이들 교파의 활동은 그 외의 유럽 교회와는 달랐다. 19세기 후반 프랑스의 천주교나 네덜란드·영국 등지의 개신교회가 포교 활동에 있어서 그다지 큰 성과를 거두지 못했던 것은 스코틀랜드 성서공회의 알렉산더 윌리엄슨의 "대영제국과 같은 나라가 한국처럼 유치함과 무지함으로 인해 폐쇄적인 나라를 개방시키기 위해 하느님이 내려주신 군사력Power을 쓰는 것은 의무요, 특권이라고 믿습니다"(閔庚培, 1981: 139)라는 말이 상징하듯이 유럽 기독교회의 포교가 국가의 군사력을 배경으로 한 것이었기 때문이다. 이에 비해 미국식의 교파형敎派形 교회에는 국가의 그림자가 없었다.

미국·캐나다의 개신교가 확산된 배경에는 역설적으로 일본 제국주의의 식민지 지배가 연관되어 있었다. 일본 제국주의의 식민지정책은 조선 민족의 전통을 끊어버리고자 하는 것이었다. 1905년의 을사조약

---

2) 그 비인도적 탄압의 예는 3·1독립운동 당시 일본 군대가 경기도 수원군(지금의 화성시) 향남면 제암리에서 마을 주민(기독교도) 약 30명을 제암리 교회에 모아 총을 난사하고 교회를 불태워버린 제암리학살사건이다.

에 의한 보호국화, 1906년의 총독부 설치 등 정치적으로는 물론이거니와 징세 기구, 은행 제도 등 경제적 식민지화, "보안법保安法", "신문지법新聞紙法", "학회령學會令", "사립학교령私立學校令", "교과용도서검정규정教科用圖書檢定規定"이라는 사상·교육상의 식민지화 등 한국인을 일본인으로 만들기 위한 동화정책이 전개되었다. 이 정책은 1930년대의 창씨개명創氏改名, 신사 숭배의 강요 등 "황민화皇民化"정책으로 이어졌다.

이와 같이 정신적인 폐색閉塞 상황 속에서 한국인의 마음을 달래준 것이 바로 종교였다. 기독교는 일본 제국주의에 대한 정신적 저항의 바탕으로 등장한 것이다. 그래서 한국 기독교는 근대화의 원동력이면서 동시에 전통적 정신을 계승한다는 모순적인 성격을 지니게 된 것이다. 애당초 한국은 근대화를 거부했다. 거부함으로써 오히려 일제의 근대화 정책(식민지정책)을 강요당했다. 근대화를 역사적 흐름으로 받아들이면서 일제의 정책을 기피하고자 할 때, 기독교 문화가 근대화의 도관導管으로 나타난 것이다. 교육 사업, 의료 활동, 청년운동 등이 그 좋은 예이다.

한국인은 기독교에 대해 근대 서양으로서의 매력을 느낀 동시에 기독교 자체도 한국화·토착화시켰다. 유동식은 한국인의 종교적 영성靈性이 기독교 수용에 적합했다고 말한다. 물론 그것은 결과론에 불과하지만 그의 분석은 어떤 점을 통해 기독교가 한국인의 심성에 스며들었는지를 해명하는 데 시사점을 던져준다. "풍류도風流道는 원래 샤머니즘적인 구조를 가지고 있었다. 가무歌舞에 의한 항신降神, 즉 신인합일神人合一의 신비주의와 제재초복除災招福이라는 현실주의의 양극으로 이루어진 원시적 종교현상이 고등 종교 문화를 매개로 승화되면서 풍류도가 형성되었다." "기독교야말로 초월과 내재, 신비와 현실 사이에 변증법적 조화를 이룬 종교였다. 기독교는 영적 구제에 뿌리를 두고 사회적·문화적 현실의 개혁을 적극적으로 호소하는 것이었다."(柳東植, 1987, 48~49 이하 참조) 초월신超越神에 대한 신앙의 형태보다도 내재적인 신비 직관이 동양의 기독교 수용의 형태였던 것이다.

그런데 그 토착화에 대해 유동식은 다음과 같이 설명한다. 우선 그것은 한글의 종교이다. 천주교가 신을 천주天主라고 표현한 데에 비해 개신교는 신에 대한 표현으로 한국인이 보편적으로 믿는 하늘의 신, "하나님"을 썼다. 이러한 개념이 한국인이 개신교를 받아들이는 직접적 토대가 될 수 있었다. 물론 토착 종교와 섞일 우려가 없지는 않았다. 그러나 그는 민족의 전통적 신앙이 기독교에 의해 새롭게 되살아나게 되었다고 주장한다. 즉 기독교가 한글의 종교가 됨으로써 민족 신앙의 전통이 이어졌다는 것이다.

기독교의 토착화는 물론 여기서 본 바와 같은 내적 요인으로 이루어졌을 것이다. 그러나 외부적인 역사적 요인도 상당한 비중을 차지한다는 것을 유의할 필요가 있다. 그것은 이 민족운동에 대한 미국을 중심으로 한 선교 본국의 태도이다. 물론 한국에 있던 외국인 선교사들은 일본의 식민지정책의 잔혹성에 대해 가슴 아파하고 "인간성의 문제이자, 정의의 문제이다"라고 말하면서 항의, 행동했다. 그러나 그들은 한국의 기독교가 민족종교가 되는 것을 원치 않았고 정치와 관련된 민족운동을 거부하는 선교 정책을 채택하기도 했다. 게다가 선교 본국인 미국의 교회 지도자들은 친일적인 태도를 분명히 밝히며, 3·1운동과 기독교는 전혀 무관하다고 주장하기까지 했다. 더욱이 일본의 기독교회는 한국의 기독교회를 동정하는 일도 없었다. 그 속에서 한국의 기독교회는 자기들끼리 민족종교 쪽으로 기울어져갔다.

4. 배만흥한排滿興漢과 반제국주의

근대 중국의 분기점은 바로 아편전쟁이다. 아편전쟁은 영국의 침략주의에 비인도적으로 아편을 개재시킨 비열한 전쟁이었다. 영국은 비난받아야 마땅하다. 그러나 당시의 역사를 움직였던 것은 인도주의가 아니었다. 또 오늘날의 눈으로 보아 침략주의라고 비난하지만 당시의 영국을 비롯한 유럽 각국으로서는 자유무역의 정당한 주장이었다. 유럽의 자유무역주의와 중국의 몇 백 년, 몇 천 년 동안 계속되어온 예禮에 입각한 조공주의朝貢主義의 시스템은 기본적으로 서로 어울릴 수 없는 것이었다. 영국도 종래는 청 왕조에 대해 몇 번 조공을 바칠 때 국서에 "우리나라에서 중국에 무역하러 가는 자는 하나같이 대황제大皇帝의 무차별하고 공평한 은혜를 입고 있사옵니다"라고 쓸 정도로 공순한 태도를 가지고 있었다. 그러나 영국은 아편전쟁을 분기점으로 자국의 자유무역 시스템을 청나라에 강요하게 되었다. 맑스의 다음과 같은 말이 지당할 것이다. "부르주아지는 세계시장의 개발을 통해 모든 나라의 생산과 소비를 초국가적超國家的인 것으로 만들었다. 그들은 산업의 발밑에서 민족적 기반을 제거해버리고 반동가反動家들을 무척 슬프게 만들었다. 고래古來의 민족적 산업은 이미 파괴되어버리고, 또 날마다 파괴되어가고 있다. ……부르주아지는 모든 생산용구의 급속한 개선을 통해, 또 무한히 용이해진 교통을 통해 모든 민족을, 가장 미개한 민족조차도 문명으로 끌어들인다. 그들의 상품의 저렴한 가격은 중국의 성벽도 남김없이 무너뜨리고, 미개인의 완고하기 짝이 없는 외국인 혐오증마저도 굴복시키는 대포이다. 부르주아지는 모든 민족에게 멸망하고 싶지 않으면 부르주아지의 생산양식을 채용하라고 강요한다. 그들은 모든 민족에게 이른바 문명을 받아들이도록, 즉 부르주아가 되도록 강요한다. 한마디로 말하면 부르주아지는 자기 모습을 닮은 하나의 세계를 만들어내는 것이다."(맑스, 1952: 31~32 이하 참조) 따라서 아편전쟁은 한편으로는 국가 간의 투쟁이었지만 다른 한편으로는 자본주의의 세계 정복의 일환이자 그것에 대한 저항이기도 했다.

중국 사상의 중심에는 중화사상이 군림하고 있다. 그것은 중국의 문화가 항상 세계의 중심에 있다는 자부심으로, 일본의 존황양이론, 조선의 위정척사 사상의 원류라고 할 수 있다. 다만 중화사상은 천황의 혈통과 그것과 연결되는 민족에 역점을 두는 존황양이론이나, 혹은 조선왕조를 지키기 위하여 국가에 역점을 두는 위정척사 사상과 달리 사상을 만들어내는 문화적 구조가 중요하다. 즉 한민족漢民族은 이민족 왕조의 지배를 받아도 다른 문화 구조를 강요받지 않는 한 큰 저항운동을 일으키지 않는 것이다. 따라서 이러한 중화사상은 그대로 중국인의 민족의식에 직결되는 것은 아니었다. 그리고 만주족이 지배한 청나라 200년간의 역사가 막을 내리고 중화사상이 붕괴하는 과정에서 중국인에게 지켜야 할 자기 주체에 대한 자각이 생겨났다.

외국의 군대가 중국을 불법적으로 점거하여 약탈을 자행하자 의분義憤에 떨며 저항운동이 자연 발생적으로 일어났다. 이른바 삼원리투쟁三元里鬪爭이라는 것은 영국군의 폭행·약탈에 대한 "향촌보위운동鄕村保衛運動"이었다. 이 투쟁의 전면에 나선 것은 "사학社學"이라고 불리는 조직이었다. 사학은 향리의 "학인들이 학문을 닦는 곳이요, 어른들이 친목을 돈독히 하는 곳"(夏井春喜, 1978: 183), 즉 과거科擧를 위한 교육기관이자 지방 "교화"의 거점이었다. 이 사학은 단련團練이라고 불리는 무장 조직을 갖추고 있었고, 봉건적 질서를 유지하기 위해 영국의 침략에 저항했다.

광동의사의민廣東義士義民의 격문檄文에는 다음과 같이 씌어 있었다. "우리 사민士民들은 참으로 좋은 시대에 태어나 대대로 은택恩澤을 입으며 살아왔도다. 독서인들은 국은國恩에 보답하고자 도모하고, 서민들 또한 황제 폐하의 덕을 잊지 않고 있도다. 그뿐만 아니라 충성을 맹세하고 기절氣節[기개와 절조]을 진작시키며 황제의 적을 물리치고야 말 것이다. ……오호라, 함께 복구復仇[앙갚음]를 맹세한 자들이 뭉쳐 대의를 분명히 밝히는 것은 우리들의 적성赤誠[참된 정성]에 달려 있고, 크게 천주天誅[천벌]를 내려 인심을 상쾌히 밝히는 일은 의사義士들에게 달려 있노라. 하늘과 신이 같이 보살피시니 결코 초심을 어기지 말지어다. 천조 대청 도광天朝大淸道光 22년(1842) 10월 길일, 관동의 모든 의사와 의민이 공공히 고하노라."(西順藏 編, 1976a: 98~100) 다시 말하면 이 향촌보위운동은 청나라의 국가 체제를 민중 쪽에서 지키고자 한 것이다.

임칙서林則徐[1785~1850]가 파면된 후 양광총독兩廣總督 치산琦善, 장군 이산奕山 등은 자기 패배와 그 책임을 회피하며 또한 영국군과 싸우지 않고 오히려 삼원리투쟁을 진압하고자 했다. 이러한 태도에 민중들의 반관의식反官意識이 싹트기 시작했다. 그러나 사학·단련은 체제질서유지라는 국가의 통치를 보완하는 성격을 가지고 있었기 때문에 오히려 영국군에 대해 과격한 투쟁을 벌이는 "난비爛匪"를 단속하는 역할을 하기도 했다.

1842년에 난징조약南京條約이 조인된 후 영국이 자본주의적으로 중국 내부로 침략해 왔을 때, 그 항영抗英 투쟁의 조직 주체는 사학·단련으로부터 "천지회天地會"로 바뀌었다. 천지회는 향촌의 종족적 결합에서 소외된 빈민, 혹은 영국산 면사·면포 유입에 의해 몰락한 광저우의 방적업紡績業에 종사했던 실업자들이 종족적 결합을 대신하는 새로운 유대를 형성함으로써 성립된 조직이었다. 그들은 입회 의식에서 현실 사회의 부자父子·동족·군신의 관계를 끊었다. 그런 의미에서 그들은 유교적 봉건 질서에서 벗어난 존재가 되고, 반봉건적이면서 또한 반제국주의적 성격을 가진 조직이 되었다. 그들이 태평천국의 중요 부분을 담당하게 되었다.

태평천국운동은 아편전쟁의 패배와 개항으로 인해 중국 남부 농촌 지역 봉건사회의 모순이 한꺼번에 가속화됨으로써 파산으로 몰린 농민들이 자기들 스스로의 손으로 "지상천국"을 건설하고자 한 반봉건적 혁명운동이었다. 당초 그들은 자기들의 생활이 심각해진 원인은 이민족 왕조가 지배하는 봉건 체제에 있다는 관점에서 봉기했고 반침략 투쟁에 대해서는 역점을 두지 않고 있었다. 특히 홍수전洪秀全이 창시한 배상제회拜上帝會는 기독교를 모체로 하고 있었으므로 같은 하느님을 모시는 서양 열강의 도움을 얻을 수 있을 것이라고 소박하게 생각하고 있었다. 그러나 영국·프랑스가 청나라 정부와 손잡고 태평천국군의 진압에 나서자 태평천국의 사상은 반식민지 투쟁으로 기울어져갔다.

그런데 문제는 중국에서 기독교가 어떤 위치를 차지했느냐라는 점이다. 앞에서 보았다시피 일본의 존왕양이론은 기독교에 대한 반대에서 출발했으며 근대 서양 국가에서 기독교가 담당하는 역할을 천황으로 대치시켰다. 조선의 위정척사 사상도 이와 마찬가지로 기독교 반대 입장을 밝혔으나 기독교가 일본 제국주의에 대한 저항이라는 양심을 지탱하는 기능을 함으로써 민족종교가 되었다. 한편 당시의 중국, 특히 태평천국의 운동은 처음부터 기독교의 운동으로 일어났다. 그것은 무엇을 의미하는 것일까.

물론 중국에서도 기독교가 그렇게 순조롭게 받아들여진 것은 아니었다. 1583년에 마테오리치가 포교 활동을 시작한 이래 전례문제(1637~1656)[3]나 옹정제雍正帝의 금교(1723~1844) 등 여러 번의 변천이 있었다. 다만 중국과 한국·일본과의 차이점은 중국에서는 탄압의 기간에도 시종 20만 명의 신도를 확보하여 신앙의 전통을 계속 이어오고 역사적 축적을 유지해온 점이라고 하겠다. 하여튼 아편전쟁 이후 1844년에 프랑스의 압력으로 기독교의 전도가 공식으로 허가〔公許〕되고 천주교가 중국 전국으로 일제히 포교되기 시작했다. 그후 신도 수가 계속 증가하

---

3) 〔옮긴이〕 전례문제Rites Controversy: 이탈리아인 예수회 선교사 마테오리치가 순조로운 중국 포교를 위해 『천주실의天主實義』를 짓고 수많은 유학 경전을 인용하여 가톨릭의 천주天主(하느님, Deus)와 유교의 상제上帝와의 동일성을 논증하고, 또 신도들의 유교 의례 참석을 허용하는 등 예수회에서는 유교와 융화적인 포교 방침을 세웠다. 그러나 이러한 조치로 중국 포교가 편해진 한편, 신도들의 하느님에 대한 본질적 이해를 저해할 우려도 있었다. 이에 대해서는 예수회 내부에서도 논란이 끊이지 않았고 게다가 다른 수도회가 그것을 비난했다. 드디어 도미니크회가 교황청에 이 문제를 고소하자 역대 교황이 교서를 내려 조정에 나섰으나 유교 전례 허용 여부의 대립은 해결되지 않았고 마침내 1704년에 교황 클레멘스 4세가 유교 의례 금지령을 내렸다. 궁지에 몰린 예수회 쪽은 서구의 종교계·학계의 지지를 얻기 위해 열심히 운동하는 한편 청나라 강희제의 지지를 청했다. 강희제는 "리치의 법도를 따르지 않는 자는 중국 재류를 허용하지 않을 것"이라는 입장을 밝히고, 교황 역시 교황권의 절대성을 앞세워 전례 반대의 입장을 굽히지 않았기 때문에 사태는 교황 대 중국 황제의 사상적·문화적 충돌 양상을 띠게 되었다. 1742년에 교황 베네딕투스 14세가 교서를 내려 유교 전례 불허 입장을 재확인함으로써 전례문제는 최종적으로 막을 내렸다. 윤지충尹持忠·권상연權尙然의 순교 (1791년 진산사건珍山事件)도 그 전례문제의 여파(조상숭배의 금지)로 일어난 것이었다.

제8장 동아시아의 민족주의

여 1900년에는 74만 명, 1907년에는 100만 명을 돌파했다.

홍수전이 기독교를 접한 것은 공허 이전이었다. 1833(34)년에 과거 시험에 응시하기 위해 광저우에 갔다가 거기서 우연히 『권세양언勸世良言』이라는 개신교 입문서를 보게 된 것이 계기가 되었다. 그는 세 번 시험에 실패하고 병상 속에서 환상을 보았다. 천부天父와의 만남이었다. 홍수전의 기독교가 제대로 된 기독교인지는 의심스럽다. 기독교 입장에서 보면 천상의 것과 지상의 것을 구별하지 못했다는 말이 되겠다. 또 홍수전이 본 환영 속에서 천형天兄 그리스도라는 문자를 지워버리기만 하면 기타 어디에도 기독교적 요소가 보이지 않는다고도 할 수 있다. 그는 대중을 미혹시키는 수단으로 기독교를 이용했을 뿐 그의 본질은 어디까지나 혁명가였다는 의견도 있다.(增井經夫, 1951: 34 이하 참조) 사실 그는 서양 기독교회의 지도를 받으려 하지도 않았고, 서양 국가에 기독교 국가 실현을 위한 지원을 요청하지도 않았다. 오히려 난의 종반에는 바로 그 기독교 국가들이 가장 격렬하게 적대한 상대가 되었다. 따라서 홍수전의, 혹은 중국인만의 기독교 배상제회였던 것이다. 그것은 봉건사회의 이론적 근거이자 종교적 권위였던 공자와 유교를 파괴할 무기였던 것이다. 오히려 홍수전의 사상은 기독교라고 하기보다는 전통적인 대동사상大同思想이 기독교에 의해 촉발된 형태로 등장했다고 해야 좋을지도 모른다. 그리고 태평천국은 기독교의 배상제회와 멸만흥한滅滿興漢의 비밀결사인 천지회가 결부됨으로써 민족주의운동이 된 것이다.

태평천국의 난이 패배한 후, 살아남은 사람들, 혹은 반관反官·반지주反地主·반유교反儒教의 대중들 가운데서 기독교에 입교하는 자가 증가했다. 그것은 한편으로는 선교사의 무사無私한 휴머니즘적인 태도와, 가난한 자, 고아, 여성 등 무력한 사람들을 구원하는 교회의 자선 활동에 소박하게 감동한 것이었고, 다른 한편으로는 지주의 반혁명적 보복으로부터 피신하기 위해 교회의 권위에 의지하려고 한 것이었다. 실제로 교회는 교인을 비호하기 위해 토지·징세 문제에 개입하곤 했다. 교인들의 입장에서 보면 입교하지 않은 대중들이 청나라 봉건 체제에 굴복하여 아첨하는 자들로 보였으나, 거꾸로 일반 민중들이 보기에는 교인들이 양귀洋鬼의 앞잡이가 되어 공동체를 파괴하는 자들로 보였다. 민족주의가 반만주족反滿洲族과 반서양의 입장으로 분열된 것이다. 게다가 청일전쟁의 패배로 인해 열강에 의한 중국 분할이라는 민족적 위기감 속에서 농촌의 기독교에 대한 거부 반응이 산둥성山東省에서 의화단義和團운동으로 나타나게 되었다.

의화단 대중의 반제애국反帝愛國 사상의 특징에 대해 고바야시 카즈미小林一美는 "기독교와 열강의 침략에 맞서는 주체를 형성하기 위해 민중적 전통 정신을 발굴하고 세계관을 재구성했다. 그것은 언뜻 보기에 중세적 미망迷妄에로의 후퇴처럼 보이는 관념 과정을 거쳐서 이루어졌다"(小林一美, 1986: 88~89)[4]라는 약간 복잡한 표현으로 해명을 시도했다. 다시 말하면 의화단운동은 한편으로는 향토방위의 공동체운동으로 전개되고, 다른 한편으로는 반식민지화半植民地化 과정이 급속히 진전되는 가운데서 외국에 무릎을 꿇은 청나라를 타도하려는 전통적 비밀결사인 "체천행도替天行道, 반청멸양反淸滅洋〔천명을 바꾸고 도를 행하며, 청나라에 반기를 들고 양놈들을 박살낸다〕"을 지향한 운동이라는 서로 다른 이원적 운동으로 시작되었다. 그러나 기존의 반청복명反淸復明〔청

---

4) 의화단에 대해서는 村松裕二(1976: 34 이하) 참조.

나라에 반기를 들어 명나라를 다시 일으킨다]을 내세운 민중 반란이 좌절되고 "멸양滅洋의 민족 공동체를 지향하는 운동으로 전환되면서" 청나라도 사교邪敎와 양귀洋鬼에 맞서는 "우리 강산江山·사직社稷이라는 민족 공동체 속에 포함"된 것이다. 따라서 "부청멸양扶淸滅洋〔청나라를 도와 양놈들을 박살낸다〕"이라는 슬로건은 "유일 절대의 적=양귀의 절멸을 목표로 삼아 민족의 주체적 계기(大淸意識·中華意識·攘夷主義마저 포함시켜서)의 총체를 몽땅 총동원한 사상이었다"라고 고바야시는 말한다. 고바야시의 해석이 이토록 복잡한 것은 그가 의화단운동에 대해 감정이입을 하면서 그것을 민족주의·근대 혁명이라는 일원적 사고 틀에 묶어두려고 하기 때문이다. 어쨌든 기존의 민중적 반양운동이 청나라 위주의 체제 유지를 위한 것이었던 데 비해 의화단운동의 경우 대중 주체의 서양 세력 박멸의 운동에 청나라의 정부가 포섭된 것은 사실이다. 그러나 결국 지배자들은 자기 보신을 위해 의화단 대중을 배신했다. 그리고 이 운동은 "봉건세력이 서양인의 근대적인 군사력 앞에 완전히 어이없이 무력했다는 원통한 현실 속에서 비로소 천장天將, 천병天兵, 신권神拳, 초능력, 주술, 의인義人·영웅의 힘을 빌려 하늘을 대신하여 도를 행한다는 신앙과 신령을 자기 몸에 내리게 하고 일상성을 단절하는 의식을 창출했다." "의화단 대중들은 그러한 독자적 조직과 사상과 운동을 순화시킴으로써 제국주의를 반격하고, 청나라 중앙을 반제국주의 투쟁으로 몰아내면서 그것을 실질적으로 와해시키고, 신해辛亥년의 공화 혁명〔신해혁명〕과 이에 따르는 반제애국의 길을 스스로의 주검으로 쓸어 닦았다고 말할 수 있다."(小林一美, 1986: 90)

아편전쟁 이래 중국은 패퇴를 거듭하고 서양 근대화가 내부에서 계속 진행되었다. 중화라는 문화 형태를 해체하면서도 중국은 그래도 스스로를 유지하려 했다. 중국 내부에서 진행된 서양 근대화는 처음에는 단지 실용적인 군사기술의 도입뿐이었고 다음에는 근대산업의 도입과 통상이었으나 곧 그 영향은 정치형태로부터 도덕 질서에까지 미치게 되고, 마침내 중국의 사회체제마저 포기하게 했는데, 그럼에도 불구하고 남은 "무언가"가 근대주의와 마찰을 빚고 그것에 저항했다. 니시 준조西順藏는 그것을 다음과 같이 표현한다. "중체中體는 그 껍질을 버리고 살을 떼어내고 뼈마저 버리며 드디어 골수만 남아서도 자기를 지키고자 했다. 그 과정 속에서 중국의 중핵이라고 할 수 있는 것이 드러나는 동시에 유럽과의 본질적 차이가 노출됐다."(西順藏, 1969: 476) 앞에서 말한 "무언가"란 니시에 의하면 "동양"이다. 유럽이 중국과 접촉하면서 느낀 이질적인 "동양"이다. 유럽인들은 "동양"을 유럽의 개념에서 "정체성停滯性"이라고 부르기도 하고, 인격적 자유 개념이 결여된 것이라고 논하기도 하지만 사실은 그러한 설명으로는 다 이해할 수 없다. 그렇게 한정할 수 없는 주체가 바로 중국의 농촌이다. 그는 말한다. "중국에서는 문제가 농촌에 있었다. 농민은 직접적으로는 말하자면 유일한 보편적 실체〔봉건적 지배 체제〕속으로 해소되어버리는 무無와도 같은 존재였다. 전인격이 지배자에 예속되기 때문에 적대에 대해 자각할 수 없었을 텐데 그럼에도 불구하고 중국 문제의 본질은 거기에 있었다. 그런 의미에서 중국을 새롭게 한 주체는 농민이라고 하는 것이다. 그것은 오히려 구체제의 경우와 마찬가지로 기반·저부라고 해야 할지도 모른다. 그러나 그러한 농민이 봉건적 지배 체제의 타파를 통해 제국주의=자본주의=유럽을 타도한 것이다."(西順藏, 1969, 478~479)

니시의 이와 같은 말은 단지 혁명의 낭만만을 이야기하는 것일까. 아니면 개인적으로는 중국을 사모하면서도 일본인의 한 사람으로서는 유럽으로부터 서양 문명을 배우고 조선·중국을 침략한 근대 일본이 개개의 전투에서는 승리하면서도 최종적으로는 서양 근대를 계속 거부해온 "농촌"의 진흙〔중일전쟁 때의 농민 게릴라의 비유〕에게 철저하게 당했다는 의식이 있는 것일까. 거기에서 그는 유럽적 개념으로는 부정적으로 파악될 수밖에 없는 "무언가"의 존재를 느끼고 있는 것이다.

여기서 아시아 민족주의의 고찰을 통해 도출된 점을 확인해보자. 아시아의 민족주의는 "서양"의 두 가지 측면과 맞섰다. 하나는 기독교이다. 또 하나는 부르주아 제국주의이다. 그리고 그때 일본·한국·중국 세 나라의 대응은 서로 달랐다. 일본은 기독교의 수용을 거부하고 천황제를 의사 종교疑似宗敎로 만들어 근대국가의 정신적 지주로 삼았으며, 유교적 국가 시스템을 포기하고 제국주의 노선을 걸어갔다. 한국은 반기독교·반자본주의적 저항 속에서 망설이다가 일본의 식민지가 되고 말았으며 일본 제국주의에 대한 저항으로 기독교를 수용했다. 중국에서는 고대에서부터 농민들 사이에 퍼져 있었던 대동사상이 기독교를 매개로 반봉건 투쟁의 이데올로기로 성장하고, 나아가 제국주의에 대한 저항운동으로 발전하여 공산주의 운동으로 승화되어갔다.

민족주의는 특히 아시아에서는 식민지 지배에 대한 저항운동으로 큰 정신적 지주가 되었다. 그러나 민족주의의 최대 목표는 민족국가를 수립하는 것이며 그 목표를 향해 나아갈 때에는 민족(국가)과 개인이 윤리적으로 일체가 되는 것을 볼 수 있다. 그래서 각각의 나라에서 민족국가 수립을 위해 목숨을 바친 사람들은 민족의 영웅이 된다. 그러나 민족주의는 그 당면 목표인 민족국가를 수립하자마자 그 주된 목표를 상실하고 다른 민족을 침략하는 원리로 변모하고 마는 것이다.

제9장
대동아공영권

1. 국제 공헌과 침략

우선 다음의 문장을 읽어보자.

> 요즘은 세계 각국이 각자의 입장을 정하고 서로 이해하고 협조하면서 모든 국가가 번영을 누리는 것이 세계 평화를 확립하기 위한 근본적으로 중요한 사항일 것이다.
> 자국의 번영만을 도모하고 국가와 민족을 고려하지 않는 과거의 제국주의적 태도와 침략주의적 태도는 동아시아의 안정을 근본적으로 뒤집는 것으로서 비난받아야 할 것이다.
> 아시아의 각국은 서로 제휴하고 협조하면서 각국의 독립을 지키고 아시아의 안정에 의해 세계의 평화를 확립하는 것을 지향하고자 한다. 그리고 그것을 위해서는 다음과 같은 사항이 확인되어야 한다.

첫째, 아시아 각국은 아시아의 안정을 도모하고 인류의 이념에 기초한 질서를 확립하고자 노력한다.

둘째, 아시아 각국은 서로의 독립을 존중하고 서로의 신뢰를 구축하며 아시아의 우호를 촉진한다.

셋째, 아시아 각국은 서로의 전통문화를 존중하고 각 민족의 창조성을 신장시켜 아시아의 문화를 더욱 제고시켜야 한다.

넷째, 아시아 각국은 서로의 신뢰에 기초하여 긴밀히 제휴하고 각국의 경제 발전에 힘쓰며 아시아 각국의 번영을 지향해야 한다.

다섯째, 아시아 각국은 세계의 각국과 협조하고 인종차별을 없애고 널리 문화를 교류하며 세계의 자원을 활용하여 세계 인류를 위해 공헌해야 한다.

이상의 문장은 지금부터 약 50여 년 전[1]인 1943년에 일본이 태평양전쟁 수행의 정당성을 주장하기 위해 아시아 각국 대표를 도쿄에 모아 이른바 대동아회의大東亞會議를 한 뒤에 발표한 "대동아공동선언"을 현대 용어로 바꾸고 미국·영국에 대한 일부 비난을 삭제한 것이다.

당시의 원문을 인용하면 다음과 같다.

대동아공동선언
무릇 세계 각국이 각기 제자리를 얻고 서로 모이고 서로 도와주며 만방萬邦이 함께 번영하는 즐거움을 나누는 것은 세계 평화 확립의 근본 요의要義이다.

---

1) [옮긴이] 이 책은 1997년에 출간되었다. 지금 기준에서 보면 60여 년 전이다.

그러나 미국과 영국은 자국의 번영을 위해서라면 다른 국가, 다른 민족을 억압하고, 특히 대동아[동아시아]에 대해서는 만족할 줄 모르는 침략 착취를 일삼고 대동아 예속화의 야망을 마음대로 펼침으로써 마침내 대동아의 안정을 근본적으로 뒤집고자 했다. 태평양전쟁[大東亞戰爭]의 원인은 여기에 있는 것이다.

대동아 각국은 서로 제휴하여 태평양전쟁을 완수하고 대동아를 영미의 질곡에서 해방시켜 그 자존自存 자위自衛를 온전히 하며 다음 강령에 기초하여 대동아를 건설함으로써 세계 평화의 확립에 기여하고자 한다.

하나, 대동아 각국은 협동하여 대동아의 안정을 확보하고 도의에 기초한 공존공영의 질서를 건설한다.

둘, 대동아 각국은 서로 자주독립을 존중하고 서로 돕고 친목을 돈독히 하여 내용이 있는 대동아의 친화를 확립한다.

셋, 대동아 각국은 서로 그 전통을 존중하고 각 민족의 창조성을 신장시키며 대동아의 문화를 앙양한다.

넷, 대동아 각국은 호혜 아래 긴밀히 제휴하고 경제발전을 도모하며 대동아의 번영을 증진시킨다.

다섯, 대동아 각국은 여러 나라들과의 교류와 우의를 돈독히 하고 인종적 차별을 철폐하고 널리 문화를 교류하며 나아가 자원을 개방함으로써 세계의 진보에 공헌한다.(情報局記者會, 1943: 2~3)

그런데 첫 번째에 제시한 문장과 두 번째의 대동아공동선언의 원문이 내용상 큰 차이가 없고, 게다가 첫 번째 문장을 오늘의 아시아 발전을 도모하는 하나의 글로 인정할 수 있다고 하면 과연 어떻게 될 것인

가. 50여 년 전의 대동아공영권 구상은 주장 자체는 마땅했으나 역사적 상황에 문제가 있었다는 말이 되는가? 아니면 무릇 정치 선전이란 것은 이와 같은 미사여구로 꾸며져 있어서 문제의 본질은 그러한 문언文言 밑에 숨겨진 정치적 의도에 있다고 하겠는가? 나아가 오늘날 일본의 대對아시아 경제 진출 및 국제 공헌이 첫 번째 문장과 같은 성격의 것이라고 하면 결국 그것은 제2차 세계대전 이전의 일본의 제국주의적 침략과 다를 바 없고, 다른 점은 오직 군사와 경제의 차이일 뿐이라는 말이 되는가? 의문은 더 계속된다. 대동아공영권 구상은 오늘날의 역사적 판단에서 보면 침략 전쟁을 미화하는 것임이 분명하며 아시아 사람들을 고난에 빠뜨린 일본 제국주의의 잘못이다. 그러나 그 시대에 실제로 살고 싸웠던 일본인들은 그 잘못된 정책의 잘못됨을 모른 채, 혹은 위정자에게 속아 아시아 침략에 끌려갔는가? 살육이나 부녀 폭행과 같은 범죄행위는 분명히 비난받아야 마땅하다. 그러나 예를 들면 만몽개척단滿蒙開拓團이라는 국책에 참여하여 중국인의 땅을 빼앗은 경우에는 역사 속의 한 개인의 행위의 책임은 어디에 있는가. 행위를 한 개인에게 책임을 돌려야 하는가. 아니면 국가에게 책임을 돌려야 하는가.

요즘 국제 협력, 국제 공헌이라는 이름 아래 자위대의 PKO 활동이 논의되고 있다.[2] 일찍이 일본 역사상 군대를 해외에 파견한 것은 백촌강白村江 전투[3], 도요토미 히데요시의 조선 침략, 대만 출병, 청일전쟁,

---

2) 〔옮긴이〕 일본은 1992년 10월 육상 자위대의 시설과 부대가 캄보디아에 파견되어 UN 캄보디아 잠정기구 산하에서 1년간 UN이 부여한 임무를 수행한 것을 시작으로, 자위대의 PKO(유엔평화유지) 활동을 지속하고 있다.
3) 〔옮긴이〕 660년 백제가 멸망한 이후, 백제 부흥 세력이 왜에 구원을 요청하여 663년에 백제 부흥 세력과 왜의 연합군이 나당연합군과 금강(또는 동진강이라는 설

러일전쟁, 제1차 세계대전, 시베리아 출병, 산둥반도山東半島 출병 ······ 태평양전쟁 등이다. 그 대부분이 최종적으로는 비참한 결과로 막을 내렸다. 게다가 그중 어느 것을 보아도 각각은 각 시기에 있어서 정치적·역사적 필연성을 가지고 있었고, 수많은 국민들이 그 전쟁에 억지로 끌러갔다고 하기보다는 오히려 기꺼이 따라갔음을 확인할 수 있다.

그 배경에는 금의환향을 바라는 가난한 사람들의 모험심, 국내의 사회적 모순을 해소하고 경제를 활성화시키고자 하는 정치인과 신천지에서 활로를 찾고자 하는 경제인들의 의도, 그리고 다른 민족에 대한 우월감과 타민족 사람들을 마음대로 부리고 그들의 땅을 차지하고자 하는 야심 등 다양한 동기가 깔려 있었다.

오늘날의 국제사회는 자유무역의 국제 관계로 이루어지고 정치적으로도 민족의 틀을 벗어나 인류 규모의 질서 형태를 모색하고 있다. 오늘날의 일본은 침략의 역사를 되풀이할 수는 없지만 그렇다고 에도 시대의 쇄국정책으로 되돌아가 외국과의 교류를 단절할 수도 없는 노릇이다. 그렇기에 국제 공헌과 침략은 무엇이 다른가를 확인해야 하는 것이다.

2. 아시아주의

대동아공영권은 직접적으로는 1938년, 코노에近衛文麿 수상이 중국

도 있음) 하구에서 벌인 전투를 일본에서는 백촌강白村江 전투라고 부른다(이 전투에서 백제-왜 연합군은 참패를 당하고 백제는 완전히 멸망하고 만다).

과의 전쟁 목적을 "동아시아(東亞)의 영원한 안정을 확보하기 위한 신질서 건설에 있다"고 규정하면서 "동아신질서東亞新秩序"를 모색하는 과정에서 거론되었다. 또 경제적 배경으로는 1929년의 대공황에 의해 유럽·미국의 블록경제화가 진행되는 가운데 그것과 맞서는 형태로 일본의 경제권을 확보하려는 의도가 있었다. 그런데 일본이 아시아에 대해 어떤 태도를 취하느냐 하는 것은 메이지유신 이래의 "아시아주의"의 정치·사상적 문제였다. 구화주의에 대항하여 아시아와의 연대를 외치는 "아시아주의"가 결과적으로 아시아 침략으로 전환되었다. 그 과정을 검증하고 거기에 어떤 문제가 있었는가를 고찰해보자.

오카쿠라 텐신岡倉天心의 저서 *The Ideas of East*(『동양의 이상』)는 1902년에 영문으로 저술되어 런던에서 간행되었다. "Asia is one(아시아는 하나다)"이라는 오카쿠라 텐신의 논의는 사랑이야말로 모든 아시아 민족에 공통된 사상적 유전이고 그들로 하여금 세계의 모든 거대 종교를 낳을 수 있게끔 만든 원동력이므로 궁극적·보편적인 것을 추구하는 사랑을 넓게 확장하는 것은 어떤 장벽도 "한 순간도 막을 수 없다"(岡倉天心, 1963: 67 이하 참조)[4]고 하며 아시아 민족의 각성을 호소한 선동agitation이었다. 그가 이 책을 인도 여행을 떠나기 전에 영어로 쓴 것도 바로 그러한 의도 때문이었다. 아시아는 몇 세대에 걸쳐 부조父祖 전래의 보물인 공예工藝, 장식 예술을 만들어냈다. 그리고 서로가 서로에 대한 의무를 지닌 커다란 "동포 공동사회"에 대한 자기희생을 인생 최대의 규범으로 삼아왔다. 아시아의 간소한 생활은 증기기관과 전기의 힘에 의지하면서 사치스럽게 생활하는 유럽과 비교하여 털끝만큼도

---

[4] 오카쿠라 텐신에 대해서는 宮川寅雄(1956); 松本淸澄(1984) 참조.

부끄러워할 필요가 없다고 그는 주장했다. 오히려 아시아의 영광은 유럽의 부강함보다 더 적극적인 어떤 것이다. 그것은 바로 만인의 가슴에 맥박 치는 화평和平의 고동이다.

　아시아에는 서양과 다른 독자적인 문화가 있으므로 그것을 지키고 또 부활시켜야 한다는 그의 생각은 서양의 문화를 모르는 편파적 의식에서 나온 것은 아니었다. 그러나 그의 기조基調는 일관되게 동양주의였다. 다시 말해 아시아의 모범으로 일본을 높이 내세우는 점에서는 일본(국수)주의였다. 즉 복잡한 아시아 문화의 통일을 실현하는 것은 일본의 위대한 특권이라는 말이다. "만세일계萬世一系의 천황을 모신다는 비류比類 없는 축복, 정복된 적이 없는 민족의 자랑스러운 자지自持, 팽창과 발전 대신에 조상으로부터 전래된 관념과 본능을 지킨 섬나라적 고립 등이 일본을 아시아의 사상과 문화를 보관하는 진정한 저장고貯藏庫로 만들었다."(岡倉天心, 1963: 69) 아시아 문화의 역사적 부를 그 비장秘藏된 표본에 의해 일관되게 연구하는 것은 오직 일본에서만 가능하다. 일본 예술의 역사는 그러므로 아시아의 여러 가지 이상들의 역사가 될 수 있다고 한다.

　다만 텐신의 논술을 자세히 살펴보면 그는 일본 문화가 아시아의 이상이라고 말하는 것이 아니라 아시아적 이상의 여러 위상들이 일본이라는 박물관에 보존되어 있다고 주장하고 있는 것이다. 물론 논지를 따지고 보면 일본 문화가 아시아의 이상을 실현할 수 있다는 말이 되지만 그러나 텐신 자신은 아시아를 교만스러운 태도로 내려다보지 않았다. 그것은 텐신 개인의 사상적 자질일 뿐만 아니라 1902년이 러일전쟁을 앞둔 시기여서 아시아에 대한 유럽의 식민지 침략의 긴장감을 아직 일본이 공유하고 있었기 때문일 것이다.

그것은 다루이 토키치樽井藤吉의 『대동합방론大東合邦論』도 마찬가지였다.(藤井藤吉, 1963)[5] 백인의 침략에 맞서 아시아 연합을 만들기 위해 한일합방을 호소한 이 논저는 일본과 한국이 대등한 입장에서 연합 국가를 만들고, 또 청나라와 동맹 관계를 맺어 유럽에 맞서고자 하는 것이었다. 매우 비현실적인 주장인 것 같지만 자유민권운동의 지사志士들이 가지고 있었던 아시아에 대한 꿈은 이와 같은 것이었다.

러일전쟁을 거쳐 제1차 세계대전에 이르는 시기에 아시아주의자들의 논의는 아시아 문화의 보호주의가 아니었다. 그 무렵에는 서양에 맞서려는 힘의 논리가 등장하였다. 오카와 슈메이大川周明는 아시아 민족은 제일 먼저 자유를 얻어야 한다고 말했다. 그러나 "자유는 나가서 획득해야 하는 것이지 주어지는 것이 아니다. 아시아로부터 그 자유를 빼앗은 민족은 아주 두드러지게 뛰어난 의지력의 소유자이다. 그러므로 그들보다 뛰어난 강대한 '힘'을 가지지 않는 한 아시아는 끝내 자유를 얻을 날이 없음을 각오해야 한다"(大川周明, 1993: 44)라고 하는 힘의 논리를 주장한다.

일본은 러일전쟁에 승리함으로써 국내적으로는 자본주의적 체제를 확립하고 대외적으로는 제국주의 노선을 택했다. 일본이 군사력으로 승리했다는 의미에서 힘에 대한 신앙을 가지게 된 것도 이 시기일 것이다. 다만 일본이 러시아에 승리했다고 해서 갑자기 제국주의로 변모한 것은 아니었고, 일본의 대외 팽창정책 자체는 청일전쟁, 메이지 5년(1872)에 나온 이른바 "정한론征韓論"으로 거슬러 올라간다. 그리고 앞

---

[5] 다루이의 책은 1885년에 한번 일본어로 저술되었다가 1893년에 한문으로 다시 쓰였다.

에서 보았듯이 그러한 논의는 막부 시대 말기의 요시다 쇼인, 하시모토 사나이橋本左內 또는 사토 노부히로佐藤信淵로부터 연원한다. 대외 팽창정책의 귀결이 대동아공영권이고 그 파탄이었다고 하면 대동아공영권 구상은 일본이 근대국가를 형성한 시점에 이미 잘못을 저질렀다는 말이 된다. 그리고 근대국가라고 하는 자본주의국가 형태는 강대하게 되면 제국주의화한다는 필연론이 되고 만다. 그렇다면 역사는 어떤 하나의 점을 향해 목적론적으로 일직선으로 나아가는 것이 된다. 역사는 그런 것인가.

오카와 슈메이의 개인적 심정에는 제국주의적·침략적 의도는 없었을지 모르나 그럼에도 불구하고 그의 역사관, 즉 동양이라는 이름으로 총칭되는 여러 민족들과 서양이라는 이름으로 포괄되는 여러 민족들과의 투쟁의 역사에서 도출되는 결론으로서의 일본 민족의 아시아에 대한 위대한 사명과 책임이란 바로 제국주의·침략주의가 된다. 말하자면 거국적으로 도道를 위해 순사殉死할 각오로 대의를 사해에 펴고자 하는, 다시 말하면 "신일본新日本의 국민은 이러한 본원本願을 간직하고 삼엄森嚴하고 웅혼雄渾한 직책을 맡아야 한다. 그리고 아시아의 지도, 그 통일은 진실로 대의를 사해에 펴는 유일한 길이다"(大川周明, 1993: 21)라고 하는 사고방식이다. "아시아의 구원"이라는 개인적 심정과 "대의를 사해에 펼친다"라고 하는 제국주의(침략주의)는 자기모순이라 하겠으나 혹은 모순된 것처럼 보이는 자가당착인지도 모른다.

이와 같은 아시아주의의 자기모순은 기타 가즈테르北一輝에게서 더욱 선명하게 나타난다. 기타는 1911년에 신해혁명이 일어나자 즉시 중국으로 건너가 맹우盟友인 담인봉譚人鳳과 더불어 중국 혁명에 매진했다. 그러나 그 혁명운동은 청나라 정부의 타도를 거쳐 제국주의, 특히 일본 제국주의와의 전면 대결이 되었다. 게다가 민족해방운동은 중국의 민족적 자본주의를 성장시켜 보호하는 것이라기보다는 자본주의·제국주의의 모순에 억눌린 노동자와 봉건적 대토지 소유에 신음해온 농민을 주체로 한 사회주의·공산주의 운동이 주류가 되었다.

민족주의적 동정으로 혁명에 참여한 기타는 과거의 맹우들이 지금은 적으로 나타나는 현실에 고민하지 않을 수 없었다. "눈앞에서 펼쳐지는 배일운동을 앞장서서 지휘하고 고취하며 격려하는 자들이 바로 모두 10년 동안 눈물과 피를 흘리며 투쟁을 함께하고 같이 죽자고 약속한 동지들이었다는 것이 커다란 모순"(北一輝, 1959: 356)이었던 것이다. 1919년에 그러한 커다란 모순 속에서 한 달 동안 단식을 한 후에 일거에 지은 글이 바로 『국가개조법안원리대강國家改造法案原理大綱』(『日本改造法案大綱』)이었고, 그는 그것을 가지고 일본으로 귀국했다. 귀국 후 그는 일본의 혁명을 도모했다. 그가 이루고자 했던 것은 국내적으로는 사회주의와 민족주의, 대외적으로는 중국의 민족주의와 일본의 제국주의를 유신혁명維新革命으로 되돌아가게 함으로써 스스로의 모순을 해소하는 것이었다. 천황의 "카리스마적 권위를 빌려 그 매듭을 일거에 끊어버리려고"(北一輝, 1959: 今井淸一 解說, 424) 하는 것이었다. 그런데 도대체 무엇을 개조하려고 한 것일까. 또 일본을 개조하는 것이 어찌하여 아시아의 해방과 직결된다고 말할 수 있겠는가.

기타 가즈테르가 추구한 유신혁명이란 "헌법의 정지─천황은 모든 일본 국민과 더불어 국가 개조의 근기根基를 정하기 위해 천황 대권大權을 발동시켜 3년 동안 헌법을 정지하고 양원兩院을 해산시키며 전국에 계엄령을 선포할 것"(北一輝, 1959: 221 이하 참조)으로부터 시작된다. 문제는 자본주의·의회주의에 의해 자본가가 정당·관료를 좌지우지하면서 국가를 제멋대로 움직이고 있다는 점이었다. "영미의 기독교적 권위에 의지하는 민주주의democracy"를 배척하고 "일본의 개조에는 반드시 국민 집단과 원수元首가 하나가 되어 권력 발동을 해야 한다"(北一輝, 1959: 221~222)라고 주장했으나 그것은 천황 친정親政을 꿈꾸었던 것일까. 아니면 혁명 주체가 천황의 권위를 받들어 독재 권력 기구를 수립해야 한다는 말일까. 그의 논의, 그리고 그것에 선동된 2·26사건의 청년 장교들의 눈에는 천황과 국민 사이에 있는 추밀고문관樞密顧問官들이 "혁명 이전의 러시아 궁정"과 같이 타락하여 "전횡을 부리고" 있다고 비쳤고 따라서 그들은 추밀고문관들을 제거하기만 하면 천황과 국민들이 일체가 된다고 생각했다. 그러나 이 개조 대강이 제시한 시책에 따르면 천황을 보좌할 만한 그릇을 가진 자를 널리 천하에서 구하고 고문원顧問院을 설치하는 것으로 되어 있다. 추밀고문관을 폐지해놓고 대신 고문원을 새로 설치한다면 제도적으로는 아무런 개조도 되지 않을 것이다. 그러나 기타 가즈테르의 심정은 당시의 추밀고문관들과 그들을 뒤에서 조종하는 자본가들이 자기들의 이익 추구에 눈이 멀어 도의성을 상실하고, 이렇게 타락한 자들이 정치를 하고 있기 때문에 일본이 나아지지 않는다는 국민의 심정을 대변하고 있다. 그리고 그는 유럽의 제도를 그대로 옮긴 화족華族〔귀족〕 제도를 폐지하고 유신혁명의 원점으로 되돌아가야 한다고 주장했다. 그의 자본가에 대한 증오는 "사유재산한도私有財産限度"의 장에 노골적으로 드러나 있다. 그리고 그는 자본주의의 진전이 낳은 모순을 "유신혁명의 원점"으로 되돌아감으로써 해결할 수 있다고 생각했다.

근대 자본주의는 종래의 산업구조를 변화시켰다. 그리고 사람들은 신분제도의 틀에서 해방되고 직업 선택의 자유를 얻었다. 그러나 직업 선택이 자유로워졌다고 하기보다는 일찍이 맡았던 사회적 역할을 빼앗기고 자본주의적 산업구조 속에 억지로 갇히게 되었다고 해야 할 것이다. 무사武士였던 자가 정치가·군인·경찰관·기업가·학자…… 상인·개척 농민·부랑자浮浪者가 되고, 농민이었던 자가 도시 노동자가 되는 등이 그 예이다. 이전의 직업과 별로 차이가 없는 직업을 갖거나 기꺼이 새로운 직업을 선택한 자는 상관없지만 산업사회의 희생양이 된 자는 정신적 무질서 상태를 경험한다. 게다가 종래의 직업이 가지고 있던 윤리관과 새로운 직업의 윤리는 다르다. 예를 들면 초닌町人 도덕과 자본주의의 윤리, 무사도武士道와 국민개병國民皆兵의 군대 조직에 있어서의 군인 정신 등이 바로 그것이다. 기존의 윤리를 끌어와서 새로운 직업윤리에 억지로 대응시키려다가 도리어 폐해를 가져오는 경우가 종종 있고 그것에 의해서도 정신적 무질서 상태가 초래된다. 특히 자본주의는 이윤 추구를 목적으로 삼는 것이어서 그 직업 시스템 자체에는 윤리moral가 없다. (여기서는 직업 시스템과 직업 내용을 구별해야 한다. 예를 들면 의사는 직업 시스템에서 보면 돈을 벌기 위해 의료 행위를 한다. 그렇지만 그 직업 목적이 환자를 치료하는 데에 있기 때문에 직업 자체가 윤리적인 것으로 간주된다.) 그래도 부르주아, 젠틀맨이 생겨난 나라에서는 그들의 계층적·종교적 윤리가 직업 시스템 자체에 존재하지 않는 윤리를 대신하여 제어하고 있었다. 그러나 일본에서는 새롭게 특권을 획득한 계층이 사리사욕을 추구할 뿐 윤리가 없었고, 억눌린 사람들에게는 그들이 새로운 산업구조를 사회적으로 담당하는 계층으로 보이지 않았던 것이다.

자본가에 대한 혐오감, 그리고 다른 한편으로는 사회주의혁명에 대한 기피도 기타 가즈테루의 특색이다. "맑스와 크로포트킨Pjotr A. Kropotkin

을 고수하는 자는 혁명론에서 로마교황을 받드는 것과 같은 자기모순을 범하고 있다. 영미의 자유주의와 독일의 국가주의가 각기 민족 사상의 결실인 것과 마찬가지로, 이론적으로 많은 차이점을 가지면서도 병립하고 있는 독일인인 맑스의 사회주의와 러시아인인 크로포트킨의 공산주의는 각각의 민족 사상이 피운 꽃이라고 하겠다. 그 가치가 상대적인 것이지 절대적인 것이 아님은 말할 나위도 없다."(北一輝, 1959: 279)

요컨대 사회주의는 다른 나라 사람이 만들어낸 이론이기 때문에 일본에 대한 해결책이 될 수 없다는 말이다. 일본주의에 철저해야 한다는 것이다. 이러한 논의는 이론적 고찰이나 구조적인 해명이 아니라 심정주의적인 것이다. 적성赤誠의 마음을 간직하고 심지가 깨끗하면 도道가 저절로 하늘에 통한다는 것이다. 그는 "천황"이라는 것은 말하자면 샘물이 솟아 나오는 샘터와 같아서 민족의 생명이 거기서 계속 솟아 나온다고 생각했던 모양이다. 그 샘터를 추밀원이라는 덮개로 가리거나 유럽의 데모크라시라는 제도로 흐리게 하면 그 생명의 샘물은 일본 국내로 흘러가지 않는다. 그러므로 덮개와 찌꺼기를 제거하기만 하면 된다는 이야기이다. 여기서 그 샘터가 정말로 마르지 않는 것인지, 그 샘물 자체가 흙탕물이 아닌지 등을 의심을 가지고 보아서는 안 된다. 왜냐하면 천황은 신성하니 감히 침범할 수 없는 것이며 그것에 이르는 "도"는 "신의 뜻을 따르고 말로 따지지 않는" 것이기 때문이다.

물론 역사의 진전이나 근대국가의 구조론構造論을 가지고 기타를 비판해도 논의가 서로 맞지 않을 것이다. 왜냐하면 혁명이란 것은 역사적 필연성을 단절시키는 것이고 그의 유신혁명은 역사의 진보라는 톱니바퀴를 거꾸로 돌리려 하는 것이기 때문이다. 달리 말하면 본래 그의 역사관 자체가 그러한 진보적 역사관에 의거한 것이 아니기 때문이다.

그런데 기타는 다음과 같이 말했다. "사회주의는 일본에서는 국가주의 그 자체가 된다." 그가 설명하기를 맑스는 독일에서 태어났다고 하더라도 유태인이고 유태인에게는 국가가 존재하지 않고 사회만이 있다. 그러므로 맑스의 이론은 "국가 없는 사회 위에 구축된" 이론이기 때문에 그것을 일본에 적용하려 할 경우에는 사회조직이라는 말을 국가로 바꿔서 생각해야 한다. 그는 자기의 내면적 모순, 즉 민족주의와 사회주의를 천황 유신의 국가사회주의에로 억지로 지양해버린 것이다.

이와 같은 맑스에 대한 언급과는 관계없이 일본에서는 확실히 "사회"의 미발달로 인해 모든 것이 국가 위주가 된다는 것을 부정하기 어렵다. 그것에 대해 가네코 타케조金子武藏는 "일본에는 가족과 국가가 있을 뿐이고 사회의 매개가 결여되고 없었다. 그 때문에 개인의 자주·자유의 자각이 없었고, 따라서 경제·기술·과학·법률·제도 등이 충분히 발달하지 못했을 뿐만 아니라 전체성도 심정 안에 머물고 현실성이 결여된 주관적인 것에 머물렀다. 그것이 '인륜의 상실'을 가져온 것이다. 따라서 전체성의 원리가 유지되면서도 특수성의 원리가 발전되어야 한다"(金子武藏, 1944: 495)라고 전쟁 중에 당시의 일본 국가의 상황에 대해 반성했다. 물론 제2차 세계대전 전의 일본이 가족과 국가만의 부족제部族制 국가였다는 것은 아니다. 영리 활동을 하는 상점이나 기업, 계급투쟁을 하는 노동조합, 종교 활동을 하는 사원·신사 등이 사회 기능을 가지고 활동하고 있었다. 그러나 그러한 사회 기능을 가진 시민사회가 국가와 대립하여 보편성을 가지게 될 정도로 성숙하지는 못했다는 말이다. 그러한 시민사회는 단지 "욕망의 체계"에 불과했고 권리를 주장하는 단체로서 최종적으로는 그것을 통제하는 국가에 포섭되고 말았던 것이다.

전후의 민주주의는 그것에 대한 반성에서 시민사회를 형성하기 위해 노력해왔다. 신문과 잡지에서는 이전의 "국민"이 아니라 "시민"이라는 단어를 한 개인을 가리키는 말로 사용하기 시작했다. 물론 그것은 오사카 시민이라든가 요코하마 시민이라든가 하는 것처럼 시市라는 행정구역의 주민을 의미하는 것이 아니다. 자기 인격을 확립하여 권리를 주장하고 자기실현을 해나가는 시민사회를 전후 일본 사회는 추구했던 것이다.6) 그러나 전후 민주주의가 이념으로 가졌던 시민사회의 이상 형태가 유럽에서도 거의 실현되지 않았고 추상적인 환상이었던 것도 사실이었다.

사회주의는 확실히 국가와 날카롭게 대립했다. 계급을 국가를 초월하는 원리로 내세웠기 때문이다. 일본의 사회주의자들도 역시 국가를 초월하기 위해 싸웠다. 그런 의미에서는 사회주의자는 확실히 세계와 이어져 있었다. 그야말로 국제주의Internationalism였다. 그러나 바로 그 국제주의라는 무국적이 국민감정과 괴리되었다. 기타 가즈테르가 『국체론 및 순정 사회주의』(1906)를 저술하면서도 사회주의 결사인 평민사平民社에 실망했듯이 일본의 사회주의는 처음부터 이미 직수입형의 "강단사회주의講壇社會主義"였다.

다이쇼 시대 중기부터 쇼와 초기에 걸쳐 프롤레타리아 국제주의

---

6) 그러나 동시에 그 시민사회는 단지 "여러 욕구의 체계"나 권리주장과 경제활동의 단체에 머물러서는 안 된다. 그 시민이라는 것 자체가 보편성(세계성)을 갖는 것이어야 한다. 구체적으로 말하면 핵무기 폐기 운동의 원점은 히로시마·나가사키 피폭의 참화이지만 그것을 피해자의 의식만으로 호소하는 한 중국·한국·북한…… 미국 시민의 공감을 얻을 수는 없을 것이다. 환경문제에 있어서도 개인의 노력은 그 자체로 귀중한 것이지만 발전도상국의 사람들에게 그것을 요구하기 위해서는 우선 우리의 생활을 근본적으로 반성해야만 한다.

Prolétariat Internationalism를 내세운 지식인의 사회주의는 우익과 대립 관계에 있었는데 이상하게도 아시아의 반제국주의 운동과는 연결되지 못했다. 아시아주의는 오히려 우익 쪽이 독차지하게 되어 일본주의-아시아주의로 연동되고 사회주의-세계주의와 대치하는 구도를 만들어놓았다. 그리고 탄압을 받은 사회주의자는 스스로가 가진 "주의"의 추상성 때문에 예를 들면 실존의 문제라든지 민족문제라든지 하는 구체적·현실적 문제가 걸림돌이 되어 떨어져 나갔다.

물론 민족주의와 사회주의의 괴리는 기타의 말처럼 사회주의가 "직수입"이었다는 것만으로 다 설명되지는 않는다. 거기에는 자본주의·제국주의가 만들어낸 모순에 대한 민족주의자와 사회주의자 사이의 인식의 차이도 있었다. 민족주의자는 자본주의라는 서양의 시스템이 도입됨으로써 전통적 사회질서가 파괴된 것이 혼란의 근원이라고 생각하고 모순을 짊어지는 것은 농촌이라고 보았다. 한편 사회주의자는 농촌 사회에도 자본주의가 들어오는 것은 역사적 필연이었지만 계급 모순의 발생도 자본주의 도입의 필연적 귀결이라고 생각했다. 그리고 그 모순을 해결하기 위한 방법은 노동자의 사회주의운동밖에 없었다. 그러나 당시 일본의 사회주의자에게는 자본주의가 발달되지 않은 아시아 민중의 고통에 대한 관심이 결여되어 있었다. 거기에 양자의 분열의 계기가 있었던 것이다.

결국 일본의 아시아주의자는 아시아 민중의 고통이 유럽 제국주의뿐만 아니라 자국의 봉건제·대토지 소유 아래서의 고통이라는 것, 그리고 반제反帝·반봉건反封建의 노선이 사회주의로 전개된다는 것을 이해하지 못하고 심정과 논리가 분열된 채 일본의 "대의"라는 자기 이념自己理念의 제국주의를 추진해나갔다. 한편 일본의 사회주의자는 자본주의의 모순, 제국주의의 모순이 일본 국내뿐만 아니라 아시아의 민중도 괴롭히고 있다는 점을 인식하지 못했다. 그 양자는 양립하는 관계였다고 말할 수 있을 것이다.

3. 나치즘과 유태 국제주의

일본은 독일, 이탈리아와 삼국동맹三國同盟을 맺었다. 국가의 이익이 공통적이었고 동시에 국가의 이념이 유사했기 때문이다. 일본의 천황제라는 국시國是와, 독일의 나치즘Nationalsozialismus, 이탈리아의 파시즘fasci∫mo은 역사적으로 국가사회주의라는 국가 이념으로 일괄해서 취급되지만 그 공통점은 무엇일까. 여기서는 독일의 국가(국민)사회주의의 특색을 소묘해봄으로써 일본의 그것을 재확인하고자 한다.

마이네케Friedrich Meinecke에 의하면(마이네케, 1969: 423 이하 참조) 19세기 유럽에는 두 가지 시대사조의 물결이 다가오고 있었다. 하나는 프랑스혁명이 만들어낸 자유주의·민주주의를 뛰어넘어 스스로의 생활수준을 충분히 확보하고자 하는 사회주의가 민중을 위한 이데올로기가 되고 복음이 되었다는 것이다. 그런데 사회주의와 대립하면서 세력을 확대한 또 하나의 물결이 있었다. 민족(국민)운동이 바로 그것이다. 이 민족운동이 고조되어서 국가주의가 되고, 나아가 식민지 획득 경쟁 끝에 제국주의로까지 발전했다. 이러한 역사의 전개는 자본주의적인 부의 배분의 모순을 외면케 하고 사회주의혁명을 방해하는 데에 유리하게 작용했다.

제1차 세계대전 후 독일에서는 민족운동으로부터 고조된 제국주의적 이념과 사회주의 이념이 서로 분리된 채 투쟁과 대립을 반복하는 일종의 긴장 관계에 있었다. 그리고 이 두 운동의 통일 환상을 낳은 것이 히틀러의 국가사회주의였다.

그러나 두 사상을 융합시키는 요인으로 큰 작용을 한 것은 인구 증가에 대한 불안감이었다. 그것은 산업혁명 이후 산업화되어가는 나라들이 일찍이 겪어본 적이 없는 대규모 인구 증가였다. 그 인구 증가가 산업혁명이 만들어낸 사회 모순을 더욱 가속화시켰다. 오늘날의 인구 증가, 예컨대 2000년에는 인구가 61억 명으로 증가할 것으로 추정[7]되는 것과 비교하면 1800년경 산업혁명 이후 10억 명이었던 세계 인구가 1900년에는 16억 5,000만 명으로 증가한 것은 별것 아닌 문제인 듯 보이지만, 그러나 당시로서는 세계 인류에게 있어서 미증유의 경험이었고, 특히 요즘의 인구문제는 발전도상국의 문제이지만 당시의 인구의 폭발적 증가는 영국·프랑스·독일·이탈리아·미국 그리고 일본 등 근대국가의 과제였다. 그 모순을 식민지 혹은 광대한 국토를 가진 나라들은 인구 그 자체를 자본으로 투입함으로써 타개하려 했고, 한편 제1차 세계대전에서 식민지를 빼앗긴 나라에서는 인구 증가에 의해 계층이 더욱 분화되어 사회 불안이 야기되었다. 독일의 실지 회복과 동방 진출, 일본의 "만주는 일본의 생명선"이라는 방침은 증가한 인구를 처리하기 위한 정치적 목표였다. 전쟁에 잉여 인구가 투입된다는 것은 암묵적인 전제였고 식민지화된 민족의 인구 정체 및 감소는 팽창해가는 민족에게 "인종 간 경쟁"이라는 논리를 정당화하는 증거로 받아들여졌다.

---

7) [옮긴이] 이 책은 1997년에 출간되었기 때문에 이렇게 추정하였다. 2000년 세계 인구는 60억 6,000만 명이었고, 2007년 현재 세계 인구는 약 67억 명이다.

아돌프 히틀러는 『나의 투쟁』에서 아리아인의 우수성을 다음과 같이 찬미했다. "우리가 오늘날 이 지상에서 칭찬하는 모든 것—과학, 예술, 기술, 발명—은 오직 소수의 민족, 아마도 원래 유일한 인종의 독창력의 산물일 따름이다. 이러한 모든 문화의 존속도 역시 그들에게 의존하고 있다. 그들이 멸망하면 그들과 더불어 이 지상의 아름다운 것들도 무덤으로 들어가게 된다. ……과연 어느 인종, 또는 인종들이 인간 문화를 최초로 담당했을까? 그리고 우리가 '인간성'이라는 말로 포괄하는 것을 실제로 창시한 자는 과연 누구였을까? 이러한 의문에 대해 다투는 것은 쓸데없는 짓이다. 오늘날 이것에 대해 질문하는 것은 더욱 간단하고, 이런 경우 대답도 역시 쉽게 나오며 또 분명하기도 하다. 우리가 오늘날 눈앞에서 볼 수 있는 인류 문화, 즉 예술, 과학 및 기술의 성과는 대부분 오로지 아리아인의 창조적 소산이다."(히틀러, 1973: 411~413)

히틀러가 지향한 국가사회주의는 아리아인의 순수한 피와 그것에 의해 맺어진 민족 공동체의 지도 이념을 "명예"와 "자유"라는 두 개념으로 특징짓는다.(로젠베르그, 1938) 그는 아리아 민족의 인격적·문화적 가치와 대립되는 것은 인도주의·세계주의·평화주의·민주주의·유태주의·맑시즘이라고 하고, 게다가 종래의 국가주의와 종래의 사회주의를 "피와 인종"을 망각한 공허한 추상성으로 심하게 비난했다. 그리고 민족적 신화 및 "민족"이라는 신화를 꿈꾸고 제3제국의 건설에 매진했다. 거기에서는 민족이라는 것 자체가 자기 목적을 가지는 유기체로 설정되고 민족 자체가 결합하면 "절대적 진리"를 획득할 수 있다고 몽상되었다. 민족이 신화적 세계로 회귀하는 것이 민족의 자기 목적을 실현한다는 것이었다. 이는 당시 일본에서 말해지던 "조국肇國〔건국〕의 신화"

에 해당된다. 다만 독일과 일본이 다른 점은 독일의 경우에는 거기에 예언자 히틀러가 끼어 있다는 점이다.

골로 만Golo Mann은 『근대 독일사』에서 도대체 나치즘이란 무엇이었는가에 대해 대답한다. "이것〔나치즘〕은 개인과 순간에 구속된 역사상 일회적一回的인 것이며 두 번 다시 반복될 수는 없다. 이것은 또한 대중의 마음을 도취시키는 기술을 가진 극소수의 사람들이 일으키고 단지 수년간만 유지할 수 있었던 도취 상태였다."(만, 1977: 254)

그에 의하면 나치즘은 공산주의와 같은 세계관이 아니라 권력을 창설하고 확보하며 확충하는 기구였다. 1932년에 히틀러가 외친 "우리는 권력을 바란다!"라는 말이 본질을 가장 잘 나타내고 있다. 이 권력 기구는 독일에서 생겨났기 때문에 그것을 구축해내는 동력이 된 것은 독일이 가진 에너지, 이익, 정열, 구이념舊理念이었다. 이 기구는 그러한 동력들을 필요로 했지만 이용만 했을 뿐, 그러한 것들의 총체와 나치즘 그 자체를 동일시할 수는 없다고 골로 만은 주장한다.

골로 만은 히틀러의 광신과 나치의 권력 기구와 일반 독일 국민은 상관이 없다고 강조하면서 "단 한 사람만이 목적을 위한 수단으로서의 전쟁을 그의 독자적인 철저한 이론으로 믿었다. 그는 전쟁을 의도하고 전쟁을 만들어냈다."(만, 1977: 287) 그러므로 히틀러와 그의 일당들을 제외하면 아무도 제2차 세계대전의 개전을 바라지 않았다고 한다. 골로 만이 히틀러를 모멸하고 몇 명의 무뢰한無賴漢들과 "대다수의 이성적이고 건전한 사람들로 이루어진 대집단"을 분리시키고자 한 심정은 이해가 된다. 그러나 그렇다 해도 그 대집단의 악마적 사업에 대한 "봉사"를 정당화할 수는 없다.

또 그는 나치즘의 교의敎義를 아무도 믿지 않았다고 한다. "나치스가 도대체 무엇을 '가르쳤다'고 오늘날 말할 수 있는 사람이 있겠는가? 북구北歐 인종의 우월성인가? 이것은 나치스 사람들조차도 비웃던 것이고 그들 사이에서는 그것이 권력을 차지하기 위한 수단이자 허구에 불과하다고 인정되고 있었다. 이러한 어리석은 것을 정말로 믿었던 자들은 그들 사이에서도 극소수밖에 없었다. 그렇다면 유태인에 대한 증오인가? 이것은 히틀러가 가질 수 있었던 추호도 의심의 여지없는 감정이긴 했겠지만 도저히 세계관이라고는 부르지 못할 것이다. 독일 국민들의 마음은 이러한 증오에 의해 선동되지는 않았다. 독일의 반유태주의는 다른 대부분의 국민들보다 강한 것이 아니었다. ……유태인에 대한 증오는 신념이 아니라 열악한 선전 재료에 의해 야기된 범죄였다."(만, 1977: 255) 정말로 독일인이 히틀러라는 악마에 의해 조종된 무지한 사람들의 집단이고 역사에 대한 책임을 포기한 무책임한 국민들이었다는 것인가. "히틀러의 제국이 괴멸했을 때, 거의 한 사람의 나치스도 찾을 수 없었다. 그들은 결코 나치스가 아니었다." 이와 같은 표현이 진실이라면 히틀러 제국이 붕괴하기 전에는 거의 대부분의 독일 국민이 나치스였다는 말이 되지 않는가?

독일인의 책임은 우리가 따져야 할 일이 아니다. 문제는 이와 유사한 논리가 전후 일본 민주주의의 역사교육을 지배했다는 점이다. 전쟁은 일부 군부의 독주에 의해 일어난 것이며 대부분의 국민들에게는 진실이 알려지지 않았다. 많은 국민이 억지로 전쟁터로 끌려갔다. 그리고 상관의 명령으로 마지못해 살육·폭행을 저질렀다는 말이다. 독일인은 히틀러 한 사람에게만 죄를 뒤집어씌울 수 있겠지만 일본인은 도조 히데키東條英機에게만 죄를 뒤집어씌울 수 있겠는가. 혹은 천황만을 범죄자로 삼을 것인가.

제9장 대동아공영권 247

그런데 독일 민족이 가진 반유태 감정에 대한 몇 가지 고찰 중[8] 나는 피터 게이Peter Gay의 견해에 주목하고 싶다. 그는 『독일 안의 유태—모더니즘 문화의 빛과 그림자』에서 다음과 같이 말했다. "독일인이 품었던 반유태주의는 그것이 어떠한 것이었든 간에 어쨌든 그 시대가 가져온 여러 가지 압력에 직면하여 그것과 맞서기 위한, 또는 직면하는 것을 피하기 위한 하나의 방법임에 틀림없었다. 그 압력은 19세기에 다른 산업 국가들을 개조했듯이 독일도 개조하려 하고 있었다. 전문화, 기계화, 꼬리에 꼬리를 물고 다가오는 여러 가지 충격과 생활양식의 고속화, 하느님이 부재하는 도덕에 의해 초래되어 계속 팽창하는 여러 가지 위협들, 사회주의혁명, 그리고 문화적인 면에서의 허무주의—이것들이 당시의 독일을 압박하고 있었다. 반유태주의란 쉽게 말하면 근대 세계에 대한 불합리한 저항이었던 것이다."(게이, 1987: 24)

이어서 그는 말한다. 그 시대에 독일에서는 위협적인 근대화가 침투하고 있었다. 직업, 오락, 도덕, 종교 등 생활의 모든 면에서 그랬다. 그러나 이러한 근대화가 가장 집중적으로 나타난 것은 미술, 문학, 철학, 심리학 그리고 사회과학과 같은 고등 문화의 영역이었다. 문화를 바꾸는 데에 유태인이 발휘한 극적인 영향력을 보여주기 위해 맑스, 프로이트S. Freud, 아인슈타인A. Einstein 등 마법사와도 같은 이름을 대는 것은 유태인들뿐만 아니라 반유태주의자들에게조차 예삿일이 되고 말았다. 사회에서 근대인의 원형으로 여겨졌던 유태인은 문화에서는 모더니스트의 원형으로 생각되었다.

---

[8] 유태인 문제에 대해서는 다음의 문헌을 참조했다. 사르트르(1956); 土井敏邦(1991); 村松剛(1963); 大澤武男(1991); 리오타르(1992); 大野英二(1988); 지페르스(1990); 래커(1985); 프랑클(1961).

바이마르 시대에는 신칸트학파Neukantianer(Neo-Kantians) 철학이 융성했다. 그것은 독일계 유태인들의 활약에 대응한다. 리프만Otto Liebmann과 코엔Hermann Cohen, 요나스 콘Jonas Cohn과 에밀 라스크 Emil Lask, 그리고 뒤에는 에른스트 카시러Ernst Cassirer 등 유태인 학자들이 칸트의 업적을 부흥, 부활시키고, 그 인간주의와 비판주의를 환영했던 것이다. 유태인들 사이에서 칸트가 인기를 얻은 이유는 칸트가 인간의 자유를 강조하고 명확하게 인류 동포주의의 기본 방침을 내세웠기 때문이었다. "또 칸트의 비판철학은 해방된 유태인이 스스로의 종교관을 보편적 체계에―그들은 보편적으로 존경받는 체계를 원했다―맞추는 것을 가능케 했다. 이성의 종교에 논리적 근거를 부여했던 것이다."(게이, 1987: 142~143)

히틀러는 유태인들이 제1차 세계대전 중에 독일을 배신했고, 유태 국제주의가 내부에서 국가를 부패시키며, 유태인의 세계 자본이 독일 경제를 파괴한다고 비난했다. 그러나 나치즘이 적시한 이른바 "유태 국제주의"라는 것은 사실은 "근대"가 빚어낸 불안감에 대한 반영이 아니었나 싶다.

4. 민족국가의 보편성

일본이 "거국적으로 도道를 위해 목숨을 바치는 천도天道의 사도使徒"로서 힘에 의한 국제 정의의 실현자, 아시아의 해방자解放者가 되어야 한다는 생각은 기타 가즈테르 등 광기 어린 특수한 정치의식을 가진 자만의 소유물이 아니었다. 그것은 어떤 의미에서는 당시 지식인의 일반적인 생각이기도 했다. 또 국민의 대부분이 시인하는 생각이기도 했을 것이다. 여기서는 하나의 전형으로 니시타니 케이지의 『세계관과 국가관』을 들어보기로 한다.

니시타니는 이 책을 집필한 동기를 두 가지 들었다. 하나는 철학이나 종교의 연구에 몸을 바친 자, 즉 세계성世界性 내지는 보편적인 인간성의 기반에 입각하는 철학자로서 국가와의 관계를 밝히는 것이 책무라는 것이었다. 또 하나는 지식인의 지식 자체에 포함되는 중대한 결함을 뼈저리게 느꼈기 때문이라는 것이었다. 즉 "일반적으로 정치와 역사 문제에 대한, 특히 현실의 문제에 대한 무관심과 지식의 결핍"(西谷啓治, 1941: 4)을 느꼈다는 말이다. 이 말은 60년 가까이 지난 요즘에도 그대로 타당하다.

국가를 어떻게 보느냐, 자유주의적 국가학國家學은 국가를 법적 주체로 간주하고 사회관계로 환원시킨다. 그와 반대로 국가를 권력으로 보는 사람이 셸렌R. Kjellen이나 랑케였다. 그리고 법적 주체와 권력이라는 양쪽 측면 사이에서 움직이는 국가의 삶의 이념을 주장한 사람이 마이네케였고, 또 국가를 운명공동체로 본 사람은 쾰로이터O. Kölreuter였다. 니시타니는 국가가 국가 이념을 가진 정치적 통일체이자 생활체·행동체임을 수긍한다. 즉 그는 국가권력과 자유는 어디까지나 모순된 것이면서도 국가 생명의 깊은 곳에서 하나로 맺어지고 정체성에 입각한다고 말한다. 니시타니는 국가가 하나의 개체적 생명으로 존재하고자 하는 운동체運動體라고 주장했다. 게다가 "현대의 강국들 자체가 이미 사상적 성격을 지닌 세계관 국가世界觀國家라고 부를 수 있는 존재가 되었다."(西谷啓治, 1941: 18)

니시타니는 마이네케를 따라 "민족은 스스로를 인격적인 것으로 끌어울리기 위해 말하자면 자유로운 개인의 피를 마셨던 것이다. ······이리하여 개인주의는 민족을 형성하는 작용을 했다. 여러 개인의 능동성이 증대하는 것에 대응함으로써 민족의 능동성도 증대되었다. 그리고 근대적인 민족 사상의 가장 능동적인 형식이 근대적 민족국가의 사상이 되었다."(西谷啓治, 1941: 20) 즉 절대주의가 자유 시민을 육성하고, 자유 시민이 국민 공동체를 육성했던 것이다. 현재는 국민 공동체가 세계시민의 자유 이념을 대신하여 전체주의국가의 국가 이념을 만들어내고 있다고 니시타니는 생각했다.

오늘날 우리들의 시각에서 의문을 제기해보면 먼저 자유로운 시민이 국민 공동체를 육성했다고 쳐도 자유로운 시민이 아무 전제도 없이 그 자유를 국민으로서 국가에 넘겨주었단 말인가? 다음으로 국민 공동체가 세계시민의 자유 이념을 대신하여 전체주의국가의 국가 이념을 만들어냈다는 논의는 맞는가? 혹은 일본에서는 그렇다는 말인가? 일본은 세계시민이라는 자유 이념을 어느 시점에서 가질 수 있었고, 또 그것을 국민 공동체로 지양했다고 할 수 있는가? 니시타니의 논의는 추상적으로 마이네케의 맥락을 따라 일본의 전체주의국가 체제를 추종했다고 말하지 않을 수 없다. 그리고 셋째, 민족과 개인을 동일시하고 국가를 개체적 생명체로 간주하는 것은 그 생명의 원천源泉에 대한 불가침성不可侵性과 절대화를 초래하게 된다. 사실 니시타니는 "현대 국가의 존재 방식의 바탕에 과제로 주어진 철저한 국가적 규제와 자유·자발의 철저한 지양, 국가로서의 고차원적 정치성과 세계를 내포하는 개방성과의 통일을 가능케 하는 원리는 우리나라의 국가구조에만 현실적으로 주어져 있다"(西谷啓治, 1941: 55~56)라는 결론을 도출했다.

1940~1944년 무렵(쇼와 15~19년경)에 철학자들은 "민족국가"라

는 과제에 직면했다. 그때 그들이 제출한 대답은 국가는 세계 속에 존재함과 동시에 세계는 국가 자체 속에 내재된다. 그리고 국가는 세계에 내재하면서 세계를 내재하고 있기 때문에 "세계를 초월할 수 있다"고 하면서 민족국가의 지상성至上性을 시인하는 것이었다. 게다가 일본을 "세계사적 민족"으로 규정하고 "세계사적 민족이란 세계사적 문제 해결의 주체가 되는 민족을 말한다"(高坂正顯, 1942: 100)라고 하면서 세계사적 문제 해결의 과제를 담당하겠고 나선 일본의 전쟁 의도에 이론적 근거를 제공해주었다. 그 논의를 거꾸로 뒤집어서 국가가 세계로부터 부정당할 수 있는 가능성을 말할 필요가 있었음에도 말이다. 혹은 국가가 세계에 내재되기 때문에 그것을 초월할 수 있다고 하면 개인도 또한 국가에 내재되기 때문에 국가를 초월할 수 있다는 말이 된다. 즉 그들은 개인이 민족을 통해 맺어지는 것이 아니라 개인이 개인의 인격을 통해 민족의 차이를 넘어서 서로 인간적으로 바로 접할 수 있다는 것은 말하지 않았던 것이다. 게다가 그들은 세계사적인 민족문제를 해결할 수 없는 "중국〔支那〕과 인도의 7억의 동포들은 실로 우리의 도움과 인도, 옹호 없이는 자립할 길이 없다"(北一輝, 1959: 292)라고 하면서 대의를 강요하는 오만스러운 일본을 아시아의 나라들이 기피한다는 것은 전혀 이해하지 못했던 것이다.

**4부
"근대"의 종언**

제10장
"동양과 서양"의 통합적 개념

1. "변증법"의 개념

"변증법辨證法"이라는 말이 있다. 대화·논의라는 뜻의 그리스어 디아렉티케 $\delta\iota\alpha\lambda\varepsilon\kappa\tau\iota\kappa\dot{\eta}$에서 유래하는 독일어의 Dialektik를 헤겔이 사유의 운동 형태, 이념의 자기 전개 방식, 역사 발전 형식의 표현 등으로 사용하면서 헤겔 철학의 기본 개념으로 삼은 말이다. 또한 맑스가 "헤겔에게 있어서는 변증법이 거꾸로 서 있다"고 말하면서 유물변증법을 주장하자 이 말은 역사적 세계를 이해하는 용어가 되기도 했다. 일본에서도 철학도들뿐만 아니라 정치·경제·사회·역사·사상·문화 등의 분야에 종사해온 사람들, 나아가 생물학·물리학 같은 자연과학 분야의 학자들에게도 이 용어가 일종의 도취감과 더불어 받아들여지고, 마치 "만능의 논리"이거나 "마법 지팡이"(田邊元, 1963a: 77)인 것처럼 어떤 환상적인 느낌을 띠며 사용되었다. 그러나 근대 일본의 학자들이 몽땅 "변증법"

이라는 말의 마술에 걸렸다고 부정적으로만 말할 수는 없다. 왜냐하면 학문의 세계에서는 어떤 한 개념에 대한 이해를 통해 어떤 개인이 새로운 세계관을 개척하거나 또는 새로운 시대를 여는 경우도 있기 때문이다. 오히려 헤겔의 "변증법"이라는 말이 "근대 시민사회"를 열고 맑스의 "유물변증법"이 "계급투쟁"이라는 시대 의식을 개척했다는 의미에서 일본의 "변증법" 수용에 일본의 "근대"라는 시대가 집약되어 있다고 말할 수 있다.1)

"변증법"이라는 말은 일본에서는 메이지유신 이전에는 존재하지 않았다. 그것은 일본의 철학도들이 독일관념론을 수용하고 헤겔이나 맑스를 이해할 때 심사숙고하여 일본어화시킨 수입어輸入語이다. 처음엔 "민변법敏辨法", "삼단법三斷法" 등으로 표현되었다. 그리고 현재 일본에서는 신자체新字體의 "변弁"자를 사용하지만, 일찍이 구자체舊字體로는 "변증법辨證法"으로 써야 옳은지, 또는 "변증법辯證法"으로 쓰는 것이 적당한지를 둘러싸고 즈치다 쿄손土田杏村과 미키 기요시三木清 사이에 논쟁이 벌어지기도 했다.2) 이 "변증법"이라는 개념을 축으로 한

---

1) 근세 유학에서는 "격물치지"가 시대정신을 개척하는 작용을 한 것이 아닐까? 오늘날의 학생들이 "철학" 수업에서 "변증법"이라는 개념에 대해 배울 때, 아마 우리가 배운 것 같은, 또는 그 이전 사람들이 느꼈던 것 같은 흥분은 없을 것이다. 그런 의미에서 이 개념은 "일본의 근대"라는 시대를 집약한 개념이라 할 수 있을 것이다.
2) 일본에서는 쇼와 초기까지 관념론적 변증법에 대해서는 "변辨"자를 쓰고, 유물론적 변증법에서는 "변辯"자를 쓰는 경향이 있었다. 즈치다 쿄손은 맑스주의에서 "변증법辯證法"으로 쓰는 것은 잘못되었다고 지적했으나(土田杏村, 1929), 이에 대해 미키 기요시는 그리스어의 원의[디아렉티케$\delta\iota\alpha\lambda\epsilon\kappa\tau\iota\kappa\acute{\eta}$(변증법)는 원래 "나누다" "구별하다"라는 의미의 접두어 디아$\delta\iota\alpha$와 "이야기" "말" "이치" "논리" 등을 의미하는 로고스$\lambda\acute{o}\gamma o\varsigma$의 합성어 디아로고스$\delta\iota\alpha\lambda\acute{o}\gamma o\varsigma$(대화, 문답)에서 파생된 단어이다]에서 볼 때 관념론의 사변에 대해 "변증법辯證法"으로 쓰는 것은 전혀 무방할

헤겔 철학과 맑스 사상의 도입에는 근대 철학의 사상적 특색, 그리고 약간 거창한 표현을 쓰자면 그 "운명"이 함축되어 있었던 것이다.

예를 들어 다음에 제시하는 〈그림 5〉를 보자. 이것은 메이지 시대 이후부터 1976년까지 일본에서 나온 헤겔·칸트·맑스에 관한 문헌을 연대별로 나타낸 것이다.[3] 1945년(쇼와 20) 전후의 패전으로 인한 혼란기와 최근의 출판물 자체의 증가를 고려하더라도 우리는 분명히 각 철학 사상의 유행 현상을 엿볼 수 있다. 제2차 세계대전 전의 동향으로는 칸트와 헤겔의 유행 추세가 대조적인 양상을 보이고, 맑스주의가 헤겔 철학에 대한 관심을 불러일으켰음을 알 수 있다. 메이지 시대(1868~1912)를 통틀어 칸트가 중요시된 것은 1896년(메이지 29)이며, 헤겔이 중요시된 것은 1904~1906년(메이지 37~39)이다. 다이쇼 시대(1912~1925)에 접어들면 칸트의 영향력이 압도적이다. 다이쇼 시대의 교양주의와 인격주의가 신칸트학파의 영향 아래 형성되었다는 점에서도 그것을 짐작할 만하다. 그러나 쇼와기(1926~1989)에 접어들면 상황이 달라진다. 맑스주의와 헤겔 철학이 융성해진 대신 칸트 철학이 쇠퇴한다. 그리고 맑스주의와 헤겔 철학은 1931년(쇼와 6)을 정점으로 하강 현상을 나타내며 1937년(쇼와 12)에 이르면 거의 자취를 감추고 만다.

뿐만 아니라 오히려 이것이 가장 적절"(三木清, 1966c: 116)한 표현이라고 반론하고 나섰다. 부언하면 다나베田邊元는 1931년의 「헤겔 철학과 절대변증법」부터 "변辨" 자가 아니라 "변辯" 자를 쓰게 되었고, 니시다西田幾太郎의 경우 1933년 무렵부터 "변辯" 자를 사용하게 되었다.
3) 헤겔에 관한 문헌 조사는 코즈마 타다시上妻精의 「헤겔 문헌 목록ヘーゲル文獻目錄」(上妻精, 1980)을 참조했다. 이 목록에는 1969년까지의 문헌만 조사되어 있기 때문에 1970~1976년까지의 문헌에 대해서는 동일한 기준에서 추가 보충했다. 또한 칸트·맑스에 관해서도 같은 기준으로 문헌을 통계화하여 그래프를 만들었다.

〈그림 5〉 일본의 헤겔·칸트·맑스의 문헌(1889~1976)

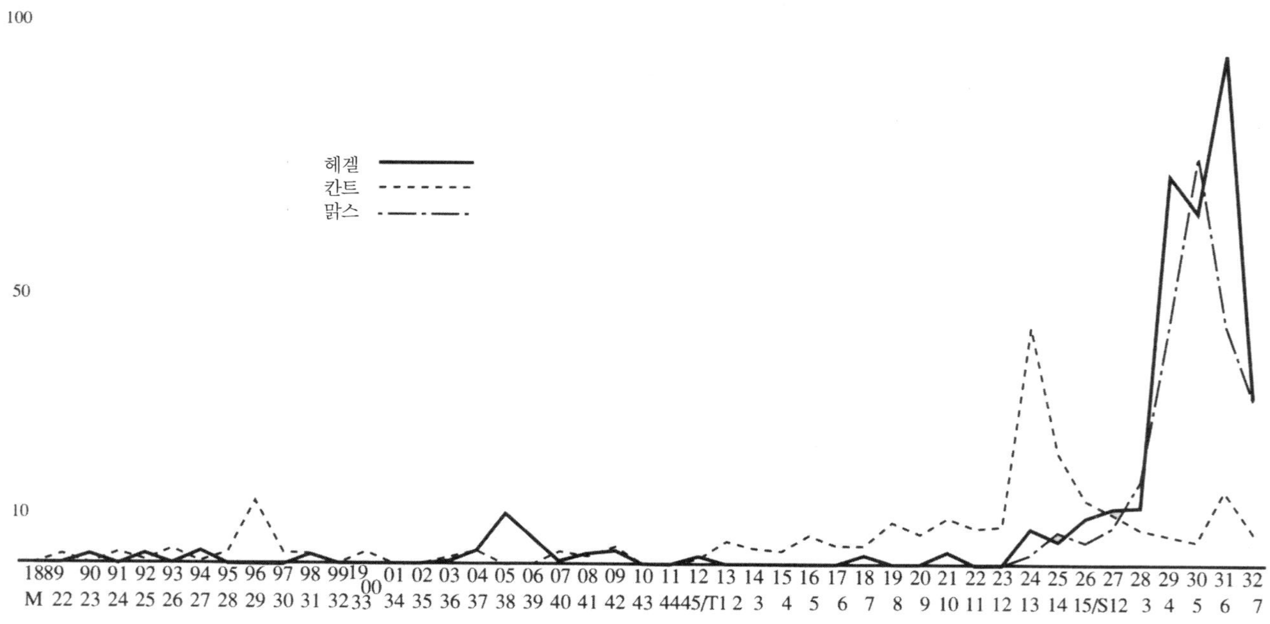

헤겔 ——
칸트 ------
맑스 —·—·—

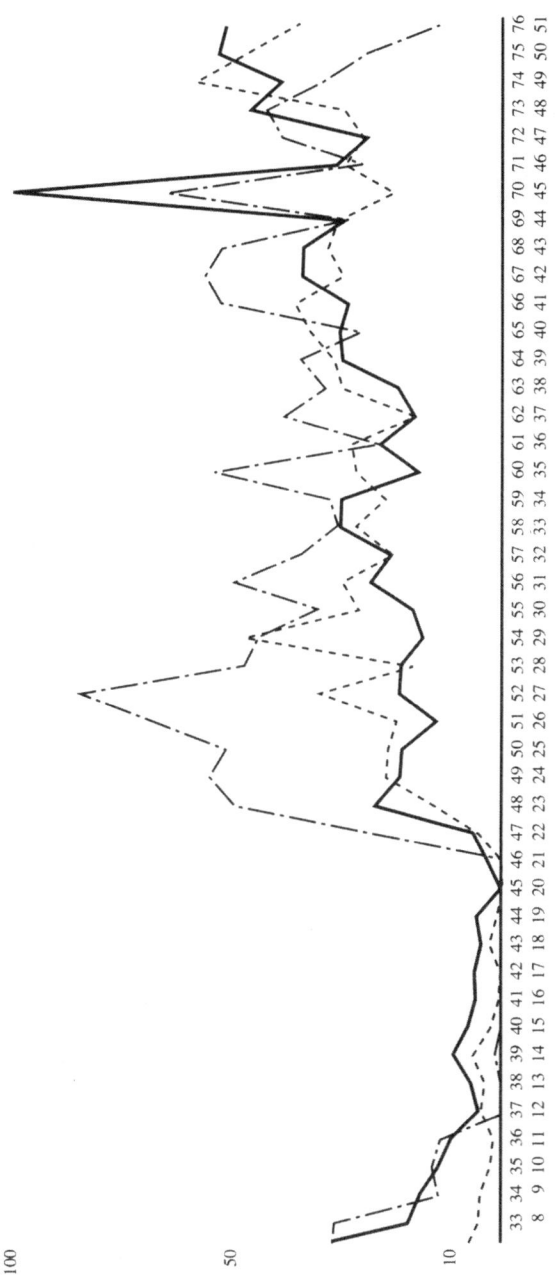

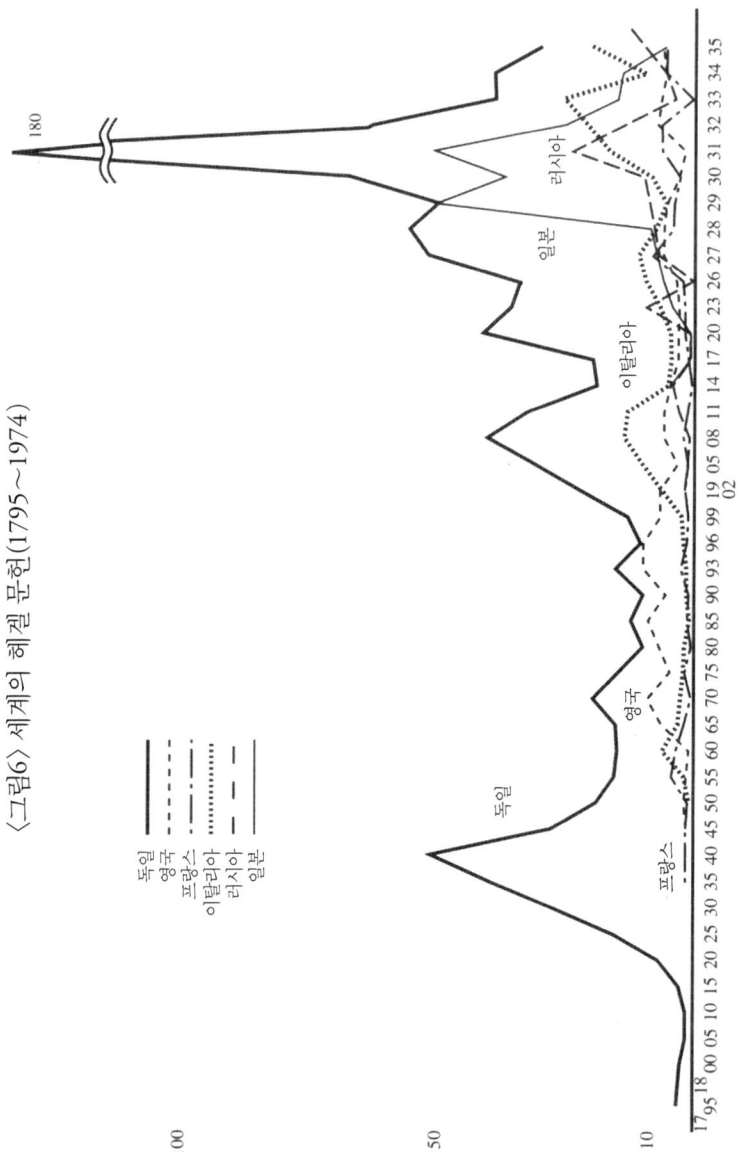

〈그림6〉 세계의 헤겔 문헌(1795~1974)

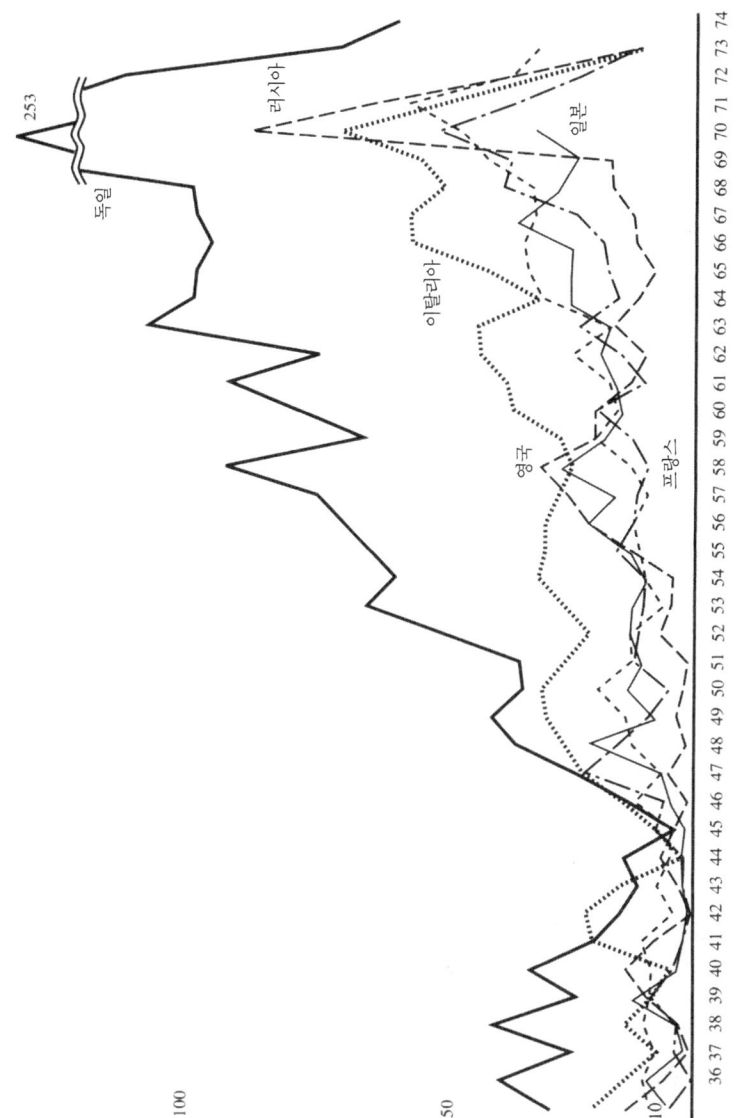

제10장 "동양과 서양"의 통합적 개념

그런데 이와 같은 일본에서의 헤겔 철학 유행 현상을 독일에서의 그 것과 비교해보면 매우 흥미로운 경향을 찾아볼 수 있다. 〈그림 6〉이 바로 그것이다. 이것은 헤겔이 베른 시절(1797)에 잡지에 발표한 원고의 번역을 비롯하여 소품·저서·사후의 전집·저작집·단행본·각국 언어로 번역된 것, 그리고 헤겔에 관한 연구 문헌을 1974년의 단계까지 망라한 슈타인하우어Kurt Steinhauer의 헤겔 문헌 목록에 기재된 12,032점의 문헌을 연대별·국가별로 나누어 그중에서 독일·영국·미국·프랑스·이탈리아·러시아·일본에서 나온 문헌의 양을 그래프로 나타낸 것이다.(Steinhauer, 1980)

여기에서 헤겔학파의 융성(1820~1850)과 그 쇠퇴, 1931년이 정점이 된 헤겔 르네상스, 1970년 헤겔 탄생 200주년을 중심으로 한 최근의 헤겔주의의 동향 등을 볼 수 있다. 그리고 독일 철학계의 이탈리아·러시아·일본에 대한 강한 영향력과 이에 반해 영국(미국)·프랑스 철학에 대한 미약한 영향력, 그리고 제2차 세계대전 이후의 독일 철학의 영미·프랑스에 대한 침투 양상을 양적으로 살펴볼 수 있다. 1770년에 슈투트가르트Stuttgart에서 태어나 1831년에 베를린Berlin에서 죽은 헤겔이라는 한 독일 철학자의 생애와 저작이 일본의 역사적·사회적 환경하에서 어떻게 전개되어왔는지를 고찰해보자.

2. 변증법의 도입

1865년에 니시 아마네는 4년에 걸친 네덜란드 라이덴대학Universiteit Leiden에서의 유학을 마치고 귀국했다. 필로소피philosophy의 일본 도입은 여기서 시작된다. 그가 라이덴대학 경제학부 교수였던 비세링Simon Vissering과 당시 네덜란드 철학계의 중심이었던 오프조머르C. W. Opzoomer로부터 배운 것은 밀John Stuart Mill의 공리주의와 콩트Auguste Comte의 실증주의였다.[4] 니시 아마네도 그랬지만 당시 일본에서는 서양 학문 전체에 대해서 영국과 프랑스에서 나온 것을 주로 받아들었다. 즉 벤담Jeremy Bentham, 밀, 스펜서Herbert Spencer, 다윈Charles Robert Darwin, 루소Jean-Jacques Rousseau, 몽테스키외Charles de Montesquieu, 콩트의 사상을 받아들인 것이다. 이는 영국과 프랑스가 당시 세계의 양대 강국으로서 에도막부江戶幕府·사츠마薩摩·초슈長州와 깊은 인연을 맺었다는 외적·역사적 요인에서 비롯된 것이기도 하지만 그것보다는 막부 말기의 지사志士들이 막부를 타도하고, 자유민권론자自由民權論者들이 메이지유신의 혁명적 성격을 발전시키는 사상적 에너지를 영국과 프랑스의 자유주의에서 찾았기 때문이다. 즉 메이지유신은 유교의 가치 체계를 붕괴시키고 국학의 양이攘夷 사상을 계몽하는 사상운동이었다. 물론 이것은 메이지 정부의 계몽적 전제주의의 범위 내에서 이루어졌던 것이긴 하지만, 아무튼 그들에게 필요했던 것은 종래의 일본적 가치관을 타파해줄 이념이었다.

4) 〔옮긴이〕 니시 아마네는 츠다 마미치津田眞道와 함께 1863년 8월부터 1865년 10월까지 2년여 동안 휴가 기간을 제외하고 매주 목요일과 금요일 밤마다 비세링Simon Vissering의 집에서 자연법〔性法學〕Natuuregt·국제법〔萬國公法〕Volkenregt·국법학 Staatsregt·경제학Staatshuishoudkunde·통계학〔政表學〕Statisti 등 5과목을 개인교수 받았다. 비세링은 당시 네덜란드에서 최고의 자유주의 경제학자였다. 그러나 그의 사상적 토대와 세계관은 콩트의 실증주의와 밀의 공리주의였다. 또한 당시 그곳에는 스피노자 이래 최대의 철학자라고 불리는 오프조머르가 콩트와 밀의 실증주의를 주장하고 있었기 때문에 니시 아마네도 주로 법학과 경제학을 배웠지만 이러한 학문적 분위기에 영향을 받을 수밖에 없었다.

그러나 메이지 한바츠藩閥 정부의 확립은 봉건 이데올로기의 온존을 초래하고, 한바츠 정부는 그 이데올로기를 부정하는 자유민권운동을 저지하거나 그것과 타협하기 위한 이론적 지주를 필요로 했다. 그것을 위해 도입된 것이 바로 독일의 학문이었다.[5]

철학 분야에서 그 역할을 맡은 사람은 이노우에 데츠지로井上哲次郞였다. 그는 1880년(메이지 13) 도쿄제국대학東京帝國大學 철학과 제1회 졸업생으로 1884년(메이지 17)에 독일에 유학하여 하르트만Nicolai Hartmann, 피셔Kuno Fischer, 첼러Eduard Zeller 등 헤겔 중앙파의 철학자들로부터 철학사를 배우고, 1890년(메이지 23)에 귀국하여 일본인으로는 처음으로 도쿄제국대학 철학과 교수가 되어 독일 철학을 이식하기 시작했다.[6] 『철학자휘哲學字彙』(1881)에서 "민변법(론)敏辯法(論)"이라는 이름으로 변증법이라는 말의 의미를 처음으로 소개한 것도 바로 이노우에였다.

헤겔 철학과 변증법의 내용을 처음으로 다룬 이는 미야케 유지로三宅雄二郞(필명 세츠레이雪嶺)이다. 그는 『철학연적哲學涓滴』에서 서양의 근세 철학사를 개관하면서 제4부의 비판법批判法의 철학을 결론부로

---

[5] 1877년(메이지 10) 도쿄제국대학東京帝國大學의 설립과 가토 히로유키의 초대 총리 취임, 그리고 이토 히로부미가 1883년에 프러시아로 가서 헌법을 조사한 것이 크게 작용했다. 이토는 로체의 제자인 부세를 철학과의 교수로 초빙했다.
[6] 독일 철학의 도입자로는 이 밖에도 외국인 교수 부세와 그 후임자인 케벨(1893~1914)이 있다. 케벨은 쇼펜하우어, 하르트만의 소개자로 헤겔에 대해서는 별로 평가를 하지 않았다. 나카지마 리키조中島力造는 영국의 신칸트학과 T. H. 그린에 대한 소개에서부터 헤겔에 이르기까지 모두를 다루었다. 그의 「헤겔 씨 변증법」(中島力造, 1890)과 『편년체 서양철학사編年體西洋哲學史(下)』(中島力造, 1898)에서의 '헤겔'에 관한 장은 전부 헤겔 수용의 선구적인 연구라 할 수 있지만 논점은 불분명하다.

삼고, 제1편 초월적 철학, 제2편 주관적 및 객관적 철학, 제3편 순전적 純全的 철학으로 나누어 칸트, 피히테Johann Gottlieb Fichte, 셸링Friedrich Wilhelm Joseph von Schelling, 헤겔 등의 독일 철학을 논구했다. 독일관념론 및 헤겔 철학에 대해 이전에 그만큼 상세하게 논한 사람은 없었고 그런 의미에서 "미야케는 일본에서의 헤겔 변증법 연구의 선구자"(船山信一, 1966: 178 이하 참조)[7]라고 할 수 있지만 그렇다고 헤겔에 대한 그의 해설에 어떤 독창성이 있었던 것은 아니다. 『철학연적』은 저자 자신도 말했듯이 슈베글러Albert Schwegler의 『서양철학사』와 피셔의 『근세철학사近世哲學史』의 초역초역(抄譯)일 따름이고, 게다가 학설에 대한 서술 부분은 "종종 다른 사람에게 집필을 의뢰"(三宅, 1967: 145)했다고 밝히고 있어서 저자 자신이 쓴 것인지도 분명하지 않다. 따라서 그의 헤겔에 대한 서술 내용을 평가하는 것은 별로 의미가 없는 일이라고 하겠다. 그렇다 하더라도 그가 『철학연적』을 왜 집필했는지, 헤겔을 어떻게 이해했는지의 문제는 중요하다. 그것은 이 책의 "서론, 제4의 동양철학과 서양철학" 부분이나, 또 다른 저서인 『왕양명王陽明』(1937)과 『진선미 일본인眞善美日本人』(1935)에서도 엿볼 수 있다.

그의 근본적인 주장은 다음과 같다. 즉 동양의 유교와 도교, 불교 등 삼교三敎는 서양철학과 버금가는 것이지만 여태까지 그것을 갈고닦아

---

7) 후네야마 노부이치船山信一는 특히 「IV 메이지 철학의 변증법 이해」에서 변증법의 도입 과정과 메이지 철학자들의 변증법에 대한 이해 등에 대해 자세히 다루었다. 후네야마는 사이구사 히로토三枝博音의 저서 『근대 일본 철학사近代日本哲學史』에서의 미야케三宅에 대한 평가를 그대로 답습하여 미야케를 높이 평가하고 있는데, 사실 미야케의 『철학연적』은 슈베글러의 『서양철학사西洋哲學史Geschichte der Philosophie im Umriss』(슈베글러, 1938)와 피셔의 『근세철학사』(피셔, 1971)와 대조해 보면 이 두 책을 간략하게 번역한 것임을 알 수 있다.

학리學理로 연구한 사람은 없었다. 대개 조사祖師들의 말씀을 주해하는 데 그쳤으며 옛사람들의 진부한 학설을 가지고 논의하고 따지는 알맹이가 없는 학문에 지나지 않았다. 그런데 지금 필요한 것은 "서양철학을 몽땅 번역하고 동양철학의 진면목을 밝히는 것"(三宅, 1967: 151)이다. 서양철학은 많은 논의들 사이에도 체계적인 일관성이 있기 때문에 글귀의 해석에만 얽매이는 동양철학의 폐해를 고칠 수도 있다. 그렇게 한다면 동양철학은 다시 부흥할 수 있을 것이다. 그리고 만약 일본이 불교에서 인도를 넘어서고 유교에서 중국과 맞서고 유럽 철학을 연구하여 그 이치를 고루고루 갖추게 되면 "철학에 관한 한 세계의 중심에 설 수 있을 것"(三宅, 1967: 152)이라고 하면서 일본에서의 동양철학과 서양철학의 종합을 주장했다. 그리고 서양철학의 "타당한 규칙"을 동양철학에 "응용하여 지극한 이치를 밝히는" 것이 진·선·미를 추구하는 일본인의 사명이라고 강조했다.

이러한 그의 취지는 『왕양명』에서도 일관되게 드러난다. 그는 왕양명에 이르는 송명이학의 전개를 독일관념론의 동향과 대응시킨다. 그는 "유럽 사상계는 칸트에 이르러 종래의 경험파〔영국 경험주의〕와 관념파〔대륙 합리주의〕의 학설을 종합하여 현상現象은 본래 관념이지만 그러나 그것은 본래 실체實體에서 나온 것이라는 주장을 내세웠는데, 칸트의 후계자들은 이미 현상이 본래 관념이라면 실체도 또한 관념일 수밖에 없다고 주장하면서 모든 것을 관념으로 돌리지 않을 수 없었다. 한편 송명이학에서는 정씨程氏〔정명도程明道와 정이천程伊川〕 이후 관념론이 점차 세력을 확대했다가 드디어 두 학파로 나눠지게 되었는데 하나는 객관을 위주로 하는 것이고, 다른 하나는 주관을 중시하는 것이다. 무릇 객관적 관념파의 태두泰斗라고 할 만한 이는 주회암朱晦庵〔주희朱熹〕이고 그의 위치는 셸링과 약간 비슷하다. 주관적 관념파는 사상채謝上蔡·왕신백王信伯을 거쳐 육상산에 이르러 절정을 이루며 그 위치는 피히테와 헤겔과 맞먹는다"(三宅, 1967: 292~293)라고 논했다. 또 그는 헤겔 이후의 서양철학은 쇼펜하우어Arthur Schopenhauer와 하르트만 등이 이끌어갔는데 설사 정밀함에 있어서는 도저히 그들에게 미치지 못한다고 하더라도 '지행합일'을 설파하고 단호히 지知를 행行으로 나타낸 왕양명의 인격은 서양 철학자들이 따라갈 수 없는 것이고, 그의 이론도 역시 결코 얕잡아볼 수 없는 것이라고 평가했다. 그리고 왕양명은 중국 철학에서 걸출할 뿐만 아니라 세계 철학에서도 빛나는 존재라고 주장했다.

뿐만 아니라 미야케는 변증법(그는 그것을 삼단법이라고 불렀다)적인 사고방식은 동양철학에서도 많이 찾아볼 수 있다고 말한다. 즉 "유有가 있으면 무無가 있다. 유는 무에 대한 유, 무는 유에 대한 무이다. 사물에는 반드시 상반된 면이 있고 모순이 있으니 모순의 취합聚合에서 진실의 현현顯現을 본다. 진실을 인정하면서 그와 동시에 모순의 실재를 허용하고, 모순에 따라 진실의 존재를 본다"(三宅, 1967: 257)라는 사상은 노자도, 대승불교도, 피히테와 헤겔의 철학도 모두 "그것을 말한" 것이라고 한다.

미야케가 주장한 것은 단순히 동양철학·일본주의의 복권復權이 아니다. 다카야마 초규高山樗牛와 호즈미 야츠카穗積八束 등의 일본주의·국수보존주의는 청일전쟁과 삼국간섭에 대응하여 등장했는데 이것들은 모두 배외주의를 특색으로 하고 있었다. 이에 대해 미야케 유지로는 동양과 서양이 서로 대응(대립)하고 있으나 그 종합이 일본에서 가능하다고 생각했던 것이다. 물론 이것을 헤겔의 변증법에 대응시켜 정正·

반反·합습과 동양·서양·일본으로 해석하는 것은 너무 지나친 천착이 겠지만 적어도 미야케는 서양철학 속에서 일본(또는 동양) 사상과의 동질성을 찾았고, 헤겔, 쇼펜하우어의 철학에는 동양철학과의 유사성이 있다고 느꼈던 것이다. 이것은 1933년(메이지 22)에 제국헌법을 선포하고 그런대로 근대국가 체제를 확립하고 자신감을 회복한 내셔널리즘을 반영하고 있다. 이러한 자신감의 회복에는 두 가지 의미가 들어 있다. 하나는 서양에 대한 동양(일본)의 복권이며, 다른 하나는 일본이 근대화·서양화할 수 있다는 점에서 느끼는 일본인들의 아시아 국가들에 대한 우월감이기도 하다. 이러한 양면적인 태도가 바로 종합이라는 관점을 가져오고, 또 1933~1937년(메이지 22~26)경에 헤겔 철학에 주목하게 된 이유였다고 하겠다.

3. 정·반·합과 인·연·과

동양철학이 충분히 서양철학에 대응하고 맞설 수 있음을 헤겔 변증법에 의거하여 논증하고자 한 것은 바로 1892년(메이지 25)에 『철학잡지哲學雜誌』에 게재된 필자 미상(소노다 슈우에薗田宗惠인가?)의 「헤겔의 변증법Dialektik과 동양철학」이라는 논문의 취지이기도 하다. 이 논문은 근세철학사의 흐름을, 칸트를 거쳐 "필세畢世의 준걸俊傑"인 헤겔이 나타났는데, 그 이름이 "한때 천하에 울려 퍼짐이 마치 하늘에서 울리는 천둥소리만 같았다"(필자 미상, 1892: 462 이하 참조)라는 식으로 과장된 문체로 서술한다. 그 필자는 이 논문에서 먼저 헤겔의 학설에 따르면 "불교는 무無를 설파하는 것"이라고 하지만 이와 같은 헤겔의 불교 이해는 잘못된 것이라고 지적한다. 그러면서 그는 그리스에서 싹튼 변증법이 헤겔에 이르러 "거대한 양재良材"가 되었다고 한다. 그런데 변증법이라는 종자가 동양 천지天地에 적합한가. 아니, 오히려 그것은 "동양 천지"에 놀랄 만큼 광범위하게 퍼져 있다. 그 예로 그는 중국의 노자老子, 장자莊子, 관윤자關尹子, 회남자淮南子, 공자, 불교의 『참동계參同契』,8) 『보장론寶藏論』, 『반야심경般若心經』, 『원각경圓覺經』, 『대승기신론大乘起信論』, 『능엄경楞嚴經』 등을 든다. 그리고 헤겔 변증법과의 일치점과 상이점을 들어서 "오호라, 동양의 토지는 풍요롭도다! 결코 철학의 종자가 모자란 곳이 아니노라"(필자 미상, 1892: 468)라고 하면서 동양주의를 표방했다.

그러나 이런 태도는 매우 일반적인 것일 수 있다. 잘 모르는 것을 이미 잘 알고 있는 사항에 견주어서 이해하려 하는 것, 이것은 바로 우리들의 기본적인 이해 방식이다. 그러나 이렇게 하는 것은 좀 문제가 있다. 이러한 입장에만 그친다면 기존의 지식만으로 충분하기 때문에 새로운 지식은 기존의 지식 속에 해소되고 용해된다. 결국 새로운 것은 전혀 받아들이지 않은 것과 마찬가지가 되고 마는 것이다. 극단적으로 말하자면 새로운 지식(외래 사상)은 전혀 불필요하고 기존의 지식(일본 고유의 정신)만으로 충분하다는 결론에 이르게 되는 것이다. 그 귀결점은 다음과 같이 될 것이다. 모든 사상은 일본 정신으로 환원된다.

---

8) [옮긴이] 당나라의 석두희천石頭希遷이 지은 5언 44구 220자로 된 장편의 고시집古詩集이다. 여기에서 참參은 만법 차별의 현상을, 동同은 만법 평등의 본체를, 계契는 차별이 곧 평등이요 평등이 곧 차별임을 의미한다. 결국 현상이 곧 실재임을 강조하여 선종禪宗 학문學問의 기초가 된 이것을 특히 조동종曹洞宗에서는 중히 여겨 아침마다 불전佛殿에서 독송讀誦한다.

외래 사상은 필요가 없을뿐더러 오히려 그것은 일본 정신을 흐리게만 한다. 따라서 그 오염물을 제거하고 일본인의 정신을 맑게 정화해야만 한다. 그러나 과연 그럴까?

헤겔을 동양철학과 불교를 통해 이해하려고 했다는 점에서는 기요자와 만시도 마찬가지였다. 그러나 그의 경우는 앞의 두 사람 이상으로 내적 통합이 뚜렷했다.

기요자와 만시는 도쿄제국대학에 다닐 때 페놀로사E. F. Fenollosa에게서 논리학과 서양철학사를 배웠다. 페놀로사의 강의는 슈베글러의 철학사 및 보웬Francis Bowen의 근세철학을 골자로 하여 칸트·피히테·셸링·헤겔의 독일 철학과 밀·스펜서의 영국 철학을 설명하는 것이었다. 페놀로사가 헤겔의 사상과 스펜서의 진화론을 "융합·조화시켜서 장차 철학 발전의 기초로 삼아야"(淸澤滿之, 1928a: 618) 한다고 한 말에 기요자와는 공감했다. 그러나 기요자와가 대학 재학 시절에 헤겔에 대해 논의한 것은 찾아볼 수 없다. 그는 오히려 칸트를 중심 과제로 삼고 있었다. 기요자와와 마찬가지로 동본원사東本願寺가 도쿄제국대학에 입학시킨 학생들 중에서 헤겔을 과제로 삼은 사람은 이노우에 엔료井上圓了였다. 그는 『불교활론 서론佛敎活論序論』(1887)에서 화엄종과 천태종의 유리론唯理論은 헤겔의 범논리주의와 같은 것이라고 주장하면서 신도神道 세력의 폐불훼석廢佛毁釋[9]을 공격할 뿐만 아니라 기독교의 융성

---

9) [옮긴이] 폐불훼석은 1868년의 메이지유신 때부터 1871년경까지 일어난 불교반대 운동을 말한다. 메이지 신정부는 제정일치, 신도 국교화를 내세워 신불분리령神佛分離令 등을 발령했다. 이것이 불교를 외래 종교로 배척하는 국학國學 사상의 영향 아래 불교의 하위에 놓여 있던 신관神官(신도의 성직자)들 및 막부 시대에 막부 통치 기구의 말단에서 사상 통제를 담당했던 불교 사원에 대한 민중의 불만을 폭

으로 인해 침체됐던 불교계의 각성을 촉구하기도 했다. 기요자와 만시는 이러한 이노우에 엔료의 불교혁신운동과 궤를 같이했다.

기독교에 대항하는 불교의 혁신운동, 즉 불교의 학문화學問化를 지향한 기요자와 만시는 오로지 그 목적을 위하여 서양철학의 학설을 도입했다. 그런데 여기서 흥미로운 것은 그가 서양철학을 인용할 때 그것을 다른 문화로 거의 의식하지 않는다는 사실이다. 그것은 특히 신도·유교·불교 연구를 위해 철학관哲學館을 창설한 이노우에 엔료의 입장과 비교하면 더욱 명백해진다. 이노우에 엔료는 "특히 우리 동양에는 서양인들이 아직 미처 연구하지 못한 종래 고유의 철학이 있는데 그중에도 새로운 발견이 있음을 알 수 있을 것이다. 만약 오늘날 이것을 우리나라에서 연구하여 서양의 철학과 비교·대조하고 훗날 그 양자에서 장점을 취하여 새로운 철학 유파를 만든다면 그것은 우리의 명예일 뿐 아니라 일본 전체의 명예가 될 것이다"(淸澤滿之, 1928a: 624)라고 하여 서양에 대한 대항 의식을 드러낸 바 있다. 그러나 기요자와 만시에게서는 이러한 대항 의식을 찾아볼 수 없다. 그의 강의 수강자들은 대부분 동본원사 오타니파大谷派[10]의 승려와 학생들이었기 때문에 그러한 정치

발시키는 도화선이 되어 일본 각지에서 불교 사원을 습격하고 시설·불상·경전을 파괴하는 등의 불교반대운동이 일어났다. 폐불훼석의 결과 수많은 불교 사원이 폐지되고 승니僧尼들이 환속하게 되었다.
10) 〔옮긴이〕 호넨法然의 제자이자 정토진종淨土眞宗의 개조인 신란親鸞이 90세를 일기로 입적하자 1272년 그의 막내딸인 각신니覺信尼가 교토 히가시야마東山의 오타니大谷에서 장례를 치른 뒤 그곳에다 초당草堂을 짓고 영상影像을 안치한 것이 교단의 본산인 오타니 본묘大谷本廟였고 그것이 바로 본원사本願寺의 기초가 되었다. 그러나 1532년 일련종日蓮宗과 다투는 과정에서 본원사가 소실되자 1591년 도요토미 히데요시가 준뇨准如에게 교토의 호리가와堀川 칠조七條에 토지를 주어 본원사를 재건케 했다. 한편 1602년 도쿠가와 이에야스德川家康도 쿄뇨敎如

적 의사를 표명할 필요가 없었을지도 모른다. 혹은 서양철학도 불교의 보편적 진리의 한 해석에 지나지 않음이 자명하다고 여겼을 수도 있다. 아무튼 그에게는 동양과 대립하는 서양이라는 단절 의식이 결여되어 있었다. 그에게 있는 것은 동방에서 근원하여 점차 서쪽을 향해 나아가 서구를 거쳐 북미 대륙으로부터 일본으로 들어온 서양 문화의 조류와, 인도[西天]에서 일어나 중국과 한반도를 거쳐 일본 문화의 일부분을 구성하는 동양 문화의 조류가 "지금 우리나라에서 서로 만나 함께 우리나라 고유의 정기精氣에 의해 동화되면서" 장차 "세계적인 통일 문화"(淸澤滿之, 1928d: 176)[11])가 되고자 한다는 통일 의식뿐이었다. 그 통일 원리가 그에게는 바로 "나무아미타불南無阿彌陀佛"이었다.

"나무아미타불"의 종교적 세계를 학문적으로 밝혀보려는 의도에서 기요자와는 헤겔의 사상을 자신의 종교철학 체계의 "전화론轉化論"에 원용했다. 그가 말하는 "전화론"이란 유한有限으로부터 무한無限으로 향하는 진화와 무한으로부터 유한으로 향하는 퇴화의 작용이며, 이 두 가지 작용으로서의 만유萬有의 전화轉化는 "일체관통一體貫通의 원리"로 일관되고 있다. 인과의 원리가 바로 그것이다. 그 인과의 이법 중에

에게 쿄토의 카라스마烏丸 로쿠조六條에 사지寺地를 주어 본원사를 짓게 했다. 이렇게 해서 본원사는 준뇨의 본원사파本願寺派(서본원사西本願寺)와 쿄뇨의 오타니파大谷派(동본원사東本願寺)로 분파되었다.

11) 기요자와의 헤겔 이해를 위한 기초 자료는 월레스W. Wallace가 번역한 『논리학論理學』(*The Logic of Hegel*, Trans. from the Encyclop. of the philosophical Sciences, Prolegomena by Willam Wallace, Oxford, 1874)과 『역사철학』(영역자 미상, 아마 *Lectures on the Philosophy of History*, Trans. By Sibree, 1852, 1894라고 생각됨)이다. 철학사에 관해서는 슈베글러, 젤러Eduard Zeller, 박스Ernest Belfort Bax, 키르히너Friedrich Kirchner, 위버베크Friedrich Ueberweg, 보웬Francis Bowen 등을 참조하였다.(淸澤滿之, 1928c: 588, 652~655 참조.)

서 "헤겔의 삼단궤범三段軌範〔변증법〕이 정·반·합의 세 단계를 설파함으로써 비로소 정밀함"을 얻게 되었다.(清澤滿之, 1928b: 25) 정正에서는 자연적·필연적으로 반反이 일어나고, 반은 자연적·필연적으로 정과 결합되어 합습이 된다. 헤겔 변증법이 종래의 원인·결과의 인과설보다 뛰어난 점은 "오직 '정'과 '반'이 서로 결합되어 '합'이 되는"(清澤滿之, 1928c: 369) 점이다. 그런데 기요자와는 바로 이 점을 비판했다. 즉 (1) 정에서 반이 일어나고, (2) 정과 반에서 합이 된다고 하는데 (1)과 (2)의 차이점은 무엇인가? 왜 우리는 이 양자를 구별해야만 하는가? "나는 도저히 이 점을 헤아릴 수 없다." 즉 헤겔이 말하는 부정否定의 의미를 기요자와는 이해할 수 없었던 것이다. 따라서 헤겔의 변증법은 정 → 반 ⇒ 합이 아니라, 주主+객客=회會로 해석하는 것이 옳다고 주장했다. 헤겔에 대한 기요자와 만시의 이해는 반反의 타재他在·부정성否定性의 의의를 잘못 보고 정 → 반, 또는 정+반 → 합을 인과설과 같은 것으로 간주한 것이다. 이것에 대해서는 경박한 이해 또는 종합만을 보는 견해라고 비판할 수도 있겠다. 그러나 그의 의도는 헤겔 변증법을 통해 불교철학을 해명하려는 데 있다. 다시 말하면 그는 정·반·합을 인因·연緣·과果에다 적용시켰던 것이다. 인+연=과라는 도식을 성립시킨 것이다. 나아가 그는 그것을 진여眞如(因), 무명無明(緣), 만법萬法(果)으로 전개시킨다. 그에 의하면 헤겔은 절대 일원絶對一元으로부터 상대 다원相對多元을 전개시키려고 했다. 그러나 무한의 진여가 먼저 존재하고 그 무한성이 소멸되면서(무명) 유한有限의 만법이 된다고 생각해서는 안 된다. 왜냐하면 진여와 만법은 동체同體요, 병립並立하는 것이지 차원의 앞뒤를 달리하는 것이 아니기 때문이다. 그러면 어째서 절대가 상대로 전화轉化하며 상대가 절대로 전화하는 것일까? 그것은

"내 생각으로는 감히 어떻다고 논할 수 없는 것"(淸澤滿之, 1928b: 27)이다. 우리가 유한자有限者인 한 우리는 "진여"란 무엇인지 알 수 없다. 인지 능력 밖에 있으면서 전화하는 "불가사의"를 "객위客位[객체의 위치]에 임시로 세워놓은 것"에 지나지 않는다.

소위 "객체의 위치에 임시로 세워놓은 것"을 헤겔의 변증법으로 돌려서 해석하면 바로 "반정립"이 되므로 이것은 분명히 불교적으로 왜곡시킨 이해·무이해無理解라고도 할 수 있을 것이다. 그렇다면 부정否定이란 무엇인가? 주체자主體者에게 있어서 부정은 자기의식에 비춰지는 대상물로서의 대립이 아니다. 또 타인他人 같은 것도 아니다. 그러한 차원은 자기의식의 현상 작용이다. 부정이란 현상에 대해 말하자면 그것은 [칸트의] 물자체Ding an sich와 같이 불가지不可知한 것이라고 할 수 있다. 주체적·종교적인 자기에게 부정은 키르케고르가 말하는 절대타자絶對他者이다. 그것은 절대적으로 이질적인 것이므로 이해의 범위를 넘어 자기를 부정하는 것이다. 물론 기요자와가 말하는 "불가사의"를 "객체의 위치에 임시로 세워놓은 것"과 키르케고르의 "절대타자"가 의미하는 것은 다르다. 그러나 여기서 유의해야 할 것은 헤겔 변증법을 환골탈태시켜 불교적 세계 해석의 하나로서 채용하려 한 기요자와 만시의 방법에는 정보의 부족으로 인한 오해와 해석의 억지, 주관적 의도에 의한 곡해라는 부정적인 면들이 있는 반면, 그 주체적인 태도로 인해 미야케 유지로라든가 다른 사람의 헤겔 변증법 이해에서는 볼 수 없는 사상적 깊이가 엿보인다는 점이다. 그리고 그렇게 함으로써 기요자와는 헤겔에 대한 이해에서도 새로운 차원을 개척하게 되었다. 게다가 그는 헤겔 이해에 새로운 지평을 열었을 뿐만 아니라 그가 본래 추구했던 불교의 철학화도 함께 이루게 되었던 것이다.

4. 법철학의 입장

서양철학에 대응하는 것을 동양철학 안에서 발견하여 불교의 철학적 이치를 헤겔의 변증법을 통해 평가하려는 통일·융합의 논리는 1880년대(메이지 20년대)에 지배적이었으나 그 이후에는 자취를 감추게 되었다. 더구나 1894년(메이지 27)의 청일전쟁, 1895년(메이지 28)의 삼국간섭 이후의 지배적인 논의는 다카야마 초규의 "일본주의"나 호즈미 야츠카의 국가주의적 논조, 이에 맞선 고토쿠 슈스이幸德秋水의 사회주의, 또는 즈나지마 료센綱島梁川의 종교적 요구였으며 헤겔적인 종합이 설 곳은 없었다.

메이지 시대 동안에 헤겔이 재등장한 것은 청일전쟁 이후 법학자의 입장에서 근대국가학의 기초를 다지기 위해서였다.[12] 우에스기 신키치 上杉愼吉의 「국가학사상國家學史上에 있어서 헤겔의 지위」, 요시노 사쿠조吉野作造의 「헤겔 법철학의 기초」 등이 바로 그것이다. 이것은 『국가의 법리적 관념』과 『헌법 정신』에서 가족제 국가家族制國家의 이념을 내세운 호즈미 야츠카로부터 비롯된다. 제국대학帝國大學 법학부 호즈미 야츠카 교수의 1936년도 법리학 세미나의 12가지 주제 중의 하나인 「헤겔 법철학의 기초 및 평론」에 맞춰서 우에스기 신키치 조교수가 원고를 작성하고 당시 학생이었던 요시노 사쿠조가 그 세미나의 보고 논문을 잡지에 게재했던 것이다.

호즈미 야츠카가 냈던 과제에 모범 답안을 제출한 사람은 우에스기였다. 그는 블룬칠리Johann Caspar Bluntschli,[13] 슈탈Friedrich Julius Stahl,

---

12) 토미즈 히론도戶水寬人의 「헤겔의 학설」(戶水寬人, 1908)도 여기에 포함된다.

에드먼드 버크Edmund Burke, 프로이스Hugo Preuß, 사비니Friedrich Carl von Savigny, 루소, 칸트, 셸링, 헤겔, 야코비Friedrich Heinrich Jacobi, 로이스Josiah Royce, 차하리에Karl Eduard Zachariae, 슐라이어마허Friedrich Daniel Ernst Schleiermacher, 마이어Robert Meyer, 몽테스키외, 벤야민Walter Benjamin, 콘스탄 폰 할러Constanz von Haller, 에릭 린드그렌Erik Lindgren 등 자신이 알고 있는 인명과 학설을 모두 나열하면서, 아마도 그중에서 인용했는지 "오늘날 국가설의 중심 이론인 국가는 유기체라고 하는 설명, 그리고 이를 인격이라고 하는 설명, 그리고 국가가 주권의 본체라고 하는 설명 등은 다른 어떤 사상보다도, 헤겔에 이르러 가장 고도로 발달한 비판철학, 절대철학, 일치철학一致哲學, 범신론철학汎神論哲學과 철학자의 국가론에서 직접적인 영향을 받은 것"(上杉愼吉, 1904: 1005 이하 참조)이라는 구절을 집어내어 혁명 사상에 대한 반동으로 인민주권을 물리치고 국가의 정당성을 찾았다. 그리고 그는 "헤겔은 민주주의를 배척하고 국가주권의 사상을 내세운" 사상가라고 결론지었다. 그가 인용한 『법철학法哲學』 부분에 오해와 곡해가 보이지 않는 점으로 미루어 그가 헤겔을 읽지 않았다고 볼 수는 없다. 단지 그 인용이 군주권君主權을 언급한 275~279절로 한정되어 있을 뿐이다.

    요시노 사쿠조의 논문은 우에스기 신키치와는 대조적으로 헤겔의 사상에만 입각한 것이었으며 그는 자신이 읽은 헤겔 원전의 강독 범위와,

---

13) [옮긴이] 블룬칠리는 『국가론The Theory of State』(1895)에서 아리스토텔레스의 정치학을 인용하면서 "정치학은 국가에 관한 학문"이라고 정의한다. 정치학politics이라는 용어는 근본적으로 "도시국가"를 의미하는 폴리스polis에서 파생된 것이므로 정치학의 과제도 폴리스라는 도시국가를 연구하는 것이라고 주장한다. 한마디로 말해 국가학이 정치학의 상위 학문이라는 것이다.

헤겔에 대한 이해가 쿠노 피셔와 모리스George S. Morris에 의거했다는 것을 밝히면서 어디까지나 법철학의 기초가 무엇인지를 규명하려고 했다. 그리하여 그가 내린 결론은 "모든 우주 조직은 완전히 합리적이며, 일체의 만물은 사리事理에 있어서 필연적인 관계에 있다. 따라서 '현실이 곧 합리'라고 할 수 있다"(吉野作造, 1904: 1291~1310 참조)라는 범리론汎理論이었다. 이러한 논의는 오늘날의 시각에서 보면 통상적인 소개이자 평범한 이해일 뿐이다. 거기에는 아무런 독창성도 없다. 그러나 앞의 우에스기 논문에서 보이는 자의적인 인용과 비교해보면 그 의미의 차이가 분명하다. 뿐만 아니라 당시 요시노의 정신 상태를 살펴보면 그의 범신론=범리론이라는 헤겔에 대한 이해는 단지 객관적인 헤겔 이해뿐만 아니라 다른 의미를 가지고 있었다. 그것은 그가 "사사로이" 자기에게 적합하다고 믿고 연구해온 과제를 해결하는 것이었다. 즉 그는 1900년(메이지 33) 이래 에비나 단조海老名彈正가 주창하던 튀빙겐 학파의 자유주의신학에 깊이 빠져들면서 종교와 과학의 충돌에 대해 스스로 고민하고 있었던 것이다. 그리고 그것을 해결해준 것이 헤겔 중앙파가 이끌었던 역사주의였고, 그가 결론적으로 말한 범신론=범리론이었다. 그의 "사사로이"라는 말 속에 집약된 학문 연구 태도의 성실함, 범합리주의汎合理主義 그리고 역사주의가 훗날에 민본주의를 만들어낸 원동력이 되었던 것이다.

그런데 다이쇼 시대에는 특히 원년(1912)부터 12년(1923)까지는 헤겔에 관한 문헌이 매우 드물었다. 1912년(다이쇼 1) 이마자와 시카이今本慈海의 「헤겔」(中島力造 編, 『泰西先哲像傳』), 1919년(다이쇼 7)의 빈델반트Wilhelm Windelband의 「헤겔주의의 부흥」(宮本和吉 抄譯), 같은 해 다나베 하지메田邊元의 「독일 유심론에서의 철학적 인식의 문제들」, 그리고 1922년(다이쇼 10) 기무라 카메지木村龜二의「신헤겔파의 법철학」이라는 겨우 네 편의 논문이 전부이다. 헤겔에 대한 이와 같은 낮은 평가는 당시 독일 철학의 주류를 이루었고 일본도 그 흐름 속에 있었던 신칸트학파의 헤겔 경시[14] 경향에서 비롯된 것이기도 했다. 다만 우리가 그것을 단지 일본 철학계의 독일 철학에 대한 추종으로만 해석하는 것은 타당하지 않다. 거기에는 당시 일본의 시대정신이 요구하는 내적 동기도 있었기 때문이다. 즉 다이쇼 시대의 정신을 이끌어간 교양주의·인격주의·이상주의·비판주의·개성의 존중·민본주의·사회주의 등이 공유하는 특성은 개인의 주체성 확립과 그 기반으로서의 보편성이었다. 유類·종種·개個를 구별하여 말하면 그것은 종種(민족, 국가)의 결여에 의해 주체와 보편적 이념이 직접적으로 연관을 맺는 정신 기조였다. 그런데 그것을 위해 요청된 것은 칸트 철학이었지 헤겔 철학이 아니었던 것이다.

5. 1931년—헤겔 서거 100주년

1931년은 헤겔 사후 100주년을 맞이하는 해였다. 세계 각국에서 헤겔 관련 학회가 열리면서 헤겔 철학에 관한 출판물의 간행이 이어졌다. 일본에서도 마찬가지로 서거 100주년을 기념하는 각종 기획이 이루어졌다. 헤겔 전집의 번역, 간행(岩波書店), 곤도 준지近藤俊二가 편집한

---

14) 일본 철학의 칸트·헤겔의 수용에 관한 고찰로는 三枝博音,『日本における哲學的觀念論の發達史』(1934);『近代日本哲學史』(1935) 두 권(三枝博音, 1972에 수록)이 탁월하다.

국제헤겔연맹[15]의 일본어판『헤겔과 헤겔주의』(岩波書店), 그리고『헤겔 부흥』(理想社 編) 등 각종 연구 단체의 헤겔 철학 연구서와『사상思想』,『이상理想』과 같은 잡지의 특집호, 그리고 각 대학 연구지에 게재된 수많은 논문들이 그것이다. 이해의 문헌 총수 93점은 출판 상황이 비약적으로 호전된 제2차 세계대전 후인 1970년, 탄생 200주년의 해보다도 더 많은 숫자였다. 그러나 그 헤겔주의도 그해의 종반부터 조수가 빠지듯 서서히 사라져갔다. 1931년을 정점으로 일본의 헤겔주의는 분명히 근대 철학 사상의 하나의 분기점이 되었던 것이다.

헤겔주의의 태동은 1925년(다이쇼 13)에 시작되었다. 메이지 시대 말부터 다이쇼 시대에 걸쳐 거의 주목받지 못했던 헤겔에 대하여 미츠치 코조三土興三의「Hegel의 Phänomenologie〔정신현상학〕」, 기히라 타다요시紀平正美의「아리스토텔레스와 헤겔의 추리 도식에 대하여」, 세키 에이키치關榮吉의「헤겔의 역사철학」, 이마나카 츠기마로今中次麿의「헤겔의 국가 이념론의 고찰」, 쿠루마 사메조久留間鮫造의「헤겔 철학사와 맑스 경제학사」등 5편의 논문이 쓰여졌고, 그리고 가지 류이치嘉治隆一가 맑스의「헤겔 법리학 비판」을 번역했다. 다음 해인 1926년에는 기히라 타다요시·오노 마사야스小野正康의 공저인「헤겔의 국가론」, 기히라 타다요시의「헤겔의 종교론 및 종교와 국가의 관계론」, 히라이 아라타平井新의「맑스 사회학설의 기원 및 이에 대한 헤겔, 포이어바흐, 슈타인 및 프루동의 영향」등 3편의 논문과 리케르트Heinrich

---

[15] 〔옮긴이〕1930년 4월 22일 헤이그에서 개최된 제1회 헤겔회의가 '국제헤겔연맹'을 탄생시키자 이 연맹에서는 1931년 국제헤겔연맹총서를 발간했다. 이 총서의 일본어판 발간에는 당시 교토대학에 재학 중이던 전원배田元培도 참여했다.

John Rickert의 「어떻게 국가학은 학으로서 가능한가—피히테 및 헤겔에 관한 하나의 연구」의 번역이 잡지에 발표되었다. 그다음 해에는 기히라 타다요시의 『헤겔의 철학』(近代社)의 단행본과 야자키 요시모리矢崎美盛의 「헤겔의 학위논문에 대한 천착穿鑿」, 이시즈 테르지石津照璽의 「헤겔의 종교철학」, 즈치다 쿄손의 「헤겔 철학과 맑스·레닌의 변증법적 유물론」, 오제키 마사카즈大關將一의 「스티스가 지은 『헤겔의 철학』을 의심하다」 등 4편의 논문과 빈델반트의 『프레르디엔(서곡) 상권』(河東涓 譯, 岩波書店)과 빈델반트의 『철학의 근본 문제(상)』(松原寬 譯, 同文館) 등 두 권의 번역서가 출판되어 헤겔주의의 추세를 결정지었다.

이 문헌들을 살펴보면 다이쇼 말기에 헤겔주의의 경향에 시동이 걸린 데에는 두 가지 이유가 있었음을 알 수 있다. 첫째는 1900년대 초부터 일어난 독일 철학계의 신헤겔주의가 20여 년이 지난 뒤에야 일본에 들어오기 시작했다는 점이다. 1905년의 딜타이Wilhelm Dilthey, 1909년의 크로체Benedetto Croce, 1910년의 빈델반트, 1916년의 라손Georg Lasson의 저작이나, 혹은 그러한 사조를 아직 파악하지 못했던 일본의 철학자들도 1920년대 크로너R. Kroner가 『칸트로부터 헤겔에로』라는 대저를 쓰고 빈델반트, 리케르트, 카시러, 하르트만 등 신칸트학파의 중진重鎭들이 앞을 다투어 헤겔 철학에 접근하고 나서야 겨우 새로운 동향에 눈을 뜨기 시작했던 것이다. 게다가 이것을 알게 된 사람들은 구와키 켄요쿠桑木嚴翼, 다카하시 사토미高橋里美, 소다 키이치로左右田喜一郎, 다나베 하지메 등 일본 신칸트학파의 권위자들이 아니라 미츠치 코조, 야자키 요시모리, 이시즈 테르지와 같은 젊은 연구자들이었다. 그들의 젊은 영혼은 단지 경박하게 새로운 것만을 좇았던 것은 아니었다. 1923년(다이쇼 12) 간토대지진 이후의 정치·경제·사회의 정세 변화에 더 이상 신칸트학파가 제공해주는 철학으로는 대응할 수 없게 되었던 것이다. 그들은 새로운 시대의 조짐을 보았다. 그러나 결과적으로 그들이 느낀 시대에 대한 불안감은 헤겔에 의해서도 충족될 수가 없었고, 그들은 더욱 종교적인 것을 찾게 되었다. 그러한 움직임을 키르케고르가 종교적 입장에서 헤겔을 비판하고 나선 것에 비유할 수도 있다. 실제로 키르케고르와 변증법신학의 도입은 그 연장선상에서 이루어졌다.

둘째는 새로운 세대들(이마나카 츠기마로, 구루마 사메조, 히라이 아라타, 츠치도 쿄손, 오제키 마사카즈 등)이 새로운 문제의식을 가지고 등장한 점이다. 즉 맑스주의의 대두이다. 결론적으로 말하자면 실은 이 맑스주의의 조류가 쇼와 초기의 헤겔주의를 도출하고 결정지었으며, 나중에는 맑스주의에 대한 탄압 때문에 헤겔주의마저도 퇴조했던 것이다. 따라서 일본의 헤겔주의는 이러한 새로운 문제의식과 관련하여, 특히 맑스주의와 관련하여 이해되어야 한다.

메이지 말기의 대역사건大逆事件으로 인해 폐색 상태에 놓였던 다이쇼 초기의 사회주의운동도 다이쇼데모크라시大正デモクラシー의 일익을 담당하면서 생기를 회복하고 사카이 토시히코堺利彦, 야마카와 히토시山川均, 가와카미 하지메河上肇, 구시다 타미조櫛田民藏 등에 의해 점차 세력을 확보해가고 있었는데, 이러한 사회주의·공산주의의 사상 전개에 있어서도 1924년(다이쇼 13)은 획기적인 해였다. 그것은 한마디로 말해 후쿠모토이즘福本主義[16]의 등장 때문이었다. 후쿠모토 가즈오

---

16) [옮긴이] 후쿠모토 가즈오福本和夫(1894~1983)는 1924년 독일 유학 후 귀국하여 일본공산당에 참여하면서 야마카와이즘을 절충주의 이론일 뿐만 아니라 우익 편

福本和夫는 1922년(다이쇼 11)부터 예나Jena에서 코르쉬Karl Korsch에게 배우고 코르쉬의 『맑스주의와 철학』과 루카치György Lukács의 『역사와 계급의식』을 들고 1924년에 귀국했다. 그는 「경제학비판에 있어서의 맑스『자본론』의 범위를 논함」(『マルクス主義』 1924년 12월)에서 가와카미 하지메와 같은 사회주의자나 야마카와이즘山川主義17)을 논파했다. 이어서 그는 「유물사관의 구성 과정—유물사관 연구 방법의 과정」, 「경험비판주의의 비판」(『マルクス主義』 1925년 2, 3월)에서도 가와카미 하지메의 유물사관을 가리켜 유물변증법을 빠뜨린 유물사관이며 이는 맑스의 방법을 잘못 이해한 것이라고 신랄하게 비판했다. 또한 그는 사회과학적 인식과 계급투쟁적 실천의 방법으로서의 유물변증법을 강조하면서 좌익 논단에 후쿠모토 선풍을 일으켰다. 그로 인해 경제학자들은 (가와카미 하지메도 포함하여) 유물변증법을 열심히 이해하려고 했고, 그것이 변증법이 급속하게 침투하는 계기가 되었다.

후쿠모토 가즈오의 등장으로 타격을 입은 사람은 가와카미와 같은 경제학자들만이 아니었다. 그의 등장은 젊은 철학자들에게도 커다란

향의 자연 성장적 낙관론이라고 비판한다. "결합 앞의 분리"를 주장하는 그의 이론은 대중 단체의 분열이나 부단한 "이론투쟁"을 요구한다. 결국 그의 이러한 강성 이론의 등장은 야마카와이즘을 빛바래게 하는 계기가 되었다.
17) 〔옮긴이〕 야마카와 히토시山川均(1880~1958)는 사회주의운동으로 1900년 이래 몇 차례 옥고를 치른 뒤 1920년 '일본사회주의동맹'을 결성했다. 그는 이미 러시아의 볼셰비키혁명에 대한 연구를 통해 얻은 이론적 지도자로서의 명성에 걸맞게 활동하면서 그해의 일본공산당 창당에 참여했다. "야마카와이즘"은 공산당 기관지『전위前衛』7·8월호에 「무산계급운동의 방향 전환」이라는 제목으로 발표한 그의 논문으로 인해 붙여진 그의 사회주의 이론에 대한 대명사였다. 그것의 요지는 종래의 사회주의운동이나 노동조합운동이 소수 정예 분자의 운동에 그쳤지만 앞으로는 본대本隊인 "대중 속으로" 돌아가야 한다는 것이었다.

충격을 주었다. 미키 기요시三木淸의 경우는 그 전형이라 할 수 있다. 다만 미키 기요시가 신칸트학파로부터 맑스주의로, 아카데미즘으로부터 저널리즘 철학으로 전향한 것은 후쿠모토의 등장을 보고 "문득 일종의 야심이 일어난"(戶坂潤, 1967c: 103 이하 참조) 것과 교토대학 강사 취임의 희망이 끊어진 것 등 외적인 요인도 있었지만, 그 자신의 정신 내부에서 양성된 것의 발로이기도 했다. 이것은 그가 독일에 유학했던 시절에 쓴 "Rickerts Bedeutung für japanische Philosophie(일본 철학에 있어서의 리케르트의 의의)"(三木淸, 1966a: 466 이하 참조)라는 문장을 보아도 알 수 있다. 미키 기요시는 당시 일본의 역사 연구 발전이 얼마나 리케르트와 깊은 관련이 있는지에 대해 논하면서 기존의 역사 연구를 방해한 것은 "불교적, 자유주의적 범신론"과 "천황 절대주의"라고 주장했다. 미키가 말하는 "역사적 의의"는 미키의 근본적인 철학적 동기로서 초기부터 만년에 이르기까지 일관되어 있다. 신칸트학파로부터 하이데거Martin Heidegger와 딜타이로, 딜타이를 통해 헤겔의 역사철학으로, 헤겔주의로부터 맑스로, 그리고 투옥과 전향을 거치면서 니시다西田 철학에 재접근하게 되는 모든 과정에는 항상 일관된 역사의식이 깔려 있었다. 그런 의미에서 그는 전향자도 아니고 변절자도 아니며, 도사카 준戶坂潤이 말하듯이 "시종일관 역사철학자"였다.

미키 기요시의 "변증법" 수용도 이러한 역사의식에 기초하여 이루어졌다. 그는 「헤겔의 역사철학」이라는 논문에서 역사의식을 다음과 같이 설명했다. 즉 역사의식은 첫째, 각 시대·각 민족·각각의 사건들 그리고 각자의 인격을 그 자체로서 이해하려 한다. 둘째, 역사의식은 현재와 모든 과거와의 결합에 대한 의식이다. 셋째, 역사의식은 역사에서의 정신의 "발전"이라는 개념 아래에서 파악된다. "넷째, 역사의식은 모든 현실과 역사의 건너편에 하나의 고정되고 바뀌지 않는 규범이 있는 것처럼 생각하면서 초역사적인 이성을 내세우는 것을 단념한다."(三木淸, 1966a: 228) 첫 번째 것은 역사상에서 개개의 사건·개개의 민족·개개의 인격이 각각 특수한 것이며, 역사는 개별적인 사태의 내재성內在性으로 이해돼야 한다는 주장으로 네 번째 것과 표리를 이루는 것이며 거기에는 리케르트에 대한 비판, 내지는 헤겔 자신의 모순을 폭로하려는 의도도 있다. 또 두 번째와 세 번째도 서로 짝을 이루는 것으로, 자기의 시대, 자기의 민족을 그 역사를 통해서가 아니면 파악할 수 없으며, 또한 오히려 과거와 미래를 통일하는 절대적인 현재가 바로 역사에의 통로가 된다는 주장이다. 따라서 역사는 개개의 사건과 우연이 모여서 이루어진 것이 아니라 시간적인 생성과 차이 속에서 하나의 내재적 통일을 이룬다. 즉 그의 말에 의하면 "역사는 모두 현재성現在性으로 해석된다", "철학적인 역사 고찰은 이와 같은 현재성에 대한 해석을 의미한다"(三木淸, 1966a: 229)라고 하는 딜타이의 헤겔 해석에 기초한 이론을 전개한다. 이러한 역사의식에서의 현재적 생生의 전체성과 통일성이 바로 "변증법"적 통일이라는 것이다. 다만 그는 이러한 헤겔과 딜타이의 역사적 현재성 속에는 "미래에 대한 의식이 결여되어" 있었다고 지적하면서 다음 단계인 맑스주의의 역사의식으로의 이행을 시사한다.

미키 기요시가 맑스주의로 전환하게 된 것은 역사의 내재적 발전을 이해하기 위해서는 헤겔의 역사철학만으로는 불충분하고 다음 단계로는 "생의 개념"에 의거하는 쇼펜하우어와 니체의 입장, 그리고 "자연의 개념"을 말하는 맑스의 입장이 있는데, 맑스의 역사철학을 계승하는 것이 가장 정당하다고 생각했기 때문이다. 그는 그것을 "유기체설과 변증법"이라는 대조로 설명했다.(三木淸, 1966b: 305 이하 참조) 즉 역사적 발전을 해석할 경우 유기체적인 발전과 변증법적 발전이 있다는 것이다. 그 차이는 다음의 다섯 항목으로 요약할 수 있다. (1) 유기체적 발전은 연속적이지만 변증법적 발전은 비약의 계기를 내포하는 비연속적인 것이다. (2) 유기체는 통일적 전체이지만 변증법적이란 내재하는 모순이다. (3) 전자는 보존을 위주로 하지만 후자는 보존과 동시에 파괴가, 긍정과 함께 부정이 중요하다. (4) 유기적 전체는 항상 완결적 전체이지만 변증법의 전체는 모순의 개념을 내포하는 과도성過渡性이다. (5) 전체는 유기적 발전에서는 "구조"의 개념으로 해명되지만 변증법적 발전에서는 "층層"의 개념으로 해명된다.

이상의 차이점과 같이 그는 헤겔의 변증법이 현저하게 유기체설적인 경향을 내포하고 있다는 이유로 맑스의 변증법을 정당화했다. 1928년(쇼와 3)에 쓴 논문에서 그는 서양철학에서 사용되어온 Dialektik(변증법)이라는 말의 다의성 때문에 일본에서는 다종다양한 변증법(비판적 변증법, 존재론적 변증법, 사변적 변증법, 즉물卽物변증법, 무無의 변증법)이 만들어진 것에 대해 정당한 변증법이란 오직 유물변증법뿐이라고 주장하고 "변증법"의 의의를 모순과 부정에 두고자 했다.

그런데 나는 앞에서 미키 기요시가 헤겔(헤겔에 대한 딜타이의 해석)의 입장으로부터 맑스에로 이행하는 이유를 미래 의식의 결여 때문이라고 하였다. 그렇다면 그가 맑스주의자의 입장에 서게 되면서 그러한 해답을 얻어낼 수 있었을까? 확실히 유물사관은 발전적 과정이며 미래를 제시한다. 한편 헤겔의 시간 의식은 자기 완결적自己完結的이다. 그러나 미키 기요시가 이러한 단순한 직선적 시간 의식을 생각했던 것은 아니다. 그에 의하면 과거와 미래는 현재로 집약된다. 그의 현재는 고정적인 것이 아니라 과거를 짊어진 채 미래로 나아가는 순간을 의미한다. 이와 같은 역사철학을 모색할 때 그가 맑스의 과정적 변증법에 만족할 수 없었던 것은 당연한 일이었다. 1930년(쇼와 5)의 체포와 투옥 사건, 그리고 맑스주의자 내부로부터의 비판을 계기로 그는 맑스주의로부터 니시다 철학에로 접근하게 되는데 그것은 그의 역사철학상의 필연적 귀결이기도 했다.

그런데 미키 기요시의 역사의식의 입장으로부터 맑스의 유물변증법을 이끌어내는 과정을 "관념론의 분식粉飾 형태"라거나 "부랑浮浪 변증법"이라고 신랄하게 비난하면서 스스로를 정통파 맑스주의자라고 부르고 다닌 사람들도 있다. 핫토리 시소服部之總, 쿠리하라 하쿠주栗原百壽, 가토 타다시加藤正, 혼다 켄조本田謙三, 가와우치 타다히코川內唯彦, 사이구사 히로토三枝博音, 나가타 히로시永田廣志, 도사카 준 등이 바로 그러한 이들이다. 그들 대부분은 미키 기요시의 영향 아래 맑스주의를 배웠는데, 그러한 그들이 미키를 규탄함으로써 자신의 입장을 주장하려고 했다. 그 대표적 인물이 바로 도사카 준이다.

1931년(쇼와 6)에 도사카 준은 「헤겔과 자연철학」이라는 논문을 썼다. 그 논점은 다음의 두 가지이다. 첫째는 자연과학은 단순히 직접적·무매개적인 것이어서는 안 된다는 것이다. 세계관이나 실제 생활과 밀접한 연관성을 가진 자연철학도 변증법적으로 조직되어야 한다는 것이다. 둘째 주장은 그 자연과학에 대한 헤겔 철학의 의미를 논한 것으로 헤겔 철학의 약점은 존재와 개념의 대립을 보지 못해 존재의 체계를 논리학에서 시작한 데 있다는 것이다. 오히려 "제일의적第一義的인 것은 개념이 아니라 그것과 구별되고 대립되는 존재(자연)"(戶坂潤, 1967b: 48 이하 참조)라고 그는 주장했다.

이러한 논지는 도사카의 독자적인 헤겔 해석은 거의 아니다. 그것은 아마도 엥겔스Friedrich Engels의 『포이어바흐론』과 『자연변증법』에 따른 논지의 전개로 보인다. 그 배경에는 27년 테제[18]를 제시한 이후로 급속히 영향력을 강화시킨 레닌주의가 있었다. 도사카와 "정통파 맑스주의자"의 주장은 이 논문에서도 알 수 있듯이 레닌의 영향 아래 엥겔스의 자연변증법을 소개한 것이었다. 물론 그것은 메이지 이후 번역을 통해 외국의 철학을 도입하는 단계를 벗어나지 못한 일본 철학의 사유 기반의 취약성이 맑스주의에도 그대로 드러난 것이라고 볼 수 있다. 그러나 번역주의를 비난하는 것만으로는 이 문제를 올바르게 해석했다고 말할 수 없다. 왜냐하면 사상은 그 독자성에만 특징이 있는 것이 아니라 오히려 보편성에 그 힘이 있기 때문이다.

그러면 그들은 "자연변증법"에서 무엇을 찾고자 했을까? 그것은 도사카의 "과학적 정신"(戶坂潤, 1967a: 301 이하 참조)이라는 말에 집약되어 있는 것 같다. 그는 이렇게 말한다. 과학적 정신이란 사물을 그 실제 운동에 따라 파악하는 정신이다. 이것은 자연과학 일변도의 과학만능주의와는 다른 실증적 정신으로 일관되어 있다. 이것은 만물의 시간적·역사적 추이의 필연성을 포착하는 역사적 인식의 정신이요, 세계를 근본으로부터 움직이는 기술적 정신이다. 그리고 이 과학적 정신이 인식하는 실재實在가 "과학적 세계"인데 그것은 둘로 나뉜다. 자연과학적 세계와 사회과학적 세계가 바로 그것이다. 전자의 특징을 나타내는 것이 자연변증법이라면 후자의 특징을 나타내는 것이 사적 유물론史的唯

---

18) 〔옮긴이〕 코민테른이 일본 자본주의와 혁명에 대해 분석하고 일본 혁명의 방향을 규정한 지침을 말한다. 그 내용은 일본을 반봉건국가로 규정함으로써 일본을 근대국가로 규정한 야마카와이즘과 후쿠모토이즘의 포기와 천황제 해체 등을 지시한 것이다.

物論이다. 이 양자를 통일하고 매개하는 것이 바로 유물변증법·변증법적 유물론이다. 도사카 준의 이러한 "과학적 정신"이야말로 천황제를 적극적으로 지지한 일본주의(일본 정신주의, 일본 농본주의, 일본 아시아주의)와 격렬하게 맞설 뿐만 아니라 당시 학계의 주류를 이루었던 니시다 기타로, 다나베 하지메, 다카하시 사토미, 와츠지 데츠로和辻哲郎 등 자유주의적 철학의 문헌 해석주의, 신비주의적 경향까지도 결국은 일본주의로 회귀하는 것이라고 비난하는 원동력이었던 것이다.

6. 강단철학자들

일본의 헤겔주의는 앞에서 언급했듯이 맑스주의의 융성에 의해 일어났다가 그 변동에 영향을 받고, 그리고 앞으로 살펴보겠지만 맑스주의의 탄압과 함께 사라지게 되었다. 좌경화하던 젊은 철학도들은 맑스주의자인 동시에 헤겔 좌파였다. 즉 헤겔 사후의 학파 분열을 본떠 당시 일본의 사상계도 일본주의·자유주의·맑스주의를 우파·중앙파·좌파에 대치시켰기 때문이다. 그들은 강단철학(노老헤겔학파)과 맞서는 청년헤겔학파로서의 의식을 가지고 있었다. 그 일본 청년헤겔학파의 "변증법"에 대해 일본의 강단철학자들도 마찬가지로 "변증법"을 가지고 대응하려 했다. 그들이 바로 다나베 하지메, 다카하시 사토미, 기히라 타다요시 등이었다.

다나베 하지메는 『헤겔 철학과 변증법』(1932)의 서문에서 1927년부터 자신이 변증법 연구를 하게 된 동기를 적어놓았다. 그것은 당시 급속하게 세력을 떨치고 있던 유물변증법이 마치 마법 지팡이인 듯 만능의 논리처럼 다루어지는 무비판적인 논의에 대해 "논리에 종사하는 교수의 한 사람으로서 입을 다물고 있을 수 없음을 통감"(田邊元, 1963a: 77)했다고 하는 계몽적인 동기와, 그 기회에 변증법의 논리성을 철저하게 규명해보자는 학문적인 동기 때문이었다고 한다. 그러나 이러한 계몽적인 동기와 학문적인 동기의 배후에는 "맑스주의로 인해 많은 고난을 겪었던" 학생들의 무사無私한 양심을 결코 남의 일처럼 여기는 것이 아니라 함께 가슴 아파하며 그 시대의 문제의식을 받아들이고자 한 다나베의 교수로서의 성실한 인격이 숨어 있었다.(野田又夫, 1982: 242 이하 참조)

다나베의 다이쇼 시대부터 1927년(쇼와 2)까지의 입장은 신칸트학파, 특히 마르부르크학파Marburg School의 논리주의의 입장이었다. 따라서 그 순수 논리에 입각하여 변증법 논리를 분석하고 비판한 것이 1927~1928년의 저술이었다. 그는 변증법의 사유 논리로서의 특색을 다음과 같이 네 가지로 요약했다. (1) 대립·모순 개념의 특수성을 보편 속에 지양止揚하는 변증법의 종합성. (2) 정립은 반정립을 불러일으키며 그 종합이 새로운 정립으로서 반정립을 불러일으킨다고 하는 변증법의 부정성. (3) 그 무한 과정은 사유의 논리에 그치지 않고 실재와 동일하다고 하는 그 실재성. (4) 이러한 실재가 발전하는 이법理法은 다른 사실이나 경험의 절차를 필요로 하지 않는다는 변증법의 발출성發出性. 즉 변증법의 논리는 종합·부정·실재·발출 등 네 가지이며, 그는 그것을 다음과 같이 분석·비판했다. 첫 번째인 종합성, 즉 구체적인 보편성은 논리 그 자체의 본질이므로 변증법에만 특유한 것이 아니다. 두 번째의 부정성도 논리적 사유 그 자체의 본질이다. 따라서 그는 변증법의 이러한 점에 대해서는 이의를 제기하지 않는다. 동시에 변증법은 형식논리와 특별히 다른 어떤 특유성도 없다. 즉 굳이 변증법이 아니어도 된다는 말이다. 변증법의 특성은 그 논리를 정신생활 영역에만 적용시키는 제한을 뛰어넘어 역사적·사회적 실재 세계에 적용시키는 점에 있다. 그런데 다나베 하지메는 이 점을 수긍하지 않았던 것이다. 왜냐하면 그 실재는 발출론發出論에 기초하기 때문이다.

다나베 하지메는 발출론에 대한 비판을 다음과 같이 전개했다. 칸트는 존재의 근거에 논리를 초월하는 우연성을 인정하고 합목적성과 논리적 필연의 법칙성이 다른 것이라고 하였다. 그러나 헤겔에게 있어서는 "목적론과 논리가 일원적으로 종합되어 있다. 이것은 존재의 근거에 있어서의 비합리적 우연성의 배제, 범논리주의의 필연적 귀결이 아닐 수 없다. 그러므로 변증법 논리의 특색 중에서 다른 것에 비해 근본적인 위치를 차지하는 발출론적 성질이란 것은 사실상 변증법적 논리에 필연적인 규정이 아니라 헤겔 철학에 특유한 범논리주의의 합리주의적 세계관에서 유래한다는 것이 드러난다. 이러한 가정을 버리게 되면 변증법은 발출론적 논리성도 잃을 뿐만 아니라 이것을 근거로 하던 다른 특색도 사라질 수밖에 없다."(田邊元, 1963a : 350)

헤겔의 범논리주의·적정주의寂靜主義에 대한 다나베 하지메의 비판은 칸트의 입장에 근거한 것이지만, 동시에 그는 비판의 무기를 맑스주의에서도 빌려온다. 즉 자연을 정신의 타재他在로 무력화시키고 그 타재에게 작용하는 행위와 실천의 문제를 제기한 것이다. 그렇지만 그는 변증법적 관념론도 변증법적 유물론도 모두 역사와 실천의 성립 근거인 논리적 목적론을 부정하는 것이기 때문에 결국 변증법적 입장의 논자들이 중요시하는 역사와 실천을 스스로 버리게 된다고 결론짓는다. 이러한 결론에는 약간 불분명한 점이 있다. 그러나 불분명한 논의가 도리어 그의 숨은 의도를 밝혀준다고도 할 수 있다. 그 의도는 헤겔을 비판하면서 동시에 맑스도 함께 비판하려는 것이다. 오히려 맑스를 비판하는 것이 주된 목적임에도 불구하고 그는 맑스 자체를 검토하지 않고 헤겔을 비판함으로써 맑스를 비판하고자 한다. 맑스를 직접 검토해보지도 않는 이러한 간접 비판의 태도는 다나베 하지메뿐만 아니라 당시의 강단철학자들에게 공통된 태도이기도 했다. 그것은 분명히 맑스주의에 대한 그들의 일종의 당혹스러움을 나타내고 있다. 그들은 맑스주의가 하나의 사회사상이지 학문적으로 평가할 만한 것이 못 된다는 무의식적인 입장, 혹은 맑스를 학문 연구 대상으로서는 용인하지만 정치활동으로서는 인정할 수 없다는 애매모호함, 또는 만일 맑스주의의 문제 제기를 받아들이면 자신들의 학문 체계가 근본적으로 붕괴할지도 모른다는 위기감 등 각양각색의 인식을 가지고 있었으나 어쨌든 가능한 한 맑스주의를 무시하려고 했다.[19] 왜냐하면 맑스주의는 국체(천황제 국가)와 서로 상반되는 것이기 때문이다. 이와 같은 당혹감과 무시가 서로 표리일체를 이루면서 더더욱 헤겔주의가 추진되어갔던 것이다.

그런데 위와 같은 「변증법의 논리」(1927)에 나타난 다나베 하지메의 입장, 즉 헤겔 변증법을 칸트의 논리주의로 환원하려는 입장은 칸트로부터 헤겔이 나오게 된 독일관념론의 필연성을 무시하게 된다. 뿐만 아니라 이원론이라고 하면서도 결국은 행위·실천·존재의 문제를 논리에로 되돌리게 되기 때문에 맑스주의의 문제 제기에 대해서도 제대로 응답했다고 말할 수 없다. 당연히 다나베는 그것에 대한 비판을 받았다.

[19] 당시의 저널리즘과 출판계에서는 맑스주의에 대한 문헌의 양이 방대했지만 철학계의 중심 잡지였던 『철학잡지哲學雜誌』나 『철학연구哲學研究』에는 맑스에 관한 논문이 한 편도 게재되지 않았다.

그리고 그의 변증법도 다음 단계로 넘어가게 되었다.

1929년의 논문인「행위와 역사 및 변증법의 관계」, 1930년의「도덕의 주체와 변증법적 자유」, 1931년의「헤겔에게 있어서의 이성적인 것과 현실적인 것의 일치」등의 논문은 그 자신이 "사상적 교착상태와 암중모색"(田邊元, 1963a: 79)이라고 말했듯이 칸트가 말하는 도덕법칙의 정당성을 주장하면서 거기에 빠져 있는 역사적·행위적 주체자의 시각을 보충하려고 했던 것이다. 다시 말해 자유와 필연의 문제를 중간적·절충적 입장에서 유지하려고 애써 노력하였던 것이다.

변증법을 논박하기 위해 시작한 다나베의 헤겔 연구는 도리어 자기 자신을 변증법주의자로 변모시키는 결과를 낳았다. 1931년에 발표된 「헤겔 철학과 변증법」,「헤겔의 절대관념론」,「헤겔 판단론의 이해」등이 그 예이다. 이것이 나중에 다나베 철학의 근간을 이룬「즉물변증법」,「절대변증법」으로 이어지는 논문들이었다. 다나베가 절대변증법을 형성할 때 가장 중요한 역할을 한 것은 그가 헤겔과 같은 적정주의라고 비판한 니시다 기타로의 절대무絕對無였다. 니시다 기타로의「"영원의 지금"에 있어서의 절대무의 변증법」에 대한 비판이 오히려 다나베로 하여금 변증법주의자가 되게 만들었던 것이다.

다나베가 주장하는 절대변증법이란 어떤 것인지 간단히 살펴보자. 현실에 존재하는 것은 이 세상에서 개인과 역사 사회뿐이다. 그것은 상대적으로 역사적·사회적으로 실현된 특수한 표현 세계와 그 표현 세계가 움직이는 첨단으로서의 행위하는 개인의 현존이다. 이전의 다나베의 입장은 이 두 가지를 유지하려는 데 있었으나 1930년대에 들어서면서 그는 다음과 같은 문제를 제기했다. 즉 실체적으로는 개체와 그 표현 세계의 특수가 존재의 세계에 속하지만 존재의 근저에는 존재의 세계를 초월한 초월적 보편이 예상되고, 그것을 자신의 근저로 자각함으로써 개인이 존재하게 되는 것이다. 행위 주체로서의 개인은 이러한 절대적 보편을 자각하기 때문에 특수적이고 상대적인 세계를 부정하고 도덕적으로 행동한다. 도덕이 실현하는 역사적·사회적 인류 세계의 보편성은 절대적 보편과 비교해보면 그 상대성에서 특수의 자리에 서지만, 그와 동시에 각각의 역사적 발전 단계에서는 전체적 보편을 의미하며 절대적으로 보편적인 것이 상대적으로 실현된 것으로서의 유有이다. 그 절대적 보편은 실체적인 존재일 수 없고 "무無를 없애고 공空마저도 텅 비게 한 절대무이자 진공眞空"(田邊元, 1963a: 105)이어야만 한다. 이것은 단지 관상觀想에 의해 사념思念되는 것이 아니라 개체가 행위하는 순간에 현전現前하는 것이다.

다나베 하지메는 이 절대변증법이 "유물변증법과 관념변증법의 추상성을 지양하고 양자를 종합하며 도리어 양자의 추상적인 입장에 내포되는 정당한 요구에 근거를 마련해주는 것"(田邊元, 1963a: 96)이라고 서술했다. 과연 그것은 그 시대가 요구하는 과제를 만족시켰는지도 모른다. 그러나 그의 맑스 해석은 자기의 입장을 끝까지 견지하는 형태로 추진되었으므로 맑스주의 안에는 한 발자국도 발을 내딛지 않은 것이었다. 오히려 아카데미즘의 중립적 입장을 지키기 위해 유물론의 공격으로부터 완전히 자유로워지고자 했고, 칸트의 정언명령의 보편을 헤겔의 이념에서가 아니라 헤겔을 중개하면서 니시다의 절대무에서 찾았던 것이다. 게다가 니시다의 절대무가 자기가 체험한 것을 논리화하려고 했던 것인 데 비해 다나베의 절대무는 논리적으로 요청된 것으로서의 성격이 강한 것이었다. 따라서 다나베가 말하는 "행위"는 맑스의 역사적·사회적 실천이 아니고, 또한 니시다의 종교적 행위도 아니며 결국 칸트적인 도덕 행위에 그치는 것이었다. 아무튼 맑스주의의 공격에 대항하는 다나베 하지메의 "변증법"에 대한 이해는 니시다로부터 촉발되어서 (일본인의) 삶의 존재 형태 그 자체에 적용되고 그것이 "절대변증법"이라고 표현된 것이다.

다나베 하지메와 마찬가지로 일본 강단철학의 지도적 입장에 있으면서 당초 신칸트학파의 입장이었다가 헤겔주의의 조류(본래는 그 배후에 있는 맑스주의)에 대해 칸트적 입장에서 맞서다 비판을 통해 결국 변증법을 받아들이고, 게다가 니시다의 절대무에서 시사를 받으면서 스스로의 변증법(포변증법包辨證法) 아래 "전체"의 체계를 구축한 이가 바로 다카하시 사토미였다. 그러나 다카하시는 다나베와 같은 길을 걸으면서도 다나베처럼 맑스주의와 진지하게 암투를 벌인 것도 아니고, 또한 니시다 철학에 대해서도 "비평"만 했지 다나베와 달리 정면 대결을 하지 않았다. 그는 단지 니시다를 "본받아 절대무의 사변적인 모험"(高橋里美, 1932: 序11)을 해보았을 뿐이다. 따라서 그다지 정밀하게 그의 사상적 전개를 살펴볼 필요는 없다고 하겠지만 그의 "전체의 입장", "포변증법包辨證法"은 일본인의 사유 구조와 변증법이 어떻게 접합했는지에 대한 뚜렷한 사례로서의 의미가 있다.

그는 1931년의 논문 「헤겔 변증법의 논리적 구조에 관한 고찰 및 비판」에서 헤겔의 "있음〔有〕"의 내적인 모순과 시초 그리고 생성을 니콜라이 하르트만을 따라 기원의 변증법과 내용(유有, 무無, 성成)의 변증법으로 구분하고, 그 대립의 지양이야말로 오늘날의 과제라고 주장했다. 이러한 관점에서 그는 크로너·글로크너Herman Glockner·하이만Eduard Heimann·카시러 등의 입장을 정리했다. 그리고 "어떻게 헤겔 변증법 자체를 가능케 함과 동시에 개조할 것인가, 개조함과 동시에 그것을 우리 것으로 살릴 수 있을 것인가를 살펴보아야"(高橋里美, 1932: 294) 한다고 주장하면서 헤겔적인 없음[無]의 관념을 코엔의 "근원무[根源無]"20)의 관념으로 대치한 존재론을 전개했다. 다카하시는 여기서 헤겔주의로부터 신칸트학파에로 돌아가라고 주장한 것이 아니다. 그는 코엔의 근원무를 끌어들임으로써 유有·무無·성成의 내용적 변증법조차도 불충분하다는 것을 제시하려고 했다. 거기에 그가 생성의 연속 원리를 지양하는 "체계의 변증법"을 주장하는 의도가 있었다. 그러고는 코엔의 근원무에서 전환하여 니시다식의 절대무를 끌어들였다.

이어지는 논문「헤겔주의와 신칸트주의」도 이와 같은 취지였지만 그 다음 논문인「다른 하나의 지양」은 이노우에 데츠지로의 희수喜壽 기념 논문이어서 동양주의 경향이 더욱더 명확히 드러난다. 즉 그의 주장은 우리 동양인의 심정에는 "현상 즉 실재現象卽實在"의 사상이 깊이 뿌리 박혀 있어 그 힘찬 전통의 작용에 의해 선천적으로 헤겔 사상을 수용할 수 있도록 예정되어 있다는 것이었다. 헤겔 철학은 서구 문화의 역사 체계이지만 변증법의 정신 그 자체는 "동양인들이 오히려 더욱 직접적으로, 또 자연스럽게, 아마도 공감하면서 이해할 수 있다"(高橋里美, 1932: 377~378)는 것이다. 뿐만 아니라 그는 이노우에 데츠지로의 "현

---

20) [옮긴이] 신칸트학파 중 마르부르크학파의 창시자인 코엔(1842~1918)의 철학은 세 시기로 나눠 전개되었다. 첫째는 철저하게 논리주의에 근거하여 칸트의 3대 비판서를 다루던 시기였고, 둘째는 이성의 능동성과 산출성을 강조하는 입장에서 그의 독자적인 체계인 "근원의 원리"에 의거하여 근원이 산출하는 무한의 생성 과정을 논하던 시기이며, 셋째는 자신의 철학 체계와 종교가 어떻게 조화를 이룰 수 있는지, 즉 종교와 이성과의 관계에 대해 탐구하던 시기였다. 근원무의 문제는 그가 파르메니데스의 있음[有]의 원리를 받아들여 사유의 근원을 해명하려던 둘째 시기의 과제였다.

상 즉 실재론現象卽實在論"이라든가 번뇌 즉 보제煩惱卽菩提, 즉신성불 卽身成佛의 즉卽, 제법실상諸法實相, 만법일여萬法一如의 마음 등 구체적인 체계에 의한 지양은 변증법적 지양과는 원리적으로 구별되며, 변증법적 지양도 지양하는 고차원적 지양이라고 주장했다. 다시 말해 그것은 "발전을 포함하는 지양이다. 즉 무발전적無發展的인 지양이다. 그것은 행하지 않고서 행하는 절대자의 지양이다. 그리고 이 절대자의 지양에서는 어떤 의미에서 '현상 즉 실재'를 주장하면서 모든 것이 있는 그대로, 곧 절대라고 할 수 있을 것이다."(高橋里美, 1932: 389)

다카하시의 변증법에 근본적으로 결여된 것은 "부정否定"이다. 그는 만약 그 부정을 강조하게 된다면 "좌익적 과격파의 주장"이 된다고 하였다. 따라서 이것은 당연히 처음부터 피해야 하는 것이었다. 그는 "헤겔의 소위 이중의 부정이라는 것은 사실 아직 진정한 의미에서 모순을 통일할 수 없다. 오히려 우리는 이중의 부정을 이중의 긍정, 또는 거기에 체계적 통일을 더한 삼중의 긍정으로써 대신해야 할 것이다"(高橋里美, 1932: 304)라고 말했다. 도대체 이러한 이중의 긍정, 삼중의 긍정이란 현실 세계에서의 어떤 사태를 나타낸 것일까?

다카하시 사토미의 "체계의 변증법"은 "포변증법"(1940)이라는 이름으로 바뀌면서 "변증법적 입장의 완성"을 이루기는 했지만, 설사 그가 변증법을 과정의 변증법, 장소의 변증법, 이극적二極的 변증법, 순수 부정 내지 순수운동의 변증법, 중中의 변증법, 삼극적三極的 변증법, 무한극적 변증법, 전체와 부분의 변증법 등으로 구별하고 아무리 그것을 비판하고 고찰한다 해도 그의 관점은 처음부터 정해져 있었다. 즉 포월적包越的 지양에 의한 전체의 긍정이 바로 그것이었다. 그의 포변증법은 "변증법 그 자체의 포괄적 지양이다." "따라서 이것은 변증법의 변증법이며, 따라서 이것은 제일 먼저 변증법 자체의 부정으로 나타날 것이다."(高橋里美, 1940: 54) 그의 포변증법은 더 이상 변증법이라고 말할 수 없다. 또 그럴 필요도 없다. 그럼에도 불구하고 그가 "이러한 전화轉化는 참으로 변증법적 전화이므로 그 결과로서의 비변증법적인 것은 그 자체가 역시 변증법적인 것이어야만 한다"고 주장하는 것은 역시 궤변이라고 말하지 않을 수 없다.

그의 의도는 이제 분명하다. 포변증법이란 "일재적一在的인 사랑 내지 화和의 입장"이다. "화和"라고 하는 일본적 성격을 변증법적으로 설명할 때 모순과 대립은 빠지고 융합적인 화해和解의 변증법이 된다. 그는 강단철학자로서 적극적으로 "국체의 철학적 기초 마련하기"를 시도한 것이다. 그는 처음부터 일본적 성격에 잘 맞추는 것을 목표로 포월적 전체의 개념을 구성한 것이 아니라 "철학도로서 오로지 궁극적인 원리를 추구"(高橋里美, 1940: 83~86)했다고 말하지만 여기에는 이미 젊은 시절에 신칸트학파로부터 배운 비판적 정신도, 변증법의 부정의 의의도 전혀 찾아볼 수 없다. 거기에는 단지 일본적 현실의 추종과 국체에 대한 전면적인 긍정이 있을 뿐이다.

다카하시 사토미처럼 서양철학의 입장에서 시작하여 동양·일본주의로 변절한 것이 아니라 아예 처음부터 동양주의의 입장에서 헤겔 변증법을 계속 의논해온 이가 바로 기히라 타다요시이다. 기히라는 1905년(메이지 38)에 『철학잡지』에 「엔치클로페디」를 번역한 이래 선구적인 연구를 했다. 그의 헤겔에 관한 문헌은 앞의 것과 『헤겔의 철학』(철학강좌 6, 8, 9, 10, 近代社, 1925~1926)이라는 저서를 비롯하여 「헤겔 철학과 그 번역에 대하여」(1905), 「모순에 대한 세 가지 태도 및 서로의 관계」(1909), 「헤겔의 국가론」(1925), 「헤겔의 종교론 및 종교와 국가의 관계론」(1925), 「헤겔의 변증법과 동양 정신」(1931), 「헤겔 변증법에의 절차」(1931), 「일본 정신과 헤겔의 변증법」(1931) 등 다수의 논문이 있다.

그의 헤겔에 대한 이해는 1905년의 「엔치클로페디」 번역 당시부터 "헤겔 철학과 비교할 만한 것은 바로 동양의 선禪이다"(紀平正美, 1905: 163)라고 헤겔을 동양 정신으로 대치하여 읽는 데서 시작되었다. 그의 헤겔 연구의 결론도 다음과 같다. 헤겔 변증법은 너무나 동양 사상과 맞아떨어지니 동양 사상은 헤겔을 통해 잘 이해될 것이고, 헤겔은 동양 사상을 통해 그 내용이 보다 더 풍부해질 것이다. 따라서 헤겔이 동양 사상에 의해서 "완성될지도 모른다는 의구심마저 역시 당연히 일어날 것이다."(紀平正美, 1934: 45) 기히라는 인도의 논리학은 아리스토텔레스의 논리학과 서로 흡사하고, 볼프Christian Wolff(1679~1754)는 기독교보다 유교가 더 훌륭하다고 강연하다가 대학으로부터 추방당한 철학자였으며, 프리드리히 대왕Friedrich der Große(1712~1786)은 유교 정신으로 일어선 군주였다고 말하면서, 헤겔이 그들을 이어받았으니 헤겔의 "변증법이 동양 정신과 전혀 무관하다고 말할 수는 없다"고 주장했다. 이러한 논법은 칸트에게도 적용되었고, 칸트의 비판적 정신의 근본은 "그것을 일본어로 번역하면 '거론하지 아니하는 것'이고, 게다가 그것은 '신의 뜻을 따르는' 행위"(紀平正美, 1934: 52)라고 말하는가 하면, 『순수이성비판』의 "신앙에 자리를 양보하기 위해 지식을 폐기aufheben하지 않을 수 없었다"라는 구절은 바로 "550년 전에 우리나라의 신란親鸞 스님에 의해 밝혀진 바와 동일한 것이다"라며 말도 안 되는 해석을 내렸다. 그리고 그는 "우리 일본인들의 변증법은 도겐道元, 신란, 니치렌日蓮 등이 했던 것처럼 우리의 '청명심晴明心'을 파악하는 것이어야 한다. '청명심'은 바로 건국의 정신이 다시 몇 차례의 지양을 거쳐서 순화된 것이므로 그것을 얻는 것이 현대의 우리들의 창조인 것이다. 또한 이렇게 보는 한 헤겔이 주장한 정·반·합이라는 형식보다는 임제臨濟의 사료간四料揀 내지는 신란의 교행신증敎行信證[21]과 같은 방식이 〔헤겔의 변증법에 대한 맑스의 유물변증법이 그랬듯이〕 유물적 반조정反措定이 일어난다고 하는 오해를 막을 수 있는 점에서 더 낫다"(紀平正美, 1934: 55~56)라고 결론지었다.

외래문화의 이질적인 것을 동화시키려고 할 때 일반적으로 우리는 그것을 자기의 문화 속에 있는 유사한 것들로 대치시켜서 수용해보려고 한다. 이렇게 해서 동화될 수 없는 전혀 이질적인 것들은 이념화되지 않는 한 대부분은 무의식적으로 버려지고 만다. 기히라 타다요시의 변증법에 대한 이해도 이러한 부류의 것이라고 하겠다. 게다가 그는 일본인들의 사유 방식에 잘 어울리지 않는 "반조정"을 의식적으로 제거해 버리고 모순당착矛盾撞着을 그대로 인정하여 "직접성에서 출발하여 고도의 직접성으로 귀환하는 것이 변증법의 올바른 입장"(紀平正美, 1931)이라고 생각했다. 과연 우리는 그의 주장을 따라서 100년 전의 헤겔을 뛰어넘어 일본인으로서의 직접성을 그 출발점으로 삼고, 또 귀환점으로 삼아 심사숙고하는 것이 "우리 일본인들의 본무本務"라고 생각해야 할 것인가? 그렇지 않다. 역시 변증법에서 필수적인 사항은 직접성과

---

21) 〔옮긴이〕 교행신증은 신란親鸞이 정토진종의 교의를 밝히기 위해 쓴 근본 성전根本聖典이다. 이 책은 『현정토진실교행증문류顯淨土眞實敎行證文類』라는 제목으로 진실교眞實敎, 진실행眞實行, 진실신眞實信, 진실증眞實證, 진불토眞佛土, 화신토化身土 등 여섯 권으로 되어 있다. 특히 제6권에서는 『관무량수경觀無量壽經』에서 말하는 불佛을 화신化身이라 하고 정토淨土를 화토化土라고 하면서 자력自力의 믿음으로 막혀 있던 것을 본원 타력本願他力의 믿음으로 옮겨 가는 방편을 가르치고 있다.

자기 귀환 사이에 대자성對自性·자기외화自己外化를 갖는 것이다. 타재他在의 매개를 결여한다면 자기 귀환은 성립되지 않는다. 그것을 빼버린 기히라 타다요시의 변증법은 이미 변증법이라고 할 수 없는 것이다. 변증법이라는 골치 아픈 말을 들춰낼 필요초차 없는 것이다. 기히라는 헤겔 자체, 변증법 자체에 대한 이해를 결여하고 있다. 그의 변증법에는 변증법이라는 미지의 단어가 갖는 개념도, 또한 헤겔이라는 타자도 처음부터 필요하지 않았으며, "일본인으로서의 직접성"만으로 충분했던 것이다. 기히라의 헤겔 연구는 결국 헤겔을 이해하기 위해 비슷한 일본의 사상과 헤겔을 비교한 것도 아니고, 일찍이 동시대인이었던 미야케 유지로와 기요자와 만시처럼 서양철학과 동양 사상을 종합하려고 시도한 것도 아니며, 오로지 헤겔 변증법을 일본 사상의 우월성을 선양하는 소재로 삼는 데 불과했던 것이다.

7. 헤겔주의의 종언

1931년에 절정에 이른 일본의 헤겔주의는 그해가 끝나자마자 퇴조해갔다. 그러면 그해에 넘칠 정도로 쏟아져 나온 산더미 같은 문헌들은 도대체 어떤 의미를 갖는 것일까? 단지 헤겔 사후 100주년이라는 일시적인 유행 현상이었을 뿐인가? 아니면 맑스주의의 공격에 대한 강단철학의 방패막으로 요청되었다가, 맑스주의가 1928년과 1929년의 활동가들의 대량 검거와 잇따른 출판 금지로 인해 1933년에는 거의 명맥이 끊어져버리자 그 무렵에는 맑스주의에 대한 방패막이도 더 이상 필요 없게 되었던 것일까? 하여튼 여기에 그 종언의 양상을 상징하는 사건이 하나 있다. 다나베 하지메와 미노다 무네키蓑田胸喜와의 논쟁이 바로 그것이다. 다나베·미노다 논쟁을 자세히 살펴보면서 헤겔주의의 종언이 갖는 의미를 생각해보기로 하자.

1932년(쇼와 7)의 만주사변 이후 점차 시국時局의 주도권을 잡게 된 일본주의·국체론자國體論者들은 맑스주의 다음의 공격 목표를 자유주의적 사상가들로 잡고 그들을 잇달아 비판하기 시작했다. 천황기관설天皇機關說과 다키카와瀧川 사건[22] 등이 바로 그것이다. 이러한 파시즘의 자유주의에 대한 공격의 예로 잡지 『원리일본原理日本』을 통한 미노다 무네키의 다나베 하지메에 대한 공격을 들 수 있다. 물론 미노다는 다나베 한 사람만을 공격 목표로 삼은 것이 아니라 니시다 기타로, 구와키 켄요쿠, 하세가와 뇨제캉長谷川如是閑, 오시마 마사노리大島正德, 다카하시 사토미, 구키 슈조九鬼周造 등 당시의 철학자들을 두루 공격하고 있었다. 대부분의 철학자들은 그를 상대하지 않은 채 묵살하고 있었으나 다나베만은 그와 논쟁을 벌였던 것이다.

논쟁의 단서가 된 것은 다나베 하지메의 「과학 정책의 모순」(1936년 10월)과 「상식·철학·과학」(1936년 10월)이라는 두 논문이었다. 2·26사

---

22) 〔옮긴이〕 다키카와 사건: 교토대학의 다키카와 유키토시瀧川幸辰 교수가 집필한 『형법독본刑法讀本』과 『형법강의刑法講義』가 내란을 선동하고 간통을 허용했다는 이유로 1933년 4월 내무성으로부터 판매 금지 처분을 받으면서 시작된 학문의 자유를 둘러싼 사건을 말한다. 이 사건의 직접적인 발단은 4월 22일 문부대신 하토야마 이치로鳩山一郎가 교토대학 총장 고니시 시게나오小西重直에게 다키카와 교수의 사직을 요구한 데서 비롯되었다. 법학부 교수들의 반대에도 불구하고 문부성이 사직을 결정하자 법학부 교수 전원이 사표를 제출하면서 이 사건은 전국으로 확산되었다. 그러나 결국 고니시 총장의 사직과 더불어 법학부 교수 15명 가운데 6명의 사표가 수리되면서 이 사건은 교토대학의 패배, 나아가 학문의 자유가 우익 이념에 굴복하는 결과를 초래했다.

건 이후 기존의 교육이 지식 편중적이고 과학주의가 좌경 사상의 침투를 재촉했고, 또한 우익의 국가 개조론마저도 지식 교육 편중의 결과라고 추밀고문관과 문부대신文部大臣, 그리고 일반 교육계마저도 목소리를 높이기 시작한 것에 대해 그가 반론에 나선 것이다. 그가 두 논문에서 제기한 주장은 사실 문제가 지식 교육 편중보다는 오히려 지식 교육의 경시에 있다는 것이었다. 그에 의하면 모 중대 사건[2·26사건]은 "지식을 경시하고 폭넓은 인식과 면밀한 사려를 멸시하고, 단지 감정의 앙양昻揚과 동기의 순수함만 가지고 있다면 어떠한 행동도 정당화되는 양 망령되게 생각하는 비합리주의의 결과"(田邊元, 1963b: 249)이다. 게다가 국방을 충실화하기 위해 자연과학을 장려해놓고 그 자연과학과 불가분적인 인문과학을 억압하는 것은 모순이다. 오늘날까지의 일본 문화가 갖는 의의는 인도의 신비적·종교적 관상觀想과 중국의 정치적·윤리적 실천을 "우리나라 고유의 국체 정신으로 매개하고 통일하면서" 일본의 독자적인 문화를 만들어낸 데 있다. 따라서 앞으로도 서양의 논리적인 과학 사상을 매개로 새로운 문화를 창조하는 것이 일본의 세계사적 사명이라는 것이다. 이러한 다나베 하지메의 주장은 당시 많은 지식인들의 학문적 태도를 대변하고 학문상의 양심을 어루만져주는 것이었다.

미노다 무네키는 다나베의 이러한 학문적 양심을 심하게 매도했다. 그는 「다나베 하지메 씨의 과학 정책론의 학술적인 오류를 분석하다」라는 제목으로 다음과 같은 주장을 전개한다. 첫째, 다나베는 과학 정신을 논할 경우 신앙을 지식으로 대치代置해서는 안 된다고 주장하면서도 스스로의 논의에서 "전 존재全存在의 법칙성을 믿는 합리적 정신"(田邊元, 1963b: 253)이라고 하여 합리주의가 신앙에 입각한다는 것을 인정하고 있다. 과학적 정신도 결국은 신앙에 기초하는 것은 아인슈타인이나 맑스주의나 모두 마찬가지이다. 둘째, 다나베가 찬미하는 근대 서양의 민주주의는 대립과 항쟁을 낳고 혁명에 의한 힘을 정의로 삼는다. 그런 민주주의를 세계 각국〔萬邦〕에 견줄 만한 것이 없는, 우리 천황께서 통치하시는 일본의 국체의 광영과 동일시할 수 없는 것이다. 셋째, 다나베는 맑스주의를 추종하고 그 국체 변혁 사상운동에 학술적인 지지를 보냈다. 넷째, 다나베가 "고대 희랍의 정신을 계승하는 서구인들이 가지고 있는 과학에 대한 사랑이라는 것은 일본 정신뿐만 아니라 일반적으로 동양 사상이 거의 알지 못했던 바이다"라고 논한 것은 "일본 정신에 대한 최고의 모욕이자 모독적 발언이다."(蓑田胸喜, 1941 : 486) 다섯째, 다나베가 헤겔로부터 얻은 변증법이란 무논리無論理를 뜻한다. 절대부정에 의해 부정을 완료하는 절대변증법은 저절로 사라지고 자멸해버리는 것이기 때문이다.

이상과 같은 주장에 대해 다나베 하지메는 「미노다 씨 및 마츠다 씨의 비판에 답하다」(1938년 5월)라는 논문을 발표하여 반론을 했다. 게다가 그것도 미노다가 주재하는 잡지 『원리일본』의 지면을 통해서였다. 그런데 그것은 적진에 뛰어들어 마구 비난을 쏟아 붓는 것이 아니라 진지하게 학문적인 논쟁을 벌이고자 한 것이었다. 따라서 논의의 도입 부분은 되도록 미노다의 비판을 일단 받아들인 형태로 전개되었다. 즉 나는 당신이 비판하는 바와 같이 시詩를 잘 모르는 사람이라 『원리일본』의 지도 정신인 "예술의 사상과 직결되는 말씀의 진정한 도〔고토노하노 마코토노 미치コトノハノマコトノミチ〕"(田邊元, 1963c: 13)라는 학술 방법론을 충분히 이해하고 비판할 수 있다고는 생각하지 않는다고 겸허한 말로 시작했다. 그렇지만 다나베가 "말씀의 진정한 도"를 비판하는 무기는 역시 변증법이었다. 즉 예술적 표현의 직접적 형태는 필경 이지적理

知的 반성을 매개로 삼고 활용하는 것이 아니라 그것을 억압해버린다. 직접적 형태는 매개를 거쳐서야 비로소 완전한 형태가 될 수 있는 것이다. 또한 미노다는 변증법의 부정성否定性을 비웃지만 그것은 바로 "선禪의 화두의 배리背理를 비웃는"(田邊元, 1963c: 16) 거나 마찬가지라고 주장하였다. 그러나 다나베의 적극적 비판은 그것뿐이었고 나머지는 모두 자신의 입장을 옹호하는 것이었다. 즉 서양의 데모크라시는 단지 수입 사상으로만 그치는 것이 아니라 일본인들의 일반적 인간으로서의 보편성과 일본 사회의 진화 단계에서의 필연이며, 국민 본위의 사회를 확립하는 것은 일본의 급선무라고 생각한다. 그리고 자신의 입장은 맑스주의와 수십 년간 대결해온 입장이다. 따라서 "일본 정신에 대한 모욕이라는 지탄을 나는 수긍할 수 없다"(田邊元, 1963c: 26)는 것이었다.

다나베가 논쟁을 가능한 한 학문적 차원에서, 게다가 다른 사람의 논지를 겸허히 받아들이면서 자신의 입장을 펼치고자 한 태도도 미노다의 선동적 교조주의에는 통하지 않았다. 『원리일본』에 동시에 게재된 미노다의 「다나베 씨의 응답을 읽고서」는 과연 학문적 논쟁의 형식을 취하고 있긴 했지만 그 공격 방식은 결코 학문적이라 할 수 없는 것이었다. 그는 다나베가 자신의 문장을 원문 그대로 인용하지 않는다고 그 "연구 방법상의 조잡함과 오류"를 지적하면서 다나베의 주장을 서구 사상의 숭배와 일본 정신의 모독이라고 매도하고 맑스주의와 소련 공산주의의 용인·추종이라고 비난했다. 그리고 자기의 이론 무장을 위해 메이지 천황이 읊은 와카和歌를 인용했다.

그것에 대해 다나베는 더 이상 응하지 않고 "사상에 관한 일에 대해서는 소생小生은 소생이 가는 길을 따라 어디까지나 자기부정을 관철할 수밖에 없으므로 결국 당신의 의견에 동의할 수 없어도 어쩔 도리가 없다고 생각합니다. 철학의 근본적인 문제에 대해 의견의 일치를 보지 못하는 한 다시 〔당신의〕 비평에 대해 답변하더라도 여전히 동의를 얻기 어려운 것은 분명합니다. 그보다는 소생 스스로 깊이 자기반성하고 부정하면서 자기를 향상시키는 길을 찾아가는 편이 더 의의가 있다고 여겨집니다. 따라서 당신의 뜻에 어긋나게 되어서 매우 실례인 줄 알지만 논쟁은 이것으로 끝을 맺었으면 합니다"(蓑田胸喜, 1941: 618)라는 소한을 미노다에게 보냈던 것이다. 물론 학문적 차원에서는 다나베가 지지 않았을지 모르지만 공공적 논쟁의 사회적·사상적 영향 면에서 볼 때는 분명히 다나베의 패배라고 할 수 있다. 게다가 미노다의 입장이 1945년(쇼와 20) 8월 15일의 패전에 의해, 그리고 그의 자살에 의해 청산되었다고는 하나 이 논쟁은 다나베를 비롯한 이른바 강단철학자들의 근본적 연약함을 드러냈다고 하겠다. 그것은 그들의 학문적 바탕의 정치적·사회적 기초가 연약하기 때문이기도 하다. 다나베 하지메는 맑스주의자들의 자기에 대한 비판, 즉 부르주아 자유주의의 중간자中間者라는 비난에 대해서는 "지식계급의 이데올로기로서는 그것은 당연한 일이며, 도리어 그러한 입장을 취하는 것이 계급적인 제약을 초월한 보편적 입장을 유지하고 현양顯揚하는 철학의 본분이라고 믿는다"(田邊元, 1963a: 83)라고 항변했으나 그것과 반대의 입장인 천황제·민족주의자들의 비난에 대해서는 학문 그 자체의 자기변호의 범위를 벗어나지 못했다.

그렇다 하더라도 그것은 학문의 본질이 아닐까? 학문은 항상 현실의 직접적 형태로부터 대자적對自的으로 이념 형태를 산출하고, 그 이념 형태로부터 직접적인 현실 형태를 비판하는 것이므로 그 비판은 항상 이념적 비판이 아닐 수 없다. 현실성에서 부정을 당하지 않는 이상 새로운 현실을 창조할 수는 없는 것이다. 물론 이것은 현실과 괴리된 관념의 비상飛翔이 그대로 시인된다는 것은 아니다. 학문에 종사하는 사람의 학문적 양심은 항상 자기부정을 통해서 사태 그 자체에 다가갈 것이 요구되는 것이다.

제11장
"동양과 서양"이라는 도식

1. 대립의 구조, 절대자·자연·역사·문화

일본의 많은 사상가들은 자신의 사상적 근간을 길러온 전통적 정신 원리와 받아들여야 할 서양 시스템과의 틈새에서 고민을 거듭해왔다. 그것은 막부 말기의 화혼양재로부터 오늘날의 컴퓨터 시스템 개발에 이르기까지 해당된다. 두 개의 대립 항을 지양하는 것은 일본인이 몰두해야 할 사상적·문화적 과제였다. 그러면 그 대립하는 것이란 도대체 무엇일까.

내가 이 책에서 화혼양재에 대한 논의를 통해 밝힌 것은 일본의 전통적 정신과 서양 문화의 대립 관계이다. 그 전통적 정신 원리 중에서도 신도는 기독교를 신의 나라를 더럽히는 것으로 기피하고 존황양이론으로 무장했다. 유교도 기독교의 하늘에 계신 아버지〔天父〕라는 사상을 현실의 임금과 부모를 무시하는〔無君無父〕 가르침이라고 비판하면서 신도의 존황양이론에 가담했다. 그러나 유교나 유학은 국가 체제, 국민의 도덕규범, 학문 체계, 사유 방법, 기술 등 문화 전반에 침투하고 있었다. 따라서 기독교를 배경으로 한 서구 문명이 들어왔을 때 그것을 거부하기만 할 수는 없었다. 그래서 화혼양재라는 말이 상징되듯이 서구 문명을 형이상학과 형이하학, 정신과 기술 등으로 분리하고 형이하학, 기술 등 일부 영역에 한정하여 받아들이고자 했다.

　기독교에 대하여 진지하게 대항하려고 한 것은 불교이다. 불교는 메이지의 폐불훼석의 폭풍 속에서, 막번 체제하에 가지고 있던 자신의 정치적 기반을 상실하게 되었다. 서양 학문의 유입이 지옥·극락·윤회전생 혹은 수미산설須彌山說 등의 비근대적·비과학적인 불교 우주론을 황당무계하고 퇴색한 것으로 만들어버렸고, 기독교의 눈부신 포교 활동이 존립의 기반을 흔들었던 것이다. 불교가 기독교와 타협할 수 없는 것은 초월신의 문제이다. 불교는 어디까지나 자기의 저변에, 혹은 인간의 근저에 내재하는 초월을 생각한다. 기독교의 입장에서 말하면 그것은 범신론이고 자연종교의 형태이다. 애니미즘과 샤머니즘 등 인간 이외의 자연 사물에 신이 깃들어 있다는 종교 형태는 자연종교라고 불린다. 그에 반하여 기독교(유대교·이슬람교)는 이 세계를 초월하고 이 세계를 창조한 신이 예언자를 통하여 인간에게 "계시"를 준 이른바 계시종교이다. 따라서 불교를 비롯하여 신도·공자교·도교·힌두교·조로아스터교 등은 한 단계 낮은, 덜 발달된 종교로 간주된다. 경시받는 위치가 어찌되었든 간에, 이 계시와 자연이라는 것에서 대립점이 분명해진다. 그것은 인간세계에서 차지하는 위치의 차이, 나아가 자연관의 차이이다. 신과 유사한 모습으로 만들어져 땅을 가득 채우고 땅을 지배하며, 바다의 물고기, 하늘의 새, 땅 위를 기는 생물을 모두 지배할 권리를 위임받은 인간과, 자연 세계 속의 일환으로서 모든 생물과 함께 있는 인간이 차지하는 위치의 차이이다. 이것이 이를테면 법의 세계에서는 자연법에 대하여 실정법을 준별하는 입장과 그와 같은 구별에 오히려 부자연스러움을 느끼는 입장을 낳고, 혹은 아트art(모든 것을 완성하는 기술·인위성)를 예술로서 존중하는 쪽과 술수·작위를 부리는 것에 반대하여 저절로[自] 그러한[然] 존재 방식을 한층 높이 보는 쪽의 평가의 차이가 드러나게 한다. 또 환경문제의 경우 어디까지나 생태계를 연구하고 그것을 지키는 기술이라는 발상과 자연의 자정自淨작용에 맡기는 발상의 차이가 나타난다. 서양의학과 동양의학의 발상법의 차이도 마찬가지일 것이다.

그런데 유럽의 인간존재의 구조 인식에 대하여 자연환경이 주는 영향에 의해 인간의 존재 구조가 달라진다고 주장한 것은 와츠지 테츠로이다. 그는 『풍토風土』에서 자연과 자연관의 차이가 인간 정신에 영향을 주고 자연환경인 풍토가 어떻게 각각의 정신과 문화를 다르게 하는가를 논구하고 있다. 그는 "풍토"를 다음과 같이 세 가지로 유형화하여 논했다. 즉 (1) 몬순 (2) 사막 (3) 목장이다.

몬순의 풍토를 가지는 지역은 동아시아 연안 일대, 동남아시아, 인도이다. 그는 선박 여행 체험을 통해 몬순기후에서는 "더위"보다는 "습기"가 견디기 어렵다고 말한다. 그의 고찰은 이 더위와 습기를 여러 축으로 하여 진행된다. 그리고 몬순 지역의 인간은 추운 나라와 사막[지대]의 인간보다 자연에 대항하는 힘이 약하다는 것을 간파한다. 왜냐하면 자연이 거칠고 사나운 위세[暴威]를 의미하는 것과 동시에 습윤濕潤이 자연의 혜택을 의미하는 것이기 때문이다. 그래서 몬순 지역에 사는 사람들의 정신 구조는 자연에 대하여 "수용적·인종적忍從的"(和辻哲郎,

1920: 26)으로 된다. 그는 인도와 동남아시아에서는 역사 감각이 결여되어 보이며, 감정이 넘쳐흐르는 대신에 의지력이 약하다고 고찰한다.

인도 반도의 선단先端을 돌면 그곳에서부터 황량한 사막지대가 펼쳐진다. 그곳은 대단히 음산한 자연이고, 그 건조함이 초래하는 지나칠 정도의 가혹함은 사람들을 자연과 투쟁하게 만든다. 풀밭, 샘, 우물은 자연이 부여해준 것이 아니라 인간이 자연으로부터 쟁취한 것이다. 따라서 인간과 세계의 통일적인 관계는 어디까지나 "대항적·전투적 관계"(和辻哲郎, 1920: 49)로 성립한다. 그리고 부족 집단은 자연과의 투쟁에서 굳게 단결한다. 와츠지가 발견한 사막적 인간의 구조는 대항적·전투적인 것이다. 유대교, 기독교, 이슬람교라는 계시종교를 만들어낸 대지는 이곳 사막이다.

셋째로 그는 유럽의 풍토를 목장Wiese meadow으로 표현하고 있다. 일본어에는 본래 이런 말이 없다. 그곳은 습윤함과 건조함이 함께 있는 곳이고 여름의 건조함과 겨울의 우기雨期가 특색이다. 거기에는 일본과 같은 잡초가 없다. 그렇다고 자연이 풍요한 것도 아니다. 지중해라 하더라도 해변의 향기가 나지 않는다. 쿠로시오 해류〔黑潮〕와 같은 풍요로움이 없는 것이다. 몬순의 자연이 거칠고 사나운 위세를 보이는 것과 달리, 유럽의 자연은 인간에 대하여 순종적이다. "자연이 거칠고 사나운 위세를 떨치지 않는 곳에서는 자연은 합리적인 모습으로 자신을 나타내게 된다."(和辻哲郎, 1920: 77) 밝고 순종적이며 합리적인 자연이 그리스·로마의 지중해 세계이다. 이와 같이 인간에 대해 순종하고 생활필수품을 생산해주는 자연 풍토를 와츠지는 "목장牧場적" 자연이라고 규정한다. 유럽의 인공적 기술의 근거를 이 순종적 자연에서 구하고 있는 것이다. 중부·북부 유럽 지역은 그와 같은 밝은 세계는 아니다. 햇빛의 결핍에서 오는 음울함이 감돌고 있다. 그에 의하면 램브란트의 회화가 서구의 음울함의 결정結晶이며, 더구나 이 음울함은 중세도시의 형벌의 잔인함, 30년 전쟁의 처참함에도 나타나 있다.

그런데 와츠지는 이 책의 집필 동기를 하이데거의 『존재와 시간』에 대한 반론에 두고 있다. 하이데거는 인간존재의 구조를 시간성으로 파악한다. 그러나 와츠지는 "왜 동시에 공간성이 동일하게 근원적인 존재 구조로서 살아나지 않는 것인가"(和辻哲郎, 1920: 1)라고 생각했던 것이다. 하이데거뿐만 아니라 헤겔의 역사철학에서도 볼 수 있듯이 유럽은 역사를 인간의 존재 구조의 근본에 둔다. 그것은 또한 예수 그리스도의 탄생을 기점으로 하는 기독교의 관점일 것이다. 그리고 또 와츠지에게는 맑스주의에 대한 알레르기 현상이 있었고, 그 유물사관에 대한 대항 이론을 구축하고자 하는 의도도 있었다. 앞에서도 논했듯이 그는 서양의 역사에 대항하여 동양의 자연을 제기함으로써 정신 구조의 기반을 발전하는 역사의 틀로부터 제거하려고 했을 뿐만 아니라 유럽의 역사도 자연환경의 풍토에로 환원시키고자 한 것이다.

그런데 그는 본래 몬순 부분에서 고찰해야 할 중국과 일본의 경우를 "몬순적 풍토의 특수 형태"로서 마지막으로 고찰하고 있다.

중국은 끊임없이 흐르는 양쯔 강의 모습과 평야가 끝없이 계속되는 단조롭고 막막한 모습을 지니고 있다. 그 "단조로움과 막막함을 견디는 의지의 지속, 감정의 방척放擲, 또 전통의 고집과 역사적 감각의 왕성함"(和辻哲郎, 1920: 123 이하 참조)이 중국인의 정신에 존재한다. 이것이 바로 인도印度적 인간의 성격과 대척적인 것이다.

그러면 일본은 어떻게 보는가. 그에 의하면 일본의 풍토는 열대적이고 한대적이라는 이중적 성격이 있다. 그리고 계절적이고 돌발적인 태풍이 풍부한 습기를 제공함과 동시에 폭풍우와 홍수로 인간을 위협하는 변화를 더한다. 몬순적 풍토에서의 인간의 수용적·인종적 존재 방식에 더하여 열대적·한대적, 계절적·돌발적이라는 복잡한 성격이 더해진다. 그리고 그 정신성은 활발하고 민감하지만 지치기 쉽고 지구력이 없다. 감정이 각 순간마다 돌발적으로 변화하는데, 이전의 감정이 다른 감정으로 바뀐다. 성급하게 그만두다가 반항하는 감정을 바꾸어 참는 인종忍從, 혹은 "조용한 격정", "전투적인 담담함"(和辻哲郎, 1920: 138쪽 이하 참조) 등으로 표현된다.

 이러한 고찰은 일견 일본인의 성격을 적확하게 묘사하고 있는 것처럼 보이나, 조금 거리를 두고 고찰하면 "정말일까?"라는 생각이 든다. 알 듯 모를 듯한 모순적인 성격을 늘어놓은 것은, 마치 점쟁이가 어떻게든 해석할 수 있는 애매한 말을 하면 손님이 그것을 자신의 형편에 맞게 해석하여 맞았다고 생각하는 것과 같은 것이다. 풍토에 의한 일본인의 성격 규정이 거의 같은 풍토를 가진 조선·한국인의 성격과 다를까 어떨까를 생각하면 "조용한 격정", "전투적인 담담함"의 진위성이 흔들리게 된다. 더욱이 와츠지의 일본에 대한 언급은 다른 지역과 비교하여 공정함을 결여하고 있다는 것도 지적해야 할 것이다. 『풍토』의 제2장은 (1) 몬순 (2) 사막 (3) 목장이라는 세 유형으로 고찰을 진행한다. 그리고 제3장에서 "몬순적 풍토의 특수 형태"로서 "(1) 중국 (2) 일본"을 드는데, 만약 풍토, 문화를 공정하게 취급하려면 중국, 일본에 관한 논의는 당연히 몬순 지역의 일환으로 논의해야 할 것이다. 그리고 일본론을 이끌어내기 위한 중국론이 아니라 몬순 지역인 인도 지역과는 다른 동아시아 지역의 중심지인 중국, 그리고 그 하나의 특수 형태로서의 조선, 일본이어야 할 것이다. 이 『풍토』의 고찰 과정은 분명히 적절함을 결여하고 있다. 그리고 쓸데없이 일본의 독자성·오리지널리티originality(독특함)를 강조하는 논의에 빠져 있다.

그러나 비록 그렇다고는 해도 이것은 또 다른 문제를 제시하고 있다. 그것은 최근에 학문적으로 융성한 문화인류학·민속학·민족학의 연구방법을 엿보면 분명해진다. 이러한 학문들은 지역 상대주의의 관점에서 연구를 진행하고 민족의 독자성이나 일본의 특수성을 상대화하면서 한 민족의 문화를 각 지역에 공통된 도구와 원초적 기술, 혹은 사회조직으로 환원한다. 확실히 거기에는 민족의 독자성에 대한 지나친 자의식도, 연구 대상의 사물, 민족, 문명에 대한 우열도 없다. 대상화된 것에 우열은 없지만, 오히려 거기에서는 대상을 관찰하는 연구자의 한 단계 높은 지위가 보증된다. 문화인류학의 대상은 미개 문명, 미개 부락이라는 "미개"인 것이다. 미개하고 진기한 것이 박물관에 전시된다. 견학하는 이들은 진기한 전시품을 거리를 두고 높은 위치에서 관찰한다. 그러나 박물관에 진열된 것은 결국은 "화석"일 수밖에 없다. 진열품은 어떻게 궁리하더라도 생활의 맥락에서 단절, 분리되어 살아 있을 수 없다. 그리고 대상이 비록 고도한 문명의 형태를 이루고 있다 하더라도 이 거리는 축소되지 않는다. 거기에 결정적으로 결여되어 있는 것은 살아 있는 문화적 배경이다. 다른 문화 속에서 문화적 이질성에 당황하고 그것과 싸우거나 자기 문화에 주체적으로 책임지는 태도를 찾아보기 힘들다.

와츠지의 일본에 관한 논의에는 과잉된 자기의식과 주체의 고찰이 혼재하고 있다. 혹은 일체화되어 있다고 말하는 편이 좋을지도 모른다. 예를 들면 와츠지는 유럽의 도시경관에서 유럽인과 일본인의 집에 대한 사고의 차이를 논하고 있다. 유럽·미국의 고층 건물과 궁상스럽게 늘어서 있는 일본의 집들은 단지 경제력의 차이에서 오는 것이 아니다. 유럽의 집은 개인이 한 채의 건물을 점유하는 것이 아니라 많은 집·소유자의 집합체이다. 물론 그 건물이 공동체의 단위를 나타내는 것이 아니라 건물 속의 복도와 계단조차 바깥의 도로와 같은 의미에서 사회이다. 복도를 지나서 열쇠가 잠겨 있는 방에서 집이 시작된다. 그에 반하여 일본인은 작은 한 채의 집이라는 통합을 구하고, 일단 그 속에 들어가면 방의 독립은 없고, 방을 구획하는 것은 칸막이용 종이와 천 그리고 미닫이문이다. "열쇠를 잠그는 것과 같은 방어적·대항적인" "칸막이"(和辻哲郎, 1920: 164)[1]가 없다. 와츠지는 거기에서 집 속에서의 격의 없는 관계를 설명하고, 집 속에서는 개인의 벽이 없어진다고 지적한다.

  그가 본래 고찰하고 싶었던 것은 표층적으로 나타나는 열쇠 문화보다도 개인과 사회의 관계이다.『윤리학』의 서론에서 그는 다음과 같이 말한다. "윤리학을 '인간'의 학으로 규정하려는 시도의 첫째 의의는 윤리를 단지 개인의식의 문제로 삼는 근세의 오류에서 벗어나는 것이다. 이 오류는 근세의 개인주의적 인간관에 기초하고 있다. 개인이라는 것을 파악한 것 자체는 근대정신의 성과이고, 또 우리들이 잊어서는 안

---

1) 이 논의는 먼저 우치무라 칸조(內村鑑三)가 동경하던 미국에 실망한 데서부터 출발하고 있다. "정말로 기독교 국가에서 경험하는 불신감은 우리와는 대개 관계없는 것이다. 이 기독교 국민같이 아무데나 열쇠를 채우는 것을 나는 일찍이 본 적이 없었다. 이교국의 가정에서는 열쇠를 잠그는 일이 거의 없다. 대부분의 집은 문을 그냥 열어놓고, 고양이가 제멋대로 출입하며, 사람은 얼굴에 산들바람을 맞으면서 낮잠을 잔다. 그래도 고용인이나 이웃사람이 소지품에 손을 대는 것에 신경을 쓰는 일은 조금도 없다. 기독교국에서는 사정이 전혀 다르다. 금고나 트렁크는 물론이고 모든 종류의 문이나 창문, 옷장, 서랍, 냉장고나 설탕 항아리까지 모두 열쇠를 채운다. ……마치 도둑의 혼령이 집안 구석구석까지 가득 차 있는 것 같다."(內村鑑三, 1971: 148)

되는 중대한 의의를 가지고 있다. 그러나 개인주의는 인간존재의 하나의 계기에 불과한 개인을 인간 전체와 대치代置시키고자 했다. 이 추상성이 모든 오류의 근본이 되는 것이다. 근세철학의 출발점인 고립적 자아의 입장도 바로 그 하나의 예에 불과하다."(和辻哲郎, 1965: 11) 또 다른 책에서는 다음과 같이 말한다. "'인류의 체계'에 남겨진 최대의 문제는 인류의 절대적 전체성의 문제이다. 그것은 유有의 입장에서는 해결할 수 없다. 그 해결에 대하여 우리들에게 가장 좋은 지침을 주는 것은 무無의 장소에서 '나와 너'를 설명하는 최근의 니시다 철학일 것이다."(和辻哲郎, 1934: 179) 와츠지는 니시다 기타로의 『선의 연구善の研究』에서의 "독아론獨我論" 이래의 근대적 자아에 대한 문제 제기를 이어받고 그것과 암투했던 것이다.

니시다 기타로의 사상은 흔히 동양, 특히 불교 사상을 서양철학과 대결시켜 그 논리를 구축함으로써 "형태가 없는 것의 형태를 보고", "소리 없는 것의 소리를 듣는"(西田幾多郎, 1965a: 6)[2] 것에 사상적 근거를 주었다라고 말해진다. 그러나 니시다 자신은 자신의 철학이 일본적인가 동양적인가를 의식하거나 자기주장을 하지는 않는다. 적어도 1934년(쇼와 9)경까지는 그러지 않았다. 즉 니시다는 자기 존재, 세계 존재를 자기의 사색을 통해 탐구한다. 그는 자기 사색의 내용을 표현하는 방법으로 서양철학을 원용한다. 그러나 칸트나 헤겔, 혹은 후설의 철학도 그가 표현하고자 했던 것과는 달랐다. 그가 어디까지나 자기 성찰을 심화시켜나갈 때, 서양철학자의 용어는 차례차례 버려졌다. 그리고 니시

---

[2] 이 인용문은 1927년(쇼와 2)의 「일하는 것에서 보는 것으로」의 서문이지만 그 이외에 동양주의를 표명한 언설은 거의 발견되지 않는다.

다의 사상을 길러낸 동양적 전통 때문에 결과적으로 동양적 세계관이 분명히 드러나지 않을 수 없었던 것이다.

그에 의하면 "형이상학적 입장에서 본 동서 고대의 문화 형태"에서 "서양 문화의 근저에 유有의 사상이 있고 동양 문화의 근저에 무無의 사상이 깔려 있다.""시간적·공간적인 현실 세계에서, 그 공간적으로 한정된 방향에서 세계의 근저를 생각하는 것이 유의 사상이고, 그 시간적으로 한정된 방향에서 세계의 근저를 생각하는 것이 무의 사상이라고 할 수 있다. 전자는 객관적 방향에서 세계를 생각하는 것이고 후자는 주관적 방향에서 세계를 생각하는 것이다. 우리가 자기라고 말하는 것은 언제나 시간적으로 생각되는 것이다."(西田幾多郞, 1965b: 446) 니시다는 칸트적으로 주관과 객관의 대립이 아니라 주관과 객관이 하나가 된 지평을 탐구하려고 하고, 아리스토텔레스와 같이 실체 혹은 개체에서 일반자一般者를 이끌어내는 것이 아니라 개체와 일반자가 동시에 성립하는 장소를 발견하려고 한다. 그리고 그 논리 구조·사유 구조의 차이에서 유와 무의 대립을 표방한다.

과연 서양 문화는 유의 입장이고 동양 문화는 무의 입장일까? 이것을 결론짓기 전에 두 단계를 거치고자 한다. 그 첫 번째 단계는 우리 일본인이 아니라 중국인이 서양 문화를 대립 문화로 간주했었는가에 대한 고찰이고, 두 번째는 반대로 서양인 자신이 동양 문화의 무엇을 대립물로 간주했었는가에 대한 고찰이다.

2. 중국인의 관점에서 본 "서양"

동양과 서양의 대립이라고 할 때 그 서양이란 실은 서양 그 자체가 아니다. 그것은 동양의 입장에서 서양을 보고, 자기 속에 결여한 "서양"의 원리를 대립 원리로서 조정措定하며, 그것을 통해 서양이라는 하나의 상像(비전)을 만들어내고 그 대립하는 원리를 자신 속에 받아들이려고 하는 운동인 것이다. 세계의 상은 고정적·객관적으로 존재하고 있는 것이 아니라 그 시대와 그 사회를 살고 있는 인간에게 주체적인 과제로서 눈앞에 분명하게 나타나게 되는 것이다. 따라서 중국과 조선의 대립 원리는 일본과 근대화의 과정이 다르기 때문에 저절로 달라진다. 그것은 이 책의 「동도서기」와 「중체서용」의 장에서 상세하게 논했지만, 여기에서 한 번 더 중국의 옌푸와 담사동의 두 예를 제시한다.

옌푸(1853~1921)는 중국의 근대화를 위하여 서양의 원리 중에서 중국의 사상과는 약간 다르더라도 동일화할 수 있는 점을 생각했다. 그리고 그것을 몇 개의 축으로 삼으면 중국의 근대화를 순조롭게 이끌어낼 수 있다고 생각했다. 그것이 바로 효孝의 관념인데, 효의 관념이 "서양 사회에서의 기독교의 역할을 중국의 사회 속에서 완수할 수 있다"(슈워츠, 1978: 38)라는 것이다. 중국인의 도덕적인 행동 규범은 효에 기초한다. 이 부모에 대한 효는 군주에 대한 충忠으로 확대되고 극한으로까지 확대되면 경천敬天의 태도가 된다. 그는 이 효가 기독교의 하느님의 사랑과 합치한다고 생각했다. 옌푸는 일본의 메이지유신을 모델로 중국의 문맥 속에 「교육칙어敎育勅語」를 적용하려고 했던 것이다. 즉 일본의 천황에 대한 충성심이 서양의 내셔널리즘의 근간인 기독교와 유사한 종교 형태로서 형성되어 있다고 보고, 그것을 중국에 적응시키기 위해서는 "효의 관념"이 가장 잘 어울린다고 생각했던 것이다. 이것은 캉유웨이의 공자교로 계승되었지만 후의 중국 역사를 보면 알다시피 부정되고 말았다.

다른 한편으로 그는 이질성, 즉 중국에 결여된 것을 "진화론"과 "자유"로 보았다. "내가 일찍이 다음과 같이 생각한 적이 있다. 즉 중국의 도리와 서양의 도리가 결코 일치되지 않는 최대의 차이점은 중국인은 옛날을 좋아하고 지금을 소홀히 하며, 서양인은 지금에 힘을 다하여 옛날을 극복하려는 데에 있다는 것이다." "중국인은 일치일난一治一亂, 일성일쇠一盛一衰를 자연과 사회의 본래의 모습으로 생각하나, 서양인은 끊임없이 무한히 진보하고 번창하게 되면 다시 쇠퇴하지 말아야 한다고 생각하고 다스려지면 다시 혼란에 빠지지 말아야 한다는 것을 학술과 정치의 근본 원칙으로 삼는다. ……중국 역대의 성현은 자유라는 한마디 말을 깊이 두려워하고 지금까지 자유를 근본으로 삼아 가르침을 세웠던 적이 한 번도 없었다. 서양인은 하늘이 백성을 낳고 각자에게 자유를 부여했다. 자유를 얻은 사람이야말로 하늘이 부여한 것을 완전히 구비한 사람이라고 믿는다."(西順藏 編, 1976b: 423~427)

옌푸는 다윈의 진화론에 깊은 관심을 나타내고 더욱이 스펜서의 사회 진화의 사상에 경도되었다. 스펜서의 사상은 메이지 초기 일본의 자유민권운동의 원천이기도 했는데 그것은 유기체로서의 사회가 진화한다는 사고방식을 도출하고 "옛것"만이 귀하다는 과거에 대한 동경에 쐐기를 박는 것이었기 때문이다. 유기체란 자유롭게 자기가 결정하고 진화해가는 것이므로 요堯·순舜·우禹의 이상 국가상은 오히려 그 진화의 자기 결정력을 저해한다. 그러한 상고주의尙古主義의 속박에서 벗어나 자신들의 민족을 성장시켜야 한다고 생각했던 것이다.

한편 담사동은 다음과 같은 글을 남겼다. "변법계偏法界(전 대상계), 허공계虛空界(환영 세계), 중생계衆生界(윤회전생의 세계)에는 지대至大하고 지미至微한 일물一物이 충만하여 구석구석까지 서로 달라붙고 녹아 있으며 맺어져 있다. 눈으로 볼 수 없고, 귀로 들을 수 없으며, 입으로 맛볼 수 없고, 코로 냄새를 맡을 수 없으며, 이름을 지을 수 없다. 이것을 이태以太〔에테르ether〕라고 명명한다. 이것의 작용은 드러나게 된다. 그것을 공자는 인仁이라고 부르고 원元이라고 부르고 성性이라고 부르고, 묵자墨子는 겸애兼愛라고 부르고, 부처〔佛陀〕는 성해性海(진여법성眞如法性)라고 부르고 자비慈悲라고 부르고, 예수는 영혼이라고 부르고 '남을 사랑하기를 자기와 같이 하라' '적을 보기를 친구와 같이 하라'라고 말하고, 격치가格致家〔과학자〕는 애력愛力(친화력親和力), 흡력吸力(인력引力)이라고 부르는데, 모두 같은 것이다."(西順藏 編, 1976b: 253 이하 참조)

그는 에테르라는 당시 유럽 물리학의 개념에 인仁·사랑〔愛〕·자비·영혼의 개념을 포함시키고, 공자·부처·예수를 융합시켜서 대동(절대적인 평등)으로 만들어버렸다. 그리고 반대로 이태以太도 통通으로 중국화시켜버렸다. 즉 인仁의 첫째 뜻은 통이고, 이태라고 하고, 전電〔전기〕이라고 하며, 심력心力이라고 하지만 "모든 것은 통이 나타나는 형태의 표시"(西順藏 編, 1976b: 249)라는 것이다. 그리고 대도大道는 하나이고 통하고 있는 것으로서, 통에 의해 삼강오륜三綱五倫도 재편성되었다. 중외통中外通(원국遠國과 근국近國, 대국大國과 소국小國은 하나), 상하통上下通(군君과 신臣, 부父와 자子), 내외통內外通(남자와 여자), 인아통人我通(남과 나)이다. 이와 같은 통通에 대한 인仁과 학學을 배워 익히고자 하는 사람은 불교경전의 『화엄경華嚴經』, 선종禪宗, 법상유식

종법相唯識宗, 서양학의 『신약성서』, 산학算學, 격치格致(물리·화학), 사회학에 정통하고, 중국 것으로는 『역易』, 『춘추공양전春秋公羊傳』, 『논어』, 『예기禮記』, 『맹자』, 『장자莊子』, 『사기史記』 등의 책에 정통해야만 한다고 말한다.

중국의 진보적인 사상가는 당시 중국 국내의 과제를 서양 원리 속에서 발견했다. 당시의 정치적 과제가 일본과는 달랐기 때문에 그들이 찾아낸 것도 일본과는 달랐다. 더구나 일본과는 수용 태도도 달랐다. 중국에 결여되고 유럽에 존재하는 것이 있었다 하더라도 궁극적으로는 그것을 대립하는 이질성으로 간주하지 않은 것이었다. 일찍이 다이지타오戴季陶는 『일본론日本論』에서 중국인에게 일본을 고찰할 필요성을 설명했다. 그 이유는 중국인은 모든 문화의 원천이 자신들에게 있고, 유럽 과학의 진보조차 자신들에게서 연원한다고 생각하는데 그에 반하여 일본인은 늘 진취적이기 때문이다. 다이지타오는 일본의 학문에 대해 "유럽에서 전해진 과학 문명과 중국과 인도에서 수입한 철학 종교 사상을 제외한 일본 고유의 사상은 유치하다고 할 수밖에 없다. 그러나 그것이 일본의 수치는 아니다. 수치가 아닐 뿐만 아니라, 오히려 유치하기 때문에 울발鬱勃한 진취의 기상이 생기고 발전의 여지가 생겨서 노쇠와 퇴폐의 기분에 빠지지 않는 것이다"(戴季陶, 1983: 17)라고 이상한 칭찬을 하는 것이다.

3. 유럽인의 관점에서 본 "동양"

일본인 혹은 조선인, 중국인은 서양에서 충격을 받고 거기에서 자기와 다른 문화를 발견했다. 다른 문화라는 점에서는 유럽인에게도 "동양"은 항상 "눈부신 꿈의 땅이었으며" 늘 한계의 땅이었기 때문에 무한히 접근하기 어려운 단서의 어둠이었다. 그러면 유럽인이 동양에서 느낀 이질감은 우리들이 느낀 것과 같은 것일까. 앞에서 언급한 동양과 서양의 도식이라는 우리들의 대립 지점과 동일한 것인가 그렇지 않은가. 그것을 유럽인의 문헌 속에서 찾아보자.

유럽인에게 있어서 동양이란 고대에는 오리엔트 세계를 의미했고, 그 뒤에는 페르시아·인도를 의미했다. 그리고 유럽을 침략한 공포의 대상으로서 몽골·터키가 주로 생각되던 시대를 거쳐 근대에 와서야 겨우 극동 아시아가 시야 속에 들어온다. 그러나 그들에게 있어서 동양의 중심이란 인도이고 중국이다.

유럽인에게 있어서 인도의 매력은 그 종교·사생관死生觀의 차이에 있다. 칸트의 "윤회야말로 동양인이 가진 우미優美한 개념으로 인도인의 몽상적 경향의 근원도 여기에 있는 것이다. 그들의 지옥은 가톨릭교도의 연옥煉獄이다. 지금 바로 알 수 있는 것은 사후의 영혼의 상태에 대한 우리의 지견知見이 얼마나 좁은가라는 것이다"(Glasenapp, 1954: 40; 글라제납, 1983: 15 이하 참조)라는 말이 그것을 나타내고 있다.

쇼펜하우어에 이르러서는 자신의 철학적 성과를 진리의 척도로 삼으면 불교는 진리에 가장 가까운 종교이다. 불교의 뛰어난 점은 브라만 Brahman이라는 도그마를 버리고 윤회와 열반涅槃 이외에는 아무것도 내세우지 않는다는 점이다. "이후 우리의 종교가 인도에 뿌리를 내릴 일은 결코 없을 것이다. ······그렇기는커녕 인도인의 예지叡知가 유럽으로 역류하고 우리의 지식과 사색에 근본적인 변화를 불러일으키게 될 것이다"(쇼펜하우어, 1975: 628)라고까지 말했다.

그들이 매료된 것은 사물의 세계가 아니다. 제도도 아니다. 그것은 마음 깊숙한 세계이다. 따라서 심리 분석, 자아 구조의 분석, 무의식이라는 분야에 대한 접근으로 인도인의 혼의 특성을 알고자 한다. 예를 들면 빌헬름 하스Wilhelm Haas는 "서양적 자아는 자아의 일체의 내용에 전부 침투함으로써 이것을 지배하려고 한다. 그러나 동양적 자아에서 그 구성 요소는 병렬적으로 질서 지어져 있고, 어떤 때는 하나의 요소가, 또 어떤 때는 다른 요소가 표면에 나타나는 식으로 병행해나가고, 의식된 부분이 다른 의식되지 않는 부분을 배제하는 형태로 진행한다." (Haas, 1916; 글라제납, 1983: 172~173 참조) 다시 말해 서양인이 동양인에 대해 갈피를 잡을 수 없고 사고방식이 무매개적無媒介的이고 논리적 관련성이 없고 논리적 비약이 많은 인간이라는 인상을 갖는 것은 이와 같이 양자의 정신 구조가 다르기 때문이다. 또 동양인에게는 질서가 있는 다양성이라는 서양적 특질이 결여되어 있기 때문에 유럽인에게는 견디기 힘든 삶의 단순화가 바람직한 것으로 여겨지는 것이다. 그래서 요가 yoga가 자아를 일체의 자아 내용에서 해방시키는 수단이 되고, 세계라는 질곡으로부터 구제하는 길이 되는 것이다.

그렇지만 심리 구조는 최종적으로는 밖에서 객관적으로 볼 수 없는 것이고, 인도인은 무의식이라는 것에 대하여 지금까지 서양이 경험한 것보다도 더 많은 것을 경험했다고 인정한다면, 서양인은 서양인인 한 인도인을 결코 이해할 수 없다는 말이 된다. 슈펭글러와 같이 "불교와 기독교를 비교할 수 있다고 하는 자는 종교 연구의 딜레탕트dilettante뿐이다. 불교라는 것은 서양 언어로는 거의 재현할 수 없는 것이다"(슈펭글러, 1977: 330, 175 참조)라는 결론이 된다.

한편 중국에 대해서는 그것과 관점이 다르다. 유럽인이 "중국인과 식인종"이 "모두 야만적이고 조야한 것이 아니라 그들 가운데 많은 사람들은 우리와 같은 정도로, 혹은 우리 이상으로 이성을 사용하고 있다"(데카르트, 1967: 175)라는 것을 인정하게 된 것은 중국 거주 예수회 선교사의 보고서에서이다. 중국 최초의 선교사인 마테오리치부터 예수회 선교사는 중국 왕조의 광대함, 도시의 장려함, 국가의 부유함, 완비된 문물제도 등 일찍이 마르코 폴로가 『동방견문록』에 기술한 것을 추인追認해나갔던 것이다.(後藤末雄, 1970a) 더욱이 그들은 중국의 정치조직이 4000년 전의 옛날부터 군주정체로 조직되고 건국 이래 완성의 경지에 도달했다고 생각하고, 유교에 의한 효애孝愛의 정情을 정치의 기초로 삼는 중국인의 현명함을 찬탄했다. 중국의 정치제도는 가족주의이다. 국부國父인 황제는 부모의 애정을 가지고 명령하고, 황제의 적자赤子인 신민臣民은 효행의 애정으로 봉사한다. 유럽과 같이 정복자와 피정복자, 주인과 노예의 관계가 아니다, 라고 그들은 연면히 써놓았던 것이다. 또 선교사들에 의해 공자와 노자가 유럽어로 번역되었다. 자연과학의 분야에서도 유럽을 훨씬 능가하는 것이 있었다. 그러나 지동설 이래의 천문학은 유럽 쪽이 뛰어나고, 중국의 황제는 그들 선교사에게 천문역술·수학 지식을 구하게 되었다. 그리고 중국에서 전도한 선교사들은 앞으로 중국에는 천문학과 수학에 정통한 선교사를 파견하도록 본국에 요청했던 것이다.

  1703년 "전례문제"가 다시 불붙을 무렵부터 서양인의 중국에 대한 평가가 변화하기 시작한다. 이를테면 말브랑슈Nicolas de Malebranche (1638~1715)는 기독교의 하느님과 중국 철학의 이理의 차이와 같음〔異同〕을 논하고, 중국 철학자는 "이"가 물질 속에 존재한다는 것을 믿고 이러한 물질의 실재를 확신하고 있지만, 기독교도의 하느님은 물질과는 별개의 것이다. 어쨌든 "이"란 것은 가치가 없는 것이라고 말하지 않을 수 없다고 주장한다.(後藤末雄, 1970b: 30~32 참조)

하여튼 중국에 관한 유럽인의 관심은 결국은 두 가지로 집약된다. 첫째로는 덕치주의德治主義적 정치제도를 어떻게 이해하는가이다. 둘째로는 천문학·수학을 중심으로 하는 자연과학의 미발달을 어떻게 해석하는가이다. 그리고 그때 그 사상가가 자기 조국의 사상적인 움직임을 어떻게 해석하느냐라는 점도 그 평가에 영향을 미친다. 대체로 당시 유럽의 중상주의重商主義와 전통적인 기독교에 비판적인 사람들은 중국의 정치제도를 긍정적으로 받아들였다. 예를 들면 유럽 중농주의의 시조인 프랑수아 케네François Quesnay(1694~1774)는 중국의 법제法制는 종교, 도덕, 국속國俗과 융합하고, 그 실정법은 자연법에 기초한다. 황제는 조물주의 의지, 즉 천의天意의 이행자이다. 천의란 자연법 그 자체이다. 천의를 이행하는 것은 덕이다. 덕이란 자연의 감정과 효애의 염원이다. 중국 황제는 형식상 전제군주이지만, 항상 천리天理의 지배와 구속을 받는 인군仁君이다. 따라서 세계 최선世界最善의 정치 형식이라고 찬미한다. 또 계몽주의자 볼테르는 유교가 미신을 수반하지 않는다는 것을 지적하면서 이 점에서 생기는 복리福利를 열거하며, 중국인을 천하에 으뜸가는 국민이라고 논단論斷하였다. 전제정치專制政治라는 설에 대해서도 피상적인 망설妄說이라고 갈파하고, 중국의 정치조직은 세계 최선의 조직이며, "인간의 지혜는 중국의 정치 이상으로 우수한 정치조직을 안출할 수 없음에 틀림없다"(後藤末雄, 1970b: 86)라고까지 찬탄하며 극언極言하였다.

혹은 비록 긍정적이진 않더라도 다른 문화로서 그 문화 가치를 인정하면서 비판하는 디드로와 같은 입장도 있다. 디드로는 중국인은 쌀을 상식常食하기 때문에 "기근饑饉의 불안에서 벗어날 수 없다."(後藤末雄, 1970b: 133) 중국의 국민성은 서구의 국민성에 비해 본질적 요구에 대해서는 온화하고 나태하고 소극적이며, 또 기성의 사물에 대해서는 매우 선견지명이 결여되어 있다. 또 유럽 국민만큼 신기한 것을 갈망하지 않는다. 그러므로 중국에서는 유럽보다도 오래도록 관습이 존속되고 정체政體가 고정되며 국법이 영속하는 것이다. 학문과 예술은 다른 무엇보다도 불타는 활동력, 지칠 줄 모르는 호기심, 스스로 만족할 줄 모르는 일종의 결함을 필요로 하기 때문에 중국에서는 학문과 예술이 유럽에서만큼 진보하지 않았다. 중국인은 세계 최고의 국민이라 할지라도 학예의 견지에서 보면 유럽인이 훨씬 앞서 있다.

디드로는 중국 학예의 정체 이유가 인구 과잉에 있다고 생각했다. 그에 의하면 그것은 엄청난 인구의 중국인이 자기 보전을 위하여 자연과 계속해서 투쟁해야 했던 결과라고 한다. 그는 중국 문명의 특징이 모두 풍토의 영향, 특히 인구 과잉에서 기인한다고 말하고 있다.

유럽의 인도·중국에 대한 평가는 실은 유럽 자체에 대한 평가이기도 하다. 자신의 거울로 인도·중국의 문화를 바라보는 것이다. 그리고 유럽이 자신自信을 회복해가는 것과 함께, 계몽주의를 분기점으로 유럽인은 유럽중심주의, 진보주의에 입각하여 인도·중국의 문화의 이질성에 경의敬意를 가지는 것이 아니라 그것을 문화의 정체성停滯性으로 단정하게 된다. 헤겔에 의하면 아시아라는 광대한 지역에서 일어났던 일들, 거기에서 창조되고 수행된 모든 것들은 전부 유럽 역사의 전주곡에 불과하다. 중국의 국가형태는 도덕법이 국법과 같이 취급되고 법률이 바로 도덕법이라는 감이 있다. 즉 주관에 머물고 있는 것이다. 그것들은 모두 국가의 원수元首에게 귀일하고 원수가 그것들을 장악하고 있다.

그리고 거기에서 한 발자국도 나오지 않는다. 또 인도적 원리는 중국의 통일과는 반대로 구별 그 자체, 바로 결정적·고정적인 구별 그 자체이다. 더구나 이 구별은 단순한 종교적 견지에서의 자연적 구별에 머물러 있기 때문에, 국민 상호 간의 계급, 카스트를 고정하게 된다. 여기에서는 이성도 자유도 작용할 여지가 없다.(헤겔, 1954 참조) 인도와 중국의 정체라는 이러한 유럽인의 동양 이해[3]가 아시아를 "서구 근대"에 의해 계몽해야만 한다는 관점을 이끌어내어 침략을 추진했던 것이다.

4. 문화의 주체적 과제

그런데 이상의 고찰은 동양과 서양의 다양한 문화적 차이를 부각시킨 것이다. 그와 더불어 그 문화적 차이는 실은 그 고찰자考察者 자신의 문제의식이 투영된 세계상이라는 것도 말했다. 그러나 그 고찰자의 문제의식이 투영된 세계상을 주관적인 것으로만 간주할 수는 없다. 왜냐하면 객관화·상대화하는 것만으로는 어떤 문화를 고찰할 수 없을 뿐만 아니라, 자기가 대응하는 객체(타자)로서의 문화 자체가 그렇게 객관

---

[3] 유럽인이 일본에 대해 어떻게 생각했었는지에 대해서는 지금 여기에서 언급할 필요가 없다. 다만 "일본"이 인도·중국 다음가는 위치에 있지 않았다는 것은 분명하다. 인도(天竺)·중국(唐)·일본(本朝)으로 병렬하는 것은 일본인의 세계의식이며, 유럽인에게는 인도·중국 뒤에 여러 아시아 국가들이 열거되어 순서가 뒤섞이면서 거의 잊혀져갈 무렵에 꿈의 나라 일본이 떠오른다. 다만 최근에 외국인에 의한 일본 연구가 활발해짐에 따라 「외국인에 의한 일본 연구」를 연구하는 저작이 나타나고 있다. 綾部恒雄 編著(1992); 佐伯彰一·芳賀徹 編(1987); 富田仁 編(1992); 藤津滋生(1994) 참조.

적으로 나타나는 것이 아니기 때문이다. 그것은 항상 "과제로서의 세계"로서 주체에게 나타난다. 그런 의미에서는 니시다 기타로가 말하는 서양의 유有와 동양의 무無라는 문화 구조의 차이의 제출도 일본인이 담당해야 할 주체적·문화적 과제로서 의의가 있을 것이다. 다만 문제가 되는 것은 이 책의 「머리말」에서 몇 번 언급했듯이, 그리고 이 책 전체를 통해서 밝혔듯이 오늘날의 문화적 과제를 제출하는 경우에 니시다의 고찰이, 혹은 근대의 많은 일본인들의 고찰이 반드시 타당한 절차를 거치고 있는 것은 아니라는 것이다. 일본이 아시아의 사상과 문화를 위임받은 참된 저장고라는 것도, 인도에서 생긴 변증법이 아라비아, 유럽, 미국 등 서쪽으로 나아가는 조류와, 인도에서 중국을 거쳐 일본에 이르는 흐름이 일본에서 충돌한다는 것도, 대승불교의 진의眞意가 일본에서 발견된다는 것도 결국은 아시아 자체의 궤적을 빠뜨린 일본인의 착각일 수밖에 없었다고 평가 내려야만 한다.

물론 자국[일본]의 전통적인 문화가 이입된 서양 제국의 근대 문화와 달랐던 것은 분명하다. 그리고 그것과 맞서기 위하여, 말하자면 사상의 총력전을 벌였던 것이다. 그 필연성은 인정해야 한다. 그러나 동시에 그 총력전은 제2차 세계대전 중의 일본의 전략·대동아공영권의 구상과 마찬가지로 아시아의 정체성을 발견하기 위한 것이 아니라 자국[일본]의 정신 원리를 강요하는 것에 지나지 않았다. 만약 니시다가 주장하는 동양의 무에 서양 문화와의 대립 구조로서의 사상적인 의의가 있다고 하면 그것은 동시에 아시아, 특히 동아시아의 정체성을 얻는 것이어야만 한다. 한국말로 번역된 『선의 연구』가 한국인들에게 자신들의 민족정신을 고찰한 것이라는 공감을 불러일으킬 수 있을까? 중국어로 옮긴 「동양의 무東洋の無」의 문장을 읽고 중국인들은 과연 서양 문화와

의 구조상의 차이를 능히 부각시켰다고 납득할까? 만약 그렇지 못하다면 우리들은 다시 한 번 처음부터 시작해야 할 것이다. 그리고 그 경우 문화의 차이를 특징짓는 것이 오늘날 세계의 틀 속에서 어떠한 의의와 목적을 가지고 있는가를 자각하지 않고서는 우리는 문화에 대한 고찰을 진행해나갈 수 없을 것이다.

후기를 대신하여
구야마 야스시久山康 선생의 추억

나츠메 소세키夏目漱石의 소설 『마음〔心〕』에 다음과 같은 한 구절이 있다. "나는 마음속으로 아버지와 선생을 비교해보았다. ……나는 아버지가 나의 진정한 아버지이며, 선생 또한 말할 것도 없이 남이었다는 명백한 사실을 새삼스럽게 눈앞에 늘어놓고선 마치 큰 진리라도 발견한 것처럼 깜짝 놀랐다."

대학 2학년 봄에 이 구절을 읽으면서 나에 대해 구야마 선생이 혈연적·육체적 인연이 있는 아버지와는 다른 정신적 의미의 아버지라고 할 수 있을까라고 스스로에게 물어본 기억이 있다. 그리고 그 답을 내는 것을 그때 망설였고, 지금도 망설이고 있다. 이렇게 물어본 것은 그때 정신적인 아버지를 원하고 있었기 때문이라기보다도 단지 구야마 선생이 우연히 나의 아버지와 같은 나이였기 때문일지도 모른다. 아버지는 1915년(다이쇼 4) 8월 3일에 태어나셨고, 구야마 선생은 같은 해 8월 12일에 태어나셨다.

초등학생이었던 어느 날, 나는 아버지가 가지고 있던 잡다한 물건들 중에서 훈장과 기름종이에 쌓인 길이 2척 정도의 녹슨 일본도를 찾았다. "아빠, 이게 뭐예요?"라고 물어봤더니 아버지는 전쟁 때의 일을 이야기해주셨다. 광둥에서 상륙한 이야기부터 초사 작전長沙作戰 이야기, 가토 하야부사 전투대加藤隼戰鬪隊 이야기를 아들에게 해주셨다. 아들은 신나게 아버지의 무공武功 이야기를 들었다. 이 칼은 아버지가 하사관이 되었을 때 할머니가 일본에서 보내주신 짧은 칼이었다. 종전 전에 돌아왔을 때 할머니는 이미 안 계셨다. 패전 후 진주군進駐軍에게 몰수 당하기 싫어서 기름종이로 싸서 마당 한 구석에 묻어놓았다고 한다. 소년 시절, 아들은 아버지에 대한 존경심을 갖기 마련이다.

고등학생 시절의 나는 사회에 대한 비판, 정치에 대한 불만, 베트남 전쟁에 대한 분노로 들끓고 있었다. 그리고 우유부단하고 사회에 대해 무비판적인 기업 인간 아버지를 늘 다소간 비판적인 눈으로 바라보고 있었다. 그러던 어느 날, 문득 바로 그 양철 훈장이 생각났다. "아버지는 사람을 죽인 거야." 어디에도 흔히 있을 법한 평범한 한 시민이자, 장병長病을 비탄하는 어머니를 별로 믿음직하지도 않은 말로 달래던 바로 그 아버지가 비록 전쟁이라고는 해도 중국 병사를 죽이고, 자칫 잘못하여 포로와 촌민까지 살육했을지도 모른다는 말이다. 전후 민주주의 교육은 "잘못된 전쟁"을 비판한다. 일반 국민들은 군부에 속아 전쟁터에 몰려갔다고 말이다. 미군의 베트남에서의 만행에 분노하고 손미 학살 사건Son My massacre과 난징南京 입성이 이중으로 겹쳐 일본군이 저지른 만행을 단죄하던 바로 나에게 추상적으로 전쟁을 비판하기 전에

너는 도대체 "아버지"를 비판할 수 있느냐는 문제가 다가왔다. 가령 평소 아버지에게 반발하고 그 삶의 방식에 대해 부정적으로 보고 있다고 하더라도 마치 생판 남인 범죄자와 같이 아버지를 단죄해버리는 것을 나는 할 수 없었다. 과연 아버지는 속아서 전쟁에 몰려간 피해자인가? 아니면 마땅히 미워해야 할 일본 제국주의의 전쟁범죄인이란 말인가?

하여튼 아버지는 내가 대학의 진로로 "철학"의 길을 선택한 것에 대해 몹시 반대하셨다. 아버지와 같은 보통 샐러리맨에게는 자식이 마치 신선神仙과 같이 현실에서 동떨어진 관념 세계에서 노닐면서 "바람을 마시고 이슬을 먹고" 산다는 것은 있을 수 없는 일이었으리라. 그것이 아버지가 내 인생의 선택에 대해 반대하신 최초이자 마지막 일이었다.

*

니시노미야西宮의 니가와仁川 주변을 걸을 때마다 1969년(쇼와 44) 첫 여름의 햇빛 속에서 구야마 선생의 집을 찾아가던 나의 모습이 떠오른다. 19세에 대학에 막 입학한 풋내기였던 나의 뒷모습을 바라보면서 현재의 내가 걸어가는 것이다.

대학 1학년 때 나는 구야마 선생에게 엄청나게 야단을 많이 맞는 학생이었다. 대학 분쟁은 서서히 끝나가고 있었다. 그래도 나는 젠쿄토全共鬪 운동의 지지자였다. 문제의식만 풍부하고, 저널리스틱한 시대적 감수성을 가지고 타자에 대해 비판하는 것밖에 모르며, 과격한 "비판"으로 나날을 보내고 있었다. 대학 비판, 사회 비판과 반비례해 구야마 선생에 대한 존경심은 높아갔다. 비록 다른 선생의 수업은 빼먹어도 구야마 선생의 수업만은 늦더라도 들어갔다. 내가 늦게 들어오는 것을 선생님이 쓸쓸한 표정으로 바라보고 계셨다고 뒤에 어떤 친구가 말해주었다. 나는 강의에 감명을 받아 눈시울이 뜨거워진 적이 한두 번이 아니었다.

"자신의 발언을 뒤에 돌이켜보고서 부끄럽지 않을지 잘 생각하게." "남을 향한 비판의 칼날을 자신에게 돌려보게. 자기비판이라는 차원을 자네는 아직 모르고 있어." "자네와 같은 부류는 하나의 문제를 계속 간직할 수 없어. 무엇에 관심이 있을지는 모르지만 예를 들면 미키 기요시라면 미키 기요시를 10년 동안 계속 읽어보고 자기를 심화시킬 노력을 하지 않으면 공부가 제대로 되지 않아. 물론 나야, 미키 따위는 별것 아니라고 생각하지만 말이야……." 세미나에서도, 독서 모임인 "토요회土曜會"에서도 구야마 선생은 나를 심하게 질책하셨다. 나는 토요회를 그만두고 대학도 다니지 않게 되었다. 대학을 다니지 않게 된 것은 구야마 선생 때문이 아니라 그전에 내 마음속에서 이미 대학이 와해돼 버렸기 때문이었다. 그리하여 1학년이 끝날 무렵, 나는 언제 퇴학 원서를 낼까 생각하면서 어느 공장에서 일하고 있었다. 그러던 어느 날, 한 친구가 나에게 전화를 걸어왔다. "N이 학교를 그만두고 고향으로 돌아갔어." N은 나와 같이 구야마 세미나에 참여하고, 함께 토요회에 들어가고, 함께 구야마 선생을 흠모하고 있었으나, 나와 달리 미키 기요시의 전집을 갖추고 세미나에서도, 토요회에서도 "깊이 있는" 모범적인 발언을 하고, 내가 질책을 당하던 반면에 언제나 칭찬을 받았던 인물이었다. 그가 그만두었다는 이야기를 듣고 나는 더 이상 도망치지 않겠다고 결심했다. 당시 나는 20세였다.

그때부터 25년이 지났다. 니시다 기타로의 작품을 10여 년간 묵묵히 계속 읽었다. 석사 논문을 가져갔다. 좋은 평가를 받지 못했다. 34세

때, 처음으로 책을 출판할 기회를 얻어 책 제목을 『니시다 기타로 연구』로 하고 싶다고 상담하러 찾아갔다. 혼났다. 7년 전에 독일 튀빙겐 대학 일본학과의 세미나에서 『선의 연구』를 읽어달라는 요청을 받고 지도를 받기 위해 선생님에게 보고하러 갔다. "자네가 니시다 선생의 작품을 해설할 수 있는 사상적 역량을 가지고 있는가? ······나 같으면 사양하겠다." 이런 식으로 여전히 좋은 말씀 하나 듣지 못했다.

그래도 유학의 기념으로 신공동역新共同譯『성서』를 주셨다. 그리고 그 성서의 표지 뒷면에 다음과 같이 적어주셨다.

이제 사는 것은 내가 아닙니다. 그리스도께서 내 안에서 사시는 것입니다.
「갈라디아서」 2:20

몸과 마음에 대한 집착을 벗어버려야 번뇌가 없는 몸과 마음이 된다〔身心脫落, 脫落身心〕.
도원道元, 『정법안장正法眼藏』

*

대학교 2학년 때, 산노미야三宮 헌책방에서 니시타니 케이지가 지은 『세계관과 국가관』을 보았다. 1942년(쇼와 17)에 발행된 그 노래진 책에는 한 장의 명함이 끼어 있었고, 그 명함에는 "도쿄제국대학 공학부 전기공학과 학생 와타나베 하지메渡邊肇"라고 적혀 있었다. 아울러 책의 표지 뒤에 증정贈呈의 헌사가 씌어 있었다.

"새로운 세계관과 국가 이념 확립을 위해 역사가 전환해가는 2603년[1] 신춘新春을 맞이하여 이 책을 사랑하는 형에게 바친다. 우제愚弟 와타나베 노부오渡邊信夫"

나는 고등학생 시절부터 대학 시절에 이르기까지 "코사카高坂正顯, 니시타니, 코야마高山岩男 등 니시다 철학 우파들은……"이라는 식으로 비판한 글만 읽어왔기 때문에 구야마 선생이 니시카니 케이지 선생을 존경하고 계시는 까닭을 알지 못했다. 그래도 니시타니 선생의 『니힐리즘』, 『종교란 무엇인가』 등을 잘 이해할 수 없으면서도 섭렵하기 시작하고 있었다. 이 책을 손에서 놓았을 때 나는 이 "와타나베 노부오"라는 인물은 이미 오래전에 전사한 것으로만 알고 있었다. 따라서 이 헌사는 나에게는 『들어라, 바다의 소리를きけわだつみの聲』[2]과 마찬가지였고, 니시타니 케이지의 『세계관과 국가관』은 대동아전쟁의 사상적 프로파간다에 지나지 않았다. 비록 국제일본연구소에서 니시타니 선생의 「정법안장강화正法眼藏講話」를 듣고 그 사상적 깊이에 감명을 받았음에도 불구하고 그랬다.

대학원 때, 구야마 선생으로부터 와타나베 노부오渡邊信夫가 지은 『칼뱅과 함께』를 국제일본연구소에서 발행하니까 교정을 하라는 명을

---

1) 〔옮긴이〕 황기皇紀 2603년, 서기 1943년(쇼와 18)에 해당된다.
2) 〔옮긴이〕 이 책은 제2차 세계대전에서 전사한 학도병의 유서를 엮은 것으로, 1947년에 출판된 도쿄대학 전몰학도병 수기집인 『머나먼 산하에はるかなる山河へ』에 이어서 1949년에 출판되었다. 『들어라, 바다의 소리를』은 젊은 전사자의 인간적 측면을 보여줄 뿐만 아니라 특히 많은 학도병들이 자기 학업을 부득이 중단하고 이상한 상황에 놓인 자기 모습에 대한 깊은 성찰을 적어놓고 있다는 점에서 일본 사회에 큰 충격을 주었으며 "군국주의적 풍조 속에서 자란 '전진훈戰陣訓' 세대"라고 불리던 세대에 대한 인식을 바꾸게 만들었다.

받았다. 교정을 하면서 나는 다음과 같은 구절과 만나 깜짝 놀랐다. "나의 전쟁 책임에 대해서는 이 자리에서 말할 필요는 없다. 허나 그 체험이 그 이후 나의 인생에 강력히 작용하게 되었듯이 나의 칼뱅 연구도 전쟁 체험자적 발상의 테두리 안에서밖에 이루어지지 않게 되었다. 그것은 전쟁 중에 주어진 과제로서의 삶과 죽음의 문제, 사회와 국가의 문제, 전쟁과 평화의 문제, 전쟁 죄책의 문제 등을 항상 생각해야만 했다는 것만이 아니다. 전쟁을 경험함으로써 생각해야 할 과제가 늘어났다고 하기보다는 사고방식이 바뀌어버렸다. 사고 속에 전쟁의 상흔이 새겨져 지울 수 없게 되었던 것이다." 혹시 니시타니 선생의 책에 저 헌사를 적은 "와타나베 노부오"와 『칼뱅과 함께』의 저자 와타나베 노부오가 같은 인물이 아닐까? 몇 번 바로 그 와타나베 노부오 씨가 연구소를 찾아온 적이 있었다. 그러나 결국 와타나베 씨와 만날 기회, 그리고 동일 인물인지 여부를 확인할 기회는 없었다. 아니 오히려 내가 그것을 피했는지도 모른다. 나는 이념적인 인물로 "와타나베 노부오"를 그냥 놓아두고 싶었는지도 모른다.

1994년 12월 30일에 구야마 선생은 돌아가셨다. 그 장례식 날, 조문弔文을 읽는 와타나베 노부오 목사를 바라보면서 나는 소세키의 다음과 같은 구절이 떠올랐다. "나는 지금 스스로 자기 심장을 뜯고 그 피를 그대 얼굴에 쏟아 붇고자 합니다. 내 고동이 멈출 때 그대의 가슴에 새 생명이 깃들게 되면 나는 만족합니다."

나는 구야마 야스시 선생의 유지遺志를 이어받고 싶다고 생각했다.

*

   이 책을 간행하는 데 있어서 아카니시야 출판ナカニシヤ出版의 츠쿠이 테루오津久井輝夫 씨에게 많은 신세를 졌습니다. 깊이 감사의 뜻을 표하는 바입니다.

1997년 1월

참고 문헌

加藤周一, 1975, 「新井白石の世界」, 『新井白石』, 〈日本思想大系35〉, 岩波書店.
康有爲, 1983, 『正權篇辨』, 原田正己, 『康有爲の思想運動と民衆』, 刀水書房.
姜在彦, 1980, 『朝鮮の開化思想』, 岩波書店.
姜在彦, 1984, 『近代朝鮮の思想』, 未來社.
岡倉天心, 1963, 『東洋の理想』(竹內好, 1963에 수록).
게이, 피터〔ゲイ, ピーター〕, 1987, 『ドイツの中のユダヤ』, 河內惠子 譯, 思索社, 昭和62年〔Peter Gay, *Freud Jews and other Germans*, Oxford University Press, Inc., 1978〕.
樫山欽四郞, 1961, 『ヘーゲル精神現象學の硏究』, 創文社, 昭和36年.
鎌田茂雄, 1967, 「中國の華嚴思想」, 『講座中國思想 6 仏教思想 Ⅱ』, 東京大學出版會.
慶応義塾 編, 1960, 『福澤諭吉全集』 第10卷, 岩波書店, 昭和35年.
高橋里美, 1932, 『全體の立場』, 岩波書店, 昭和7年.
高橋里美, 1940, 『包辨證法』, 岩波書店, 昭和15年.
高秉雪·鄭晉和, 1981, 『朝鮮史年表第二版』, 雄山閣.
高須芳次郞, 1936, 『水戶學派の尊皇及び経綸』, 雄山閣, 昭和11年.

高田淳, 1994, 『中國の近代と儒教』, 紀伊國屋書店.

高坂史朗, 1995, 「Astronomiaから天學へ——一八世紀ヨーロッパ天文學受容の諸相」, 今田洋三, 『都市におけるメディア構造の研究』, 平成5-6年科學研究補助金研究成果報告書.

高坂正顯, 1942, 『民族の哲學』, 岩波書店, 昭和17年.

高坂正顯, 1967, 『キェルケゴールからサルトルへ』, 國際日本研究所, 昭和42年.

高坂正顯・西谷啓治・高山岩男・鈴木成高, 1943, 『世界史的立場と日本』, 中央公論社, 昭和18年.

廣松渉, 1989, 『〈近代の超克〉論』, 〈講談社學術文庫〉, 講談社.

橋川文三 外, 1971, 『近代日本思想史の基礎知識』, 有斐閣, 昭和46年.

溝口雄三, 1980, 『中國前近代思想の屈折と展開』, 東京大學出版會.

久米邦武, 1977, 『米歐回覽實記』, 〈岩波文庫〉, 岩波書店.

久山康 編, 1956a, 『近代日本とキリスト教』明治編, 創文社, 昭和31年.

久山康 編, 1956b, 『近代日本とキリスト教』大正・昭和編, 創文社, 昭和31年.

久山康, 1961, 『戰後日本精神史』, 創文社, 昭和36年.

久山康, 1966, 『近代日本の文學と宗教』, 創文社.

宮崎市定, 1989, 『中國政治論文集』, 〈中公文庫〉, 中央公論社.

宮本又郎, 1989, 「物価とマクロ經濟の變動」, 『近代成長の胎動』, 〈日本經濟史2〉, 岩波書店.

宮川寅雄, 1956, 『岡倉天心』, 東京大學出版會.

近藤邦康, 1981, 『中國近代思想史研究』, 勁草書房.

글라제납〔グラーゼナップ〕, 1983, 『東洋の意味』, 大河內了義 譯, 法藏館.〔Das Indienbild deutscher Denker, K. F. Köhler Verlag Stuttgart, 1960〕

金思燁, 1974, 『朝鮮の風土と文化』, 六興出版, 昭和49年.

金錫淡, 1978, 『朝鮮近代社會經濟史』, 梶村秀樹・むくげの會 譯, 龍溪書舍.

金義煥, 1986, 『近代朝鮮東學農民運動史の研究』, 和泉書院.

金日坤, 1984, 『儒教文化圏の秩序と經濟』, 名古屋大學出版會.

金日坤, 1985, 『儒教文化圈의 秩序와 經濟』, 〈韓經文庫〉, 韓國經濟新聞社.

金日坤, 1987, 『韓國, 文化와 經濟活力』, 〈韓經文庫〉, 韓國經濟新聞社.
金子武藏, 1973, 『ヘーゲルの精神現象學』, 以文社, 昭和48年.
今中寬司 編, 1982, 『日本の近代化と維新』, ぺりかん社.
金海宗, 1972, 『韓國과 東洋』, 一潮閣.
기타가와, 조셉〔Joseph M. Kitagawa〕, 1963, 『東洋宗教』, 井門富士夫 譯, 未來社.
紀平正美, 1905, 「ヘーゲル哲學と其の飜譯に就て」, 『哲學雜誌』 第20卷 第218號, 明治38年 4月.
紀平正美, 1931, 「ヘーゲルの辨證法への手續き」, 『思想』 第113號, 昭和6年.
紀平正美, 1934, 「ヘーゲルの辨證法と東洋精神」, 『理想』 第22號, 昭和6年.
吉野作造, 1904, 「ヘーゲルの法律哲學の基礎」, 『法學協會雜誌』 第22卷 7號, 明治37年.
吉川惟足, 1972, 「玉伝秘訣」, 『近世神道 前期國學』, 〈日本思想大系39〉, 岩波書店.
金子武藏, 1944, 『ヘーゲルの國家觀』, 岩波書店.
金田一京助·新村出 外 編, 1972~1976, 『日本國語大辭典』 小學館.
金哲央, 1984, 『人物近代朝鮮史』, 昭和59年.
內村鑑三, 1971, 「余はいかにしてキリスト信徒となりしか」, 松澤弘陽 編, 『內村鑑三』, 〈日本の名著〉, 中央公論社, 昭和46年.
니덤, 조셉〔ニーダム, ジョゼフ〕, 1974, 『文明の滴定』, 橋本敬造 譯, 法政大學出版局.〔Joseph Needham, *The Grand Titration*, London, 1969〕
니체〔ニーチェ〕, 1961, 『喜ばしい知識』, 原佑 譯, 『ニーチェ全集』 第11卷, 理想社, 昭和37年.〔Nietzsche, *Die fröhliche Wissenschaft*, 1882〕
니체〔ニーチェ〕, 1962, 『權力への意思』, 信太正三 譯, 『ニーチェ全集』 第8卷, 理想社, 昭和37年.〔F. W. Nietzsche, *Wille zur Macht*〕
달랑베르〔J. L. R. ダランベール〕, 1970, 『百科全書序論』, 中川久定 譯, 『ヴォルテール デイドロ ダランベール』, 〈世界の名著29〉, 中央公論社.〔Jean Le Rond d'Alembert, *Discours préliminaire de l'Encyclopédie*, publiée intétralement d'après l'édition de 1763, avec les avertissements de 1759 et 1763, la dédicace de 1751, des variantes, des notes, une analyse et une introduction par F. Picavet, A,

Colin, 1929〕

譚嗣同, 1976,「仁と學」, 西順藏 編,『原典中國近代思想史』第2冊, 岩波書店.

戴季陶, 1983,『日本論』,〈敎養文庫〉, 社會思想社.

大久保利謙 外 編, 1951,『史料による日本の步み・近代編』, 吉川弘文館, 昭和26年.

大野英二, 1988,『ナチズムと「ユダヤ人問題」』, リブロポート.

大川周明, 1993,『復興亞細亞の諸問題』,〈中公文庫〉, 中央公論社.

大澤武男, 1991,『ユダヤ人とドイツ』,〈講談社現代新書〉, 講談社.

데카르트〔デカルト〕, 1967,『方法序說』, 野田又夫 譯,『デカルト』,〈世界の名著22〉, 中央公論社, 昭和42年.〔Descartes, *Discours de la Méthode: La Dioptrique, Les Méthéores et La Géométrie*〕

도스토예프스키〔ドストエフスキー〕, 1970,『地下生活者の手記』, 米川正夫 譯,『ドストエフスキー全集』, 河出書房, 昭和45年.

島田虔次, 1970,『中國における近代思惟の挫折』, 筑摩書房, 昭和45年.

藤田東湖, 1973,「壬辰封事」,『正名論』, 今井宇三郎・瀨谷義彦・尾藤正英 校注,『水戶學』,〈日本思想大系53〉, 岩波書店.

藤井藤吉, 1963,『大東合邦論』(竹內好, 1963에 수록).

藤津滋生, 1994,「外國人による日本研究文獻の書誌學的研究」,「年表 海外における日本研究」, 國際日本文化研究センター,『日本研究』第10卷, 平成6年.

랑케〔ランケ〕, 1941,『世界史槪觀』, 鈴木成高・相原信作 譯,〈岩波文庫〉, 岩波書店.〔Leopold von Ranke, *Über die Epochen der neueren Geschichte*〕

래커, 월터〔ラカー, ウォルター〕, 1985,『ドイツ靑年運動』, 西村稔 譯, 人文書院.〔Walter Laqueur〕

레그, 존 데이비드〔レッグ, ジョン D.〕, 1984,『インドネシアの歷史と現在』, 中村光男 譯, サイマル出版會.〔John David Legge, *Indonesia*. Prentice Hall of Australia Pty. Ltd. 1977〕

鈴木大拙, 1970,「日本人の世界觀」,『鈴木大拙全集』, 第11卷, 岩波書店.

로젠베르그〔ローゼンベルク〕, 1938,『二十世紀の神話』, 吹田順助・上村淸延 譯, 中央公論社, 昭和13年.〔A. Rosenberg, *Der Mythus des 20. Jahrhunders*, 1930〕

綾部恒雄 編著, 1992, 『外から見た日本人』, 〈朝日選書〉, 朝日新聞社.
리오타르, 장 프랑수아[J. F. リオタール], 1986a, 『ポストモダン通信』, 管啓次郎 譯, 朝日出版社.〔Jean-Francois Lyotard, *Le Postmoderne expliqué aux enfants*〕
리오타르, 장 프랑수아[リオタール, ジャン=フランソワ], 1986b, 『ポスト・モダンの條件』, 小林康夫 譯, 水聲社.〔Jean-Francois Lyotard, *La condition postmoderne*, Paris, Les éditions de Minuit, 1979〕
리오타르[リオタール], 1992, 『ハイデガーとユダヤ人』, 本間邦雄 譯, 藤原書房.
林屋辰太郎, 1979, 『文明開化の研究』, 岩波書店.
馬家駿・湯重南, 1988, 『日中近代化の比較』, 六興出版.
마이네케[マイネッケ], 1969, 「ドイツの悲劇」, 『マイネッケ』, 矢田俊隆 譯, 〈世界の名著54〉, 中央公論社, 昭和44年.〔Friedrich Meinecke, *Die deutche Katastrophe*, Brockhaus, 1946〕
만, 골로[マン, ゴーロ], 1977, 『近代ドイツ史』2, 上原和夫 譯, みすず書房.〔Golo Mann, *Deutsche Geschichte des 19. und 20. Jahrhunders*, Fischer Verlag, Frankfurt am Main, 1958〕
맑스[マルクス], 1952, 『共産党宣言』, マルクス=レーニン主義研究所 譯, 大月書店, 1952.〔Karl marx, Friedrich Engels, *Manifest der Kommunistischen Partei*, 1872, Dietz Verlag, Berlin, 1945〕
맑스, 칼[マルクス], 1954, 『哲學の貧困』, 高木佑一郎 譯, 大月書店; 1950, 『哲學の貧困』, 山村喬 譯, 〈岩波文庫〉, 岩波書店, 昭和25年.〔Karl Marx, *Misère de la Philosophie. Réponse à la Philosophie de la Misère de M. Proudhon*, 1847〕
맑스, 칼[マルクス], 1961, 「マルクスからエンゲルスへの書簡」, 『マルクス・エンゲルス全集』第29卷, 大月書店.
맑스, 칼[K. マルクス], 1973, 『資本論』, 鈴木鴻一郎 外 譯, 『マルクス・エンゲルス』I, 〈世界の名著43〉, 中央公論社, 昭和48年.〔Karl Marx, *Das Kapital, Kritik der politischen Ökonomie*, Dietz Verlag, Berlin, Bd.23~25, 1962~1964〕
毛澤東, 1989, 「反對自由主義」, 宮崎市定, 『中國政治論文集』, 〈中公文庫〉, 中央公論社.
木村雅昭, 1981, 『インド史の社會構造』, 創文社.

武藤一雄, 1967, 『キェルケゴール』, 國際日本硏究所, 昭和42年.

梶村秀樹, 1977, 『朝鮮史』,〈講談社現代新書〉, 講談社, 昭和52年.

閔庚培, 1974, 『韓國キリスト教史』, 澤正彦 譯, 日本基督敎團出版局.

閔庚培, 1981, 『韓國キリスト敎會史』, 金忠一 譯, 新敎出版社.

밀, 존 스튜어트[J. S. ミル], 1969, 『自由論』, 早坂忠 譯, 『ベンサム ミル』,〈世界の名著38〉, 中央公論社, 昭和44年.〔John Stuart Mill, *On Liberty*, World's Classics, London, Oxford U. P. 1963〕

朴殷植, 1972, 『朝鮮獨立運動の血史』, 姜德相 譯,〈東洋文庫〉, 平凡社, 昭和47年.

朴宗根, 1982, 『日淸戰爭と朝鮮』, 靑木書店.

朴趾源, 1978, 『熱河日記』, 今村與志雄 譯,〈東洋文庫〉, 平凡社, 昭和53年.

朴玄埰, 1985, 『韓國資本主義と民族運動』, 瀧澤秀樹 譯, 御茶の水書房.

飯沼二郞, 1970, 『風土と歷史』,〈岩波新書〉, 岩波書店.

白川 靜, 1984, 『字統』, 平凡社.

베르그손, 앙리[ベルクソン], 1969,「形而上學入門」, 『ベルクソン』, 坂田德男 譯,〈世界の名著53〉, 中央公論社, 昭和44年.〔Henri Bergson, *Introduction á la métaphysique*, Preses Universitaires de France, 1955〕

베버, 막스[ウェーバー, マックス], 1968, 『宗敎・社會論集』,〈世界の大思想Ⅱ-7〉, 安藤英治 譯, 河出書房, 昭和43年.〔Max Weber, *Gesammelte Aufsätze zur Riligionssoziologie*, Bd. I, S.1-12 Vorbemerkung, 1921〕

베버, 막스[ウェーバー, マックス], 1971, 『儒敎と道敎』, 木全德雄 譯, 創文社, 昭和46年.〔Max Weber, *Gesammelte Aufsätze zur Riligionssoziologie* I, J. C. B. Mohr, 1947〕

벨라[R. N. ベラー], 1966, 『日本近代化と宗敎倫理』, 堀一郞・池田昭 譯, 未來社〔Robert N. Bellah, *Tokugawa Religion The Values of Pre-Industrial Japan*〕.

本居宣長, 1968,「直毘靈」, 『本居宣長全集』第9卷, 筑摩書房, 昭和43年.

뵈메, 야콥[ベーメ, ヤコブ], 1976, 『黎明アウロラ』, 征矢野晃雄 譯, 大村書店, 大正10年(1921), 復刻版, 牧神社, 1976.〔Jacob Böhme, Samtiche Schriften Bd, 1. *Aurora, oder Morgenröthe* im Aufgang fromman holzboog〕

復旦大學歷史系・上海師範大學 編著, 1981a, 『中國近代史』1卷, 野原四郎・小島晉治 監譯, 三省堂.

復旦大學歷史系・上海師範大學 編著, 1981b, 『中國近代史』2卷, 野原四郎・小島晉治 監譯, 三省堂.

富永健一, 1990, 『日本の近代化と社會變動』,〈講談社學術文庫〉, 講談社.

富田仁 編, 1992, 『事典外國人の見た日本』, 紀伊國屋書店.

北一輝, 1959, 『北一輝全集』第2卷, みすず書房.

사르트르〔サルトル〕, J. P., 1956, 『ユダヤ人』, 安堂信 外 譯,〈岩波新書〉, 岩波書店.

蓑田胸喜, 1941, 『學術維新』, 原理日本社, 昭和16年.

山口正之, 1985, 『朝鮮 キリスト教の文化史的研究』, 御茶の水書房.

山口縣教育會 編, 1936, 『吉田松陰全集』第1卷, 岩波書店, 昭和11年.

山本有造, 1989,「明治維新期の財政と通貨」,『開港と維新』,〈日本經濟史3〉, 岩波書店.

山田慶兒, 1978, 『朱子の自然學』, 岩波書店.

三木淸, 1966a, 『三木淸全集』第2卷, 岩波書店.

三木淸, 1966b, 『三木淸全集』第3卷, 岩波書店.

三木淸, 1966c, 『三木淸全集』第4卷, 岩波書店, 昭和42年.

三枝博音, 1972, 『三枝博音著作集』第3卷, 中央公論社, 昭和47年.

三宅, 1967, 『三宅雪嶺集』〈明治文學全集33〉, 筑摩書房, 昭和42年.

上杉愼吉, 1904,「國家學史上におけるヘーゲルの地位」,『法學協會雜誌』第22卷 7號, 明治37年.

桑原武夫 編, 1969, 『新井白石』〈日本の名著15〉, 中央公論社, 昭和44年.

上妻精, 1980,「ヘーゲル文獻目錄」,『思想』555호, 昭和55年 9월.

생시몽〔サンシモン〕, 1975, 『産業者の教理問答』, 坂本慶一 譯, 『オウエン サンシモン フーリエ』〈世界の名著續8〉, 中央公論社, 昭和50年.〔Euvres de Saint-Simon, *Catéchisme des industriels*. 47 tomes, Paris, Ed. Oenta, 1865~1876〕

西谷啓治, 1941, 『世界觀と國家觀』, 弘文堂, 昭和16年.

西谷啓治, 1967, 『ニヒリズム』, 國際日本研究所, 昭和42年.

西順藏, 1969,『中國思想論集』, 筑摩書房, 昭和44年.

西順藏 編, 1976a,『原典中國近代思想史』第1冊, 岩波書店.

西順藏 編, 1976b,『原典中國近代思想史』第2冊, 岩波書店.

西田幾多郎, 1965a,『西田幾多郎全集』第4卷, 岩波書店, 昭和40年.

西田幾多郎, 1965b,『西田幾多郎全集』第7卷, 岩波書店, 昭和40年.

西周, 1972,「百一新論」, 植手通有 編,『西周 加藤弘之』,〈日本の名著34〉, 中央公論社, 昭和47年.

石井誠士, 1990,『人間の現在』, 東方出版.

石川淳 編, 1970,『本居宣長』〈日本の名著21〉, 中央公論社, 昭和45年.

船山信一, 1966,『明治倫理學史研究』理想社.

小島晋治, 1978,『太平天國革命の歴史と思想』, 研文出版.

小林一美, 1986,『義和団戰爭と明治國家』, 汲古書院.

小池吉明, 1985,『攘夷と伝統』, ぺりかん社, 昭和60年.

小川忠, 1993,『インドネシア 多民族國家の模索』,〈岩波新書〉.

孫文, 1969,「三民主義」,『孫文 毛澤東』, 小野川秀美 譯,〈中公文庫〉, 中央公論社, 昭和44年.

松本三之介, 1969,『天皇制國家と政治思想』, 未來社.

松本三之介 編, 1973,『吉田松陰』〈日本の名著31〉, 中央公論社, 昭和48年.

松本淸澄, 1984,『岡倉天心』, 新潮社, 昭和59年.

쇼펜하우어〔ショーペンハウアー〕, 1975,「意志と表象としての世界」,『ショーペンハウアー』, 西尾幹二 譯〈世界の名著續10〉, 中央公論社, 昭和50年.〔Arthur Schopenhauer, *Die Welt als Wille und Vorstellung*, Diogenes Verlag A G Zurich 1977〕

藪野佑三, 1984,『近代化論の方法』, 未來社.

슈베글러, 1938,『西洋哲學史』, 谷川徹三・松村一人 譯,〈岩波文庫〉, 岩波書店, 昭和13年.〔Albert Schwegler, *Geschichte der Philosophie im Umriss*〕

슈워츠, 벤자민〔シュウォルツ〕, 1978,『中國の近代化と知識人』, 平野健一郎 譯, 東京大學出版會.〔Benjamin I. Schwartz, *In Search of Wealth and Power YenFu and the west*, Harvard University Press, 1964〕

슈펭글러〔シュペングラー〕, 1977, 『西歐の沒落』第1卷, 村松正俊 譯, 五月書房, 昭和52.

스미스, 아담〔スミス, アダム〕, 1968, 『國富論』, 大河內一男 外 譯, 『アダム·スミス』, 〈世界の名著 81〉, 中央公論社, 昭和43年(1968).〔Adam Smith, *An Inquiry into the Causes of Wealth of Nations*, 1920〕

스미스, 아담〔スミス, アダム〕, 1969, 『道德情操論』上, 米林富男 譯, 未來社.〔Adam Smith, *The Theory of Moral Sentiments*, 1759〕

市古敎授退官記念論叢編輯委員會 編, 1981, 『論集近代中國硏究』, 山川出版社.

矢澤利彦, 1972, 『中國とキリスト敎』, 近藤出版社.

植手通有, 1974, 『日本近代思想の形成』, 岩波書店, 昭和49年.

新東亞 編輯室 編, 1980, 『朝鮮近現代史年表』, 鈴木博 譯, 三一書房.

新田大作 編, 1986, 『中國思想硏究論集』, 雄山閣, 昭和61年.

新井白石, 1975, 『西洋紀聞』, 『新井白石』, 〈日本思想大系35〉, 岩波書店.

新井白石, 1977, 『新井白石全集』第6卷, 國書刊行會, 明治40年(1965), 復刻 昭和52年(1977).

新村出 編, 1955, 『廣辭苑』, 岩波書店.

辻村みよこ, 1992, 『人權の普遍性と歷史性』, 創文社.

아우구스티누스〔アウグスティヌス〕, 1968, 『告白』, 山田晶 譯, 『アウグスティヌス』〈世界の名著14〉, 中央公論社, 昭和43年.〔Saint Augustin, *Confessions*, Pierrede Labriolle 2 Vols, 7 éd, 1956〕

安井息軒, 1972, 「辨妄」, 『近世後期儒家集』, 〈日本思想大系47〉, 岩波書店.

野崎守英, 1979, 『道』.

野原四郞, 1981, 『中國文化史·近代化と傳統』, 硏文出版.

野田又夫, 1982, 『昭和のはじめの頃の田邊先生』, 『野田又夫著作集』第5卷, 白水社.

野村浩一, 1990, 『近代中國の思想世界』, 岩波書店.

梁啓超, 1974, 『淸代學術槪論』, 〈東洋文庫〉, 平凡社.

呂萬和, 1988, 『明治維新と中國』, 六興出版.

永積昭, 1971, 『オランダ東インド會社』, 近藤出版社.

永積昭, 1980, 『インドネシア民族意識の形成』, 東京大學出版會.

吳知泳, 1970, 『東學史』, 梶村秀樹 譯, 〈東洋文庫〉, 平凡社, 昭和45年.

源了圓, 1980, 『近世初期實學思想の研究』, 創文社, 昭和55年.

遠山茂樹, 1970, 『福澤諭吉』, 東京大學出版會.

原田正己, 1983, 『康有爲の思想運動と民衆』, 刀水書房.

原田環, 1979, 「朴珪壽と洋擾」, 旗田巍先生古稀記念會 編, 『朝鮮歷史論集』 下卷, 龍溪社.

衛藤瀋吉, 1968, 『近代中國政治史研究』, 東京大學出版會.

柳東植, 1975, 『韓國の宗教とキリスト教』, 金忠一 譯, 洋洋社, 昭和50年.

柳東植, 1987, 『韓國のキリスト教』, 東京大學出版會.

有田和夫, 1984, 『清末意識構造の研究』, 汲古書院.

李光麟, 1979, 『韓國開化思想研究』, 一潮閣.

李基白, 1979, 『韓國史新論』, 武田辛男 外 譯, 學生社, 昭和54年.

伊藤仁齋, 1971, 「語孟正義」, 『伊藤仁齋 伊藤東涯』, 〈日本思想大系33〉, 岩波書店.

伊藤仁齋, 1972, 「論語古義」, 貝塚茂樹 編, 『伊藤仁齋』, 〈日本の名著13〉, 中央公論社, 昭和47年.

伊藤整 外 編, 1959~1963, 『近代日本思想史講座』 全8卷, 筑摩書房.

李玉, 1983, 『朝鮮史』, 金容權 譯, 白水社.

이폴리트, 장[イポリット], 1972, 1973, 『ヘーゲル精神現象學の生成と構造』上・下, 市倉宏佑 譯, 岩波書店, 昭和47, 48年.〔Jean Hyppolite, *Genèse et Structure de la phénoménologie de l'Esprit de Hegel*, 1946〕

子安宣邦, 1977, 『宣長と篤胤の世界』, 〈中公叢書〉, 中央公論社, 昭和52年.

잔센, 마리우스[Jansen, Marius B.], 1982, 『日本―二百年の變貌』, 加藤幹雄 譯, 岩波書店.

張之洞, 1976, 「內篇第七」, 「勸學篇」, 西順藏 編, 『原典中國近代思想史』 第2冊, 岩波書店.

張之洞, 1983, 『勸學篇』, 原田正己, 『康有爲の思想運動と民衆』, 刀水書房.

荻生徂徠, 1973a, 「辨名」, 尾藤正英 編, 『荻生徂徠』, 〈日本思想大系36〉, 岩波書店.
荻生徂徠, 1973b, 「辯道」, 尾藤正英 編, 『荻生徂徠』, 〈日本思想大系36〉岩波書
　　店.
田邊元, 1963a, 『田邊元全集』第3卷, 筑摩書房, 昭和38年.
田邊元, 1963b, 『田邊元全集』第5卷.
田邊元, 1963c, 『田邊元全集』第8卷.
田邊元, 1964a, 「對支文化政策の指導原理に關する私見」, 『田邊元全集』第8卷,
　　筑摩書房.
田邊元, 1964b, 「歷史的現實」, 『田邊元全集』第8卷.
田邊元, 1964c, 「史學の意味」, 『田邊元全集』第8卷.
田中正美先生退官記念論集刊行會 編, 1984, 『中國近現代史の諸問題』, 國書刊行
　　會, 昭和59年.
田中彰, 1984, 『「脫亞」の明治維新』, 〈NHKブックス〉, NHK出版, 昭和59年.
田中彰, 1991, 『開國』, 〈日本近代思想大系1〉, 岩波書店.
折口信夫, 1956, 『折口信夫全集』第20卷, 中央公論社, 昭和31年.
情報局記者會, 1943, 『大東亞共同宣言』, 新紀元社, 昭和18年.
鄭聖哲, 1982, 『朝鮮實學思想の系譜』, 崔允珍·權仁燮·金哲央 譯, 雄山閣, 昭和
　　57年.
鄭鎭石·鄭聖哲·金昌元, 1962, 『朝鮮哲學史』, 宋枝學 譯, 弘文堂, 昭和37年.
朝鮮史研究會 編, 1981, 旗田巍 監修, 『新朝鮮史入門』, 龍溪書舍.
佐久間象山, 1913, 「敲卦」, 信濃敎育會 編, 『象山全集』第1卷.
佐久間象山, 1971, 「省諐錄」, 『渡辺崋山 高野長英 佐久間象山 橫井小楠 橋本左
　　內』, 〈日本近代思想大系55〉, 岩波書店.
佐伯彰一·芳賀徹 編, 1987, 『外國人による日本論の名著』, 〈中公新書〉, 中央公
　　論社, 昭和62年.
朱熹·王守仁, 1974, 『朱子 王陽明』, 荒木見悟 譯, 〈世界の名著 續4〉, 中央公論
　　社.
竹內好, 1963, 『アジア主義』, 〈現代日本思想大系〉, 筑摩書房.
竹內好, 1983, 『近代の超克』, 筑摩書房.

中江藤樹, 1974,「翁問答」,『中江藤樹』,〈日本思想大系29〉, 岩波書店.

中島力造, 1890,「ヘーゲル氏 辨證法」,『哲學雜誌』第4冊 48호, 明治23年.

中島力造, 1898,『編年體西洋哲學史(下)』, 明治31年.

中川學, 1986,『中國の社會主義近代化革命』, 巖南堂書店, 昭和61年.

中村元, 1993,『合理主義』, 青土社.

中込道夫 外, 1986,『「近代化」の再考』, 北樹出版, 昭和61年.

増井経夫, 1951,『太平天國』,〈岩波新書〉.

芝原拓自, 1981,『日本近代化の世界史的位置』, 岩波書店.

池田長三郎, 1982,『アジアの近代化と傳統文化』, 巖南堂書店, 昭和57年.

지페르스, 레오〔ズィーヴェルス, レーオ〕, 1990,『ドイツにおけるユダヤ人の歷史』, 清水健次 譯, 教育開發硏究所.〔Leo Sievers〕

陳榮捷〔Chan, Wing-tsit〕, 1974,『近代中國における宗教の足跡』, 福井重雄 譯, 金花舍, 昭和49年.

川尻信夫, 1982,『幕末におけるヨーロッパ學術收容の一斷面』, 東海大學出版會.

青年中國硏究者會議 編, 1974,『中國民衆反亂の世界』, 汲古書院.

清澤滿之, 1928a,『清澤滿之全集』第1卷, 曉烏敏・西村見曉 編, 法藏館, 1953.

清澤滿之, 1928b,『清澤滿之全集』第2卷, 曉烏敏・西村見曉 編, 法藏館, 1955.

清澤滿之, 1928c,『清澤滿之全集』第3卷, 曉烏敏・西村見曉 編, 法藏館, 1957.

清澤滿之, 1928d,『清澤滿之全集』第4卷, 曉烏敏・西村見曉 編, 法藏館, 1956.

清澤滿之, 1955,「宗教哲學骸骨」,『清澤滿之全集』第2卷, 法藏館.

村松剛, 1963,『ユダヤ人』,〈中公新書〉, 中央公論社.

村松裕二, 1976,『義和党の研究』, 巖南堂書店, 昭和51年.

칸트, 임마누엘〔カント〕, 1950,『啓蒙とは何か』, 篠田英雄 譯, 岩波書店.〔I. Kant, *Beantwortung der Frage: Was ist die Aufklärung*, 1784 Sämtliche Werke, Band Ⅰ, 1926〕

칸트, 임마누엘〔カント〕, 1966a,『純粹理性批判』, 原佑 譯,『カント全集』第4卷.〔Immanuel Kant, *Kritik der reinen Vernunft*, 1781 Sämtliche Werke. Band Ⅰ, 1926〕

칸트, 임마누엘〔カント〕, 1966b, 『純粹理性批判』, 原佑 譯, 『カント全集』第5卷.

칸트, 임마누엘〔カント〕, 1972a, 『プロレゴメナ』, 湯本和男 譯, 『カント全集』第6卷, 理想社.〔Immanuel Kant, *Prolegomena zu einer jeden künftiger Metaphysik*, 1783 Sämtlicht Werke, Herausgeben von Karl Vorl änder, Band Ⅲ, 1920〕

칸트, 임마누엘〔カント〕, 1972b, 『人倫の形而上學の基礎づけ』, 野田又夫 譯, 『カント』〈世界の名著32〉中央公論社.〔I, Kant, *Glundlegung zur Metaphysik der Sitten*, hrg. K. Vorländer, Philosophische Bibliothek Bd. 41,3. auf., 1965〕

코슬로브스키〔コスロフスキー, ペーター〕, 1993, 『ポスト・モダンの文化』, 高坂史朗·鈴木信太郎 譯, ミネルヴァ書房.〔Peter Koslowski, *Die postmaderne Kultur*〕

키르케고르〔キェルケゴール〕, 1963, 『人生行路の諸段階』, 佐藤晃一 譯, 白水社.

湯志鈞·近藤邦康, 1985, 『中國近代の思想家』, 岩波書店.

太宰春臺, 1972, 『経濟錄』, 『徂徠學派』, 〈日本思想大系37〉, 岩波書店.

토인비, 아놀드〔A. トインビー〕, 1967, 『歷史の硏究』, 長谷川松治 譯, 『トインビー』, 〈世界の名著61〉, 中央公論社, 昭和42年.〔A. J. Toynbee, *A Study of History*, Abridgemint by D. C. Somervell.〕

土田杏村, 1929, 「河上肇論」, 『中央公論』, 昭和4年 7月.

土井敏邦, 1991, 『アメリカのユダヤ人』, 〈岩波新書〉, 岩波書店.

파이어아벤트, 폴〔P. ファイヤアーベント〕, 1992, 『理性よ, さらば』, 植本哲也 譯, 法政大學出版會.〔Paul Feyerabend, *Farewell to Reason*, Verso 1987〕

坂出祥伸, 1976, 『大同書』, 明德出版, 昭和51年.

坪井善明, 1991, 『近代ヴェトナム政治社會史』, 東京大學出版會.

平川祐弘, 1969, 『マッテオ リッチ傳』1, 〈東洋文庫〉, 平凡社, 昭和44年.

푸코〔M. フーコー〕, 1975, 『狂氣の歷史』, 田村俶 譯, 新潮社.〔Michel Foucault, *Historie de la folie à lâge classique*, Editions Gallimard, 1972〕

프랑크, 만프레드〔フランク, マンフレード〕, 1990, 『ハーバーマスとリオタール』, 岩崎稔 譯, 三元社.〔Manfred Frank, *Die Grenzen der Verständigung*, 1988〕

프랑클, 빅토르〔V. E. フランクル〕, 1961, 『夜と霧』, 下山德爾 譯, みすず書房.〔Viktor Emil Frankl〕

피셔, 쿠노, 1971, 『ヘーゲルの生涯』, 玉井茂·磯江景孜 譯, 勁草書房, 1971.〔Kuno Fischer, *Geschichte der neueren Philosophie*〕

피히트, 게오르그〔ピヒト, ゲオルク〕, 1991, 『ニーチェ』, 青木隆嘉 譯, 法政大學出版局.〔Georg Picht, *Nietzsche*, Ernst Klett Verlag, 1988〕

필자 미상, 1892, 「『ヘーゲル』ノ辨證法(Dialektik)ト東洋」, 『哲學雜誌』 第6號, 明治25年.

하버마스, 위르겐〔ハーバーマス, ユルゲン〕, 1990, 『近代の哲學的ディスクルス』 I, 三島憲一 外 譯, 岩波書店.〔Jürgen Habermas, *Der Philosophische Diskurs der Moderne*, Suhrkamp Verlag Frankfurt am Main, 1985〕

河田悌一, 1987, 『中國近代思想と現代』, 硏文出版.

夏井春喜, 1978, 「廣東抗英鬪爭」, 野澤豊·田中正俊, 『講座中國近現代史』 1, 東京大學出版會.

韓㳓劤, 1968, 「開國當時의 危機意識과 開化思想」, 『韓國史研究』 2.

헤겔〔G. W. ヘーゲル〕, 1954, 『歷史哲學』, 武市健人 譯, 『ヘーゲル全集』 第10卷, 岩波書店.〔G. W. Hegel, *Vorlesungen über Philosophee der Geschichte*. Bd. 12〕

헤겔〔ヘーゲル〕, 1967a, 『精神現象學』, 山本信 譯, 『ヘーゲル』, 〈世界の名著35〉, 中央公論社.〔G. W. F. Hegel, *Phänomenologic des Geistes*, Werke Band 3 Auf der Grundlage der Werke von 1832～1845, Suhrkamp Verlag, Frankfurt am Main 1970〕

헤겔〔ヘーゲル〕, 1967b, 『法哲學』, 岩崎武男 譯, 『ヘーゲル』, 〈世界の名著35〉, 中央公論社, 昭和42年.〔Hegel, *Grundlinien der Philosophie des Rechts*〕

헤겔〔ヘーゲル〕, 1971, 『精神現象學』, 金子武藏 譯, 『ヘーゲル全集』 第4卷, 第5卷, 岩波書店.〔Hegel, *Phänomenologic des geistes*〕

戶水寬人, 1908, 「Hegel の學說」, 『法學協會雜誌』 第22卷 8호, 明治41年.

戶坂潤, 1967a, 「三木淸と三木哲學」, 『戶坂潤全集』 第1卷, 勁草書房, 昭和42年.

戶坂潤, 1967b, 「三木淸と三木哲學」, 『戶坂潤全集』 第3卷, 勁草書房, 昭和42年.

戶坂潤, 1967c, 「三木淸と三木哲學」, 『戶坂潤全集』 第5卷, 勁草書房, 昭和42年.

홀, 존 휘트니〔ホール, ジョン〕, 1971, 「日本の近代化にかんする概念の変遷」, M. B. ジャンセン 編, 『日本における近代化の問題』, 細谷千博 譯(源了圓,

1980: 12~13 참조).〔John Whitney Hall, "Changing Conceptions of the Modernization of Japan", in *Changing Japanese Attitudes Toward Modernization*, edited by Marius B. Jansen, 1965〕

和哲郎, 1920,『風土』, 岩波書店, 昭和45年.

和辻哲郎, 1934,『人間の學としての倫理學』, 岩波書店.

和辻哲郎, 1965,『倫理學』上卷, 岩波書店.

丸山眞男, 1983,『日本政治思想史研究』, 東京大學出版會, 1952, 新裝 1983.

荒松雄, 1992,『現代インドの社會と政治』,〈中公文庫〉, 中央公論社.

會澤正志齋, 1973,「新論」,「時務策」, 今井宇三郎・瀨谷義彦・尾藤正英 校注,『水戶學』,〈日本思想大系53〉, 岩波書店.

橫井小楠, 1970,「大義を世界に」, 松浦玲 編,『佐久間象山 橫井小楠』,〈日本の名著30〉, 中央公論社, 昭和45年.

後藤基巳, 1971,『天主實義』, 明德出版, 昭和46年.

後藤末雄, 1970a,『中國思想のフランス西漸』,〈東洋文庫〉, 平凡社, 1969, 矢澤利彦 編譯,『イエズス會中國書簡集』全6卷,〈東洋文庫〉, 平凡社, 昭和45年.

後藤末雄, 1970b,『中國思想のフランス西漸』,〈東洋文庫〉, 平凡社, 1969, 矢澤利彦 編譯,『イエズス會中國書簡集』第2卷,〈東洋文庫〉, 平凡社, 昭和45年.

휘프너, 쿠르트〔ヒュプナー, クルト〕, 1992,『科學的理性批判』, 神野慧一郎 外 譯, 法政大學出版會.〔Kurt Hübner, *Kritik der Wissenschaftlichen Vernunft*, Verlag Karl Alber, Freiburg/München, 1978. S. 363〕

흄, 데이비드〔D. ヒューム〕, 1968,『人性論』, 土岐邦夫 譯,『ロック ヒューム』,〈世界の名著27〉, 中央公論社.〔David Hume, *A Treatise of Human Nature*, The Philosophical Works of David Hume, edited by T. H. Green and T. H. Grose 4 vols. London 1874~1875〕

姬田光義 外, 1982,『中國近現代史』, 東京大學出版會.

히틀러〔ヒトラー〕, 1973,『わが鬪爭』上, 平野一郎・將積茂 譯,〈角川文庫〉, 角川書店, 昭和48年.〔Adolf Hitler, *Mein Kampf*, 2Bbe. Verlag Franz Eher Nachfolger G. m. b. H., München 1936〕

『幕末政治論集』, 1976, 吉田常吉・佐藤誠三郎 校注,〈日本思想大系56〉, 岩波書店.

『萬葉集』

『續中國民衆反亂の世界』, 1983, 汲古書院.

『神道大系 論說編八 卜部神道』上, 1985, 財團法人神道大系編纂會, 昭和60年.

『新字源』, 1994, 角川書店.

『字源』, 角川書店.

『朝鮮社會運動史事典』, 1981, 社會評論社.

『中國近代思想史論集』, 1958, 上海人民出版社.

『バラモン經典 原始佛典』, 1969, 長尾雅人 責任編輯, 服部正明 外 譯, 〈世界の名著1〉, 中央公論社.

『マルクス主義』1924년 12월.

『マルクス主義』1925년 2·3월.

「創世記」1:2-1:3.

Christa und Peter Burger, 1988, *Postmodere: Alltag, Allegorie und Avantgarde*, Suhrkamp Verlag Frankfurt am Main.

Glasenapp, Helmut von, 1954, *Kant Und die Religionen des Ostens*, Holzner-Verlag, Wurzburg.

Haas, Wilhelm, 1916, *Die Seele des Orients, Grundzüge einer Psychologie des orientalischen Menschen*.

Jencks, Charles, 1986, "Post-Modern und Spät-Modern", In: Peter Koslowski (Hrg.) *Modern oder postmodern?*, CIVITAS Risultate Bd. 10 Acta Humaniora, VCH.

Koslowski, Peter, 1986, *Modern oder postmodern?*

Steinhauer, Kurt, *Hegel-Bibliographie*, München, 1980.

Wellmer, Albrecht, 1985, *Zur Dialektik von Moderne und Postmoderne*, Suhrkamp Verlag Frankfurt am Main.

옮기고 나서

이 책의 제목은 『근대라는 아포리아』다. "근대"가 아포리아(난관)인 것은 아시아 각국이 서양 근대 문명과 접촉한 19세기 당시만이 아니라 현재에도 마찬가지이다. 왜냐하면 한국·중국·일본은 근대화의 역사적 과정이 전혀 달라 "근대"라는 개념에 대한 인식도 서로 다르기 때문이다.

나의 좁은 소견으로는 한국과 중국에서는 여전히 근대 국민국가 그 자체는 무조건적으로 긍정되는 경향이 강한 것으로 보인다. 한편 일본에서는 특히 진보적 인사들 사이에서 "근대" 또는 "국민국가", "민족국가"라는 개념이 하나의 콤플렉스가 되어 있다. 왜냐하면 메이지유신 이래의 근대화 없이 일본이 독립을 유지할 수 없었던 것은 분명하지만 근대 국민국가를 형성하면서 아시아 침략으로 나아가고 마침내 태평양전쟁을 일으킨 역사적인 책임이 있기 때문이다.

따라서 일본인으로서 일본 제국주의에 대해 반성하게 되면 근대를 비판적으로 검토하지 않을 수 없는 것이다. 그리고 그 반성은 과연 제국주의의 길을 걷지 않는 또 하나의 "근대"의 길이 있었는가, 아니면 근대화로부터 제국주의화에로의 이행은 역사적인 필연이었는가, 라는 물음으로 이어진다. 이 물음은 근대 국민국가와 제국주의의 결합은 말하자면 불행한 우연에 지나지 않고 양자는 본질적으로는 무관한 것인가, 또는 근대 국민국가라는 것은 자기 세력을 넓히려는 본성을 가지고 있는가, 라는 근대관의 차이로 바꾸어 말할 수 있다.

예를 들면 "문제는 어디까지나 초근대超近代와 전근대前近代가 독특하게 결합하고 있는 일본의 '근대'의 성질을 우리들이 스스로 아는 데에 있다"(『일본의 사상』)라고 쓴 마루야마 마사오丸山眞男는 전자의 전형이라고 할 수 있다. 즉 마루야마는 일본의 "근대화"에는 초근대와 전근대 사이에 무언가가 빠져 있다고 말함으로써 암암리에 "근대" 그 자체는 바람직하고 이상적인 것임을 인정하고 있는 것이다.

이에 대해 "각각의 나라에서 민족국가 수립을 위해 목숨을 바친 사람들은 민족의 영웅이 된다. 그러나 민족주의는 그 당면 목표인 민족국가를 수립하자마자 그 주된 목표를 상실하고 다른 민족을 침략하는 원리로 변모하고 마는 것이다"(이 책 제8장)라고 말하는 이 책의 지은이는 후자의 입장에 서 있다. 지은이는 "근대"는 본질적으로 보편성에의 지향이므로 근대 국민국가는 필연적으로 스스로를 보편화하려고 한다는 관점에서 "근대"의 원리 그 자체를 비판한다. 그것을 위해 우선 지은이는 일본과 한국, 중국에 있어서의 서양 문명·근대 문명의 수용 방식을 비교·검토하여 세 나라가 각각 다른 방식으로, 다른 내용의 서양 근대 문명을 수용했음을 밝힘으로써 근대화 필연론의 저변에 깔려 있는 "고대·중세·근대라는 역사의 3분법"의 직선적 진보사관으로부터 탈각하려 한다.

일본의 경우 현재 학계에서는 국민국가론의 관점에서의 근대 비판·국민국가 비판이 활발하게 이루어지고 있지만 학계 외부에서는 별로 반응이 없어 그 영향이 "컵 안의 폭풍우"로 그치고 있다. 게다가 제2차 세계대전 후 일본의 근대 비판은 좌익 운동과 연동되어 있었기 때문에 혁신 진영의 후퇴와 함께 학계 외부에서는 오히려 일본의 근대화에 대한 무비판적인 긍정과 이에 따른 아시아 각국에 대한 우월감과 멸시가 만연하게 된 것 같다.

대부분의 일본 사람에게 있어서 메이지유신부터 러일전쟁까지의 시기는 국가의 독립을 유지하면서 입헌군주제의 근대 국민국가로 탈바꿈하고 청나라·러시아와 같은 대국에 승전한 영광에 가득 찬 역사로 인식되고 있다. 그래서 메이지유신 전후부터 러일전쟁 사이에 활약한 인물들을 다룬 시바 료타로司馬遼太郎의 소설이 오늘날에도 여전히 독자들의 뜨거운 사랑을 받고 있는 것이다. 일본인들이 자기 역사에 긍지를 가지는 것은 좋지만, 같은 시기에 근대화에 실패한 다른 나라들과 비교해서 일본인이 대단하다고 여기는 오만함과, "서구 문명을 성공적으로 수용한 동양 국가 일본"과 "문명화에 실패한 아시아"라는 대립 구도에 입각한 일본식 오리엔탈리즘에는 문제가 있는 것이다.

그런데 20세기에 들어서면서 자유주의와 맑스주의 등으로 대표되는 모더니즘(근대주의)의 위력으로 기존의 사회형태나 고유의 가치관이 파괴되는 것에 대한 불안감이 일본에서는 "근대의 초극(극복)"론으로 연결되었고 독일에서는 나치즘이 대두하는 한 요인이 되었다. "근대의 극복"론은 결국 태평양전쟁을 정당화하는 이데올로기가 되었고, 나치즘은 히틀러와 나치스에 의한 유태인의 박해·말살, 그리고 게르만 민족의 생존권 확보를 위한 유럽 정복 전쟁으로 이어졌기 때문이다. 그러한 역사를 감안할 때 현대의 근대 비판은 동시에 어설픈 반근대론을 넘어선 것이어야 한다.

지은이는 이 책에서 동아시아 세 나라의 근대화 양상의 차이와 다양성을 주목하고 단선적·단계적인 진보사관을 물리치면서 동시에 비합리적인 국수주의에 입각한 근대주의 비판의 위험성에 대해서도 지적함으로써 새로운 "근대의 극복"의 차원을 제시하고 있다. 이것은 동서양의 역사와 사상에 정통한 지은이에 의해 비로소 가능했던 일이라고 하겠다.

그런데 지금 현대사회를 사는 우리는 근대라는 것을 무조건 좋은 것이라고는 믿지 못하게 되었다. 환경 파괴와 오염은 심각해지고, 지구상의 모든 생명을 몇 번이나 멸망시킬 정도의 핵무기가 만들어진 지 오래되었고, 게다가 글로벌화한 세계경제는 세계 규모의 부익부 빈익빈 현상을 초래하고 있기 때문이다. 그렇다고 근대 합리주의·보편주의를 부정하고, 비합리적인 국수주의로 도피하는 것은 이미 현대를 살고 있는 우리에게는 허용되지 않는다.

그러므로 나는 "근대"라는 아포리아에 도전한 지은이의 뜻을 이어받는 젊은 연구자가 많이 나오기를 진심으로 바란다.

2007년 7월
옮긴이를 대표하여 야규 마코토 씀

찾아보기

〈사항〉

[ㄱ]

가격혁명 113
가라고코로漢意(중국적인 사고방식) 128, 130, 183~187
가산제家産制(가산제 국가) 120
가이스트Geist 34
가톨릭(천주교) 21, 55~56, 67~68, 70~71, 203, 209, 214, 216, 221
간나가라 186
감성·오성·이성 146, 187
갑신정변 49, 56, 78
강화도조약江華島條約 66, 210
강단철학/-자 288, 291, 294, 297, 300, 305
개화/-적, -파 27~28, 46~47, 49, 53, 56, 60, 66, 72, 81, 97, 108

격물치지格物致知 54, 134, 149, 256
경륜 45, 113, 116
경세제민經世濟民(세상을 경륜하고 백성을 구제한다) 113, 117~118
경험주의 145, 148, 194, 266
계급 모순 242
계몽주의 58, 139~140, 148, 325
계시종교 156, 308, 310
고도론古道論 185
고토와리(ことわり, 理) 128~131
고토노하 184
공空 9, 54, 293
공동체 158, 202, 205, 223~224, 245, 251, 314
공론公論 77
공리주의 263

공산주의 67, 72~73, 88, 90, 92, 100, 158, 226, 236, 239, 246, 281, 304
공약 불가능성 152
공자교孔子敎 82~83, 85, 308, 318
공행公行 65, 96
공화정체共和政體 90, 100, 207
과거科擧/-제, -시험 59, 219, 222
과학 기술 20, 25, 43, 138, 159, 172
과학적 정신 287~288, 302
관세자주권 108, 120
간토대지진 280
관독상판기업官督商弁企業 82, 96
광기狂氣 126~127, 150, 189~191
교양주의 257, 278
교토학파京都學派 174
교행신증敎行信證 299
구화주의歐化主義 86, 232
국가사회주의 240, 243~245
국가 이념 64, 86, 243, 250~251, 334
국가주권 66, 276
국가주의 239~240, 243, 245
국가 체제 27, 34, 67, 71, 97, 106, 160, 174, 219, 308
국시國是 50, 243
국제 공헌 227, 230~231
국제주의Internationalism 241
국체國體 125, 207, 291, 297, 302~303
군신君臣/-관계 48, 94, 207~208, 220
근대국가 34~35, 67, 87, 125, 203, 209, 213, 226, 235, 239, 244, 268, 287
근대의 극복 172, 179
근대화 11, 20, 22, 27~28, 35~36, 38, 40~42, 44~45, 47, 53, 59, 72~73, 82, 85, 105~106, 108, 110, 112, 119, 121, 124~125, 148, 158~161, 171~173, 205, 212~213, 215, 224~225, 248, 268, 317
근본악 149
근원에의 회귀 199
금교禁敎 69, 221
금본위제金本位制 110~111
금화 사용 지역(은화 사용 지역 111~112
기氣 54, 62, 66, 135~137, 150, 211
기억·직관·기대 180

[ㄴ]

나치즘 243, 246, 249, 355
나무아미타불 272
난징조약南京條約 219
난학蘭學(랑가쿠) 29~30, 33, 36, 107
남도육종南都六宗 69
남북전쟁 52
남접南接 212
노예제/고대- 95, 138, 158
논리학 143, 153, 270, 286, 298
니시다西田 철학 9~10, 283, 286, 295, 315, 334

니힐리즘 162~163

[ㄷ]

다네가시마種子島 107
다원주의 152, 168
다이쇼데모크라시大正デモクラシー 281
다키카와瀧川 사건 301
단련團練 219~220
달마dharma(법法·이법理法) 131~132
대동아공영권大東亞共榮圈 174, 179, 230~231, 235, 327
대동사상大同思想/대동주의 73, 87, 90, 100, 222, 226
대동아전쟁大東亞戰爭 334
대동아회의大東亞會議 228
대승불교 9, 11, 267, 327
대역사건大逆事件 281
대중사회 159
대한제국 47
덕치주의德治主義 324
디스쿨스Diskurs 169
독일관념론 256, 265~266, 291
도道 25, 29, 37, 39, 45, 48, 62, 72, 81, 133, 135~136, 183, 187~188, 235, 239, 249
도리 27, 36, 45, 51, 61, 64, 77, 106, 115~117, 128~135, 149, 185, 187, 318
독아론獨我論 315

독자성 9, 22, 206, 287, 313
동학 211, 213
동학혁명(갑오농민전쟁) 211~212
동도서기 26, 45~48, 53, 56, 61, 72, 78
동양과 서양 10, 142, 179, 267, 317, 321, 326
동양주의 11, 174, 233, 269, 295, 297, 315

[ㄹ]

라티오ratio 21
러시아혁명 174
러일전쟁 231, 233~234, 355
메타meta 언설 169
로열리즘Royalism/군주제, 왕정주의 34, 125
르네상스/-기, -시대 137~138, 171, 262
리버티Liberty(里勃而特) 74~78, 90, 99~100

[ㅁ]

마르부르크학파Marburg School 289, 295
마코토マコト(誠, 참됨) 193~194
만몽개척단滿蒙開拓團 230
만법萬法 193, 269, 273
만유萬有의 전화轉化 272
맑스주의 35, 256~257, 281, 283~

284, 286~291, 293~294, 300~
301, 303~304, 311
매뉴팩처manufacture 35
멸만흥한滅滿興漢 222
몬순 309~312
무無 9~10, 175, 178, 225, 267~268,
285, 293~295, 315~316, 327
무술정변戊戌政變 90
문화대혁명文化大革命 92
문화인류학 167, 313
미토학水戶學 123~125, 208
민권民權 77~78, 84, 86, 100
민본주의民本主義 277~278
민족국가 164, 166~167, 226, 249,
251~252
민족의식 67, 201~202, 218
민족자결 213
민족자본 82, 96
민족주의 22, 42, 88, 90, 125, 201,
205, 213, 223~224, 226, 236,
240, 242
민주주의 22, 82, 90, 100, 159, 167,
179, 201~202, 237, 241, 243,
245, 247, 276, 303, 330
밀무역 65, 96

[ㅂ]
반제국주의 212, 217, 220, 224, 242
반유태주의 247~248
발전적 역사관 164~165

배상제회拜上帝會 220, 222
백과전서/-파 140~141, 144
백서사건帛書事件 70, 214
범논리주의汎論理主義 270, 290
범리론汎理論 277
범신론 277, 283, 308
변법자강變法自强/-론, -운동 47, 78~
79
변증법 34, 111, 146, 157, 169~171,
177, 198, 216, 255~256, 262,
264~265, 267~269, 273~275,
282~300, 303~304, 327
병인양요丙寅洋擾 51, 61, 63, 209~
210
보국안민輔國安民 213
보편/-적, -성, -화 19, 21, 24~25,
34, 41~42, 54, 56, 59, 68, 70~71,
93~94, 122, 126, 131~133, 146~
148, 150, 153, 155~157, 161,
166, 169, 189, 191, 198~199,
216, 225, 232, 240~241, 249~
250, 272, 278, 287, 289, 293,
304~305
본원적인 소유 형태 158
부르주아 84~85, 95, 139, 158, 218,
226, 238, 305
부조리 166
부청멸양扶清滅洋 224
북접北接 212
북학파 47, 49, 55

불가지론 37, 58
불교 우주론 308
불교혁신운동 271
비판주의 249, 278
비합리/-적, -주의 20, 28, 38~39, 140, 290, 302

[ㅅ]
사事 131~134
사대주의事大主義 56, 60
사림파 54
사물을 따라가는 도(物にゆく道) 183, 185, 187, 189
사유재산제私有財産制 159
사츠에이 전쟁薩英戰爭 51
사학社學 218~220
사회주의 90, 201, 236, 239~245, 275, 278, 281~282
사회 진화 318
산업사회 159, 205, 238
산업혁명 156, 159, 164, 204, 244
삼강오륜三綱五倫 85~86, 89, 319
삼교三敎 265
삼국간섭 267, 275
삼원리투쟁三元里鬪爭 218~219
상업자본 35
3·1독립운동 213~214
생산관계 157, 160
생산력 157
생의 개념 284

샤머니즘 68, 215, 308
서구 근대/서양 근대 19, 21~22, 37~38, 41, 125, 172, 179, 226, 326
서학西學 56~57, 59, 62, 69~70, 82, 85
선禪 39, 134, 298, 304
선천적 종합판단 146
성호학파 47, 49, 69~70
세계관 30, 69, 116~117, 119, 151, 176, 189, 195, 223, 246~247, 250, 256, 263, 286, 290, 316, 334
세계사적인 민족문제 252
세계적인 통일 문화 272
세계주의 242, 245
세포이Sepoy 항쟁 205
셔먼호 사건 49~50, 52
소당연所當然 134~136, 149
소이연所以然 134~136, 149
소중화小中華/-의식 63~64, 210
송학宋學 36
쇄국/-정책, -양이 25, 50~51, 56, 92, 112~113, 117, 179, 207, 231
순수이성 145, 148~149
순환론적 시간론 176
순환론적 역사관 84
슈프라헤Sprache 196
식민지/-화 49, 53, 66, 106~107, 158, 174, 202~205, 207, 209, 211, 213~215, 226, 233, 243~244
식산흥업殖産興業 82, 96, 108

신국사상神國思想 206
신도神道 34, 72, 123, 185, 191~193, 206, 270, 307~308
신도·유교·불교 271
신비주의 128, 198, 215, 288
신의 죽음 163
신칸트학파Neukantianer/Neo-Kantians 249, 257, 264, 278, 280~281, 283, 289, 294~295, 297
신해혁명辛亥革命 47, 90, 224, 235
신화 11, 169, 171~172, 245
스콜라/-철학 39, 141
시모노세키下關 포대 포격 사건 26
시민사회 156, 161~162, 240~241, 256
신미양요辛未洋擾 51, 209~210
실사구시實事求是 54
실정법 309, 324
실존實存 161, 164, 242
실천이성 146, 148~149
실체實體라는 개념 145
실학/-사상, -파 35, 40, 42~44, 46~47, 49, 53~56, 58~60, 69
십자군 151

[ㅇ]
아나키즘 152
아로호 사건 79
아시아주의 231~232, 234~235, 242, 288

아편전쟁阿片戰爭 26, 49, 51, 79, 96, 217~218, 220~221, 224
야마카와이즘山川主義 281~282, 287
양명학 36, 39, 61, 122, 208
양무운동洋務運動 54, 76, 78~79, 81~82, 86, 96~97
양반/-계급 59~60, 212
양심의 자유 95, 98
에테르ether 319
역易 31, 117
역사의식 38, 165, 283~284, ,286
역사적 세계 255
역사적 시스템 153
역사철학 156~157, 164~166, 172, 175, 180, 283~284, 286, 311
열반涅槃 321
영사재판권 108
예의의 나라 210
예수교 48, 99
예수회 69, 221, 323
오페르트 사건 52
욕구의 체계 241
왕정복고 171
요가yoga 322
우호 관계friendship 66, 73
원환적/-인 시간 176, 179~180
위정척사/-론/- 사상 47, 61, 63, 67, 150, 209~211, 213~214, 218, 220
유有 9~10, 267, 293~295, 315~316, 327

유교 문화권 42, 206
유교적 규범 120, 124
유기체有機體/-설, -적 245, 276, 284~285, 318
유신혁명維新革命 236~237, 239
유물사관唯物史觀 174~175, 282, 285, 311
유류類·종種·개個 278
유태 국제주의 243, 247
유럽중심주의 22, 325
윤회/-전생 308, 319, 321
음양/-오행설 136, 187, 191~192
의화단義和團/-운동 223~224
이理 41, 58, 62, 66, 73, 125, 129, 133, 137, 147~148, 187, 189~190, 323
이국선異國船 24
이기심 118
이기이원론理氣二元論 62, 136
이데올로기 39, 61, 67, 124, 179, 201~202, 209, 226, 243, 264, 305
이무夷務 79
이상주의 116~117, 278
이성理性/-적, -주의 37, 126~127, 132, 138~140, 142, 144~152, 156~157, 161~164, 166, 169~171, 173, 180, 186~187, 194, 199, 246, 249, 284, 323, 326
이슬람 원리주의 150

이양선異樣船 71
이율배반 177
2·26사건 237, 301~302
이일분수理一分殊 149
인仁 40, 45, 73, 81, 188, 319
인과因果/-율律 133, 145, 176, 272
인격주의 257, 278
인구 증가 244
인권선언 93~95, 203
인내천人乃天 213
인도주의 217, 245
인륜오상人倫五常 48
이야기의 위기 169~170
인因·연緣·과果 176, 273
인의仁義 187~188, 207
일본국헌법 201
일본낭만파日本浪漫派 174
일본의 혼大和魂(야마토다마시이) 28, 184~185
일본주의 11, 30, 239, 242, 267, 275, 288, 297, 301
임진왜란 55, 70

[ㅈ]

자연종교 308
자연변증법 287
자유/-론 74~78, 89~96, 98~100, 120, 155~159, 164, 171, 234, 240, 245, 249~251, 318, 326
자유민권운동自由民權運動 76, 93~94,

234, 264, 318
자유주의 91~92, 159, 174, 201, 239, 243, 250, 263, 288, 301, 305
자주自主/-권 76~77, 88~90, 93, 99~100, 240
저항운동 203, 205, 218, 226
적정주의寂靜主義 290, 292
전례문제典禮問題Rites Controversy 76, 221, 323
전체주의국가 251
전후 민주주의 179, 201~202, 241, 330
절대무絶對無 9, 178, 292~295
절대변증법 292~294, 303
정리正理(냐야nyāya) 131~132
정正·반反·합合 267~268
정적情的인 문화 11
정체성正體性(아이덴티티) 22, 35, 64, 66~67, 117, 206, 250, 327
정체성停滯性(정체停滯) 20, 225, 325~326
정통파 맑스주의자 286~287
정한론征韓論 234
제국주의/-화, -적 21~22, 67, 106, 164, 203~205, 209, 211, 214~215, 220, 224~227, 230, 234~236, 242~243, 331, 353
제3제국 245
제2차 세계대전 41, 230, 240, 246, 257, 262, 279, 327

제1차 세계대전 164, 213, 231, 234, 243~244, 249
조리條理 129~130, 133~134, 184, 188
조약 개정 107~108, 119
존왕양이尊王攘夷(존황양이尊皇攘夷/-파, -론) 61, 123, 150, 206, 208~211, 218, 220, 307~308
존재근거 138~139
존재 양태 139
종種 178, 278
종교개혁 95, 198
종주宗主/-관계, -국 51, 64~66
중농주의重農主義 97, 324
주자학 25, 29, 35~39, 43, 49, 54~55, 58~61, 117, 119, 121~125, 131, 188~189, 208
주체무主體無 178
중인/-계급 59, 61
중일전쟁 82, 226
중체서용中體西用 26, 46~47, 76, 78~79, 86
중화사상 79~80, 96, 218
조공朝貢/-국 65~66, 96, 217
조국肇國의 신화 245
조선통신사 65~66
직선적 시간 285
지동설 193, 323
지식의 계보 143
지조개정地租改正 110

진여眞如 133, 273~274
지행합일知行合— 149, 267

[ㅊ]
천도교 213
천지공공天地公共의 도道 25
천지회天地會 220, 222
천조전무제도天朝田畝制度 87
천황기관설天皇機關說 301
천황제 34, 85, 124~125, 174, 208, 226, 243, 287~288, 291, 305
천황 친정親政 124, 237
청명심晴明心 298
초월신超越神 216, 308
총리각국사무아문總理各國事務衙門 79
충성 77, 125, 203, 208, 219
치국평천하治國平天下 117
치외법권治外法權 120
침략주의 21, 62, 106, 173, 217, 227, 235

[ㅋ]
카스트 326
카테고리kategorie 34, 149

[ㅌ]
타자 30, 33~34, 99, 118, 127, 143, 171, 191, 199, 206, 209, 300, 326, 331

탈아입구脫亞入歐/-론 105~107
태평양전쟁 228~229, 231
태평천국太平天國/-의 난 79~80, 86~88, 95, 100, 220~222
통합력 170
튀빙겐학파 277

[ㅍ]
파시즘 243, 301
평등 59, 84, 87, 90, 94~95, 100, 121, 133, 159, 319
평민사平民社 241
평화 89, 98, 169, 227~229, 335
폐번치현廢藩置縣 110, 112
폐불훼석廢佛毀釋 270~271, 308
포스트모던post-modern 160, 162, 168~172
풍광風狂 191
풍토 35, 56, 89, 100, 122, 214, 309~312, 325
프랑스혁명 58, 100, 139, 156, 159, 203, 243
프리모던pre-modern 160
필로소피 262

[ㅎ]
하나님 216
한글 216
한자동맹Hanseatic League 96
합목적/-적 144~145, 147, 290

항일의병운동 210~211

헤겔주의 262, 279~281, 288, 291, 294~295, 300~301

헤겔학파 262, 288

현상 즉 실재現象卽實在 295~296

형이하학 38, 40, 69, 119, 149, 308

형이상학 9, 35, 38~39, 59, 69, 119, 143, 145, 147~149, 163, 308, 316

화혼양재和魂洋才 25~27, 30, 33, 35, 45~47, 61, 72, 78, 307~308

황국사관皇國史觀 174

황민화皇民化 정책 215

후쿠모토이즘福本主義 281, 287

훈구파 54

흑선黑船 22~24, 45, 71

〈인명〉

[ㄱ]

가키노모토노 히토마로柿本人麻呂 194
가지무라 히데키梶村秀樹 52
가토 히로유키加藤弘之 25, 93, 264
가네코 타케조金子武藏 240
가와지 도시아키라川路聖謨 31
가와지리 노부오川尻信夫 32
갈릴레오Galilei Galileo 152
강재언姜在彦 56
강희제康熙帝 96, 221
게이Peter Gay 248~249
고토쿠 슈스이幸德秋水 275
고염무顧炎武 54
고바야시 카즈미小林一美 223
고야스 노리쿠니子安宣邦 185
고종高宗 63, 213
곤도 쿠니야스近藤邦康 88
공자孔子 27, 31, 39~40, 60, 83~87, 99, 122, 133, 188~189, 193, 208, 222, 269, 319, 323
구시다 타미조櫛田民藏 281
구와키 켄요쿠桑木嚴翼 280, 301
구키 슈조九鬼周造 301
그린T. H. Green 264
글로크너Herman Glockner 294
기정진奇正鎭 62
기타 가즈테르北一輝 235~238, 241, 249
기히라 타다요시紀平正美 279~280, 288, 297, 299~300
김옥균金玉均 49, 56, 78
기요자와 만시淸澤滿之 177, 270~271, 273~274, 300
김윤식金允植 50

[ㄴ]

나가타 히로시永田廣志 286
노자老子 267, 269, 323
니덤J. Needham 20
니시 아마네西周 119, 262~263
니시다 기타로西田幾多郎 9~10, 175, 178, 288, 292, 301, 315, 327, 332~333
니시타니 케이지西谷啓治 175, 178, 250, 333~334
니체Friedrich Wilhelm Nietzsche 161~164, 170~171, 284
니치렌日蓮 298

[ㄷ]

다나베 하지메田邊元 175, 177~180, 277, 280, 288, 290~291, 293~294, 301~303, 305
다루이 토키치樽井藤吉 234
다빈치L. da Vinch 137
다자이 슌다이太宰春臺 114, 116
다윈Charles Robert Darwin 263, 318

다카야마 초규高山樗牛　267, 275
다카하시 사토미高橋里美　280, 288, 294, 296~297, 301
다케우치 요시미竹內好　173, 179
달랑베르Jean Le Rond d'Alembert　140~144, 147
담사동譚嗣同　99, 317, 319
데카르트René Descartes　142, 323
도겐道元　298
도사카 준戶坂潤　283, 286, 288
도스토예프스키Fyodor Mikhailovich Dostoevskii　161, 163
도요토미 히데요시豊臣秀吉　114, 206, 230, 271
디드로Denis Diderot　140, 324~325
딜타이Wilhelm Dilthey　280, 283~285

[ㄹ]

라손Georg Lasson　280
라스크Emil Lask　249
라이헨바흐Hans Reichenbach　153
랑케Leopold von Ranke　165~166, 250
레그, 존J. D. Legge　204
레닌V. I. Lenin　280, 287
레비스트로스Claude Lévi-Strauss　167, 169
로체R. H. Lotze　264
로크John Rocke　141
루만Niklas Luhman　169
루소Jean-Jacques Rousseau　263, 276

루터, 마르틴Martin Luther　197~198
리오타르J-F. Lyotard　168~170, 248
리케르트Heinrich John Rickert　279~280, 283~284
리프만Otto Liebmann　249

[ㅁ]

마루야마 마사오丸山眞男　35, 125, 354
마르코 폴로Marco Polo　323
마오쩌둥毛澤東　89, 91~92, 100
마이네케Friedrich Meinecke　243, 250~251
마츠모토 산노수케松本三之介　122~125
마테오리치Matteo Ricci　30, 75~76, 221, 323
만, 골로Golo Mann　246
말브랑슈Nicolas de Malebranche　323
맑스, 칼Karl Marx　111, 157~159, 165, 170, 174~175, 217~218, 238~240, 248, 255~258, 279, 282~286, 291, 293, 299
맹자孟子　31, 39, 59~60, 122, 133, 188~189, 208
모리 오가이森鷗外　10
모토오리 노리나가本居宣長　38, 183
몽테스키외Charles de Montesquieu　263, 276
묵자墨子　319

미나모토 료엔源了圓　20, 41~44, 59
미노다 무네키蓑田胸喜　301~305
미야자키 이치사다宮崎市定　92
미야케 유지로三宅雄二郎(세츠레이雪嶺)　264~265, 267~268, 274, 300
미키 기요시三木清　256, 283~286, 332
민경배閔庚培　70~71
밀, 존 스튜어트John Stuart Mill　76, 93~94, 98~99, 263, 270

[ㅂ]
바타이유G. A. M. V. Bataille　171
박규수朴珪壽　34, 46~50, 53, 55~56, 60~61, 64, 78
박지원朴趾源　49, 55
베르그손Henri Bergson　177, 180
베버, 막스Max Weber　19~22, 97~98, 120~121, 125
벤담Jeremy Bentham　263
보웬Francis Bowen　270, 272
볼테르Voltaire　140, 324
볼프Christian Wolff　298
붓다, 고타마佛陀　131
뵈메, 야콥Jacob Böhme　196~199
비세링Simon Vissering　263
빈델반트Wilhelm Windelband　277, 280

[ㅅ]
사이구사 히로토三枝博音　286
사카이 토시히코堺利彦　281
사쿠마 쇼잔佐久間象山　24~29, 31~34, 42~46, 49, 73, 78
사토 노부히로佐藤信淵　209, 235
생시몽Comte de Saint-Simon　159
서광범徐光範　49
서경덕徐敬德　61
셸링Friedrich Wilhelm Joseph von Schelling　265, 267, 270, 276
소노다 슈우에薗田宗惠　268
소다 키이치로左右田喜一郎　280
소쉬르Ferdinand de Saussure　169
쇼토쿠 태자聖德太子　116, 206
쇼펜하우어Arthur Schopenhauer　264, 267~268, 284, 321
슈베글러Albert Schwegler　265, 270, 272
슈워츠Benjamin Schwartz　97~98, 317
슈타인하우어Kurt Steinhauer　262
슈펭글러O. Spengler　164, 322
스기타 겐파쿠杉田玄白　57
스미스, 아담Adam Smith　97, 111, 118
스즈키 나리타카鈴木成高　175
스즈키 다이세츠鈴木大拙　185~186
스펜서Herbert Spencer　263, 270, 318
시도치Giovanni Battista Sidotti　29
시모무라 인타로下村寅太郎　175
시볼트P. F. J. von Siebold　57

신기선申箕善 48
신란親鸞 271, 298~299
쑨원孫文 89~91, 100

[ㅇ]

아도르노T. L. W. Adorno 171
아라이 하쿠세키新井白石 29~30, 114
아우구스티누스Augustinus 30, 176~177, 180
아인슈타인A. Einstein 248, 302
야나기사와 요시야스柳澤吉保 37, 114
야마다 케이지山田慶兒 20, 133, 137
야마자키 안사이山崎闇齋 123
야마카와 히토시山川均 281~282
야스이 솟켄安井息軒 207
에비나 단조海老名彈正 277
에치오니A. Etzioni 168
에토 신페이江藤新平 119
엥겔스Friedrich Engels 287
예수 그리스도 30, 87, 165, 207, 311
옌푸嚴復 97~99, 317~318
오가타 코안緒方洪庵 57
오경석吳慶錫 49, 56, 61
오규 소라이荻生徂徠 37~38, 69, 116, 187
오기와라 시게히데荻原重秀 114, 116
오시마 마사노리大島正德 301
오카와 슈메이大川周明 234~235
오카쿠라 텐신岡倉天心 232
오하시 토츠안大橋訥菴 207

와츠지 데츠로和辻哲郎 288, 309~315
왕양명王陽明 31, 54, 149, 266~267
요시노 사쿠조吉野作造 275~277
요시다 쇼인吉田松陰 25, 42~45, 78, 106, 124~125, 190, 208~209, 235
요시카와 코레타리吉川惟足 194
요코이 쇼난橫井小楠 25~29, 34, 42, 44~45, 49, 73
우라베 카네토모卜部兼俱 191~193
우에스기 신키치上杉愼吉 275~277
우에테 미치아리植手通有 94
우치다 이츠미內田五觀 33
우치무라 칸조內村鑑三 10, 314
윌리엄슨, 알렉산더Alexander Williamson 99, 214
윌슨Thomas Woodrow Wilson 213
유대치劉大致 49, 56, 61
유동식柳東植 68, 213, 215~216
유형원柳馨遠 55
육상산陸象山 31, 54, 267
윤선학尹善學 46, 48
이노우에 가오루井上馨 110
이노우에 데츠지로井上哲次郎 264, 295
이노우에 엔료井上圓了 270~271
이승훈李承薰 69
이와쿠라 토모미岩倉具視 107~108
이이李珥(율곡栗谷) 54~55, 62
이익李瀷(성호星湖) 49, 55, 58, 62
이토 진사이伊藤仁齋 39, 87

370

이토 히로부미伊藤博文　43, 107, 264
이항로李恒老　61~63, 209~210
이홍장李鴻章　79~80, 82, 97
이황李滉(퇴계退溪)　54, 61~62
임칙서林則徐　219

[ㅈ]

자비에Francisco de Xavier　76
잔센Marius B. Jansen　58
장병린章炳麟　44
장지동張之洞　34, 46~47, 76~78, 80, 85~86, 88~90, 97, 99~100
전봉준全琫準　212
젠크스, 찰스Charles Jencks　168
정관응鄭觀應　81
정성철鄭聖哲　60
정약용丁若鏞　49, 55, 58~59, 69
정약종丁若鍾　69
정자程子　31
주자朱子(주희朱熹)　31, 36~37, 39, 54~55, 59, 131, 133~136, 145, 148~150, 187~188, 193, 266
즈치다 쿄손土田杏村　256, 280
즈나지마 료센綱島梁川　275
증국번曾國藩　79~80, 82

[ㅊ]

첼러Eduard Zeller　264
최시형崔時亨　211~212
최익현崔益鉉　210

최제우崔濟愚　211, 213

[ㅋ]

카시러, 에른스트Ernst Cassirer　249, 280, 294
칸트Immanuel Kant　37, 136, 145~150, 153, 157, 177, 249, 257~258, 265~266, 268, 270, 274, 276, 278, 290~295, 298, 315~316, 321
캉유웨이康有爲　44, 47, 77~78, 82~86, 89~90, 99~100, 318
케네, 프랑수아François Quesnay　324
케벨R. Koeber　264
코르쉬Karl Korsch　282
코슬로브스키Peter Koslowski　168, 172
코엔Hermann Cohen　249, 295
코페르니쿠스N. Copernicus　147, 193
콘, 요나스Jonas Cohn　249
콩트Auguste Comte　263
크로너R. Kroner　280, 294
크로체Benedetto Croce　280
크세노파네스Xenophanes　152
크로포트킨Pjotr A. Kropotkin　238~239
키르케고르Søren Aabye Kierkegaard　161~162, 164, 274, 281

[ㅌ]

탕즈쥔湯志鈞　84
토인비A. Toynbee　166~168

[ㅍ]

파이어아벤트, 폴Paul Feyerabend 150~152
페놀로사E. F. Fenollosa 270
페리, 매튜Matthew Calbraith Perry 22~23, 25, 109
푸코, 미셸M. Foucault 126~128, 150
프로이트S. Freud 248
프롬E. Fromm 94
피셔Kuno Fischer 264~265, 277
피히테Johann Gottlieb Fichte 265, 267, 270

[ㅎ]

하르트만Nicolai Hartmann 264, 267, 280, 294
하버마스Jurgen Habermas 169~171
하스, 빌헬름Wilhelm Haas 322
하시모토 사나이橋本左內 25, 209, 235
하야시 라잔林羅山 122
하이데거M. Heidegger 171, 283, 311
핫토리 시소服部之總 286
헤겔Georg Wilhelm Friedrich Hegel 128, 146, 155~159, 161, 164~166, 169~170, 175, 177, 180, 187, 198, 255~258, 260, 262, 264~265, 267~270, 272~281, 283~286, 288, 290~300, 303, 311, 315, 325~326
호르크하이머M. Horkheimer 171

호즈미 야츠카穂積八束 267, 275
홀, 존John Hall 41
홍대용洪大容 55
홍영식洪英植 49
홍인간洪仁玕 87
황사영黃嗣永 70
후설E. Husserl 315
후지와라 세이카藤原醒窩 122, 206
후쿠모토 가즈오福本和夫 281~283
후쿠자와 유키치福澤諭吉 28, 105~106
휘프너, 쿠르트Kurt Hübner 138, 150, 152~154
흄, 데이비드David Hume 145, 153
흥선대원군興宣大院君 51
히틀러Adolf Hitler 171, 244~247, 249